ADOLESCÊNCIA EM CARTAZ

C826a  Corso, Diana Lichtenstein.
    Adolescência em cartaz : filmes e psicanálise para entendê-la / Diana Lichtenstein Corso, Mário Corso. — Porto Alegre : Artmed, 2018.

    336 p. ; 25 cm.

    ISBN 978-85-8271-460-7

    1. Psicanálise. I. Corso, Mário. II. Título.

CDU 159.964.2

Catalogação na publicação : Poliana Sanchez de Araujo — CRB 10/2094

# ADOLESCÊNCIA EM CARTAZ
filmes e psicanálise para entendê-la

DIANA LICHTENSTEIN CORSO
MÁRIO CORSO

Reimpressão 2022

2018

© Artmed Editora Ltda., 2018

Gerente editorial: Letícia Bispo de Lima

Colaboraram nesta edição:

Coordenadora editorial: Cláudia Bittencourt

Capa, projeto gráfico e editoração: Paola Manica e equipe

Preparação do original: Camila Wisnieski Heck

Reservados todos os direitos de publicação à
ARTMED EDITORA LTDA., uma empresa do GRUPO A EDUCAÇÃO S.A.

Rua Ernesto Alves, 150 – Bairro Floresta – 90220-190 – Porto Alegre – RS
Fone: (51) 3027-7000 – SAC 0800 703 3444 – www.grupoa.com.br

SÃO PAULO
Rua Doutor Cesário Mota Jr., 63 – Vila Buarque
01221-020 – São Paulo – SP
Fone: (11) 3221-9033

SAC 0800 703-3444 – www.grupoa.com.br

É proibida a duplicação ou reprodução deste volume, no todo ou em parte, sob quaisquer formas ou por quaisquer meios (eletrônico, mecânico, gravação, fotocópia, distribuição na Web e outros), sem permissão expressa da Editora.

IMPRESSO NO BRASIL
*PRINTED IN BRAZIL*

# AUTORES

**DIANA LICHTENSTEIN CORSO** é psicanalista, membro da APPOA (Associação Psicanalítica de Porto Alegre). Formada em psicologia pela UFRGS, é colunista da revista *Vida Simples*. Publicou o livro *Fadas no divã: psicanálise nas histórias infantis* (Ed. Artmed), em 2005, e *Psicanálise na Terra do Nunca: ensaios sobre a fantasia* (Ed. Artmed), em 2011, ambos finalistas do prêmio Jabuti, escritos em parceria com seu marido, Mário Corso. Em 2014, publicou o livro de crônicas *Tomo conta do mundo: conficções de uma psicanalista* (Ed. Arquipélago), vencedor dos prêmios de Livro do Ano e Crônica de 2015 da Associação Gaúcha de Escritores e do prêmio Açorianos na categoria Crônica de 2015.

**MÁRIO CORSO** é psicanalista, membro da APPOA (Associação Psicanalítica de Porto Alegre). Formado em psicologia pela UFRGS, é colunista do jornal *Zero Hora*. Em 2002 lançou *Monstruário: inventário de entidades imaginárias e de mitos brasileiros* (Ed. Tomo), Menção Honrosa do prêmio Jabuti. Publicou o l vro *Fadas no divã: psicanálise nas histórias infantis* (Ed. Artmed), em 2005, e *Psicanálise na Terra do Nunca: ensaios sobre a fantasia* (Ed. Artmed), em 2011, ambos finalistas do Prêmio Jabuti, escritos em parceria com sua esposa, Diana Corso. Em 2014 publicou o livro infantil *A história mais triste do mundo* (Ed. Bolacha Maria), vencedor do Prêmio Açorianos de Literatura Infantil de 2015. Em 2017 publicou o livro de crônicas *O lacaniano de Passo Fundo* (Ed. Arquipélago).

# SUMÁRIO

INTRODUÇÃO   9

POR QUE POR MEIO DE FILMES?   15

CUIDADO COM *SPOILERS*!   19

CAPÍTULO I
ADOLESCENTES PIONEIROS   20
☐ *Juventude transviada*

CAPÍTULO II
DIGA-ME COM QUEM ANDAS   38
☐ *Aos treze*

CAPÍTULO III
TRISTEZA QUE TEM FIM   54
☐ *As vantagens de ser invisível*

CAPÍTULO IV
O MOCHILEIRO ROMÂNTICO   74
☐ *Na natureza selvagem*

CAPÍTULO V
A ÓPERA DA DELINQUÊNCIA   88
☐ *Laranja mecânica*

CAPÍTULO VI
INESPERADA CONCEPÇÃO   108
☐ *Juno*

CAPÍTULO VII
MORRER PARA VIVER   122
☐ *Ensina-me a viver*

*marque aqui os filmes a que já assistiu*

CAPÍTULO VIII
AMOR ENTRE IGUAIS   138
☐ *Azul é a cor mais quente*

CAPÍTULO IX
A DROGA OU A VIDA   152
☐ *Trainspotting*

CAPÍTULO X
TREZE RAZÕES PARA NUNCA CRESCER   168
☐ *13 Reasons Why*

CAPÍTULO XI
A BAILARINA QUE CAI   182
☐ *Cisne negro*

CAPÍTULO XII
SEM O LUXO DE ADOLESCER   196
☐ *Inverno da alma*

CAPÍTULO XIII
PRIMEIRA ESTAÇÃO DO AMOR   204
☐ *(500) dias com ela*

## SUMÁRIO

CAPÍTULO XIV
**VAMPIRIZANDO A JUVENTUDE DOS FILHOS** — 218

- *A primeira noite de um homem*

CAPÍTULO XV
**A MENARCA ASSASSINA** — 230

- *Carrie, a estranha*

CAPÍTULO XVI
**SONHOS ROUBADOS** — 240

- *Cidade de Deus*
- *Sonhos roubados*

CAPÍTULO XVII
**UM MUNDO SEM ADULTOS** — 262

- *A praia*

CAPÍTULO XVIII
**UM MUNDO SEM ADOLESCENTES** — 274

- *A vila*

CAPÍTULO XIX
**NATIVOS DIGITAIS: ENSAIO SOBRE REDES SOCIAIS, *GAMES* E PORNOGRAFIA NA INTERNET** — 284

**BIBLIOGRAFIA CONSULTADA** — 311

**ÍNDICE** — 325

# INTRODUÇÃO

## PARA PENSAR SEM AMNÉSIA

O objetivo de entender a adolescência talvez soe pretensioso, e provavelmente o é, pois, como ela está em constante movimento, torna-se de difícil apreensão. A juventude sempre existiu, óbvio, mas, na modalidade em que a denominamos e compreendemos hoje – adolescência –, é um produto do século XX. Portanto, em termos históricos, trata-se de uma novidade que segue se desdobrando.

Em essência, a adolescência é um extenso espaço de tempo no qual ocorrem o desligamento da infância e a preparação para a vida adulta. Essa forma de categorizar a juventude se iniciou ao redor da Primeira Guerra, mas assumiu forma massiva no Ocidente após a Segunda Guerra, seguindo em vigência e tomando contornos cada vez mais amplos. Além de inventarmos essa fase da vida, nós a idealizamos, convictos de que seria o tempo de ouro da existência.

Bem-intencionados, pensamos estar dando um presente aos jovens, proporcionando-lhes umas férias antecipadas, prévias às exigências e responsabilidades que enfrentarão como adultos. Viver combinando as possibilidades de um corpo jovem, sexualmente amadurecido, com a continuação da despreocupação da infância parece um paraíso ao qual seus antepassados não tinham acesso. Pena que a maioria das memórias pessoais costume não catalogar assim a própria experiência adolescente.

Ainda estamos longe de entender todos os mecanismos sociais que foram delineando os contornos dessa etapa da vida. No entanto, nossa questão não é tentar explicar o que a engendrou, e sim os efeitos psíquicos dela em todos nós. Sabemos da dificuldade da tarefa, afinal, não é fácil examinar um assunto que está em desenvolvimento, não dá sinais de enfraquecimento ou declínio e que ainda navega praticamente sem críticas. Até reclamamos dos adolescentes, mas não da adolescência como uma novidade que poderia ser nefasta; ela nos parece natural e inevitável.

Como se trata de um campo de estudo ainda sem contornos claros, neste livro optamos por adotar um formato que suportasse uma visão mutante da adolescência, justamente por seu aspecto francamente histórico. Em vez de grandes definições, vamos tentar captar *flashes* de seus movimentos, tentando evitar conclusões datadas e preconceituosas, movidas pela ideia comum entre os adultos de que "bons tempos eram os nossos". Apesar do caráter provisório das conclusões, acreditamos que é possível construir algum conhecimento sobre o fenômeno. Se bem andamos na neblina, podemos ir juntos, discutindo caminhos e ajudando uns aos outros a lembrar e mapear os lugares pelos quais já passamos.

Este livro talvez dialogue com os amantes do cinema, mas certamente é mais útil para os que convivem com adolescentes e são por eles desafiados e questionados. Pais, familiares, professores, educadores, terapeutas, por exemplo, precisam de respostas para questões práticas que o adolescente coloca. A proposta não é apenas informar o que é a adolescência e quais são seus dilemas, mas também ativar a lembrança do que foi a adolescência de cada um, para, a partir daí, pensar. Assim, esperamos que esta leitura vá além dos usos profissionais, servindo para qualquer interessado em entrar no túnel do tempo e voltar a paisagens marcantes de sua vida.

Se fizermos as pazes com a forma como nossa adolescência transcorreu, talvez seja mais fácil suportar ver filhos, alunos e pacientes lidando a seu modo com as questões da forma atual de ser jovem. Afinal, todos os adultos hoje interessados no tema viveram uma época em que a adolescência já era pressuposta como etapa da vida, embora com variações de costumes e intensidades.

É de grande ajuda compreender melhor as peculiaridades dessa jornada de deriva temporária, na qual muitos quase naufragamos. Para fazer essa viagem no tempo, é necessária alguma disposição para lembrar muitas coisas que a memória ajudou a maquiar e distorcer. Entraremos em contato com o pânico de quando não tínhamos a mínima ideia do que fazer conosco e com a vida; do quanto sofremos por amores ou pela rejeição dos pares; da imensa fragilidade da autoimagem; da relação de amor, ódio e desilusão com os pais; do olhar crítico dedicado aos adultos e das juras de "nunca ser como eles"; da dificuldade de diferenciar entre a coragem necessária e a perigosa impulsividade.

Muitas vezes, as preocupações com os jovens dizem mais de nós do que deles, pois é duro assistir à reprise das angústias pelas quais passamos. Tomados pelos nossos próprios fantasmas, não os ajudamos, ficamos apenas escutando ecos do passado, surdos ao que eles estão, de fato, dizendo. Em resumo, a questão crucial para ajudar os adolescentes é ter pensado e elaborado a própria adolescência. Sendo sinceros, não é fácil para ninguém, pois em poucos momentos estivemos tão próximos da desesperança e da loucura.

Para evitar uma posição doutoral, pouco empática com os adolescentes e seus adultos, fizemos o possível para escrever próximos do ponto de vista daqueles que fomos em um passado, afinal, nem tão distante. Talvez isso nos torne menos prescritivos, evitando vê-los de fora, como se fossem alienígenas. A questão não é propor o que fazer com "eles", mas pensar em como foi que lidaram conosco e no que conseguimos nos tornar a partir disso. Em outras palavras, como passamos por essa época e quais cicatrizes ainda são sensíveis. Não iremos contar nossas histórias de vida, mas pretendemos escrever e pensar sem esquecê-las.

Antes de tentar "domar" os jovens, ou aplacar a angústia com receitas, sugerimos o contrário: depurar e esclarecer a relação com nosso passado recente, para talvez, a partir daí, lidar com os que estão atravessando o período de modo um pouco menos sintomático. Somente essa posição de resgate da própria história impede de repetir os piores cacoetes dos adultos confrontados com aqueles que estão vivendo uma fase que já foi sua. Os adolescentes nos atualizam porque a juventude é algo que carregamos conosco para sempre, mesmo que por fora – infelizmente – pareça que não. A adolescência segue conosco porque dali provêm nossos sonhos, traumas, assombros e memórias de experiências inigualáveis.

## NOSSOS ESPELHOS

Existe um conto do escritor italiano Giovanni Papini (1881-1956) que ilustra muito bem o modo como afogamos a memória da nossa adolescência e as razões pelas quais o fazemos. Na história *Duas imagens em um tanque*,[1] ele conta a viagem de um senhor para a cidade onde estudou. Com nostalgia, ele caminhava pelas ruas que um dia lhe foram familiares quando parou junto a um jardim semiabandonado que tanto apreciava na juventude. Lembrou que costumava ficar ali lendo até escurecer e usava a superfície da água da fonte como espelho, para contemplar-se.

Olhando-se, como costumava fazer, leva um susto ao ver outra imagem ao seu lado, de alguém muito parecido com ele. Com assombro, ambos descobrem ser o mesmo, apenas em momentos diferentes da vida: o atual e o jovem estudante do passado. Há um entusiasmo no encontro – começam a falar de assuntos que só eles conhecem, riem, lembram, sentem-se afortunados pelo extraordinário da situação.

Os dois se veem mais algumas vezes, mas, à medida que os dias passam, o mais velho começa a impacientar-se com a ingenuidade do jovem. A impaciência torna-se exasperação: não suporta as falas teatrais, os gestos afetados, os interesses tão intensos por gente e assuntos que, hoje, para ele, são sem importância; as ilusões tolas sobre o mundo, a ignorância sobre quase tudo, os maus modos, a prepotência. Condena-lhe certa brutalidade egoísta, o raciocínio torto de um romantismo genérico que não diz nada. Enxerga o jovem como um balão de arrogância, inflado para contrabalançar sua tolice. Fica envergonhado ao constatar como era péssimo seu gosto para poesia e arte. Enfim, tudo nesse rapaz lhe produz repulsa.

Decide deixar a convivência, mas seu duplo mais jovem não entende essa atitude; pede e implora para não ser abandonado. Praticamente prende o mais velho na cidade, até que, em um gesto tresloucado, o eu do presente livra-se do eu do passado afogando-o nas mesmas águas onde se viram refletidos pela primeira vez.

É tocante esse conto. Revela que execramos nosso eu adolescente pelas mesmas razões do personagem de Papini. Não suportamos lembrar do quanto já fomos toscos, de como erramos conosco e com outras pessoas, como nos ferimos e machucamos outros por egoísmo e inexperiência. Se não conseguirmos elaborar o que vivemos quando éramos jovens, vamos seguir segurando essa cabeça embaixo d'água. Ideais e fantasias provenientes daquela época nos interrogam, fazem cobranças, geram lembranças, pois os sonhos abandonados são duros de encarar. O perigo é que, por causa dessas pendências com a própria juventude, possamos também afogar a relação com os adolescentes que nos circundam.

Qualquer espelho que encararmos depois de adultos pode se assemelhar ao tanque de Papini, pois a autoimagem mais duradoura é a juvenil. Não temos uma internalização da nossa aparência infantil; sua memória provém principalmente da fotografia. Criança não é de ficar se contemplando; quando pequenos, eram os outros que pousavam seus olhos sobre nós. Com a adolescência, chega o espelho, que é consultado e interrogado dia e noite, como se nele estivessem as respostas sobre o que somos e quanto valemos. A construção insegura e ansiosa de uma identidade ao longo dos anos jovens é toda encenada em frente ao espelho ou qualquer similar a ele, como, por exemplo, a obsessão em se autofotografar. Nele, treinamos as caras que faremos, assim como em algum momento pega-se um papel para criar para si uma assinatura. Graças a esse trabalho diário e exaustivo de construção de si, do qual nos ocupamos nessa época de muito tempo ocioso e almejado isolamento familiar, a imagem especular do nosso rosto juvenil será a assinatura visual que reconheceremos como um "eu" para o resto da vida.

Daí em diante, a cada encontro com o espelho, aquele "Dorian Gray interior" que possuímos, ainda virgem em sua beleza, desprezará a criatura marcada e pouco admirável que tomou seu lugar. Junto daquele olhar, assim como com o jovem do tanque, virão as fantasias e os ideais que o embalaram, as pretensões que não se justificaram e outras cobranças que nunca paramos de fazer. Além disso, apesar de a essa altura da maturidade já termos alcançado algumas respostas, muitas das pendências da época permanecem. Essas também aparecem a cada encontro com a imagem juvenil, e é doloroso descobrir que, depois de tanto esforço, ainda não nos livramos delas. Não há como deixar de lembrar que os filhos adolescentes costumam ser parecidos fisicamente com a imagem juvenil de seus pais; nessa ocasião, a encenação do conto se torna bastante literal.

## QUANDO NÃO HOUVE ADOLESCÊNCIA

Existem pessoas que praticamente não tiveram adolescência, tal qual ela vai ser descrita, ou a tiveram por curto período. Em nossa clínica, vez por outra topamos com experiências assim. Por motivos particulares, como a orfandade precoce, uma doença grave na juventude, instabilidade psíquica dos pais, uma crise econômica familiar ou uma situação de pobreza extrema, essas pessoas foram projetadas na vida adulta ao modo antigo, quase sem degraus. Tornaram-se adultas subitamente e tiveram de dar conta disso. Afinal, adolescência é um luxo, é preciso que alguém pague por ela.

Por essas pessoas que pularam a fase, podemos ver que esse período não é imprescindível; elas são como as demais pessoas. A adolescência, nessa forma alongada como tem sido, não é uma etapa necessária, embora sua falta não seja sem consequências, do ponto de vista da subjetivação. Porém, o que pode ocorrer aos que não a tiveram é serem tocados por um ressentimento de que algo muito precioso da vida lhes foi negado. Como vivemos em uma sociedade que cultua as supostas maravilhas da adolescência, mesmo alguém que conquistou muitas coisas se sente como deficitário se não tiver usufruído dessa fase.

Além disso, aqueles a quem a vida obrigou a amadurecer cedo e sem escalas costumam ter problemas para entender e tolerar os movimentos desse jeito juvenil de ficar à deriva, especialmente nos filhos. Para eles, o livro pode servir como um guia nesse território que desconhecem, ajudando-os a ver que não perderam tanta coisa assim. Também, entre esses que não frequentaram o limbo adolescente, pode ocorrer o oposto: um fascínio pela etapa, na qual querem perpetuar os filhos, na qualidade de seus representantes, quando não a tornam uma espécie de clube do qual querem tornar-se membros vitalícios.

## AS VÁRIAS ADOLESCÊNCIAS

Embora as adolescências pareçam diversas ao longo do tempo, tanto entre as sucessivas gerações quanto entre as circunstâncias culturais e econômicas de nascimento, a mudança é basicamente de cenário. Os dilemas vividos parecem ter alguns denominadores em comum: saber que tipo de pessoas são seus pais (ou substitutos), o que se herdou deles e como se apropriar disso. O impasse é o de como se tornar uma versão original a partir daquilo que nos foi legado; como sair do jugo e influência da família e inserir-se positivamente em sua geração; como iniciar a vida sexual e amorosa e como vencer em um mundo tão difícil de decifrar. Em resumo, para inventar sua história, os adolescentes precisam dar conta da história que os engendrou. Os exemplos deste livro enfocam adolescências de várias décadas e de diferentes contextos, mas acreditamos que ao final nos darão razão, de que o que está em jogo não é totalmente distinto.

O psicanalista inglês D. W. Winnicott dizia que o indivíduo passa pela adolescência, já a sociedade, não. Ela é um estado temporário em nossas vidas, mas tornou-se permanente no corpo social. Cada época terá de se confrontar com a presença inquietante dos novos ingressados nesse vagão chamado adolescência. Eles vão desembarcar em outra estação, mas o trem voltará a fazer seu trajeto e recolher mais passageiros. Já fomos como eles, e esse é certamente um dos trechos mais impactantes da nossa viagem.

Organizamos este livro como se fosse um curso, por temáticas, e, dentro desse espírito, escolhemos filmes que tinham potencial para representar determinada faceta da adolescência. Tentamos, sempre que possível, recorrer a obras a que muitos já assistiram, algumas delas consideradas clássicas, para tornar mais fácil a vida do leitor. Relativo a certos temas, há filmes que até seriam mais explícitos, mas, por serem menos conhecidos, parcamente divulgados ou distribuídos, poucos os têm na lembrança ou poderiam vê-los de modo a aproveitar melhor o texto. De qualquer modo, não é nada mal refrescar a memória: contaremos resumidamente a história de cada filme, de modo que o efeito de o assistir se reatualize.

O que propomos é uma leitura autoanalítica do passado recente da juventude. Podemos falar das gerações que tivemos chance de testemunhar, tanto aquelas que inspiraram nossa própria adolescência quanto aquelas que se espelharam na nossa. Por estarmos lidando com um fenômeno recente, de parcas décadas, sabemos ser arriscada a missão de interpretar a juventude de ouro que entendemos por adolescência. Tememos que acabe sendo como aquelas biografias precoces de celebridades que nem sequer chegaram à maturidade, mas, inspirados nesse momento da vida ingenuamente ousado, tentaremos fazer nossa leitura do fenômeno.

Temos duas outras ambições. A primeira, que, ao término desta jornada, o leitor possa entender a adolescência menos como uma etapa cronológica da vida e mais como uma operação psíquica, no sentido de uma passagem ou uma travessia, para usar termos já consagrados por autores da área. Acreditamos que esses termos remetam ao mesmo: ao sentido de uma operação adolescente, ou seja, aquela na qual enfeixamos as linhas de força que se mobilizam para terminar de crescer e, ao final, tornar-se adulto. Entendemos que é um modo não natural nem necessário, que essa operação só faz sentido no nosso tempo, pois criamos essa faixa intermediária que é preciso percorrer, tornando mais longa a transição para a vida adulta. Fica tomado nessa operação apenas quem paga a prestações, e não à vista, o preço de se tornar adulto.

É sempre bom lembrar que, em sociedades pré-modernas, a transição entre criança não responsável e adulto de pleno direito era feita por um ou mais rituais de passagem. Isso não faz mais sentido, já que, na nossa sociedade de caráter individualista, esse processo não é mais social e externo. Agora, tornou-se subjetivo, portanto interno, mas o passado nos demonstra que se tornar adulto já foi bem mais simples e direto.

A infância mudou, ganhando um estatuto próprio, e tornamo-nos conscientes dos cuidados de que ela necessita. Hoje ninguém em sã consciência iria propor a volta ao sistema antigo, que seria considerado cruel aos nossos olhos. Com a adolescência, podemos fazer o mesmo paralelo: ninguém vai propor que voltemos a casar na puberdade, que comecemos a trabalhar sem trégua tão logo tenhamos força para tanto e que não existam treinos para a vida adulta. Porém, desconfiamos que possa existir uma certa alienação dos adolescentes causada pelo exagero em deixá-los tanto tempo alheios às responsabilidades da vida, ou, nas palavras de Erik Erikson, que melhor descreveu esse fenômeno, por ficarem presos em um longo período de "moratória". O termo, de origem jurídica, é ótimo: reconhece que existe uma dívida, mas ela só será cobrada mais adiante. Por um tempo, ninguém lhes pedirá nada no que se refere a produção e organização do mundo. É como se fosse uma época de turismo antes de encarar a dureza da vida.

Poderíamos, inclusive, deixar em aberto a possibilidade de alguns dos problemas adolescentes serem provenientes da própria criação da adolescência, principalmente quando ela se caracteriza por um eterno adiamento da condição de adulto. A criação de uma adolescência interminável, arrastada, é também fruto da resistência em nos considerarmos adultos. Às vezes, pode-se brincar que adultos estariam se tornando uma raça em extinção, pois é grande a tentação de deixar uma porta permanentemente aberta para as possibilidades adolescentes. Isso pode ser até uma opção, mas essa idealização da adolescência não ajuda quem está querendo e precisando crescer.

Compreendendo a adolescência como um processo, uma operação psíquica que nos separa dos pais para que se possa viver como um adulto autônomo, os parâmetros que fixam idades próprias para cada modo de ser ficam sem tanta importância. Assim fica mais fácil compreender que isso possa levar muito tempo e ter brotes inesperados em outros momentos da vida. Adolescer é purgar a infância, mas nossa criança interior nunca nos abandona totalmente.

A segunda ambição é que abandonemos a terminologia habitual associada ao tema da adolescência que é frequentemente colorida com tintas de catástrofe: luto, crise, desestruturação e outras palavras que lembram tempestade e tormenta são moeda corrente nos escritos sobre o tema. Em certa ocasião, em um debate com jovens, uma garota disse: — *Eu não sei por que vocês, adultos, estão sempre falando de crise, eu não me sinto em crise, estou fazendo as minhas coisas. Vocês, que não param de falar nisso, é que devem estar em crise.* Muitas vezes, é verdade. Em respeito ao caráter interpretativo da interpelação pública que essa jovem fez aos profissionais presentes, tentaremos apresentar uma visão menos apocalíptica desse período da vida.

Existe um filme, já que estamos no tema, que é o melhor exemplo dessa visão hiperbólica dos problemas adolescentes: trata-se de *Kids* (1995), dirigido por Larry Clark. A obra mostra um dia de um grupo de adolescentes nova-iorquinos regado a sexo promíscuo – tendo como pano de fundo a contaminação por aids –, uso de várias drogas, violência gratuita e outras insanidades menores. A questão é que, quando o filme saiu, foi considerado um retrato da juventude urbana dos anos noventa. Não que o filme seja inverossímil, mas força a barra. No entanto, essa equação de que um recorte do pior quadro seja considerado o retrato da média acompanha a adolescência desde sua origem.

A tendência é que nossas memórias juvenis acabem sendo editadas, maquiadas. Para driblar esse efeito, tentamos escrever de forma a despertar as evocações pessoais do leitor adulto. Não é a velhice a primeira a afetar nossas memórias, é a tendência a contar nossa própria história do modo que mais nos convém. Talvez essa abordagem, que tornaremos o mais tocante possível, abra caminho para uma visão menos pesada e ao mesmo tempo menos idealizada do que se viveu. Retirada a maquiagem de nossas memórias, elas se tornam a melhor chance de pensar sem a tendência a transformar tudo em patologia ou problema social que persegue a adolescência. Afinal, se estamos aqui juntos, escritores e leitor, é porque conseguimos atravessar e sobreviver a nossa própria adolescência. Sabemos bem o trabalho que deu para chegar até aqui.

## NOTA

1. PAPINI, G. *El piloto ciego*. Madrid: Hyspamerica Ediciones S.A.

# POR QUE POR MEIO DE FILMES?

Aviso aos amigos e amantes da sétima arte: este não é um livro sobre cinema, apenas apoia-se nele, tanto quanto o comportamento de cada época também se inspira nos filmes mais populares e marcantes. As telas retratam tendências no momento em que estão acontecendo, mas também as difundem, sendo ao mesmo tempo espelho e musa. O cinema é, entre as formas de expressão artística, uma das mais rápidas, tanto pelo tempo limitado de preparação de um filme quanto pela agilidade com que ele retrata o que lhe é contemporâneo. A arte se antecipa a nossa capacidade de compreensão, já observava Freud, francamente invejoso desse dom que a tornava mais ágil que a psicanálise. Então, por que não lhe dar ouvidos?

Este livro também não é um estudo sobre como a adolescência nos foi apresentada pelo cinema. Se fosse assim, seria impensável uma abordagem do tema sem filmes como *Os incompreendidos*; *Grease*; *Hair*; *O selvagem da motocicleta*; a filmografia completa do diretor John Hughes; *O último ano do resto de nossas vidas*; *Sociedade dos poetas mortos*; *De volta para o futuro*; *Bom dia, tristeza*; *Garota, interrompida*; *Gilbert Grape*; *Virgens suicidas*; *Paranoid Park*; *Jogos vorazes*; *Edukators*; *Os sonhadores*; *Boyhood*; *Meninas não choram*; *Eu matei minha mãe*; *Meninas malvadas*. Entre os brasileiros, há obras que têm trazido retratos diversos e consistentes dessa etapa, como *Confissões de adolescente*, *Houve uma vez dois verões*, *Antes que o mundo acabe*, *À deriva*, *As melhores coisas do mundo*, *Bicho de sete cabeças*, *Ponto zero*. A omissão destes, entre tantos outros que comporiam uma enorme e interessante lista, seria um erro grosseiro. Restritos a trabalhar com os filmes que nos punham a falar sobre assuntos que acreditávamos ser relevantes, tivemos de fazer poucas e provavelmente injustas escolhas. Eles estão aqui como forma de aproximar o leitor, aproveitando o envolvimento que a ficção provoca, para situar-nos o mais próximo possível do espírito desta época. O tempo todo, nossa subordinação é ao adolescente de hoje e àquele que fomos, suas paixões, enigmas, estigmas e seus modos de ser.

Certos filmes que abordamos são simples, outros marcaram época e inauguraram linguagens, porém não damos a atenção devida a isso por falta de instrumentos e de foco. Não temos toda a história do cinema presente e nem o conhecimento de como foram feitos seus avanços; para tanto, há obras de pessoas que realmente entendem do assunto. Interpretamos cada obra sob a ótica dos instrumentos da psicanálise que exercemos e a partir da sensibilidade despertada pelas memórias.

Escrevemos a partir das evocações dos jovens que fomos, também como pais de duas moças que nos tocou ser, além do que aprendemos dos adolescentes que tivemos a sorte de ver crescer e de escutar. Como essas histórias particulares são privadas e peculiares àqueles indivíduos, resolvemos recorrer àquelas que são públicas e suscitaram interesse coletivo. O leitor encontrará aqui obras cinematográficas que se tornaram fonte de referência de temáticas ou estilos, que são frequentemente lembradas por quem lhes assistiu ou que inauguraram uma sequência de similares.

Escolhemos algumas capazes de ilustrar as preocupações dos próprios adolescentes e outras que representam inquietudes que tiram o sono dos seus adultos, mas, acima de tudo, recorreremos ao cinema porque é mais fácil e mais didático do que falar de teoria pura. Os filmes serão tomados como uma espécie de caso clínico. Como geralmente são exagerados, muitas vezes retratos hiperbólicos de um tema ou de um impasse, ao focar em um só ramo da árvore, poderemos abordar alguns dos conceitos que vão nos ajudar a pensar o comportamento adolescente. De filme em filme, tentaremos ir encaixando esses ramos, esses aspectos, que irão constituindo uma mistura emotiva de memórias e evocações. Será esse potencial encontro emotivo com nossas memórias que permitirá uma relação mais empática com a adolescência e seus protagonistas atuais. A arte tem esse dom de nos fazer pensar sentindo.

Observamos, em nosso trabalho como psicanalistas, que os pacientes trazem filmes a que assistiram, ou mesmo alguma cena de uma obra que lhes veio à mente, com a mesma boa disposição de associar sobre eles do que quando relatam seus próprios sonhos. Por isso, podemos apelar para esses "sonhos coletivos" que compartilhamos nas telas. Isso não quer dizer que somos uma mente só, movida por um simbolismo unívoco, e sim que temos pontos em comum; é deles que é feita nossa cultura.

Além disso, reconhecemo-nos pelas artes que consumimos. Ocupando o vazio do lugar que era hegemonicamente ocupado por religiões, ideologias e códigos morais mais rígidos, certos bens culturais partilhados costuram identidades. Por isso, consideramos que existe uma geração *Harry Potter*, outra que se apaixonou por *Jogos vorazes*, assim como existiram e existem os que se unem em torno da obra de Tolkien, ou podemos dizer que há alusões, expressões e códigos próprios a uma comunidade que amava seriados como *Friends* ou *Seinfeld*. Essas obras, entre tantas outras, por sua ampla difusão, acabam sendo quase uma mitologia para quem as habitou, suas histórias e personagens ficaram entranhadas, mescladas com as vivências reais de seus espectadores mais entusiastas. Mais do que marcar seus fãs, elas lhes ensinaram sobre aquilo que nenhuma escola ensina: como é amar, do que é feita a amizade, o que vale a pena na vida, como fazemos para suportar as dificuldades e perdas. Não subestimamos a cultura pop como formadora e acreditamos que ela pode nos ajudar a entender nosso tempo. Por isso, sempre que possível, escolhemos filmes que marcaram uma geração de espectadores.

Mas, afinal, que poder teriam os filmes para dar conta do que de fato acontece em uma fase da nossa vida? Um filme realmente termina de ser montado pelos nossos pensamentos, assim como na leitura temos que dar corpo às palavras, aos cenários e aos figurinos daquelas narrativas. Ocorre que a ficção não funciona sozinha, há uma parte dela que conta com nossa participação ativa: são nossos pensamentos que compõem uma galeria com as figuras ou letras que os olhos contemplam, é nosso cérebro que orquestra as vozes e melodias, fabricando uma trilha sonora. Fazemos parte do que lemos e dos filmes a que assistimos; a passividade é só aparência. Por isso, podemos dizer que no cinema pode-se encontrar o retrato da adolescência, talvez não a de uma realidade numérica, científica, mas dessa cuja montagem se completa no interior de cada um de nós.

A questão de como abordar a adolescência não é nova. Fazemos nossas as palavras de Judith Gallatin, que se dá conta do mesmo problema:

*Nós adquirimos uma visão geral dos problemas comuns da psicologia da adolescência e da psicologia em geral quando comparamos o retrato da adolescência feito pela literatura com a imagem que emerge dos manuais mais tradicionais.*

*O jovem certamente perde muito ao ser retratado nos manuais. Ao invés de apresentar um retrato do adolescente como um todo, o manual típico o divide em segmentos. Há capítulos sobre mudanças fisiológicas, emoções, relações com o grupo da mesma idade, valores e realização. Numerosos gráficos, tabelas e estatísticas são apresentados. Mas o resultado final é fragmentado e confuso. Em nítido contraste com o adolescente vivo e dinâmico do romance ou do conto, a versão do manual parece curiosamente estática e sem vida, um mero compêndio de fatos e generalizações desconexas.*[1]

Apenas acrescentaríamos: do cinema. Concordamos que apreender a adolescência somente por meio de teses psicológicas viabiliza conhecimentos científicos, mas afasta-nos da riqueza de suas inúmeras facetas, por isso a opção por trazê-la via filmes. Acreditamos que é a melhor maneira de captar a pluralidade do ser adolescente e sua dinâmica. Foi como conseguimos fazer. De qualquer forma, uma tarefa árdua. O leitor vai nos dizer se alcançamos o objetivo.

## NOTA

1. GALLATIN, J. *Adolescência e individualidade*. São Paulo: Ed. Harper & Row do Brasil, 1978. p. 3.

# CUIDADO COM *SPOILERS*!

Falar de cinema sempre deixa o crítico de plantão, leigo ou profissional, em uma saia justa. Para demonstrar as ideias suscitadas por um filme costuma ser necessário revelar detalhes, os famosos *spoilers*. Aquele que os antecipa é um estraga-prazer, algo que qualquer amante das telas quer passar longe de ser. A palavra em inglês, que adotamos também no Brasil, define aquelas informações sobre a história que, se antecipadas, barram o elemento surpresa, destruindo o ritmo imprescindível de uma trama, por isso estragam (*spoil*). O segredo é essencial à fruição dos efeitos de uma obra de ficção e deve ser revelado ao público somente no momento preparado pelo artista para isso. Ante esse dilema, há várias formas de ler este livro.

Muitos dos filmes aqui mencionados devem ser velhos conhecidos, o que nos livra do impasse. Porém, caso não o sejam, você pode assistir a eles pela primeira vez antes de avançar em cada capítulo. Para tanto, providenciamos logo de entrada as informações necessárias (título original, ano, diretor) para localizá-los. Essa forma nos evitará o dissabor de privá-lo do prazer da surpresa e dos efeitos impactantes nos quais o cinema é mestre. Se a memória do filme estiver muito apagada, ou gostaria de sentir os efeitos que ele produzirá na pessoa que você se tornou, sempre vale uma reprise.

Isso não é imprescindível se você ficar satisfeito com nossa narrativa das tramas dos filmes. Tentamos contar essas histórias da forma mais sucinta possível. Se o desejo for manter uma discussão mais ativa com nossas teses sobre a adolescência, no que diz respeito aos filmes propriamente ditos, convém sempre assistir a eles ou revê-los. Já se o foco for mais a adolescência do que o cinema, acreditamos oferecer o suporte imaginário suficiente.

As cenas que buscamos despertar com essas histórias e análises são as da adolescência dos leitores, memórias de que eles dispunham e, se tivermos sorte, novas lembranças adormecidas que possam surgir em meio à viagem por estas páginas. Sabe aquelas histórias em que a personagem é um leitor que acaba entrando no livro, ou em que alguém do público se descobre dentro do filme? Pois nossa pretensão é similar: gostaríamos que você se sentisse transportado a sua própria adolescência, que iniciasse esta leitura pensando que é um tema que diz respeito aos outros e acabasse sentindo-se na pele deles, afinal, um dia já foi também a sua.

Portanto, se você odeia quem lhe entrega detalhes antes de que possa aproveitar um filme, não diga que não avisamos: assista aos filmes antes, esta leitura contém muitos *spoilers*.

CAPÍTULO I

# ADOLESCENTES PIONEIROS

FILME:

Juventude transviada

TEMAS:

A construção social da imagem do adolescente
Conflito de gerações
Abismo geracional da década de cinquenta
Simbolismo do automóvel
Velocidade como afirmação viril
Disputas letais de prestígio
Virgindade e iniciação sexual
Percepção do tempo na adolescência

## DESEMBARCANDO EM UM MUNDO CONFLAGRADO

Seus cabelos estavam cortados quase até o couro cabeludo, com exceção de uma pequena tira no cocuruto da cabeça, puxada para baixo sobre a testa para formar uma franja. Assim o jornal britânico *Daily Graphic* descrevia um jovem infrator que estava sendo julgado. A imagem era esmiuçada em detalhes literários, em matéria que, além do corte de cabelo moicano, chamava a atenção para a vestimenta e a postura do jovem. Em suas atraentes narrativas sobre gangues juvenis, a imprensa ajudou a construir o estilo dos jovens delinquentes típicos de uma época turbulenta. Detalhe: estamos falando de 1898, século XIX, na Inglaterra.

Os *Hooligans*, como passaram a ser nomeados nos jornais, rapidamente se apropriaram dos estereótipos e das denominações que lhes eram atribuídas, numa clara simbiose entre criadores e criaturas. A descrição do fenômeno é de Jon Savage, autor do livro *A criação da juventude*, leitura obrigatória para quem se ocupa da adolescência. Nessa obra, testemunhamos a passagens dos jovens, principalmente os diversos tipos de marginais, que são vistos em uma mescla de fascínio e rejeição, para outra identidade: os adolescentes como um ideal social e um atraente público consumidor.

Os jovens de cada época têm a tendência a identificar-se com os desejos secretos dos adultos. Eles os percebem, nem sempre conscientemente, pois têm o dom involuntário de enxergar e revelar os fios soltos do tecido social. Não lhes ocorre isso por serem revolucionários natos, é apenas consequência de serem observadores, como estrangeiros, turistas ou imigrantes no mundo dos adultos. Recém-chegados ao amor, ao sexo e à circulação pública, acabaram de desembarcar do trem familiar. Apertam os olhos no mapa, em busca das coordenadas para sair da estação e mover-se no território que ainda lhes é estranho, pois era vedado às crianças. Ficam tentando entender a lógica das vias dos nossos desejos, a mão e contramão dos valores e a etiqueta silenciosa dos tabus e hipocrisias.

Para construir sua identidade aprenderão esses caminhos, mas, antes de habituarem-se a eles, terão o olhar do forasteiro que se surpreende, maravilha, horroriza e a tudo compara com o lugar de onde veio. Na verdade, são curiosos a respeito dos adultos desde a infância, quando aprenderam a não acreditar piamente no que dizemos. Mesmo sem querer, eles observam o contraste entre o que dizemos e o que fazemos. Além da capacidade infantil de ver para além das aparências, os adolescentes contam com um precioso instrumento, um sistema de pensamento novo: os recursos da abstração que recém maturaram. Às impressões de viagem acrescenta-se a vontade de exercitar essa possibilidade de comparar, generalizar, relativizar, redundando nas críticas mordazes que nos dirigem, que não são menos sagazes por serem prematuras.

O tom trágico agressivo das suas leituras da realidade não provém apenas das novas formas de perceber, há um tempero extra, que é o ressentimento por ter crescido. Na verdade, os adolescentes não foram expulsos das terras da infância, eles as abandonaram, obedecendo ao chamado para partir que vai se fazendo ouvir da puberdade em diante. O problema é que costumam sentir-se como se tivessem sido expulsos, exilados, atribuindo à família um movimento que são eles que fazem.

Considerando a natureza conturbada desse momento, imagine o que dizer de uma geração de adolescentes, cujas ideias passaram a ser valorizadas, ao ser apresentados a um mundo com as feridas não cicatrizadas de duas guerras mundiais. Os que deram início ao que hoje chamamos de adolescência nasceram junto à descoberta da insanidade nazista, avisados da capacidade de destruição revelada pelas explosões nucleares, informados do sistema industrial de assassinatos dos campos de concentração. No Oriente o sonho socialista se transformava em ditaduras totalitárias. Por fim, foram se tornando cientes de que a paz era aparente, pois repousava sobre a ameaça da hecatombe nuclear. Pelo menos estavam a salvo da carnificina de jovens que abateu seus familiares e irmãos mais velhos, principalmente na Europa, mas extensiva a todos os países que se envolveram nas duas guerras mundiais e conheceram o inferno do *front*.

Por contaste com os que viveram esses momentos dramáticos, pareceria que os que vieram depois tinham a oportunidade de chegar à adolescência em um aparente paraíso, livre dessas ameaças. Essa era pelo menos a impressão dos mais velhos, ressentidos por terem sido destinados a tempos duros, de depressão econômica e tantas ameaças. Não surpreende que fossem incapazes de lidar com esses jovens, que consideravam indisciplinados, hedonistas, imaturos e, ainda mais incompreensível: mimados pela publicidade e admirados por todos.

Não podia haver identidade mais diversa da de seus pais ou irmãos mais velhos, um contingente de jovens soldados – tão orgulhosos quanto traumatizados – que voltaram para casa esperando reconhecimento e homenagens. Ao chegar, tanto nas metrópoles quanto nas pequenas cidades, descobriram que muita coisa havia mudado. Na ausência da tradicional tutela masculina, as mulheres estavam modificadas pela experiência de liberdade e poder que tiveram. Já a geração de novos jovens, que não passavam de crianças quando eles haviam partido, mostrava-se também saliente, cheia de opiniões e – o mais chocante – sem jamais ter feito nada de relevante, era o centro das atenções da sociedade e de um mercado que a considerava o pote de ouro. Aqueles pirralhos inexperientes questionavam tudo, além de não entenderem a experiência da guerra e a vitória conquistada com heroísmo.

Parecia inevitável que houvesse um conflito entre gerações, considerando essas vivências e esses valores tão distintos entre adultos e jovens. O historiador Eric Hobsbawm observou que um abismo histórico intransponível se abriu entre as gerações que nasceram antes de 1925 e as que chegaram ao mundo após os anos cinquenta. Para os que se situavam no meio disso, o quadro não era melhor, apenas a discórdia encontrava-se em construção. Nascidos nos anos quarenta, os *Beatles* só passaram a reinar vinte anos depois, quando a identidade adolescente já estava consolidada, eles já a encontraram praticamente pronta para usar, deram-lhe retoques e, a partir dela, fizeram uma obra-prima.

Sempre houve e sempre haverá conflito entre pais e filhos, pois é algo estrutural, os filhos sucedem aos pais, e ninguém entrega o bastão da corrida da vida facilmente. O conflito será acentuado se houver diferenças de valores entre uma geração e outra. Nas décadas que enfocamos, os anos cinquenta e sessenta, essa diferença foi a maior de que se tem notícia. Eram dois mundos em choque. Hoje voltamos a um período de menos turbulência, as gerações não são iguais, tampouco são radicalmente diferentes, e o diálogo está mais fácil.

Quanto aos jovens dos anos cinquenta, a eles coube a virada, foram involuntários fundadores de uma nova subjetividade, tornando-se influentes por algo diferente dos feitos heroicos das gerações anteriores. Seu prestígio relacionava-se com aparentes futilidades, como o estilo de vestir, expressar-se e divertir-se, e tiveram o cinema e a música – o *rock* – como embaixadores. Vamos analisar *Juventude transviada*, filme de 1955, para apresentar o adolescente transformado em uma espécie de fetiche cultural, menina dos olhos de um mercado florescente. Essa obra é um marco, foi responsável pela consolidação de uma imagem para os adolescentes, personificada pelo ator James Dean no seu último filme.

## REBELDES E QUEIXOSOS

Nascido em 1931, Dean foi precoce e breve em sua consagração como ator e ídolo juvenil. Morreu aos vinte e quatro anos, como consequência de sua paixão pela velocidade. Partir antes de ficar adulto é o único modo de eternizar a juventude, embora provavelmente não fosse essa sua intenção. Nisso também ele representou magistralmente seu tempo, pois a velocidade era um fascínio para sua geração. Esse era o risco que lhes cabia – literalmente: correr.

A afirmação viril e a busca de prestígio podem estar associadas à vizinhança com a morte. Portanto, dirigir como destemperados, no limite das máquinas, servia para tal propósito. Esse era um modo de celebrar a potência do novo, representado pela tecnologia automotiva, aliado à demonstração de valentia dos que pareciam não se importar em viver ou morrer. Nem sequer deu tempo de Dean assistir à estreia de seu filme mais famoso, no qual o personagem lhe dizia bastante respeito. Provavelmente isso tampouco foi intencional, apenas filme, ator e personagem eram coerentes com os ideais juvenis da época.

"Rebelde sem causa" seria uma tradução mais justa para *Rebel without a Cause* do que *Juventude transviada*, mas alguém resolveu inovar e recriou, com uma adjetivação agora em desuso. Transviados eram aqueles que se afastaram do bom caminho, e assim eram vistos pelos adultos os personagens do filme. O título original captava algo que estava no ar e definia a juventude niilista dos anos cinquenta: uma rebeldia sem discurso articulado que era, acima de tudo, representante de um estilo por ser marcadamente estética.

Trata-se de um filme icônico, dirigido por Nicholas Ray, com roteiro de Stewart Stern, ambos francamente entusiastas da geração de adolescentes que estava em processo de tomar de assalto o imaginário mundial. O drama é centrado no atrito de gerações e em uma insatisfação difusa dos adolescentes, confrontados com suas famílias caricaturais. Na falta de outras razões às quais atribuir os sofrimentos demonstrados pelos personagens, a culpa sobra para os pais, apresentados como figuras fracas, opressivas ou simplesmente abandonadoras.

Para sublinhar a relevância desse título, existe outro filme, lançado apenas três anos antes, considerado precursor nessa estética juvenil, intitulado *O selvagem*, em que essa questão já estava colocada. Esse é praticamente uma alegoria da juventude que firmava sua identidade nos Estados Unidos, além de ter sido responsável pela consolidação de algumas tendências de moda – *jeans* e jaquetas de couro – que até hoje ainda estão entre nós. O sucesso dessa obra abriu as portas para o investimento dos estúdios na vertente da insatisfação juvenil e do seu modo de vida inovador.

*The Wild One*, nome original do filme, dessa vez fielmente traduzido, retrata um bando de motociclistas chegando a uma pacata localidade interiorana e deixando tudo de pernas para o ar. Eles tinham uma sigla desenhada nas costas das jaquetas pretas, a modo de uniforme, a qual desperta curiosidade em uma jovem local. Ela pergunta ao líder do grupo – Marlon Brando – sobre o significado das letras BRMC, que ele revela ser: Clube dos Motociclistas Rebeldes de Negro (Black Rebels Motorcycle Club). Ela insiste: "*Rebeldes ao quê?*". E ele, sem palavras, acaba respondendo algo como: "a qualquer coisa". Eles eram contra, isso era seguro, mas tampouco sabiam contra o quê. Nenhum deles era negro, referiam-se à cor de suas jaquetas.

Embora o título do filme de Dean remeta a uma rebeldia sem causa, acabam antecipando-se, já nas primeiras cenas, as explicações sobre a crise dos três protagonistas. São eles que começam a história detidos em uma delegacia de menores, mas as acusações são dirigidas a seus pais: estes são ausentes ou, quando presentes, não estão à altura da tarefa, por ser agressivamente rígidos ou demasiado permissivos e fracos. A culpabilização das famílias fica explicitada pela escuta compreensiva de Ray Fremic, o representante do juizado de menores que os acolhe no ambiente policial.

Nessas cenas do juizado é onde melhor se deixa entrever a presença do roteirista Stern: ele era sensível e experiente na escuta dos adolescentes. Para a construção de seus personagens, colocou em cena reminiscências próprias, como jovem judeu pouco afeto às atividades físicas e temeroso ante a presença dos colegas robustos e populares. Alistado, lutou ao lado de figuras fortes, descobrindo o valor da amizade e da aliança entre rapazes de diferentes origens e habilidades. Graças a isso, o *bullying* e a solidariedade alternam-se, compensam-se e assim aparecem nos personagens do filme, portanto não é pessimista relativo à relação dos jovens entre si.

Além disso, os muitos anos de terapia do escritor do roteiro, que já estava na faixa dos trinta anos, fazem-se ver por meio da explicação do sofrimento dos protagonistas associada a sua estrutura familiar. Do mesmo modo como o personagem Ray Fremic, que se punha a escutar os jovens que haviam sido recolhidos pela polícia, Stern viveu situação similar. Sentindo necessidade de compreendê-los melhor, escutou muitos adolescentes ditos delinquentes, recolhidos em um juizado, tendo oportunidades de diálogo a sós com eles, nas quais surgiram algumas das histórias do filme.

Jim Stark, o antológico personagem de James Dean, foi detido por "alcoolismo e vadiagem". Nas imagens de abertura do filme, quando os policiais o encontram, ele está bêbado, caído no chão, brincando com um macaquinho de corda que parece ter sido jogado no lixo, que é como ele próprio está se sentindo. Jim o cobre com um pedaço de papel, ao modo de cobertor, o coloca para dormir, encenando um cuidado de que parece estar carecendo.

O charmoso Dean, que irá inspirar legiões de adolescentes, não é apenas indômito e provocativo, ele também se mostra desamparado, saudoso do aconchego da infância. Logo compreenderemos melhor que não faltava a ele ser mimado como uma criança, sua carência era da perdida admiração infantil pelos pais, queixava-se da fragilidade do pai. Além dele, aos cuidados do funcionário do juizado encontra-se Judy, personagem de Natalie Wood, uma garota que fugiu de casa após uma discussão com o pai. O conflito ocorreu porque ele a chamou de vagabunda e teve atitudes agressivas quando ela usou batom vermelho, após o que saiu e foi encontrada vagando sozinha.

O terceiro é Plato, como o filósofo, apelido reivindicado por um garoto mais jovem que Jim e Judy, que foi levado lá pela empregada da família, assustada ao vê-lo tentar matar filhotes de cachorro a tiros. Ele dá claros sinais de estar perturbado, é de uma família rica e sua mãe está sempre viajando.

Os dois mais velhos estão lá aguardando ser resgatados pelas famílias, mas precisam explicar-se junto a Ray. Este demonstra uma escuta atenta e compassiva, que surte imediatos bons efeitos. Ao encontrar alguém capaz de uma verdadeira conversa, Jim põe-se a reclamar do pai, por quem sente desprezo e pena. Ele o considera um homem covarde, suplicante e submisso em relação à esposa queixosa e à sogra sarcástica: *"ela o come vivo e ele aceita. Nunca vou ser como ele"*. E acrescenta: *"Como posso crescer num circo desses?"*. Crescer é ainda relativo para ele, que se parece a um jovem homem, mas queixa-se como uma criança magoada.

Jim é novo na cidade, a família mudou-se por sua causa, pois na localidade anterior ele havia se metido em confusão: brigou por ter sido chamado de covarde. Os pais organizam sua vida ao redor desse filho único, desajustado, que não consegue controlar-se e é um ímã de problemas. Eles não entendem sua conduta, preocupam-se em demasia com ele, mas de fato não o escutam, embora Jim seja direto sobre o que o atormenta. A bebedeira, a partir da qual o filme inicia, ocorreu na véspera do seu primeiro dia na escola nova. Mais uma adaptação se iniciava, e somos levados a crer que ele não parava em lugar algum.

## O DUELO

O primeiro dia de aula em uma escola nova é um desafio pelo qual todos nós já passamos. Sabemos que seremos avaliados com hostilidade, pois tentamos penetrar em uma intimidade entre os colegas e amigos que nos exclui, e somos ignorantes dos códigos que permeiam e estruturam suas relações. Cada detalhe dessa chegada é essencial, e nosso herói, que já é suficientemente crescido para ir à escola no próprio carro, carrega nas mãos lanchinhos entregues pela mãe ao sair de casa. É significativa essa imagem do rapaz tratado como menino.

Logo reaparecerão Judy e Plato, os personagens que se encontraram na delegacia. Na porta do colégio, cena clássica de turmas reunidas, o notam, observam e desprezam ao mesmo tempo. Jim não é do estilo que deixa por menos, não tem perfil para ser um dos invisíveis. Em uma aula que é dada no planetário, sua primeira, ele aproveita a escuridão para bancar o engraçadinho e muge durante a apresentação da constelação de touro. Em nenhum momento lhe ocorreu que não seria identificado, ao contrário, a falta de luz servia para melhor emoldurar o foco de sua *performance*, que é uma provocação.

Após essa bravata, os colegas, junto aos quais se encontra Judy, sua vizinha e namoradinha do chefão, Buzz, querem lhe dar uma lição. Esvaziam o pneu de seu carro e o esperam. Assim que o conflito se arma, Plato junta-se a ele e propõe que fujam juntos para uma casa abandonada ali perto que ele conhece. Mas Jim vai conferir o que fizeram com seu carro. Entra em um bate-boca com Buzz, até que este o chama de covarde – *chicken* –, para ele a pior palavra do mundo.

Inicia-se uma briga de canivetes, cujo objetivo é fazer cortes superficiais no adversário. O novato se machuca levemente e evolui para outro desafio. Trata-se de um duelo – *chicken run* – que consiste em correr com carros até a borda de um precipício e ser o último a pular fora para salvar-se enquanto o carro cai. O primeiro que se lançar fora do veículo antes da queda perde. Será considerado covarde, ficando a vitória para aquele cujo sangue frio lhe permitir a maior aproximação à morte.

Chegando em casa antes do desafio, Jim encontra o pai trajando um avental de babados, servindo a mãe que alega estar adoentada na cama. Apesar do ridículo da situação, ele apela para que o pai o escute, que lhe diga o que faria se tivesse que se envolver em algo ruim, ao que não tem como fugir. O pai, como sempre, coloca panos quentes. Diz que o certo é examinar com calma, com tempo, coisa que o rapaz não tem. Jim lhe faz a pergunta central que o atormenta: *"o que faço para ser um homem?"*.

De que forma um homem vestido como se fosse uma criada da esposa pode responder a respeito do assunto? Não se deve esquecer que estamos nos anos cinquenta, tempo de clara divisão de papéis de gênero. Para os rapazes daquela geração, ainda não se tratava de questionar os padrões da masculinidade. Com as memórias de guerra ainda frescas no cotidiano das famílias, a virilidade significava disponibilidade para a beligerância. Outros valores começariam a chegar com os *hippies*, mas isso ainda demoraria uma década.

O pai retruca que ele terá tempo para isso, que deve aproveitar por estar em uma idade maravilhosa e que em dez anos verá que tudo isso não teve nenhuma importância. É uma resposta hilária, pois Jim estava longe de sentir-se em uma fase maravilhosa da vida. Uma década é um tempo que o rapaz, na eminência de um duelo de vida ou morte, não tem.

Evidentemente, é necessário ao filho provar uma coragem que faltava ao pai. Essas palavras só confirmam que o desafio não poderia ser ignorado. No fim desse diálogo, Jim veste a emblemática jaqueta vermelha e sai deixando seu pai impotente, trajando o avental de babados. A partir dessa afirmação de valentia, será apelidado de toureiro, devido ao mugido no planetário e à veste rubra. Como se vê, a experiência era crucial para eliminar o insuportável apelido de galinha (*chicken*).

O núcleo do filme converge para o duelo entre os adolescentes. Na verdade, compreendemos depois, é praticamente um ritual de passagem: para pertencer ao grupo deve-se antes provar-se à altura do seu lugar. Não parece ser um rito comum a todos, pois, entre os que cresceram na localidade, a hierarquia provavelmente já estava negociada, porém, como recém-chegado, havia um espaço e uma posição a negociar.

Essas cenas de confronto, discriminação, *bullying*, são a hipérbole de um tema recorrente na ficção norte-americana: a porta da escola com todas as tribos representadas e seus olhares desafiantes. Enfim, a bolsa de valores desse instável investimento que é a imagem pública de um adolescente. Esse é um dos filmes inaugurais e ajuda a dar o tom de como serão os outros sobre esse drama.

Diante do penhasco, antes da disputa, surge certa simpatia entre os rivais, que dão sinais de respeito mútuo. A tal ponto que Jim ousa perguntar a Buzz, afinal, por que eles teriam que fazer isso. A resposta do líder é similar ao sem sentido de ser um rebelde sem causa: *"algo tem que ser feito!"*.

Independentemente do resultado, o futuro de Jim na turma, após superada a prova, parecia bem encaminhado. Porém, o risco da empreitada confirma-se letal, toma um rumo inesperado. Na hora de jogar-se para fora, Buzz fica com a manga presa no trinco do carro, saltando para a morte dentro do veículo.

Ante a catástrofe, todos os jovens dispersam-se, e Jim corre para casa, esperando, inutilmente, ser levado a sério e orientado pelo pai:

*Preciso falar com alguém, desta vez preciso que me dê uma resposta direta. Era uma questão de honra, eles me chamaram de covarde, eu tinha que ir senão eu nunca poderia olhar aqueles meninos de novo. Eu nunca fiz nada direito.*

Como previsto, escuta do pai que o ocorrido não era importante, mas o filho o arremeda ridicularizando essa afirmação costumeira dele. Quer ir à polícia, mas tentam impedi-lo, a mãe aproveita para propor que voltem a mudar-se: *"cada vez que não consegue encarar a si mesma diz que está se mudando por minha causa. Pai, me defenda!"*.

O pai silencia, Jim atira-se sobre ele tentando esganá-lo, a mãe grita: *"Você vai matar seu pai!"*.

O jovem não caiu no abismo, mas sente-se em queda livre, diante de uma família incapaz de enfrentar qualquer situação da vida real sem fugir. Por isso, parte para a delegacia em busca de Ray, a única pessoa até então em quem encontrara uma escuta séria. No local, todos estão ocupados, ninguém se dispõe a atendê-lo, e Ray encontra-se ausente no momento.

## VELOZES E FURIOSOS

Neste filme temos os carros com uma importância fundamental, tanto quanto em *O selvagem* eram importantes as motocicletas. Eles dizem da adolescência, mas mais da sociedade norte-americana em que a máquina e o homem parecem um par que sempre anda junto. Como insistiremos ao longo do livro, na falta de marcas, de sinais convincentes de identidade, que atestem a passagem para novas fases da vida, a aquisição de certos direitos pode funcionar como frágil atestado de maioridade. A permissão para dirigir é um desses, embora possa significar seu oposto: uma grande oportunidade para demostrar sua imaturidade.

Duelos envolvendo carros, rachas, abuso de velocidade, são mais comuns do que gostaríamos e engolem vidas de um número expressivo de adolescentes. Estes se identificam com as máquinas em sua potência, velocidade e agilidade. Elas são como eles, pois sempre existem novas fornadas delas chegando com a promessa se serem melhores do que as anteriores.

Correr de carro, exigir dele ou de uma moto toda a sua potência, iguala-se a tirar do corpo jovem o máximo que ele pode dar. Dessa forma, muitos carros são sua extensão corporal e são submetidos ao mesmo desprezo pela morte que muitos adolescentes demonstram. Além do mais, há um prestígio social envolvido: o carro que meu pai tem ou que conseguiu me dar. Investido dessa armadura motorizada, que quando se trata de um garoto é também uma afirmação viril, a rua é a cena pública dessa *performance* adolescente. Enfim, todos os elementos certos para dar tudo errado.

O automóvel proporciona as mortes mais absurdas e democráticas, ou seja, atinge a todos indistintamente. Existe uma piada que diz que, no fim do século XIX, os homens tinham um grave problema de locomoção. Veio o diabo e se propôs a resolvê-lo, desde que fosse pago com uma pequena cota em almas anuais a um juro módico. Os homens toparam, e ele nos deu o automóvel. Resta pagar. Se é mórbido como piada, é inegável que o automóvel sempre esteve ligado a desastres, mortes e, mais recentemente, tornou-se também um dos vilões ecológicos.

Porém nada disso o tirou do centro de um culto de suas formas e potência. Ele é uma das estrelas do individualismo contemporâneo e, por isso mesmo, disposto a atropelar o que vier pela frente. Os proprietários dos carros sabem que, quanto mais potentes, mais velozes podemos ser, e, quanto mais velozes, mais potentes nos sentimos. Quando a embriaguez da velocidade nos toma, atingimos a comunhão com a potência da máquina. Furiosos, ultrapassamos aqueles que obstruem nosso caminho. Mesmo quando trafegamos a 50 quilômetros por hora, com um carro cujo velocímetro mostra a possibilidade dos 250, sentimo-nos investidos dessa potência.

Não podemos esquecer que o desafio, no filme, começou com o herói sendo chamado de covarde. Jim tinha histórico de problemas pelo dilema de não saber o que é ser um homem em tempos de paz. Seu pai era um covarde diante da mãe, e era isso que o deixava desamparado, sem uma identificação segura para seguir. Como é tão comum nesses casos, ele tinha que ser homem por si e pelo pai. O risco do duelo, que envolvia o automóvel, era requerido para demonstrar sua virilidade, por isso Jim – o toureiro – não podia recuar. Não esqueçamos que a tourada é um esporte muitas vezes letal, cujos protagonistas são o protótipo da masculinidade.

A geração anterior conheceu o perigo na guerra, e ser soldado é o arquétipo básico da condição masculina. Esses jovens não sabiam como igualar-se aos precedentes, o que podiam fazer para se sentirem homens? Uma das saídas era zombar da morte arriscando-se. Na falta de definições mais claras do que dá valor a um homem, as saídas pela violência ou de colocar-se em risco são as mais disponíveis.

O drama de Jim era claro para quem quisesse ouvir, ele sofria pela falta de uma identidade masculina convincente. Isso lhe tomava toda energia. A escola não lhe dizia nada, estava lá apenas para furar o bloqueio social, queria ser alguém em uma comunidade de iguais e ser respeitado como homem. Era isso que estava encaminhado no desafio dos carros e deu errado. O desafiante, Buzz, já o tinha aceito, ele faria parte da turma, mas antes precisavam encenar seu batismo social arriscando a vida.

A insanidade de brincar de roleta-russa guarda uma lógica semelhante. Nesse jogo, coloca-se uma bala no tambor do revólver e o acaso decide entre a vida e a morte. Se um adolescente quiser mostrar aos pares que tem coragem, expor-se à morte, apontando uma arma para sua cabeça, é o caminho mais curto para dar prova disso. Infelizmente, alguns jovens sentem necessidade de mostrar aos amigos o quão "loucos" podem ser. Colocar-se em risco para angariar respeito do grupo parece-lhes um caminho direto para tanto. O número de mortos demonstra como a inserção social pode ser dramática. Nesses casos, não se trata de a vida deles valer pouco, mas sim de que ser aceito pelo grupo vale tudo.

## JOVENS LIBERTAS OU PERDIDAS?

Uma das cenas do filme é um diálogo baseado em um duplo sentido em torno da palavra inglesa *"age"*. A palavra serve tanto para uma época da vida, uma idade, quanto para uma era da história. A futura namorada do herói, Judy, recebe seu pai, que chega para jantar, com um beijo na bochecha. Ela sabe que está insistindo em uma atitude que passou a irritá-lo e, de fato, o pai rejeita sua aproximação física, resmungando que aos dezesseis anos ela já deveria parar com esse comportamento. Justificando o gesto de esquivar-se dela, ele diz que na sua idade (*age*) já não deve comportar-se assim. Ou seja, seria a hora de parar com a demonstração física dos afetos entre eles. Ela desobedece e insiste – o pai lhe dá um tapa na cara.

A filha protesta a perda do amor paterno, rebela-se contra a determinação de que este tenha que ser abandonado com a infância. Mesmo que o pai tenha se arrependido do gesto agressivo e ido atrás dela pedindo desculpas, Judy está mortalmente ofendida e sai batendo a porta, dizendo que essa não é mais sua casa. A mãe consola o pai atônito com a frase: *"ela vai superar isso, querido, é só a idade (age)!"*. Ou seja, que ele fique tranquilo, a filha vai sair dessa crise, trata-se apenas de uma idade, uma etapa, uma fase de loucura temporária.

O irmãozinho da personagem senta à mesa brincando com uma arma espacial e arremeda enquanto atira: *"yeah, it's the atomic age!"* (sim, é a era atômica!). Na sequência, a mãe segue o diálogo com o marido e acrescenta: *"it's just the age where nothing fits"* (é bem a época em que nada serve). O pequeno informou do que os adultos falavam sem saber. Os pais dos Estados Unidos do pós-guerra, mesmo na condição de nação vitoriosa, não sabiam o que fazer com seus filhos da nova era, quando estes atingiam a idade dos antigos combatentes, o mesmo para as moças solteiras. A família de Jim optava por manter o filho protegido, tratando-o como criança, enquanto a de Judy lidava com a fase em que a filha deixara de ser criança e não era ainda uma adulta como se fosse um mal passageiro. De qualquer forma, a adolescência também se mostrava uma era atômica!

Para os pais de Judy, como para muitos de sua época, não havia com o que preencher esse período que era algo novo: uma filha que ora se comporta como criança, ora goza de liberdades que nem sequer as mulheres adultas da geração da mãe reivindicavam. A jovem entra e sai de casa sem dizer aonde vai, nem com quem. Até então, o período que antecedia a hora do pai entregar a moça no altar para outro homem que viesse a ocupar-se de sua tutela era marcado por ritos de aproximação restrita e encontros regrados. A experiência do esforço de guerra havia quebrado muitos paradigmas, entre eles o relativo ao papel das mulheres, sua vida tutelada e submissa aos pais e maridos que as tratavam como filhas e súditas.

Na delegacia, depois de ser encontrada vagando, ela conversa com o oficial Ray, a quem diz estar convencida de que seu pai passou a odiá-la. Dá a entender que ele não suporta o que ela se transformou. Emocionada, revela que o pai a chamou de *"dirty tramp"* (vadia suja). Ela retrata o incômodo de uma geração de pais ao ver suas filhas adolescentes transformadas em algo com o qual não sabiam, nem queriam saber, lidar.

A principal preocupação dessas famílias era ultrapassar essa etapa, evitando prejuízos à respeitabilidade da filha que lhe inviabilizassem o projeto de ser uma mãe de família. Do lado daquela primeira geração de adolescentes, sua angústia e irritabilidade, não é difícil de entender: esperava-se que se livrassem de tudo o que sentiam para ocupar os papéis sociais tradicionais que lhes eram reservados, mas o problema é que tais papéis pareciam não servir, como se fossem roupas de número errado. Como dizia a mãe de Judy: *"nada serve"*.

Na verdade, nossa personagem não é nada feminista. Ela parece conformada com o lugar de coadjuvante. O papel de Judy chega a ser incoerente, pois, após o incidente do abismo, ela passa, sem traumas ou luto aparente, da condição de namorada do rival para a de par romântico de Jim. Natalie Wood emprestou uma inédita força à personagem, que no roteiro original era uma figura frágil e apagada.

A atriz, já consagrada no cinema desde criança, estava com dezesseis anos e, pela primeira vez, enfrentou seus familiares, que conduziam sua carreira, para fazer um papel que eles consideravam inconveniente. Nas filmagens fez suas primeiras cenas românticas, ao lado do já icônico Dean, sete anos mais velho que ela. Provavelmente devemos a ela, e a Nicholas Ray, o diretor que lhe deu esse espaço, que *Juventude transviada* tenha dado voz também às adolescentes. O sofrimento delas, tal como explicitado entre lágrimas por Judy, é o de sentirem-se expulsas do amor familiar, destinadas a vivências que as tornavam párias, por viver uma juventude tão diferente da de seus pais.

O que essa geração de moças pede é praticamente o que Jane Austen defendia para suas heroínas um século e meio antes: o direito de escolher, de entrar na vida amorosa a partir do encontro com alguém por quem sintam atração e com quem tenham empatia. Judy e suas contemporâneas queriam também divertir-se, dançar, beijar, talvez álcool e cigarros, sentir-se desejadas e vestir-se de modo atraente antes de serem internadas em lares monótonos. Eram anseios femininos que ganharam força nessa primeira leva massiva de adolescentes, elas queriam companheiros sensíveis, que as escutassem e respeitassem seus desejos e impasses.

Na troca de amores que faz após a morte do ex-namorado valentão, Judy declara ter finalmente encontrado o amor em alguém sensível, cuidadoso, sendo capaz de ficar ao lado do garoto rejeitado pelos populares. Para a surpresa de Jim, ela reconhece a força de um homem nessa subjetividade masculina mais complexa, que revela dúvidas e sofrimentos, tão bem representada pelo mito formado em torno de Dean. A personalidade do ator, tal como era cultuada pelos fãs, era igualmente conflitiva e intensa, uma mistura de menino e homem, de desamparo e valentia.

Paradoxalmente, o personagem paterno tão criticado por Jim Stark ensinou-lhe alguma coisa. Certamente não nos referimos à submissão à esposa dominadora, mas sim à dedicação amorosa daquele homem a sua família. Tanto a cena inicial, em que o protagonista cobre amorosamente um macaquinho de corda jogado no lixo, assim como a final, em que ele tapa o corpo do amigo morto que o tratava como pai, refletem essa conduta zelosa. São gestos que poderiam ser considerados infantis ou femininos, mas que deixaram de ser incompatíveis com a virilidade. As personagens de Austen teriam se apaixonado por um homem assim.

## AS NOVAS MÃES DA AMÉRICA

Elas nasceram durante a guerra e talvez tenham testemunhado as mulheres assumirem lares e postos deixados vagos pela ausência dos homens que estavam no *front*. Porém, também lhes coube ver o refluxo disso, quando a volta dos seus homens abafou esse avanço. Foram conclamadas para repovoar o país, cumprir sua missão de mães, tanto que protagonizaram o *baby boom*.

A escritora Betty Friedan, autora do clássico *A mística feminina*, lançado em 1963, revela os bastidores da subjetividade das contemporâneas de Natalie e sua personagem Judy. A "mística" a que ela se refere é a da suposta e desejável realização das mulheres na consagração à casa, ao marido e aos filhos. Elas são descendentes da geração que teve acesso a papéis públicos, em uma abertura que durou até o fim do conflito. A autora diagnostica a mágoa dessas garotas ao perceberem a infelicidade de suas mais velhas ante o destino do lar. Elas teriam se determinado, segundo Friedan, a abandonar postos de trabalho e sonhos universitários, de modo a provar a suas mães melancólicas, saudosas da liberdade perdida e marcadas pelo morticínio da guerra, que os filhos e maridos eram suficientes para torná-las felizes.

Essas jovens, tão empenhadas em provar sua devoção à família, estavam fadadas à contradição, pois já não conseguiam evitar a falta que sentiam de um lugar no mundo. Suas mães não haviam se tornado feministas a partir das experiências do período de guerra, tanto que permitiram que tudo voltasse para um lugar que se esvaziara.

As filhas, nascidas a partir do fim dos anos trinta, sabiam-se destinadas a uma vida doméstica, mas as sementes da insatisfação já estavam plantadas. Friedan diagnosticou uma espécie de epidemia de depressões nessas donas de casa, que se culpavam por sentirem-se infelizes mesmo "tendo tudo": um marido, filhos saudáveis, carro e uma cozinha espaçosa para abrigar uma miríade de eletrodomésticos.

Esse filme situa-se em uma geração intermediária, na qual a adolescência ganha espaço, mas anterior ao direito à liberdade sexual e, principalmente, da escolha de destino para as mulheres, que ainda demorariam para se assentar. Judy viveu sua adolescência no momento em que isso brotava e não tinha grandes exigências: apenas queria ser acolhida em casa, mesmo que mostrasse sinais de ser uma mocinha. Para ela, havia um trecho de vida entre a infância e a idade adulta, em que ainda teria direito a sentir-se amorosamente apegada ao pai, portanto, cumprimentá-lo com um beijo na bochecha ao encontrá-lo para o jantar. Isso, para ela, significava ser a garotinha do papai, mesmo que já apresentasse sinais óbvios de seus atrativos femininos.

Muitos adultos leitores, com idade para ser filhos de Judy, lembrarão das dificuldades que passaram para garantir sua liberdade sexual ante famílias apegadas a valores como a virgindade e o recato. Isso é hoje tão natural, considerando que muitos filhos iniciam sua vida erótica sem ter que se casar ou mesmo sair de casa, que se custa a acreditar como foi uma difícil conquista.

Entenda-se que, para a família de Judy, a maturidade sexual de uma filha destinava-se unicamente ao projeto de formar uma família. Colocar batom vermelho, como o que ela usou para fazer um programa familiar de Páscoa, era impensável. Na cena que deu origem ao primeiro confronto, e que a levou à delegacia de menores, o pai lhe retira a maquiagem de modo agressivo e a ofende. Judy foge de casa e é recolhida por andar desacompanhada e sem rumo. A família, que não parecia estar procurando por ela, é chamada a buscá-la.

Uma vez feita mulher, ela não diria mais respeito ao pai, pois já teria um marido para andar a seu lado. Para as que teimassem em assumir uma identidade feminina explícita sem essa garantia de respeitabilidade, seria reservada a condenação à marginalidade. Para o pai de Judy, sair em público com uma filha usando batom vermelho significava que ele abrira espaço para a libertinagem no seio de sua respeitável família.

Como se sabe, para as jovens mulheres da década de cinquenta e as seguintes, pelo menos até os anos setenta, a iniciação sexual era um labirinto de decisões: os casais de namorados já se consideravam com direito aos jogos sexuais, mas para elas isso significava antecipar a certeza, que por vezes lhes faltava, de que o companheiro seria leal. Se fossem descartadas após ter perdido a virgindade, dependendo da publicidade que fosse dada a essa informação, sua reputação estaria arrasada. Seriam consideradas mulheres fáceis, e os outros garotos teriam com elas uma relação de uso, desrespeitosa e abusiva.

O machismo e a prova viril associada à potência sexual e à subjugação das mulheres faziam com que muitas fossem apenas usadas para produzir um fato a ser ostentado entre os companheiros, em uma disputa de conquistas que fez de muitas mulheres apenas troféus, objetos de caça descartáveis. Era justamente essa conformação que os levava a buscar para esposa uma moça imaculada. Só assim teriam certeza de ser os únicos proprietários do corpo da futura mãe de seus filhos, além de que seu desempenho não seria comparado com nenhum outro.

Em muitos casos, a iniciação das mulheres acabava assumindo tintas de sacrifício, de pauta social a ser cumprida, mais do que de acesso ao prazer. Entre os garotos isso acabou acarretando um desafio a mais. Anteriormente, sua iniciação ocorria junto a uma prostituta ou mulher socialmente desvalorizada. Agora tinha que ser uma conquista, fruto da própria capacidade de sedução e persuasão.

Nos grupos masculinos, ser conquistador sempre pontuou no *ranking* entre os pares. Já para elas, eram raras as ocasiões em que se entregavam à intimidade erótica no tempo determinado pelo próprio desejo. Muitos rapazes reivindicavam junto a suas parceiras o direito às ousadias eróticas, em troca de juras de amor e fidelidade. Essa exigência trazia subentendido que sem essa permissão talvez não seguissem adiante com a relação. Por sua vez, elas tinham presente a possibilidade de que seus namorados estivessem blefando, apenas para propiciar-se uma satisfação ou mesmo para poder exibir-se junto aos amigos.

Essas são histórias típicas da geração das avós das que hoje são adolescentes e partem do pressuposto de que têm direito à liberdade sexual e a tomar suas decisões em seu tempo, sem ter que negar ou ceder por imposição social e sem temor de ser consideradas imorais por isso. De fato, muitos ecos da repressão sexual e do machismo, que se explicita na história de Judy, sobrevivem, e as meninas ainda têm preocupações em relação à própria reputação. A repercussão pública da iniciação erótica é tão delicada que ambos os extremos podem ser um desprestígio, tanto a preservação da virgindade, no sentido de adiar as experiências mais ousadas, quanto a excessiva demonstração de entusiasmo pelos encontros sexuais. Há territórios de liberdade, provavelmente hoje bem maiores do que já houve, mas eles convivem com outros, em que se tornar mulher é uma caminhada e o abuso e a repressão ainda assombram.

Além dos dilemas envolvendo prestígio, havia o tema da gravidez: em 1955, a pílula anticonceptiva ainda não estava ao alcance das jovens. Quando chegou, poucos anos depois, seria inicialmente uma benção, porém sob a forma de uma agressiva carga de hormônios, e de difícil acesso. Tomá-la, aceder à orientação médica ou ao conhecimento de quando e como utilizá-la, compreender o próprio ciclo reprodutivo, exigia verdadeiras ginásticas de descobertas, ocultação e ousadia para as jovens solteiras que queriam exercer a nova liberdade de ter prazer sem o risco de engravidar.

Parte da repressão sexual das mulheres foi garantida graças à desinformação, que ainda estamos tentando combater: mães não ensinavam suas filhas, escolas excluíam a educação sexual de seus currículos, médicos e obstetras as tratavam como corpos sem dona. Infelizmente, não é bem verdade que possamos conjugar a frase anterior totalmente no passado, já que boa parte das conquistas em termos de informação sobre a sexualidade e o funcionamento do corpo das mulheres, assim como do poder delas sobre seu destino, ainda está em tensa negociação.

## MAL-ENTENDIDOS, DESENCONTROS E SOLIDÃO

Plato é o nome escolhido para si mesmo por um garoto franzino, chamado John. É filho único de pais separados que nunca estão presentes em sua vida. A ação da primeira cena do filme ocorre no dia da Páscoa, que é também data do seu aniversário. Como sempre, ele está sozinho, aos cuidados de uma empregada que realmente tem com ele um vínculo afetivo. É ela quem o levou à delegacia, preocupada ao vê-lo alvejar filhotes de cachorro com uma arma que havia surrupiado do quarto de sua mãe. Na verdade, ele estava se sentindo como um filhote, extremamente vulnerável. Já que sua vida não chama a atenção, brinca com a ideia da morte, com a qual talvez seus pais se sensibilizariam.

Naquela noite do começo do filme, Plato fecha-se para o diálogo, assim como rejeita o gesto de Jim que lhe oferece seu casaco para lhe aplacar o frio. *Ninguém pode me ajudar* é seu mantra. Porém, ao encontrar o novo colega na escola acaba mudando de ideia. Aproxima-se dele e, ao contrário do que costuma lhe ocorrer, não é rejeitado. Rapidamente, cria um vínculo marcado pela admiração, uma relação mais fantasiosa do que real, mas de importância fundamental para ele. Jim era mais bem-dotado para arranjar encrencas que popularidade, e Plato acaba sendo sua única companhia quando tem que enfrentar o duelo no precipício.

Após o desenlace funesto do duelo, os amigos do falecido Buzz encontram Jim na delegacia e supõem que ele os delatou, por isso iniciam uma caçada. Querem castigá-lo, descontar a raiva pela perda de seu líder. Nosso protagonista tem noção da gravidade da situação, tanto que busca Ray, mas este não estava. Na ocasião do primeiro encontro, ele lhe oferecera a oportunidade de conversar caso estivesse com alguma preocupação, sofrimento ou envolvido em encrenca.

Jim volta para casa e no jardim põe-se a conversar com Judy, que era sua vizinha. Ele a corteja de modo tímido, os dois consolam um ao outro, e ela o avisa do perigo que estava correndo. O diálogo vai assumindo tonalidades românticas, e eles decidem esconder-se em um local mencionado por Plato. Ele, por sua vez, saiu em busca do amigo depois de ter sido agredido pelos rapazes que tentavam fazê-lo entregar o endereço de Jim. Como não o encontra em casa, acaba supondo que ele teria se lembrado de suas indicações sobre aquele esconderijo e também vai para lá.

No cenário desolado da mansão abandonada, os três adolescentes transformam o desamparo que sentiam em uma experiência de mútua acolhida. Riem, brincam e Plato verbaliza que nunca se sentira tão feliz, tão em família. Jim e Judy aceitam o jogo do papel de "pais" do garoto e vão consolidando-se como casal. Quando o mais jovem adormece no jardim, eles o cobrem e retiram-se para um quarto em busca de maior intimidade. O filme é recatado, ficam a sós para trocar beijos e falar de amor, não há cenas eróticas que pudessem colocar a honra da moça em questão.

Corroborando a impressão de Plato de que sempre acaba sendo abandonado, ele é encontrado pelos marginais sozinho, dormindo no jardim. Ele reage, luta e consegue entrar na mansão para avisar os amigos e pedir socorro, mas eles não o escutam e novamente é preciso virar-se sozinho. Plato anda armado com uma pistola e acaba ferindo um de seus perseguidores. A polícia percebe sinais de invasão e tumulto no local e se aproxima.

Plato é destemido, tem a coragem dos que sabem que não podem confiar em mais ninguém. Ele consegue fugir de todos em direção ao Planetário, que fica nas imediações. Foi nesse local que teve início a amizade entre ele e Jim. É também nesse cenário que o novato fora hostilizado pelos rapazes, acabando envolvido na luta com canivetes e desafiado para o duelo. Correr para lá foi um modo simbólico de retornar à origem desse encontro.

Jim e Judy percebem o risco em que o amigo se encontra e culpam-se por tê-lo deixado sozinho. Esgueiram-se pela vegetação, escondendo-se da polícia e perseguindo Plato, a fim de ajudá-lo. Querem desarmá-lo, para que não se machuque, nem possa ferir mais alguém. Conseguem finalmente entrar na escuridão do Planetário, onde o garoto se ocultava. A polícia cercou o local, e Jim conduz uma negociação muito sensível com o assustado Plato, assim como se comunicava com Ray, que já havia chegado ao local e, com um megafone, unira-se aos seus esforços para retirar em segurança o garoto assustado.

Como Plato não abria mão de sua pistola, Jim só consegue sorrateiramente tirar-lhe a munição, afastando o perigo. Antes de saírem, novamente ele lhe oferece sua jaqueta, que dessa vez é aceita. Saem os três, abraçados, protegendo o mais jovem, encaminhando-se para um final feliz. Mas este não estava ao alcance de Plato, que, como dizia, não poderia ser ajudado por ninguém.

Desprendendo-se dos braços protetores por assustar-se, o garoto corre empunhando a pistola. Apesar dos apelos de Jim e Ray, acaba sendo alvejado por um policial que não entendeu a movimentação abrupta. Para o policial, adolescentes eram de fato perigosos. Para o enredo, ele era apenas mais um adulto incapaz de compreender o que Ray e Jim percebiam: o desamparo que constituía o pano de fundo de suas bravatas.

A maioria dos adultos só enxergava nesses jovens sem modos sinais de selvageria, insurreição e marginalidade. Os adolescentes da época tampouco eram muito bons em explicar suas causas, aprofundando o conflito de gerações. Mais do que um conflito, havia um desencontro, um abismo que se abriu entre pais e filhos, que viram os vínculos afetivos da infância darem lugar à sensação de estar vivendo com um desconhecido. Eram poucos os que, como Ray, buscavam fazê-los falar. O discurso dominante dos adultos era de demonização dos jovens, que, por sua vez, ridicularizavam os mais velhos.

O final trágico de Plato simboliza essa ruptura letal com a infância: depois dela, os filhos sentiam ter perdido seus pais e vice-versa, era a morte daquele amor fundamental. Apesar da cena de dor, da pungente impotência de Jim por não ter conseguido salvar o amigo, ao lado de Judy ele se encaminha para um final feliz. Como um jovem casal, a ruptura com os adultos abre espaço para uma pacificação: ela é apresentada aos pais dele e prometem um ao outro um amor que os livre para sempre da solidão.

## REFÚGIOS

Nossa história transcorre em pouco mais de vinte e quatro horas. São muitos eventos para tão pouco tempo. São comuns, na literatura e no cinema contemporâneos, essas jornadas curtas e plenas de vivências. Elas ressaltam a força dos fatos internos, das marcas perenes deixadas por experiências aparentemente menores. Ao contrário da proeza do astronauta que pisou na Lua, quando disse: "*um pequeno passo para um homem, um grande passo para a humanidade*", temos aqui a experiência oposta. Trata-se de grandes passos na vida de alguém, que, vistos de fora, parecem pequenos e, estando longe de feitos e fatos históricos, não fazem marcas perceptíveis em história alguma.

A única cena de aula ocorrida no filme é uma lição dada no Planetário. O professor empenha-se em explicar a insignificância do nosso planeta e dos seres que o habitam no contexto cósmico. Ele conclui sua explanação lembrando que, assim como surgimos de um fenômeno interestelar, podemos deixar de existir mediante outro similar. Mesmo que aquela turma de adolescentes finja não estar tomando aquelas palavras com seriedade, certamente importa essa lembrança. Vivemos durante uma ínfima parte da história de uma civilização e de um planeta que são igualmente passageiros. Era uma aula de cosmologia, mas também de filosofia, viemos do pó estelar e ao pó retornaremos, tudo é passageiro.

Contrastando com isso, a história do filme presta relevância a personagens prosaicos em momentos de vida também banais, durante um curtíssimo espaço de tempo. A invenção do romance, como estilo literário, levou para dentro da ficção e, portanto, do nosso imaginário, a vida mínima em sua plenitude de sentidos. As queixas e dilemas desses adolescentes aparentemente mimados e inúteis só podem ser interessantes mediante esse foco, que para nós hoje é indiscutível, na vida cotidiana e na intimidade de cada indivíduo. Como nos lembra o filme, encarando desde o ponto de vista do universo, essas vidas e seus pequenos dramas são como um grão de areia.

Há espaço nessa história para um tema caro aos adolescentes: o questionamento do sentido da vida. Suas inquietações, decorrentes da percepção da transitoriedade, e principalmente da mortalidade de seus familiares, os levam a condutas niilistas. Sentem-se nada e decretam que serão melhores que seus pais, pretendem superá-los, principalmente em termos de coragem, coerência e sensibilidade. A palestra no Planetário serve de metáfora e pano de fundo para esses contrastes, entre o grandioso e o irrelevante da vida de cada indivíduo, entre o espaço e o tempo infinitos do cosmos e a plenitude que pode ser sentida em um simples dia na vida de alguém.

Sabemos que a sensação de tempo é relativa: cada minuto em uma viagem interessante pode valer por uma hora, enquanto as horas da rotina nunca passam. Há ocasiões em que a vida parece acelerar-se, os acontecimentos se precipitam sobre nós mais rápido do que temos capacidade de assimilar, em outras, parece que ela esqueceu de acontecer. A adolescência tem seus dias do primeiro tipo, como uma viagem atribulada, uma vivência maciça, por vezes traumática, um tempo que nos acontece mais rápido que o pensamento. Face a isso, vive-se cada momento como se fosse terminal, decisivo: faltar a um evento com os amigos pode ser sentido como a falência de todo um investimento no prestígio social. É como se cada momento fosse um barco partindo, sem o qual se fica de fora da viagem.

Perdidos no tempo cósmico, mas encontrados na valorização de seus dramas precoces, nossos personagens também têm impasses quanto ao lugar. *"Se tivesse um dia em que eu não ficasse confuso e que sentisse que pertenço a algum lugar!"* Essa é a queixa de Jim quando interpelado pelo oficial Ray. Após a discussão com o pai, Judy sai dizendo: *"essa não é minha casa"*.

A adolescência costuma transcorrer nos lugares ou horas vazios, vagos, desabitados. Na escola, é na chegada e na saída da aula, nos recreios, pátios e corredores que acontecem as cenas mais relevantes, assim como as festas e os diálogos marcantes ocorrem geralmente à noite, quando a casa e a cidade estão despovoadas de adultos e crianças.

O encontro dos três protagonistas, seu enlace, ocorre em um desses espaços vazios: na mansão abandonada, pela noite. Não é de estranhar que para Plato aquele local em ruínas fosse um refúgio, era vazio como sua família. Ele o apresenta ao casal, propondo-lhes uma espécie de visitação ao local, com as seguintes palavras: *"estamos seguros aqui, o que vocês acham do meu castelo?"*.

Plato foi feliz lá, por um instante que fosse, fez daquela ruína seu castelo. Quando Jim e Judy o deixam dormindo e ele acaba encrencado, expressa sua mágoa dizendo que se enganara ao pensar que o amigo era diferente dos outros, que nunca se importam com ele. Plato começara o filme dizendo na delegacia que ninguém poderia ajudá-lo, assim como a garota afirmara na mesma ocasião que ninguém a entendia. Discutindo com o pai, nosso protagonista faz questão de lembrá-lo que nem ele, nem ninguém, pode protegê-lo para sempre da vida. Eles estão se sentindo desamparados, mas para os que tiveram a experiência de afetos familiares, mesmo que se trate de pais inadequados, há o recurso do encontro de um lugar: o que passaram a ter um no outro.

Em um final parcialmente feliz, imprescindível para um filme daquela época, Judy garante ao seu novo amor que: *"não vamos ficar solitários de novo, nenhum de nós dois"*. Não devemos nos surpreender, portanto, que os adolescentes se ocupem tão obsessivamente do amor, ele acaba sendo seu primeiro lugar quando se sentem exilados do mundo que conheciam.

Também é reconfortante para os adultos saber que, apesar de estarmos nos sentindo confusos, atrapalhados, ainda podemos legar exemplos de vínculos sólidos. Essa é a bagagem essencial, com ela podem ir a qualquer lugar. Mesmo que proclamem suas mágoas, ressentimentos e críticas, podemos nos sentir seguros de que, se estiverem preenchidos com esses amores familiares, encontrarão forças para seguir adiante. Plato não tinha esse acervo afetivo, talvez por isso o vento do destino o tenha levado antes do tempo. Fazendo eco às queixas dos adolescentes, o filme culpa os pais, mas salva o valor da família.

CAPÍTULO II

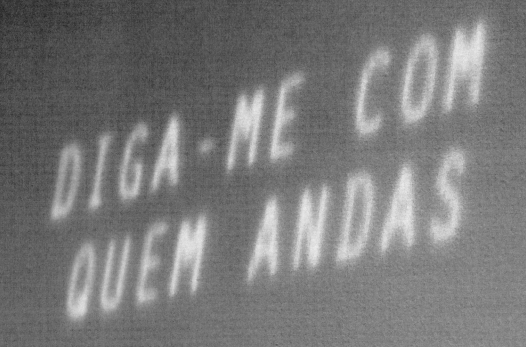

FILME:
Aos treze

TEMAS:
*Performances* pré-pubertárias
Paixões fraternas
Complexo da lagosta
Angústia e pânico
Furar e cortar o corpo
Consumismo
Distúrbios alimentares

Na língua inglesa, aos treze, *thirteen*, nos tornamos *teenagers*, ou seja, adolescentes. Seguindo o vocabulário à risca, seremos *teens* até os dezenove anos, *nineteen*. Idades são parâmetros variáveis; nesse caso, porém, a idade se colou na palavra. Vamos nos ocupar de um filme norte-americano no qual uma garota entra de chofre em uma adolescência frenética e perigosa aos treze anos. Acompanhamos nessa história o ritmo sideral em que Tracy sucumbe aos clássicos problemas de comportamento que ameaçam as meninas. Essa passagem rápida, como um *city tour* pelos dilemas que podem surgir na adolescência das meninas, pode nos ajudar a pensar várias situações similares.

O filme chama-se, justamente, Aos treze (*Thirteen*). Foi dirigido por Catherine Hardwicke, com um roteiro dela mesma, parcialmente baseado na experiência pessoal de uma das protagonistas. A atriz Nikki Reed, na época da filmagem com quatorze anos, assina junto a autoria do roteiro, enfocando experiências muito recentes de sua própria vida. É claro que elas tomaram muitas liberdades literárias, mas acreditamos que a história traga tintas fortes das suas vivências, cuja elaboração deve ter-se beneficiado da experiência artística de escrever e atuar.

A história enfoca a relação de duas garotas, sendo contada por Tracy. Nossa narradora, no início, tinha um perfil ainda bem infantil, era boa aluna, escrevia poesia, era dócil em casa e tinha um grupo de amigas calmas e estudiosas. Era próxima da mãe e a ajudava nas mais variadas tarefas. Um anjo de menina simpática e colaborativa, aquela que todos sonham em ter em casa.

Percebia, porém, que algo a desacomodava: os meninos na escola só tinham olhos para aquelas que eram o seu avesso. Interessam-se especialmente por Evie, a colega mais popular e ousada. Tracy não é sequer notada, sente-se como se fosse transparente. Mas ela quer ser vista, quer ser alguém na escola, e pensa que o atalho é uma aproximação com Evie, a quem passa a admirar.

Abruptamente, a garotinha sensível toma todas as medidas possíveis para aproximar-se de seu objeto de fascinação. Roupas, maquiagem, transformações corporais, sensualidade explícita, atitudes ousadas e transgressoras permitiram que as duas acabassem muito parecidas e se tornassem as melhores amigas.

Tracy é bem-sucedida em sua paixão fraterna e consegue viver com ela como uma irmã. Graças a sua dedicação, torna-se uma espécie de duplicação da personalidade de Evie, levando a mesma vida da garota popular: mitômana, vidrada em objetos de consumo, cleptomaníaca, drogada e sexualmente compulsiva. Todos esses atributos, longe de demonizarem a personagem, são um retrato de sua fragilidade. O sexo era seu instrumento de influência e valorização, os objetos constituíam o cerne de sua identidade, ela os surrupiava das lojas com o mesmo espírito de travessura e desenvoltura com que uma criança usaria os sapatos e a maquiagem da mãe, as drogas funcionavam como o combustível necessário para a coragem requerida para todos esses atos. Um detalhe interessante da obra é que a coautora do roteiro, Nikki, faz o papel de Evie, a amiga, e não o que lhe corresponderia, que seria o da personagem central.

Embora por meio de extremos, ou talvez por isso mesmo, o filme demonstra bem os conflitos de uma garota na fronteira da puberdade para a adolescência. Pela rapidez com que Tracy muda de personalidade e as experiências que a fase de submissão e identificação maciça com Evie lhe proporcionam, teremos como falar de alguns impasses da adolescência propriamente dita.

## A TEMPESTADE EVIE

Na primeira cena do filme, quatro meses antes do início da jornada de fascínio por Evie, a mãe de Tracy aparece fumando escondida, como se fosse ela a menina levada, escondendo-se da filha madura, em uma clara inversão de papéis. É uma mulher separada do pai de seus filhos, bonita, de aparência jovial, que trabalha em casa como cabeleireira, embora não seja nada boa na hora de cobrar os clientes. Vive com seus dois filhos adolescentes, o menino um pouco mais velho e nossa personagem, em uma casa de aparência e ritmo confusos, frequentada por agregados com uma assiduidade que visivelmente incomoda a garota.

O maior problema de Tracy é com o namorado da mãe, um *junkie* simpático e desocupado, que aparentemente já havia protagonizado cenas patéticas de degradação e recentemente passara um período em uma clínica de reabilitação. Para surpresa e irritação da filha, como ele não tem para onde ir depois da internação, é recebido de volta na casa e no coração da dona da casa.

Temos também uma amiga da mãe, cronicamente adoentada e sem dinheiro, que vive por lá, sobrecarregando Tracy com os cuidados de sua filhinha que está sempre faminta, fantasiada e necessitando de atenção. As cenas iniciais a colocam como uma espécie de Cinderela, cujo fardo é ficar colocando ordem naquele caos e tentando estudar no ambiente barulhento. Do pai da garota só sabemos que sempre está muito ocupado e nunca cumpre o prometido quanto aos encontros e pensões. Vemos Tracy desde o momento em que começa a perder a paciência com o funcionamento da casa e com o abandono paterno, até que isso se transforma em uma postura intolerante e agressiva.

Na ocasião em que repara em Evie e tenta uma primeira aproximação, é chamada por ela e suas seguidoras de criançola, com expressões de desprezo por sua vestimenta considerada infantil. Tracy volta para casa dizendo que precisa comprar roupas diferentes, e sua mãe, como sempre, nada questiona. Imediatamente lhe proporciona as roupas, os cabelos e a maquiagem para a transformação. A partir disso, torna-se possível, dessa vez, a desejada receptividade por parte de sua musa, que repara na diferença, mas ainda a esnoba, convidando-a a irem juntas às compras, mas dando-lhe um telefone falso.

As referências de Evie passam inteiramente por roupas e adereços de marcas caras. Seus ícones são gente rica e famosa, mulheres sensuais e homens de estilo marginal. Na rua, vemos como os olhos de Tracy começam a fixar-se em propagandas de moda e lojas, encantada como se aí estivesse um mundo novo e maravilhoso a sua espera. Ela não se intimida com o fora que havia levado com o falso número telefônico; sua determinação é férrea. Busca Evie nas lojas que supõe serem suas preferidas, onde a encontra com outra amiga furtando *lingerie*. Como ambas a esnobam, ela sai dali, furta a carteira de uma mulher e divide o dinheiro com as "novas amigas". Com esse ato, ganha lugar privilegiado na vida de Evie. Como moeda de aceitação, Tracy oferece constantemente sua ousadia e sabe que encontrará valor junto à amiga se for totalmente destemida. A amizade delas depende de um mergulho sem volta no mundo e nos valores transgressivos de Evie.

O consumo de drogas das garotas mistura-se com o tráfico miúdo e torna-se tão frequente quanto intenso é o convívio delas. A amiga se muda para a casa da família de Tracy, e ambas enrolam constantemente a mãe. Surpreendentemente, por um bom tempo, esta não tira conclusões a partir da abrupta mudança de aparência e rotina da filha, assim como das novas roupas e objetos caros que ela passa a ostentar. Evie é convincente e sedutora, bajula a mãe da amiga e busca ser adotada por ela contando que vive com sua tia tutora cujo namorado a maltrata. Dizia ter um passado de abusos cometidos por quem deveria protegê-la. A tal tia, na verdade, é uma prima, modelo e atriz fracassada que trabalha como garçonete; é viciada, depressiva e não tem nenhuma ideia, interesse, nem controle sobre a vida da sua hipotética protegida. Mesmo após perceber que a história da garota não estava muito bem contada, a mãe de Tracy, especialista em acolher todos os necessitados, mantém Evie em sua casa e tenta uma interação com a dupla, como se fossem todos um bando de adolescentes.

A relação das garotas, a cada dia mais forte, tem a clássica mistura de identificação e desejo que caracteriza esses vínculos intensos. Elas dormem juntas, mas não mantêm um caso entre si; apenas trocam beijos e alguns tapas excitados, movidas pela atração e pelas drogas. Tracy coloca *piercings* na língua e no umbigo. O segundo deles é posto por Evie em casa. A iniciação sexual de Tracy ocorre em uma cena em que ambas se encontram ao mesmo tempo com dois amigos e transam com os olhos postos uma na outra.

Após uma traição, em que a amiga seduz na sua frente o garoto que Tracy achava que estava namorando, algo entre elas se trinca. É também o fundo do poço para nossa protagonista. Ela se sentia fraca, pois se recusava a comer o que a mãe cozinhava, além de estar obcecada pela magreza e constantemente drogada. Por tudo isso, seu antigo hábito de cortar-se tornou-se mais intenso. São várias as cenas em que a angústia é aplacada por meio de pequenos cortes nos pulsos. Ela se fecha no banheiro da casa para se ferir, pois a dor e a visão do sangue a acalmam. Por esse motivo, precisa manter os pulsos, cobertos de cicatrizes, ocultos por mangas compridas ou pulseiras grossas.

O irmão e a mãe, preocupados, pedem ajuda ao pai, que mais uma vez se omite. A escola chama a garota anunciando que está prestes a reprovar, após ter sido, até então, uma aluna de destaque. Como a decadência física da filha já é chamativa, a mãe finalmente reage e decide devolver Evie a sua tutora. Sem forças para se opor, Tracy acompanha a mãe na iniciativa, o que desencadeia na teatral Evie um espetáculo de autocomiseração, que logo se transformará em ira. Ao retornar para casa, é mais uma vez machucando os pulsos que Tracy tenta aplacar a angústia e o vazio que está sentindo.

Nos acordes finais, Evie e sua tutora chegam à casa acusando Tracy de ser uma péssima influência, em uma estranha e avessa distribuição de culpas. Quando são descobertas drogas no quarto e na bolsa de Evie, ela coloca toda a culpa na amiga, que a estaria obrigando a fazer essas coisas.

Somente nesse momento a mãe de Tracy percebe que a filha estava em mãos de uma jovem manipuladora, cuja sucessão de mentiras e falsidades, aliada à alienação materna, possibilitou a descabida liberdade de que ambas puderam gozar.

O rompimento entre as meninas causa a imediata expulsão de Tracy do grupo com que se habituara a conviver. Desesperada, ela é acolhida pela mãe com muito aconchego, que lhe beija as feridas nos pulsos, nas quais nunca havia reparado e que foram reveladas a ela pela amiga traidora. Na cena final, de caráter alegórico, vemos Tracy com boa aparência, maquiada e corada, andando sozinha às gargalhadas em um gira-gira. A tempestade Evie havia passado.

## DA LATÊNCIA À ADOLESCÊNCIA, UM ROTEIRO POSSÍVEL

É difícil encontrar pais que não tenham se apaixonado pelo seu filho na época da latência. Lá pelos quatro, cinco anos, a criança abandona os ranços, caprichos, chantagens, terrores noturnos e fantasias estranhas que tornavam a rotina e principalmente as noites da família tão movimentadas. Em seu lugar, surge uma criatura gentil, suave, colaborativa, curiosa, capaz de ficar brincando sozinha e empenhada em aprender de tudo, ansiosa pela alfabetização e disponível para a socialização. Inicialmente, quer se crer que ela será sempre assim, afinal já cresceu, não é mais um bebê. Mas a latência é só uma pausa, na qual os conflitos repousam invisíveis; eles só se recolhem, para logo comparecerem de forma bem ruidosa.

A psicanalista Helene Deutsch aborda, no primeiro volume de sua *Psicologia da mulher*, o trajeto de uma menina da latência até a adolescência e, para tanto, descreve alguns processos visíveis a partir da última fase do período de latência. Quando o ar angelical começa a se dissipar, os impulsos sexuais, assim como as escolhas amorosas rudimentares, ainda estão silenciados, mas nuvens prenunciam uma tempestade. É quando encontramos nessas garotas, que vão assumindo a forma de crianças alongadas, um grande empenho em mimetizar-se ao que supõem que as espera, especialmente quanto a desempenhar um papel de gênero. Há uma espécie de impulso a atuar até se convencer de que se é parecido a um ideal, normalmente associado ao crescimento. O preço dessa *performance* é alto, pois parecer mais velhas exige delas dispor de defesas e recursos de abstração que ainda não desenvolveram.

Conviver com essas mocinhas e mocinhos, pois parte dessa descrição serve para ambos os gêneros, pode também ser bem complicado: participam das conversas dos adultos com petulância, resistem à disciplina corporal que lhes recorda sua condição infantil – tomar banho torna-se dramático – e tentam ganhar no grito uma posição que estão longe de suportar ocupar. Assim, a grande aquisição latente, que é a adaptabilidade ao meio, desvia-se para uma espécie de pantomima de gênero. Essa pode não ser uma característica dominante de todos os pré-púberes de ambos os sexos, mas certamente, em algum grau, se faz presente a partir da fase final da infância. Isso leva muitos pais a ficar chamando de adolescentes seus filhos quando são, de fato, ainda crianças, às vezes um pouco perturbadas, mas decididamente infantis.

Mais do que nunca, é a fase do mimetismo, ou seja, de pura construção de uma imagem próxima da que representa o ideal. A aposta da criança é elaborar uma espécie de fantasia, vesti-la e observar no olhar dos outros o efeito dessa *performance*. É muito importante destacar o caráter falso desse "parecer adolescente", em que não são supostos encontros amorosos de nenhum tipo, nem exposições corporais excessivas. Jogar uma criança assim estruturada na precocidade de uma experiência erótica pode ser bem assustador para ela, pois é muito além do que ela pode suportar. A tendência é a de que ela corra perigo, pois o objetivo do mimetismo, que é originariamente a conquista da proteção, proveniente da acolhida amorosa do olhar de alguém, pode tornar-se seu oposto.

Se um camaleão assume a cor de um tronco, não quer dizer que esteja apto a dar frutos ou ter folhas, da mesma forma essa quase criança que se parece com uma jovem tampouco tem condições de bancar a maturidade sexual que quer aparentar. Convém lembrar que ela está desprotegida, com sua capacidade de assimilar os desafios limitada, pois estamos falando de um desempenho teatral, e não de uma modalidade de comportamento resultante de um processo de crescimento. Ao atuar, faz-se algo para produzir um efeito no outro (grito para que me mandes calar, por exemplo), mas há uma vulnerabilidade própria de quem não está sendo dono das próprias fronteiras.

Outro sinal da fragilidade psíquica do período pré-puberal são as explosões emocionais. Crises de choro ou agressividade irrompem sempre que a situação fica difícil de decodificar; via de regra acompanham momentos de lucidez, nos quais a menina ou o menino percebe o quão longe está do ideal e sente-se pequeno para percorrer o trajeto nessa direção. Tanto as lágrimas quanto os gritos, ou socos, são expressão da impotência e da convocação aos pais ou substitutos para que os acolham em um registro infantil de punição ou consolo.

Especialmente nas meninas, temos a experiência das primeiras paixões fraternas. A menina escolhe uma amiga com quem tem todos os cuidados, ciúmes, alegrias e sofrimentos, dignos de um primeiro amor. Helene Deutsch vê essa amada como uma sucessora automática do amor dirigido à mãe, transferido para aquela que costuma ser nomeada de "melhor amiga para sempre". A autora pensa que esse amor fraterno tão intenso é também devotado a si própria, pois a outra seria uma extensão do seu eu, tanto que essas amigas costumam andar coladas, como se fossem uma só. É uma forma de permitir-se vivenciar os dramas do necessário rompimento com a mãe como se fossem externos à família. Dessa forma, é viável falar deles, padecer seus revezes, de um modo que não teria coragem de fazer relativo aos amores familiares, mesmo porque destes tem-se pouca consciência.

Rios de lágrimas são vertidos porque a melhor amiga escolheu outra dupla para fazer um trabalho escolar. Com isso, a jovenzinha nos ajuda a lembrar que o sofrimento amoroso é – pelo resto da vida – diretamente proporcional ao montante de restos infantis que ele abarca. O aparente ridículo desses primeiros desastres amorosos prepara a família e a criança para os que virão, de cuja seriedade ninguém duvida.

Tracy talvez viesse nesse rumo, via de regra acidentado, porém o filme nos embarca em uma espécie de montanha-russa na qual todas essas coisas acontecem de forma muito rápida e simultânea. É um bom exemplo, pois o desenvolvimento de uma criança ou de um jovem não é cadenciado como as estações de uma ferrovia, que se sucedem compassada e linearmente, e muitas experiências ocorrem quando ainda não se está pronto para elas.

O desenvolvimento se parece mais com uma teia do que com uma linha de tempo. Algumas mudanças dependem de premissas, como os desenvolvimentos neuronal e hormonal, que são as condições físicas, além dos fatores ambientais. Esses potenciais, porém, não se concretizam em função de algum automatismo natural: estarão atrelados a um sintoma familiar que obstrui ou precipita determinadas experiências. É difícil atravessar esse trecho sem alguma dificuldade; há muita coisa que só se consegue a partir de alguns colapsos, desencontros e reveses previsíveis. Entre eles, poderíamos listar o inevitável desencanto com os pais, alguma frustração amorosa e o estranhamento com o próprio corpo, que não para de mudar.

Muitos pais desejam criar filhos a salvo desses sofrimentos, poupando também a si próprios desse trecho exigente da vida familiar, como se fosse possível crescer sem frustrações, temores e erros. Na verdade, estão tentando poupar-se também de reviver muitas coisas que adoraram esquecer, ou mesmo que lembram, mas com as quais detestariam se reencontrar. Tracy nos leva diretamente a esses conteúdos, pois, em contato com o crescimento dos filhos, queiramos ou não, teremos que relembrar de algumas coisas difíceis. É provável que conosco tenham acontecido experiências similares, seja de forma mais tênue, diferente, seja até pior, mas de algum jeito passamos por isso, e não foi sem asperezas.

Especialmente as meninas costumam usar uma sigla do inglês para definir seu vínculo: BFF, *best friend forever*. Curiosa e precoce jura de amor eterno. É, com certeza, responsiva dos temores gerados pelas perdas que se está tendo, como a da idealização dos pais, que só dura até o fim da infância, deixadas para trás com um misto de dor e alívio. Eternos são os laços familiares; eles querem sair da família, mas ainda estão presos a certas lógicas desse laço.

Tracy pôs os olhos enamorados em Evie, e ela simbolizava tudo o que nossa garota não era. Ser boa filha e boa estudante não era compensador: a ausência do pai não se revertia, apesar de suas reclamações ao telefone, enquanto a mãe continuava sobrecarregando-a com sua desestruturação. Tinha boas amigas, que também partilhavam o fascínio por Evie e sua turma, mas eram, como a própria Tracy, estudiosas, ainda bastante infantis, muito diferentes desse ideal. Elas não podiam ou não tinham o mesmo impulso para acompanhá-la no projeto de deixar de ser quem era. Nossa heroína matou seu velho eu, desvestiu-se dele como se fosse uma roupa que já não lhe servia mais e, para não ficar nua, montou-se à imagem e semelhança de Evie.

Para a menina que quis transformar-se instantaneamente em uma mulher atraente, haveria melhor medida do que mimetizar-se ao objeto de cobiça e admiração por parte das colegas e dos meninos mais velhos? No ambiente escolar, Evie era a principal habitante dos sonhos lúbricos dos colegas, o que incluía o próprio irmão de Tracy. Ela se afastou da mãe, com quem tinha um vínculo muito próximo, pela característica jovial e bonachona desta, porém em relação à qual guardava mágoas pelos descuidos que sofrera devido a sua vida desorganizada. Como é comum, esse novo laço é herdeiro de toda a carga que acaba de ser retirada do amor pela mãe.

Romper o vínculo infantil com a mãe costuma ser um processo longo, em que cada desligamento vai se cicatrizando e sendo substituído. Para Tracy, o corte foi radical e literal, como demonstrado pelos cortes nos pulsos e os distúrbios alimentares.

## O COMPLEXO DA LAGOSTA

É importante que durante a infância se internalize a figura da mãe aos poucos, justamente para poder dispensá-la, como exemplifica uma garotinha de três anos, que, ante a recusa da mãe ocupada de brincar com ela, se consolou afirmando: *"Então vou brincar sozinha contigo"*.

O corpo do filho vai se consolidando em sua força, equilíbrio e contornos a partir das rotinas e dos gestos da mãe, ou de quem ocupar esse lugar. Separar-se dela, ainda pior, extirpá-la violentamente, como fez Tracy, equivale quase a ficar sem pele. A puberdade e a adolescência são a jornada de transformações mais radicais que teremos na vida. Essas fases de mudança de identidade e afetos são momentos em que precisamos andar como lagostas sem carapaça. Essa metáfora – o complexo de lagosta – é da psicanalista francesa Françoise Dolto, que a associou à adolescência. Quando a capa protetora desse animal marinho se torna pequena, é preciso descartá-la e passar um tempo sem proteção, até que um novo exoesqueleto, agora maior, endureça. Dolto lembra que há um peixe cuja iguaria são justamente essas criaturas desprotegidas.

Para contornar essa fragilidade, nossa heroína saltou, como se estivesse em um trapézio, da mãe para a amiga, aderindo à segunda de forma ainda mais forte do que ocorria em casa. Foi quase uma resposta despeitada, demonstrando do que um "verdadeiro amor" é capaz, ou melhor, provando que a dedicação a alguém de quem se gosta pode ser razão para viver. Evidentemente ela fez isso por desamparo, não visando nada conscientemente. Sentindo-se em segundo plano ante o abandono paterno e a mãe carinhosa, mas enredada nas próprias atrapalhações, Tracy encontrou na amiga uma imagem social de aparente firmeza para se lançar em seu voo sem rede de proteção. Evie entendeu bem o que se lhe oferecia e dispensou à nova amiga uma atenção total, mudando-se para seu quarto, ao mesmo tempo que a abduzia para dentro de sua vida, seus valores, hábitos e amigos, e permitia que ela se colasse a sua imagem. Quem precisa de mãe quando se tem a seu lado uma espécie de gêmea simbiótica?

O fato é que algumas reivindicações de atenção e afeto se tornam maiores justamente na puberdade, quando a relação parece mais estremecida do que nunca e o antigo amor acaba substituído por agressividade e caprichos. Nesse momento, os filhos atraem e expulsam seus pais simultaneamente, deixando-os confusos. Mostram-se visivelmente frágeis, de modo a causar preocupações, e ficam irritadíssimos quando alguém tenta ajudá-los. São comportamentos corriqueiros, mas no redemoinho familiar de Tracy não havia espaço para suas crises de puberdade. Esperava-se que a adolescência trouxesse sem ruídos uma vida própria que liberasse os pais, muito voltados para suas questões pessoais, dos fardos da parentalidade. Foi mais ou menos isso o que a garota fez, mas, como se tratava de uma adolescência mais teatral, no sentido de desempenhar um papel, do que conquistada, revelou-se em seu verdadeiro propósito: conseguir que alguém colocasse os olhos naquela jovem que padecia da anulação de tudo o que constituía sua identidade, cujo corpo parecia estar se desmanchando.

Essa colagem é apenas uma das formas de amizade que pode ocorrer na puberdade e na adolescência. Há inúmeras versões mais suaves disso, na medida em que a solidão e a angústia encontrem algum abrigo em casa e na escola. Essa forte identificação pode estar diluída em um pequeno grupo de amigas, entre as quais esteja dividida sutis variantes de papéis. Também o ideal por meio do qual se sentir amparado pode ser algum personagem, real ou da fantasia, admirado individualmente ou em grupo.

Não podemos esquecer que a sensação de fim dos tempos faz parte dessa época da vida. Lembra quando você tinha dez, onze, doze anos, do sentimento de catástrofe eminente? Bastava usar alguma roupa que parecesse ridícula sem saber, faltar a uma festinha essencial, dizer a coisa errada, ser visto com os pais, ser notado, não ser notado... O "meu mundo acabou" de um jovenzinho é exemplar desse jeito de andar desprotegido, prestes a sucumbir diante da menor falha.

Nada como lembrar os sofrimentos da puberdade para entender a origem dessa veia dramática, da tendência à autocomiseração. O pior medo é o de ser insignificante, invisível, como se sentiu Tracy em casa e na escola antes de sua transformação. Assim podemos compreender que o maior predador é a autocrítica exacerbada. Tanto mais insignificantes essas lagostas sem casco se sentirem, maior será a compensação onipotente de crer que os predadores estão sempre de olho nelas. Por isso, qualquer falha parece ser fatal.

## FERIR-SE PARA SENTIR-SE

Fazer-se cortes em braços, coxas e barriga é uma experiência recorrente nos momentos de crise, principalmente nas meninas. Elas não estão tentando se matar, cortar os pulsos, embora algum acidente possa ocorrer. Pelo contrário, a experiência de dor e o surgimento do sangue são uma forma de sentir-se vivas. O que essas jovens sentem, e precisam dissipar, pode ser compreendido por aqueles que nunca recorreram a essas pequenas mutilações, se considerarmos que é muito próximo dos sofrimentos da angústia.

Os momentos mais radicais da angústia são os ataques de pânico, nos quais é comum os acometidos, principalmente quando novatos, irem parar em emergências de hospital, certos de estarem morrendo. Neles, a respiração é sentida como insuficiente, curta, e tende a ser acelerada, causando tontura, paradoxalmente, por excesso de oxigênio. O coração salta, acelera cada vez mais quanto mais se monitora seu batimento com medo do prenúncio de um colapso. A fantasia de morte, na verdade, traduz uma vivência de esvanecimento: mais do que morrer, sentimos demasiadamente nosso corpo enquanto nossos contornos nos abandonam. Em outras palavras: ficamos reduzidos a puro corpo e sentimos o vazio subjetivo como se fosse este, e não nossa mente, a estar colapsando. As experiências de suor, cabelos arrepiados, frio, calor, dor de barriga, próprios do pânico – reagiríamos assim se um leão aparecesse na nossa frente – tendem a devolver a consciência de um corpo na eminência de sumir, congelar.

É difícil entender como um ferimento pode significar alívio, mas precisamos abrir o pensamento para a complexidade dos comportamentos humanos, nos quais o que é agradável, desagradável, bom e ruim assume tons bem peculiares. Em vez de entrar em pânico, quem se corta se reencontra com sua pele, seu sangue, a dor, que funcionam como uma sangria da angústia. É uma providência, a possível para alguém, em geral muito jovem, que se sente desaparecendo ou incapaz de ocupar um lugar no mundo ou na vida de alguém importante.

Vejamos os momentos em que Tracy se corta: a cena mais antiga, em um *flashback*, ocorre quando o namorado da mãe está no auge da degradação decorrente da droga e causa tumulto na casa. Ela não suporta que ocorram tais situações, reclama sistematicamente disso sem resultado, pois limites não são a especialidade da mãe. Contrariada e angustiada, considera-se descuidada e privada da mãe. O filme dá a entender que esta também tem seus problemas com adições, embora não seja específico. Em função disso, a cena de descontrole daquele homem é também insuportável porque é alusiva às que podem ter ocorrido com a própria mãe.

Tracy está só e longe de ser considerada importante. Nessa ocasião de privação do vínculo com a mãe, ela fica sem contornos físicos, e são justamente estes que, em aparente paradoxo, os cortes providenciam. Esses ferimentos costumam constituir-se em um grande segredo visível. Podemos nos perguntar por que algo visível seria secreto, e é justamente este o jogo: ter no corpo marcas que não devem ser vistas pela mãe, justo ela, que conhecia cada cantinho dessa anatomia. Ao mesmo tempo, essas marcas serão mostradas apenas a pessoas de extrema confiança e em momentos especiais. No caso de Tracy, evidentemente eram explícitas para Evie, sua escolhida. Mesmo quando atendemos alguém que tem esses hábitos, podemos até não ser informados disso em um primeiro momento. O paciente não chegará dizendo ou achando que isso é seu problema, assim como dificilmente mostrará seus ferimentos. Eles são sua maior intimidade, por isso se constituem em algo a ser ocultado, principalmente do olhar materno.

Chama a atenção que seja uma prática sobretudo – embora não exclusivamente – feminina, que, via de regra, começa em períodos próximos da menarca, quando o sangue brota do corpo da menina pela primeira vez. Nesse sentido, poderíamos também supor que é um modo de lembrar-se da feminilidade nascente e da perda da conexão infantil com a mãe. Na história de Tracy, além dos cortes, ela constituiu outro segredo, esse partilhado com Evie. Ludibriando as exigências de maioridade, as garotas conseguem que um profissional coloque um *piercing* na língua de Tracy, idêntico ao da amiga. No estúdio, elas furtam um *piercing* de umbigo, que será colocado de forma rudimentar e extremamente dolorosa em casa. Evie diz que valoriza nela que não tenha medo de agulhas, provando que também há aí uma demonstração transgressiva de coragem.

Essas jovens "assinam com sangue" seu corpo, partilhando a decisão sobre o que pode ser visto em sua superfície, assim como sobre o que entra e sai dele. A experiência dolorosa desse novo furo, ou ferida, consolida que a feminilidade nascente em Tracy é ainda voltada, acima de tudo, para Evie, por cujas mãos nasce o novo orifício rente ao umbigo. Lembramos, por exemplo, de sua iniciação sexual, na qual tudo acontece com os olhos postos na parceira, repetindo seus gestos e sendo observada por ela.

Os pulsos da filha já eram ocultados da mãe, e, a partir da colocação do *piercing*, ela lhe pede que sua intimidade corporal seja respeitada; não quer que entre mais em seu quarto, nem a veja sem roupas. Pensamos que, talvez por ser um resto da ligação entre o feto e a mãe, o *piercing* de umbigo tenha-se tornado um dos prediletos das garotas. Nesse caso, elas estariam adornando esse orifício e, consequentemente, dando um novo sentido a essa memória da origem.

Os ferimentos dos cortes são íntimos, uma forma sistemática de sangrar e sentir alguma dor, enquanto os *piercings* são, pelo contrário, enfeites, para serem vistos, e formas de autoapropriação corporal. O *piercing*, assim como a tatuagem, direciona o olhar, cria um mapa particular no corpo. Tracy e Evie não se tatuam, o que é compreensível, pois a tatuagem constitui outro nível de demarcação do próprio corpo. Tatuar-se exige que se escolham imagens significativas, para serem colocadas em partes de si igualmente simbólicas. A tatuagem é uma espécie de autonarrativa gravada sobre a própria superfície, por isso mais complexa que o *piercing*.

Originalmente típica de pessoas de setores marginalizados da sociedade, como marinheiros e prisioneiros, atualmente a tatuagem é uma prática a princípio considerada juvenil, mesmo quando é feita por pessoas de outras faixas etárias. Os jovens reivindicam para si o lugar dos marginalizados, pois sentem-se os que "ainda não entraram". Porém, por demandar decisões de caráter artístico e simbólico, esse já é um nível de elaboração da construção da própria imagem ao qual essas garotas, na verdade ainda tão infantis, não acederam. Sua afirmação de identidade passa por essas marcas dolorosas, por alguns clichês de consumo, pela aquisição ou roubo de produtos com os quais elas se tornavam quem precisavam mimetizar.

## O QUE PRECISO TER PARA SER

Tracy e Evie tiveram seu primeiro encontro em uma loja. Uma vez unidas, iniciaram uma rotina de compras e furtos na qual se abasteciam das roupas e acessórios indispensáveis à imagem de adolescentes abastadas e sensuais que queriam ter. É interessante a cegueira da família quanto ao novo padrão de consumo que nossa personagem passou a ostentar. É como se fosse natural e desejável, no fim das contas, que ela assumisse essa aparência.

O uso de roupas para marcar uma identidade é muito antigo, talvez desde que as elas começaram a existir marcavam a identidade de seu portador. Vivemos milênios com códigos muito restritos sobre o que cada um deveria vestir; o gênero e a classe social estavam explicitamente visíveis nas leis suntuárias. Do ponto de vista histórico, poderíamos dizer que, recentemente, há apenas um século, conseguimos uma maior liberdade nas maneiras de vestir. Tenderíamos para um afrouxamento da equação "eu sou o que visto".

Acreditamos que é óbvio que, quanto mais vulneráveis somos à necessidade de afirmar uma identidade, tanto mais seremos reféns de vestuários que nos definam. Como tanto nosso processo de subjetivação quanto as marcas etárias têm fronteiras frouxas, recai sobre as roupas o ônus de dizer o que somos. Essa é a razão da importância desmesurada que Tracy e todos os adolescentes dão ao vestir-se. Talvez seja o cruzamento mais sensível de toda a vida quanto a esse quesito.

Aliado a isso, de umas décadas para cá, há um incremento de oferta de roupa para os adolescentes; não só eles, as crianças também ganharam seu próprio mercado. Mas as crianças ainda não dão tanta importância a isso, elas praticamente se fantasiam; suas roupas são lúdicas e frequentemente definidas por seus pais. Podem até vestir-se de modo a definir gênero e parecer mais velhas, mas ainda é em um registro de brincadeira, sem os contornos trágicos que terá para o púbere ou adolescente que não pode errar a roupa.

A colagem de identidade e consumo incentiva o caráter mimético e performático dos adolescentes. Quando não há muitos planos a fazer, nem muitas formas de realizar-se, crescer passa a ser identificado com tornar-se uma espécie de criança birrenta e insaciável dentro de um corpo juvenil. Esse tipo de sujeito é fadado a viver em um eterno presente: seu corpo não pode se modificar, muito menos envelhecer; para tanto, sua voracidade de consumo deve ser incansável. Restam a esses jovens poucos recursos a respeito do que se tornar e do que desejar fora dos corredores fechados e climatizados dos centros de compras. Não é um acaso que os *shopping centers* não tenham janelas, sendo o olhar direcionado apenas às vitrines a ao desfile de consumidores que se contemplam uns aos outros.

O mercado descobriu as vantagens de apostar na compulsão dos jovens ao consumo para fins identitários, simbólicos, convencidos de que prestígio pode ser comprado. Enquanto a criança brinca com a máscara que uma roupa lhe empresta, o adolescente tem que acreditar que ela o define. Eles têm como fortes aliados os pais mais abastados, que se valorizam em atender os desejos de seus filhos mimados por quem se sentem representados.

Aos adolescentes cabe também carregar o fardo de ser o ideal das outras gerações, o que os impulsiona para as ousadias e *performances* necessárias para bancar esse papel. As crianças, cujo desejo de crescer outrora mirava nos adultos, como os pais, hoje almejam a adolescência como promessa de liberdade, prazeres e admiração. Na outra ponta, a mais pesada, está o ideal da eterna juventude, que faz os mais velhos transformarem a adolescência em fetiche, utilizando-se de uma coleção de adereços e recursos destinados a ocultar as marcas da passagem do tempo. Vendida para crianças e adultos como época de muitos prazeres e poucos deveres, tal juventude, na verdade, só existe na qualidade de peça publicitária.

Cabelos e acessórios seguiram o mesmo curso. Para a maior parte dos jovens, excluídas as sempre presentes vanguardas, esses deixaram de ser um modo de rebeldia para transformar-se em uma coleção de insígnias portadoras de prestígio. A inovação que segue o curso natural de tornar-se uma padronização sempre foi o movimento da moda. O *jeans* unissex, o biquíni, a minissaia, a barriga e a roupa íntima à mostra chegaram chocando os mais velhos, para acabarem sendo uniformes dos jovens. O corpo, que começou a ser exposto como expressão de liberdade, sucumbiu à ditadura de uma estética rígida e artificial. A imprescindível magreza aliou-se à obrigatória construção de determinados volumes: seios e nádegas para elas; tórax e braços para eles. São clichês de gênero bastante rígidos, que têm levado adolescentes a fazer cirurgias plásticas com implantes, aplicar substâncias de preenchimento e ir atrás de hipertrofias musculares produzidas por meio de suplementos alimentares e excruciantes exercícios específicos. Evidentemente, estamos falando de tendências, pois há jovens de todo tipo, inclusive uma grande massa de baixíssima autoestima, justamente por fugir a esses padrões. Apenas enfocamos as imagens que se erigem como ideal de cada tempo.

Para recobrir esses corpos cinzelados e cultivados, a norma é o uso de roupas mínimas, capazes de garantir a exposição dos dotes e o desejo que estes devem suscitar. Convém também que essa indumentária seja portadora de etiquetas popularmente identificadas com os ricos e famosos. Os personagens de referência da juventude já foram músicos, atores de teatro e principalmente do cinema, como foi o caso de Rodolfo Valentino, Elvis Presley, Marilyn Monroe e dos Beatles, entre tantos exemplos. Essa tendência segue em voga, porém, a consolidação do prestígio virtual de figuras sem nenhuma produção artística digna de nota trouxe à baila um novo tipo de escolhido para a fama. Eles constituem uma espécie de nova e fugaz nobreza, cujos privilégios e desmesuras são motivo de admiração e cobiça por uma vasta e globalizada rede de súditos. São admirados justamente por serem admirados por todos; é o grau máximo de fama, sendo, de certa forma, paradoxalmente democrática, pois eles são como qualquer um dos mortais – sem dons, apenas absurdamente famosos.

Pessoas muito abastadas, herdeiros ou enriquecidos pela fama, com comportamento ruidoso, problemas com limites, colecionando escândalos, que ficam entrando e saindo de clínicas de desintoxicação e consumindo coisas muito caras desenfreadamente, acabam atraindo os holofotes. Também costumam expor sua intimidade sexual, assim como seus relacionamentos amorosos tumultuados e violentos. São essas as figuras que, nas primeiras décadas do século XXI, têm pautado o mercado consumidor massivo, que tem nos jovens – assim como naqueles adultos que querem se parecer com eles – grandes representantes. É importante lembrar desses personagens, pois eles são as figuras inspiradoras de cada geração, e a de Tracy e Evie já é ligada a estes últimos.

*Bling Ring* (Editora Intrínseca, 2013) é um livro-reportagem da jornalista Nancy Jo Sales sobre jovens de classe média e alta que se especializaram em furtar objetos pessoais da casa de famosos de Hollywood. Essa história real, que deu origem a um filme homônimo, dirigido por Sofia Coppola, ilustra bem, embora de um ponto de vista quase caricatural, os valores à disposição dessas gerações.

A verdadeira vida de um adolescente inclui inibições e angústias sobre seu futuro, uma relação conflitiva com desejos que se tem e mal se reconhece, problemas de autoestima, ambivalências nas relações familiares, muita exigência de estudo e pouca oportunidade de ter verdadeiras experiências. Trajetórias de marginalidade, como foi o caso dos jovens da gangue denominada *Bling Ring*, não representam a adolescência típica. Na verdade, dizem mais da falta de oportunidade ou de capacidade para viver realmente uma adolescência própria, por isso a colagem na vida alheia do ídolo. Já no caso de Tracy, suas atuações decorrem de um desamparo que a empurra para o precipício dos riscos e das transgressões.

## DISTÚRBIOS ALIMENTARES

Junto ao descontrole em relação aos objetos que significavam aparência e gozo, ou seja, roupa, maquiagem, álcool e drogas, colocava-se para Tracy um contraponto: um alto controle no campo alimentar, no qual tenta se manter muito magra – diz estar em dieta – e principalmente afastada das refeições feitas pela mãe. Evie come elogiando o que é servido à mesa na casa da amiga. Nesse sentido, a duplicação assumida pelas duas faz uma se abster e a outra se entusiasmar em seu lugar, em uma operação de recusa e aceitação com o que a mãe de Tracy tem a oferecer.

Note que, em vez de sair de casa, afastar-se para crescer e focar outros amores, externos aos familiares, nossa personagem – cheia de ressentimento com o descaso dos pais – trouxe para dentro sua amiga amada, dividindo com ela o quarto, os alimentos e os cuidados maternos. Mais do que dividir, Evie substituiu Tracy junto à mãe. Isso se constituiu em vingança, pois, assim, a filha fazia o mesmo que sentiu sua mãe fazer quando trouxe o namorado drogado de volta ao convívio doméstico. A filha respondeu trazendo sua amiga amada, não menos drogada, para casa. Ao mesmo tempo, mais do que separação e rompimento, tratava-se de um involuntário teatro de seu drama, que também era um apelo amoroso, que demorou, no entanto, para ser percebido por sua mãe.

A anorexia é um quadro gravíssimo, no qual a vida entra em risco em função de radicais greves de fome; o prazer de abster-se é uma compulsão incontornável e o sujeito se reconhece pela fome que sente, ou seja, ele "é o que não come". A intensa divulgação dessa doença, assim como o direcionamento de variados comportamentos para serem identificados com síndromes, contribuiu para que distúrbios alimentares de graus, origens e motivações variados fossem denominados "anorexia". Não raro, tal denominação levou adolescentes afetadas por formas leves, passageiras ou, acima de tudo, performáticas de distúrbios alimentares a serem tratadas como anoréxicas e submetidas a tratamentos torturantes que só consolidaram essa falsa identidade.

A abstinência alimentar é um distúrbio predominantemente feminino, por encontrar-se no coração da relação com a figura materna, de quem a filha precisa se afastar para crescer enquanto carece de certa aproximação para absorver traços da identidade de gênero feminina, se esse for seu caminho. Para tanto, é preciso uma mãe capaz de compreender e suportar essa ambivalência, o que é bastante exigente e até sofrido para ela. Uma presença amorosa paterna, que areje a tensionada relação mãe-filha, é importantíssima, assim como é importante que o pai esteja disposto a acolher a filha naquilo que da masculinidade ela precisará também recorrer. Lembremos que, em termos de identidade, ninguém é masculino ou feminino o tempo todo, e que a absoluta ausência do pai na história de Tracy a jogava de modo mais intenso na sufocante paixão ressentida por sua mãe.

Muito magrinha, nossa personagem tinha como lucro adicional a possibilidade de encarnar um aspecto que faz parte do ideal de beleza contemporâneo. A magreza é uma característica adolescente clássica, quando o metabolismo é acelerado e é mais fácil comer sem engordar tanto. Ao mesmo tempo, é muito difícil de ser mantida na vida das mulheres maduras, que, por razões hormonais e de modificação da estrutura corporal, tendem a alargar, mesmo tendo aumentado pouco de peso. Portanto, na qualidade de ideal, a silhueta fina se associa, mais uma vez, à juventude e encontra seu ocaso nas adultas maduras.

A distribuição díspar de volumes, se elas têm mais ou menos seios, nádegas, cintura, coxas, é característica das diferenças entre as mulheres, cujos corpos demonstram muito claramente o quanto somos peculiares. Corpos magros tendem a ser mais iguais; as modelos profissionais são elogiadas na sua condição de "cabides", pois as roupas caem sobre elas sem que haja interferência dos volumes do corpo na vestimenta. Ou seja, o ideal do corpo da modelo é uma espécie de ausência de corpo sob a roupa. Essa paixão estética pela magreza alia o ideal da juventude eterna e dos corpos indiferenciados, em que todas as mulheres pudessem identificar-se entre si. Por último, nessa associação de beleza na moda com ausência das características pessoais, a peculiaridade de cada uma, há um projeto sobrevivente de anulação das mulheres. Na contramão disso, a prescrição de volumes em determinados lugares e tamanhos exatos, assim como a obrigação de que mantenham a firmeza da carne das jovens, levam para o mesmo caminho das "mulheres tábua" dos desfiles, pois também associam mulheres a garotas-bonecas, sem nunca amadurecer nem assumir personalidade própria.

Os modelos profissionais masculinos são igualmente desprovidos de gordura. Os padrões correntes de beleza os transformaram em triângulos, que devem ter a estética de halterofilistas, mesmo que nem sequer sejam requeridos a levantar uma sacola de compras. Muitos rapazes consagram-se aos exercícios e ao consumo compulsivo de proteínas – no melhor dos casos, ao pior anabolizante sem controle médico – para conseguir alcançar essa exigência estética igualmente tirânica.

Nunca o corpo foi tão necessário para uma subjetivação. Sempre fomos alguém por meio da aparência física, mas, nas últimas décadas, ele vem ganhando um protagonismo extraordinário. Algo está muito errado nessa equação que nos obriga a mimar e, contraditoriamente, exigir obsessivamente *performances* do nosso corpo, e não há prazo para acabar essa pena. Tendemos a ver esse hábito de esculpir o corpo operando com a mesma gramática das transformações realizadas em sua superfície, como nas tatuagens, *piercings* e escarificações para sua decoração e os cortes e queimaduras automutilantes para cristalizar as dores subjetivas. Todas essas iniciativas apontam para o aumento do protagonismo do corpo na formação de um eu. Os adolescentes são tanto mais vulneráveis aos ventos da mudança da história como cabe a eles terminar de construir essas novidades. Isso faz de Tracy uma personagem extremamente contemporânea e representativa dos adolescentes em tudo que eles são e no que ainda temos de decifrar.

CAPÍTULO III

# TRISTEZA QUE TEM FIM

FILME:
As vantagens de ser invisível

TEMAS:
Dificuldades na socialização
Abuso
Puberdade
Angústia, crises de pânico
Comunicação virtual
O valor das amizades
Cultura como suporte
Internação de adolescentes

O livro *As vantagens de ser invisível* foi lançado em 1999, quando seu autor, o norte-americano Stephen Chbosky, tinha vinte e nove anos. É um romance epistolar, construído a partir de cartas enviadas por Charlie, um garoto de dezesseis anos, a um destinatário anônimo, que acaba por ser o próprio leitor. A história é ambientada em Pittsburgh, no início dos anos noventa. O filme homônimo chegou às telas em 2012, roteirizado e dirigido pelo próprio Chbosky, com os papéis principais a cargo de um trio já consagrado de jovens atores: Logan Lerman, como Charlie; Emma Watson, como Sam; e Ezra Miller, como Patrick.

Ambos, livro e filme, tornaram-se um duradouro sucesso entre o público jovem, necessitado de um personagem sensível, frágil, mas consistente, capaz de gerar empatia. Sempre foram bem-vindos aqueles que mostram a dureza que é a entrada na adolescência propriamente dita, na qual, não bastando a confusão interna, é imprescindível tentar sobreviver à sociabilidade escolar, que assume enorme importância. Charlie não tinha problemas com a aprendizagem; era bom aluno, inteligente, capaz de ajudar até os mais velhos a estudar. Seu desafio era sair do isolamento e deixar de habitar um mundo de pensamentos obsessivos e fantasias. Não conseguia enfrentar a convivência cotidiana com outros adolescentes pois ruminava traumas e pensamentos obsessivos e sofria de inibições que consumiam toda sua energia. É claro que não se trata de uma decisão consciente, uma covardia explícita, mas apenas de um palpite de que precisava ficar quietinho e isolado.

O autor complica um pouco as coisas ao associar as dificuldades e até as manifestações de grave sofrimento psíquico do personagem a uma experiência de abuso. Trataremos disso com delicadeza, de forma a depreender dessa leitura algumas ideias, mas tentando ir além desse eixo interpretativo, que retira a força dos aspectos em que Charlie se parece com os adolescentes que não sofreram esse tipo de maus-tratos. O fato é que, apesar disso, o livro de Chbosky tem servido para traduzir o mal-estar próprio da adolescência. Em função disso, por vezes, foi até comparado ao clássico *Apanhador no campo de centeio*, o que é um exagero em termos literários, mas isso pouco importa aos leitores necessitados de ficção em que possam se ver retratados.

A história produziu tanta adesão em seu jovem público principalmente porque, longe de enfocar aventuras ou tragédias, narra o cotidiano de pouco mais de um ano da vida de um menino cronicamente triste, sensível, perturbado e apagado – ou invisível – para dar crédito ao título. No título original – *The Perks of Being a Wallflower* –, temos essa expressão *wallflower*, "flor de papel de parede" na tradução direta, aqui usada no sentido de ser apenas cenário: não é figura importante no que está acontecendo.

Ao longo da história, acompanhamos uma virada no ostracismo de nosso herói, que nem por isso se torna um "popular", apenas vence o isolamento. Essa espécie de final feliz, mas sem exageros, é mais um motivo para a popularidade da história de Charlie. Por meio da inserção em um grupo de amigos bem-humorados, desajustados, criativos e um pouco mais velhos – os da "ilha dos brinquedos rejeitados", como se autodefinem no filme –, e de tímidas vivências de amor e sexo, ele acaba conseguindo se tornar alguém aceitável a seus próprios olhos. É um ano de acontecimentos, no sentido social, no qual ele passa a viver de verdade, em vez de só pensar de forma obsessiva e enlouquecedora, como lhe ocorria até então.

A obra é um bom retrato das dificuldades que todo jovem tem para encontrar sua turma no colégio. Mostra muito bem que, sem essa circulação entre os pares, ele não se sente alguém e sua vida pode perder o sentido. É preciso lembrar que a escola, hoje, é o lugar social por excelência. Com as famílias menores e vivendo longe de seus parentes, com os espaços públicos – incluindo aqui a vizinhança

– cada dia mais perigosos, o convívio com os colegas se tornou central. Infeliz e involuntariamente, a escola acabou sendo também um clube, no sentido de um lugar privilegiado e, por vezes, único de circulação social, o que acaba se sobrepondo às suas funções pedagógicas e dificulta seu papel na transmissão do conhecimento. Ou seja, pela atrofia dos outros espaços, um fracasso social na escola é uma derrota total na socialização.

Nosso maior desafio nessa fase é a conquista de laços com outras pessoas, junto das quais possamos sentir que existimos no mundo. Não há maior fracasso na adolescência do que andar avulso. A entrada na escola é paradigmática disso e se repete em várias rodadas ao longo da vida. Cada espaço novo, novas escolas, nova turma de classe, novos grupos ou vizinhanças, convocam para a conquista de amizades. Só depois disso é que sentimos ter, de fato, ingressado nesse novo local. A adolescência, mesmo que não implique uma nova escola, sempre coloca essa tarefa, pois é uma época em que os vínculos se renegociam e os grupos da infância são frequentemente trocados por outros mais afinados com o estilo que o jovem estiver adotando. Essa obra mostra de maneira muito clara como a reinserção social, como ser aceito por seu novo amigo Patrick, sua meia-irmã Sam e seu núcleo de amigos, faz toda a diferença na vida de Charlie.

## O ABUSO E SEU RASTRO DE DESTRUIÇÃO

Em geral, o adolescente tem um corpo fechado que se abre seletivamente. O acesso a sua intimidade torna-se interditado aos familiares, em particular aos pais. Paralelo a isso, inicia-se o desafio do que e quanto mostrar e ocultar, assim como de onde e quando se deixar tocar e a quais prazeres se permitir. Daí a importância de que o corpo de um jovem esteja sob seu controle pessoal, principalmente ante a exigência social de que, sendo jovem e bonito, ele se exponha e se realize sexualmente.

Só isso já justifica a relevância do tema do abuso na obra. Porém, isso se deve também ao fato de que, na cultura norte-americana, ele é colocado na origem de boa parte dos males.

A liberdade sexual contemporânea, assim como a exigência social de que os adolescentes iniciem e sejam bem-sucedidos em sua vida erótica, atiça neles e em suas famílias novos temores: das condutas abusivas a que se submetem ou às quais se obrigam quando seus limites não são respeitados. São muitos os que lamentam ter-se inaugurado de forma afoita ou invasiva nas experiências sexuais, pois isso impossibilitou que fossem íntimas e prazerosas. Portanto, os amores e desejos que forem surgindo devem tentar obedecer ao ritmo que melhor convém ao dono daquele corpo, que é novo até para ele.

A narrativa é exclusivamente epistolar, mas Charlie nunca nos revela a identidade do interlocutor a quem envia regularmente as cartas anônimas que compõem o livro. Diz desconhecê-lo pessoalmente, mas ter motivos para crer em sua integridade moral. O que mais valoriza nesse destinatário é que uma conhecida em comum o tenha qualificado como *"alguém que ouve e entende e não tenta dormir com as pessoas, mesmo que tenha oportunidade. Preciso saber que essas pessoas existem"*,[1] ele acrescenta. Essa recomendação vem a calhar para alguém que está em uma idade em que a interdição em relação a seu corpo é fundamental.

No caso específico de nosso protagonista, esse é um grande tema para ele, pois em sua família havia um segredo, que só lhe foi revelado no fim da infância: a irmã da mãe, tia Helen, sua pessoa preferida no mundo, havia sido abusada quando pequena por um amigo do pai delas, sem nunca ter recebido crédito e apoio da família quando o denunciou. A tia se tornou uma pessoa desequilibrada, que passava por internações, intoxicações e relacionamentos abusivos. Após uma sucessão de fracassos e falências afetivas, incapaz de cuidar de si, Helen foi morar com a irmã e sua família, sendo o pequeno Charlie seu sobrinho predileto.

Ao contrário de sua tia, bastante perturbada, mas muito sensível, a família de Charlie é descrita como tranquila e contida. Um casal típico de classe média, sendo o pai um pouco ressentido de uma carreira esportiva promissora, que abandonara em função da família, enquanto a mãe é uma mulher nada submissa, mas entregue às rotinas do lar. Os dois irmãos mais velhos respondem a papéis previsíveis: o primogênito é o popular craque de futebol americano da escola, mas muito amoroso em casa, sem a soberba típica dos bem-sucedidos, e sua irmã é bonita, cheia de opiniões feministas, contrárias ao conservadorismo do irmão mais velho, e muito ocupada de sua iniciação sexual. Os conflitos entre eles eram constantes, enquanto o caçula se dedicava a observar. Apesar de pouco eloquentes, não eram uma família desconectada; davam mostra de cuidar-se e conversar sempre que os problemas de um ou de outro assim o requeriam. Enfim, não temos um garoto sobrevivente de uma família desestruturada ou omissa, retrato tão comum na primeira leva de filmes sobre adolescentes. Já ele, sim, era problemático, frágil e sujeito a crises.

Quando Charlie era pequeno, teve algumas vivências que explicam sua preocupação com aqueles que se aproveitam das oportunidades para algum tipo de abuso sexual. Por ordem de lembrança, a primeira ocasião em que registrou isso foi durante uma festa que o irmão adolescente promoveu na casa deles, aproveitando a ausência dos pais. O caçula, que era ainda criança, havia sido confinado no quarto que funcionava como rouparia da festa, para não atrapalhar a invasão adolescente na casa. Ali acabou presenciando um rapaz forçar a namorada a manter uma relação sexual, em uma cena nada romântica. Posteriormente, ficamos sabendo, já no fim do livro, quando ele consegue se lembrar do trauma original, que sua tia Helen costumava acariciá-lo com claras intenções eróticas nos sábados à noite, enquanto assistiam à televisão a sós.

No cotidiano, o que o afeta são basicamente episódios de angústia, nos quais sente que seu pensamento fica acelerado. Aos dezesseis anos, já contava com duas crises graves. A primeira delas, cujos detalhes desconhecemos, teria ocorrido logo após a morte da tia, no dia de seu aniversário de sete anos. Cresceu como uma criança considerada sensível, de constituição psíquica delicada, que se culpava pela morte dela, já que o acidente ocorrera quando Helen saíra para buscar o presente dele.

Uma lembrança infantil confusa, misturada ao seu amor pela tia e à morte trágica dela, acabou sendo tardiamente elaborada na psicoterapia a que se submeteu após seu segundo surto. Esse segundo colapso ocorreu já na adolescência, no período retratado pelo livro, quando se sentiu na eminência de ter uma relação sexual com uma amiga a quem há muito amava secretamente. A irrupção de seu próprio desejo sexual o deixou fora de controle; foi encontrado nu e catatônico, assistindo à televisão desligada na sala de sua casa. Poderíamos supor que essa cena, com a televisão desligada, aludia a algo desse momento íntimo com a tia, afinal, o "programa" principal daquele momento não vinha da tela.

É comum, na literatura e na cultura norte-americanas atuais, que problemas mentais acabem sendo atribuídos a situações de abuso, embora Charlie sem dúvida tenha sofrido um. Costuma estabelecer-se, nas obras, quase uma correspondência biunívoca entre neurose e abuso, quando, na verdade, a maioria dos problemas psicológicos passa longe dessas experiências traumáticas. O filme retrata também uma época, da qual ainda não nos afastamos, na qual se superestima a incidência de abusos como causa dos problemas mentais, talvez uma compensação pelo momento histórico anterior, quando esse tipo de violência não era considerado, ou se fazia vista grossa a problemas gravíssimos dessa natureza.

É evidente que essa vivência, infelizmente ainda tragicamente comum, é traumática e deixa sequelas permanentes naqueles que a sofreram.

Entretanto, também é possível encontrarmos crianças e jovens que não tenham vivido uma experiência dessas e que são sujeitos a eventos de desequilíbrio, fases depressivas, tentativas ou fantasias de suicídio e episódios de desorganização psíquica extraordinariamente parecidos com os de Charlie. O abuso na origem do quadro patológico dele é interessante para a identificação e a elaboração dos que padeceram disso, mas enfraquece o potencial de empatia com o personagem ao alcance de seus jovens leitores. Estes, mesmo os que têm histórias sem traumas, por vezes sentem ansiedades e desesperanças tão fortes que chegam a desejar a morte para cessar tais coisas. Isso não os torna suicidas nem psicóticos; trata-se de ondas de desespero, muito comuns na adolescência.

O encontro com os amigos mais velhos que resgatam Charlie do isolamento é quase um final feliz estilo Cinderela. Eles eram estranhos e cheios de conflitos pessoais, mas quase sempre construtivos, oportunizando a formação emocional, os estímulos intelectuais e a paciência de que ele precisava e que os irmãos mais velhos raramente têm. Nem uma fada madrinha faria melhor para atender à encomenda de um jovem solitário e traumatizado.

Charlie também se aproximou de um professor estreante de literatura, entusiasta e idealista, que se tornou um importante interlocutor. Ele o alimentava de leituras instigantes sobre aqueles que considerava seus livros essenciais, formadores para ele mesmo. Professor e aluno as debatiam com profundidade e respeito mútuo, enquanto o mestre o ensinava a escrever ensaios sobre elas, dando-lhe coragem e oportunidade de opinar. Era fundamental tirá-lo do domínio dos pensamentos solitários, que, quanto menos se expressavam, mais angústia produziam. Essas leituras se tornaram, inclusive, fundamentais como forma de combater as crises de ansiedade; elas mantinham sua mente ocupada e o enriqueciam, no sentido das possibilidades de interpretar sentimentos e vivências.

Os fatos da vida de nosso protagonista são, a princípio, de foro interno, feitos de memórias e incertezas. Ao longo da história, como costuma ocorrer quando a adolescência de fato se inicia, as ideias e fantasias vão dando lugar a algumas vivências entre seus pares. Crises de angústia e episódios mais graves de desestruturação psíquica alternam-se com momentos mais equilibrados, nos quais Charlie se ocupa com reflexões pessoais sobre as pessoas que lhe são próximas e sua própria vida. Nas cartas, temos muitas notícias sobre suas leituras, as músicas que vai descobrindo, bons encontros e alguns desencontros com outros jovens, experiências desastradas com algumas drogas e sua iniciação sexual.

Esse trecho da vida de Charlie tem uma trama de aventuras bastante típica da adolescência, tanto as solitárias quanto as compartilhadas. No fim do livro, quando nos envia a última carta, ele passou por sua segunda internação e ainda tem dois anos de colégio pela frente, mas seus amigos já partiram para a universidade, embora ainda voltem nos feriados e nas férias. Apesar da perda do convívio com seu grupo, ele já está suficientemente forte para seguir a vida sem enlouquecer.

Por intermédio da amizade, das crises e da cultura com a qual aprendeu a se traduzir, Charlie já atravessou o pior momento da adolescência. O livro é o relato de uma passagem: o momento em que é preciso sair de casa e enfrentar o colégio, depois de uma intensa jornada preparatória, pensamentos obsessivos, angústias, paralisias e devaneios excessivos, até quando é chegada a hora em que todo esse inferno se acalma e é possível viver de fato aquilo que tanto se desejava e temia.

## PUBERDADE E ANGÚSTIAS

Embora a adolescência seja considerada a grande vilã, acreditamos que isso seja graças a uma espécie de imprecisão linguística. É na puberdade que as famílias vivem seus maus bocados. Quando a adolescência finalmente se instala, os piores conflitos amainaram, o filho já tem sua própria rede de vínculos fora de casa e sabe se socorrer de seus pares. Só nas tempestades mais furiosas a ressaca trará um jovem devastado para as margens familiares novamente.

Se alguma época da vida se assemelha a um casulo borbulhante às vésperas de ejetar seu conteúdo, essa é a do fim da puberdade. A adolescência já engloba as primeiras coisas que ocorrem do lado de fora. Os adolescentes têm amigos e experiências eróticas que, mesmo quando parcos, são efetivos para distanciar-se. Isso os ajuda a ignorar que há uma família que os observa, inquieta pelo seu destino.

A instalação da adolescência significa que uma história pessoal finalmente começou a acontecer, pois conseguiram atravessar a soleira da porta de casa. Antes disso, na puberdade, estão de pé, apoiados no marco, meio tontos, tentando ficar surdos aos sons domésticos que, às suas costas, são um canto de sereia que chama para ficar. Nesse momento, os olhos estão voltados para fora, mas eles ainda não têm forças para dar o passo libertário que os levará a partir. É nesse lugar que encontramos nosso protagonista, zonzo de angústia e pânico, juntando forças para enfrentar a nova escola e a fase da vida em que terá que ingressar.

Quando começa a sair, a intimidade se desloca da família para os amigos e amores, reais e/ou imaginários, o que causa tristeza e saudade nos pais e irmãos. Por sua vez, as brigas e confrontos familiares também vão perdendo força, dando lugar a um convívio mais diplomático, por vezes um pouco dissimulado. O intenso ano de Charlie nos coloca em contato com uma versão compacta do processo não somente de ser um adolescente, mas de tornar-se um.

Em razão de sua tendência melancólica, nosso protagonista desenvolveu mais comportamentos de autoflagelo emocional do que de confronto com seus familiares. É um dos estilos em que essa fase inicial pode transcorrer. A adolescência principia com o movimento pubertário de distanciamento, isolamento e leitura crítica dos padrões de comportamento familiar. Por vezes, isso redunda em uma espécie de intolerância, ao limite do enjoo, relativo àqueles que na infância admirava e dos quais dependia. Isso passa, mas é preciso atravessar e sobreviver a esse trecho, de um jeito ou de outro. É muito duro para os pais, que se sentem traídos pela transformação do comportamento do filho, outrora um fã deles, que passa a se assemelhar a um silencioso inimigo. Parece o filme <u>Gremlins</u>, no qual doces criaturas se transformam em pequenos demônios incontroláveis que destroem tudo. Nesse caso, o que vem abaixo é a imagem idealizada dos pais.

Charlie tende à tristeza recolhida, entremeada de crises, que caracterizam seu estilo melancólico, porque conhece a morte melhor do que gostaria. Em primeiro lugar, ela lhe roubou a tia, em plena infância, no dia de seu aniversário. Como se não bastasse, seu único amigo até o início da adolescência, com quem tinha a cumplicidade de contar segredos sobre garotas, falar da vida alheia, apresentar músicas e jogar conversa fora, acabou dando-se um tiro. Isso o jogou em uma tristeza abissal, pois o amigo jamais partilhara com ele quaisquer motivos que poderiam levá-lo a tal atitude. Foi como se novamente um acidente tivesse lhe arrebatado a pessoa preferida, mas dessa vez pior, pois tanto se sente traído pelo amigo como lamenta não ter estado à altura para ajudá-lo. E a dúvida que será eterna: o amigo não dava sinais, ou ele não soube percebê-los?

Além de ver-se privado da companhia desse amigo, Charlie começou a duvidar do vínculo que eles tinham. A solidão do presente se tornou retroativa; é como se esse amigo nem sequer tivesse de fato existido. É claro que o garoto passou a temer seus momentos de desequilíbrio; parecia que a qualquer hora da vida poderia ter um encontro com a morte. Deparar-se com a fatalidade é inevitável, mas há fases e eventos traumáticos que atualizam nossa fragilidade de tal forma que ficamos sujeitos a manifestações de ansiedade,

*puberdade → adolescência*

hipocondria e melancolia. Foi nesse espírito que Charlie ingressou na nova escola.

Àquela altura não era preciso muito para precipitá-lo em episódios agudos de angústia e perda de sentido de tudo. Em tais ocasiões, era tomado por pensamentos desagradáveis e não conseguia parar de chorar e pensar na tia ou no amigo. Com a morte tão presente, refletia sobre a banalidade da vida comum, que se repetia idêntica em diversas gerações. Inquietava-se com o que identificava como frustrações de seus familiares, as infelicidades amorosas de sua irmã e dos amigos. É como se ele fosse tomado pelas emoções próprias e alheias de forma indiferenciada e o sofrimento do mundo decantasse em seu interior.

É bastante comum que o ostracismo próprio dos adolescentes, principalmente no início dessa fase, na qual são muito pouco ativos, tenha como contrapartida fantasias autocentradas. Quanto mais insignificantes se sentem, mais tentador é se acusarem de causar grandes males aos próximos, assim como a certeza de serem muito mal vistos pelos pares, os quais, na prática, mal sabem que eles existem.

De súbito tudo parece tristemente irremediável aos adolescentes. As falências e desesperanças, que podem decorrer de um simples desentendimento com um amigo, uma conduta impopular, uma desilusão amorosa, têm a força de *tsunamis* emocionais; varrem até a vontade de existir. O desespero é companheiro de qualquer adolescente que tiver o potencial psíquico de pensar criticamente. Por sorte, há o contraponto de outros sentimentos mais suportáveis, como o tédio, as alegrias do convívio, os devaneios da paixão, assim como alguns momentos de euforia nem sempre explicáveis.

Charlie só queria que tudo parasse de rodar em sua mente. A velocidade dos pensamentos lhe produzia ondas de angústia tão grandes que o desestabilizavam. A angústia é uma espécie de opressão psíquica vivenciada por vezes como um mal-estar físico. Ela ocorre quando precisamos lidar com uma carga de ideias para as quais não há encaixe, classificação, quer seja porque ativam conteúdos muito escondidos, quer seja porque não contamos com as premissas necessárias para saber o que pensar a respeito.

Essa falta de lugar para o que se sente e se pensa, causadora da angústia, é decorrente de uma dificuldade de localizar a si mesmo. Em processo de abandonar o posto de criança amada e protegida, às vésperas de trair esse vínculo familiar com novos amores, os quais, na prática, ainda não existem, encontramos esses jovens estreantes habitando um território desértico. Órfãos do passado, o lugar que ocupam é ainda virgem de um futuro que eles duvidam que virá. Nesse futuro almejado, voltará a haver amores sensuais, fraternos, familiares, mas esses ainda precisam ser criados. Olhando para si mesmo e em volta, nada leva a crer que se seja capaz de tal façanha. Dificilmente acreditamos no amor em potencial; apenas quando ele de fato nos ocorre.

Já as grandes crises de angústia, que costumamos chamar de pânico, são a radicalização disso: nada tem lugar, principalmente nós mesmos. Equivalentes a um terremoto, uma perda do chão, no pânico, o que balança é por dentro de si, e sente-se como se o corpo estivesse à beira do colapso. A cabeça está tão dilacerada, fragmentada, que essa ideia de colapso cai sobre o corpo, como se ele também estivesse assim desestruturado, por isso a sensação de morte que acompanha a crise de pânico.

Estar completamente só, como costuma acontecer no período da puberdade, no sentido de não ter alguém de quem se possa sentir cúmplice, agrava esse estado de espírito. Para desespero dos pais, nem sempre a presença deles funciona como corda para tirar o adolescente acuado de dentro do poço de seu desespero e desânimo, pois este é relativo à impotência para sentir-se capaz de ocupar um lugar próprio no mundo. Os pais oferecem uma voz vinda do passado, que aconchega, mas não pode acompanhar o filho em seu caminho do lado de fora do lar com a mesma eficiência dos pares.

Para os familiares, é muito doloroso suportar essas crises tão comuns de desesperança e desvalia que podem tomar tintas bem dramáticas. Nesses momentos, em um acesso de covardia, a continuidade da vida pode chegar a ser questionada pelo jovem acuado, o que não quer dizer que irá atentar contra ela. Os adultos, chamados a acompanhar um desespero que não se deixa consolar, tampouco têm certeza do que sua criança crescida é capaz de se tornar; desconhecem o futuro adolescente que nascerá tanto quanto o púbere que o precede.

Ninguém suporta o sofrimento de suas crianças sem culpas. Na puberdade, isso se agrava porque os filhos rompem com o passado, assumindo um tom acusatório. É comum que recorram à paradoxal queixa de que estariam sendo expulsos do aconchego doméstico, quando, na verdade, são eles que o estão deixando para trás. Atribuem aos seus adultos sua própria vontade de se afastar, projetam neles os sentimentos de rejeição que lhes dedicam. Os familiares seriam intolerantes, rígidos, frios, hipócritas ou qualquer outra acusação por trás da qual os filhos mascaram de expulsão sua partida voluntária. É difícil assumir a autoria do abandono do lar.

O jogo da culpa fisga os pais porque eles gostariam de poupar os descendentes de qualquer sofrimento, além de que começam a duvidar de tê-los guarnecido do preparo imprescindível para seguirem por conta própria. Lembram-se, conscientes ou não, das incertezas e angústias que tiveram nessa fase, e muitos deles acreditavam que seus filhos não passariam por isso, já que tentaram ser melhores do que seus próprios pais.

## O ISOLAMENTO ADOLESCENTE E SEU CORPO

O isolamento é muito comum na puberdade, pois o afastamento da família é necessário para poder crescer. No princípio dessa etapa puberal, os que têm potencial para vir a ser seus amigos ainda não se encontraram. Ainda estão cada um em sua ilha ou computador, também bastante confusos e incertos de poder contar com alguém. O convívio, mesmo que raro, entre eles se torna sujeito a mal-entendidos, pois têm alguma dificuldade de expressão e precisam encontrar uma nova forma de estar juntos. Já não gostam de brincar, mas a linguagem dessa época é ainda saudosa dos códigos da infância e encontra-se empobrecida: eles ainda não sabem conversar muito bem. Quando finalmente os púberes – também poderíamos chamá-los de adolescentes principiantes – resolvem contar algo do que estão vivendo, seus relatos ainda são obsessivos, pormenorizados, sem encanto e parcos em conclusões e metáforas. Frequentemente se sentem ofendidos ou pouco amados por aqueles que os acompanhavam desde a infância e parecem ter perdido a antiga cumplicidade. Na vida de Charlie, acontece de forma trágica algo que é comum, ou seja, a perda dos amigos que se tinha quando criança.

Nesse sentido, podemos tomar a liberdade de considerar também como metafóricas essas duas mortes de cujos efeitos Charlie padece. Além das amizades infantis que ficam para trás, a sensualidade vivida na infância, sempre presente nos vínculos familiares que não deixam de ter suas tintas incestuosas, torna-se intolerável, o que é imprescindível para separar fisicamente o jovem dos seus. O amigo do passado e a tia libidinosa morreram de fato no livro, assim como seus equivalentes agonizam no psiquismo de todos os púberes.

Se o território das capacidades mentais, emocionais e intelectuais vive um impasse temporário, a imagem corporal também sofre imensa desvalia. Sentindo-se estrangeiro ao próprio corpo, a tendência é a de que haja uma espécie de confinamento no quarto. Autoexilado, cada um passa seus maus bocados, certo de que é o único no mundo a estar sofrendo desse jeito. O atual recurso à comunicação virtual ameniza um pouco essa solidão. No caso de Charlie, as cartas anônimas, escritas a um destinatário desconhecido, cumprem a função construtiva dessas primeiras amizades virtuais.

Sabemos que o protagonista dessa história é mais velho que um púbere quando ela começa a nos ser contada. Essas situações que relatamos costumam durar até aproximadamente os quatorze anos, com variações pessoais e culturais. Porém, nesse caso, trata-se de ficção, na qual um percurso adolescente, que costuma durar anos, é sintetizado em um ano de vida. É um alívio, também para os leitores jovens, pensar que tudo isso passou ou passará rápido; os temores do futuro são grandes, e as lembranças, em geral, são recentes e penosas. Além disso, abordamos a adolescência mais como uma complexa trama de operações psíquicas, que em geral é acompanhada de transformações físicas, mas não atrelamos essa travessia a uma faixa etária específica. Algumas experiências características dessa fase podem acabar lançadas para outro momento da vida ou nunca ocorrer.

Para os púberes, é muito importante que o corpo esteja fora de questão, porque ele já é muito proeminente por si. É por isso que, diferentemente das visões em geral inquietas dos pais, gostaríamos que o costumeiro abrigo dos púberes nos contatos digitais fosse visto com um pouco mais de simpatia. É evidente que pensamos que tal atividade, devido à vastidão e ao perigo de frequentar a internet quando se é ainda tão ingênuo, deve ser monitorada e regrada. Sabemos que se trata de uma tarefa hercúlea, justamente quando se está lidando com um filho escorregadio e continuamente na defensiva, mas ninguém disse que qualquer momento da parentalidade seria fácil...

Já Charlie ressalta que o que qualificou seu destinatário para a função de receber suas cartas foi o fato de ele não tentar ter relações sexuais com aqueles que se tornam íntimos dele, que é uma forma de retratar a relevância dessa interdição. O corpo é sempre incompreensível; por isso temos nostalgia da infância, quando até ele era assunto dos outros. Eles determinavam como nos vestir, quando fazer a higiene, do que nos alimentar.

Eles, nossos adultos, podiam nos tocar, abraçar, carregar, aconchegar, sem que precisássemos conquistá-los. Sua posição autoritária e superior nos liberava de decidir ou cuidar.

Com a chegada dos caracteres sexuais explícitos, na puberdade, o corpo se torna saliente e privatizado ao mesmo tempo. Isso parece contraditório, e de fato o é: o corpo é íntimo, pessoal, mas nunca foi tão público. Sua visão e manuseio ficam barrados aos familiares; as sensações eróticas, de foro íntimo, tornam-se mais frequentes e mais perceptíveis. Pelos, espinhas, volumes, cheiros, sangue, esperma, corrimentos, um corpo saliente, eloquente e mutante diante de alguém que até há pouco mal se dava conta de que ele existia. De saída, nada como roupas largas e disformes, cabelos sobre o rosto, silhuetas ocultas. A vestimenta de um púbere é praticamente um disfarce; será usada como os super-heróis usam suas identidades secretas, até que a figura do jovem finalmente empossado de seu novo corpo possa aparecer.

## COMPANHEIROS DE TRAVESSIA

Você se lembra da importância que seus amigos de adolescência chegaram a ter? Se você é adulto, se tem ou teve um relacionamento amoroso durável, filhos ou laços familiares pelos quais zela, pensará que um jovem nada sabe sobre o que é ter um verdadeiro vínculo. Jovens se dedicam obsessivamente a pessoas que, com algumas exceções, acabarão desaparecendo de sua vida no futuro. Mas você está equivocado ao subestimar esses primeiros amores fraternos. Foi ao lado deles que se viveu experiências marcantes, e em nome deles tanto se fez e se sofreu, aprendendo a pensar, a amar e a nos importar. Foi com eles, também, que descobrimos, na carne, valores como solidariedade, lealdade, segredo, perdão e, principalmente, o quanto dependemos do olhar dos outros.

Charlie está, ou deveria estar, em plena adolescência, já apresentado a tudo isso, pois o conhecemos com praticamente dezesseis anos. Porém, os argumentos da história são de que sua fragilidade emocional teria tornado tudo mais difícil e tardio. Graças a esse expediente, a trajetória ficcional do personagem, do momento prévio de isolamento, angústia e confusão mental até um estado explicitamente adolescente, é resumida nesse ano de vida que acompanhamos. Nela são os amigos mais velhos os responsáveis por testemunhar e fazer o parto dessa saída de dentro do lar e de si mesmo; sem eles, ficaria mais difícil e doloroso.

Quando as famílias são as únicas companheiras nesse processo, é mais custoso ter calma e paciência para um diapasão de sofrimento que parece sempre dilatado demais. A tendência dos pais é buscar fazer o filho perceber que está fazendo uma tempestade em um copo d'água. Esse consolo é difícil de aceitar para quem sente que está se afogando. Charlie se queixa disso e promete, como todos nós, que, quando tiver filhos, fará diferente:

```
Acho que se um dia eu tiver filhos
e eles ficarem perturbados, não vou
dizer a eles que as pessoas passam
fome na China nem nada assim, porque
isso não mudaria o fato de que eles
estão transtornados.[2]
```

Existe uma interessante figura intermediária, que é a do adulto próximo, em geral alguém ainda jovem, que não é nenhum dos pais e geralmente não é relacionado a eles. Ele costuma aparecer no início da adolescência, e sua existência é muito valiosa, pois seus conselhos e palavras têm possibilidade de ser pelo menos escutados, embora nem sempre seguidos, ao contrário dos oferecidos pelos adultos da família, que serão desprezados. Ouvir os familiares equivale a sentir-se criança novamente. Até mesmo o timbre da sua voz soa insuportável; tudo o que vier deles será identificado com uma tentativa de reter o jovem na infância, de encerrá-lo na torre familiar.

Na verdade, embora deixar os filhos crescerem não seja nada fácil e muito menos sem conflitos para os pais, a grande batalha para o adolescente estreante é sua própria tentação de voltar atrás. Retroativamente, a infância é vista como um território seguro, no qual não havia desejos, senão quereres, os quais podiam e deviam ser explicitados, afinal estava a cargo dos adultos sua satisfação. Também eram eles que regulavam, protegiam e discerniam o certo e o errado. A independência confronta com a missão de reconhecer os próprios desejos, avaliá-los e ainda viabilizar pessoalmente sua realização, todas operações muito difíceis. Por isso, essas figuras mais velhas, porém não familiares, como era o caso do jovem professor e dos amigos um pouco mais velhos de Charlie, são viabilizadoras de um espaço intermediário, onde ainda é possível admirar como uma criança, sem se sentir subjugado como um filho.

Às vezes, é difícil carregar as sequelas dos sonhos que os adultos acalentam a respeito de seus filhos, netos, sobrinhos ou discípulos. Essas expectativas alheias se mesclam no cenário em que os jovens são desafiados a fazer suas próprias escolhas. Não são poucas as vezes em que os projetos que se impõem de fora acabam falando mais alto do que um desejo pessoal que, quando se é jovem, não passa de um sussurro. As próprias expectativas já são insuportáveis, tudo parece irrealizável, pois tem-se, na juventude, uma espécie de consciência do potencial do fracasso, do caráter inatingível dos ideais; basta olhar a vida dos adultos para constatar isso. Não há outra época em que se observe a vida dos demais com tanta argúcia e uma crítica que oscila entre os extremos do idealismo e do pessimismo.

Um novo momento na vida de nosso protagonista começou quando seu professor de literatura, com quem já se habituara a conversar, aconselhou-o a ser mais participativo. Ele criticava sua tendência a ficar somente olhando a vida alheia e tecendo conjecturas como se fosse um alienígena observando os terráqueos. Charlie estava demorando um pouco para tomar coragem, mas o professor parece ter dado o empurrão necessário para uma época de maior protagonismo. Era preciso superar a introversão e timidez típicas da puberdade que tardiamente ainda o rondavam, como acontece inclusive na vida de tantos adultos. A entrada em uma nova etapa de ensino e a busca por um lugar entre as diversas tribos e estilos dos novos colegas ilustram muito bem a exigência de traçar para si, mesmo que provisório e exagerado, um tipo de personagem a encarnar. Esse deve ser, de preferência, inserido em um grupo de referência no qual possa apoiar essa identidade "em obras".

A adolescência propriamente dita começa após a passagem por um período pubertário, de distanciamento crítico silencioso, com tendência a ficar paralisado, apenas observando e fantasiando. O que espera por esse eremita emburrado é uma posterior jornada de vivências experimentais. Essas têm na iniciação amorosa, assim como na importância gigantesca assumida pelos vínculos fraternos, seu espaço e companhias para acontecer.

Embora vividas com inteiro engajamento emocional, as experiências ocorridas no início da adolescência são conscientemente provisórias para seus protagonistas. Apesar disso, não há como evitar que os sofrimentos sejam vividos de forma intensa e muitas vezes como se as perdas ou incidentes fossem irreversíveis. Sem necessidade de coerência, sabe-se que nada do que se tem como imprescindível no momento é para sempre. Amores, amigos, estilos são considerados ao mesmo tempo passageiros e insubstituíveis.

Um jovem no início da etapa final da escolarização sabe que suas vivências ainda não são consideradas para valer. Seus amores atuais serão provisórios, seus gostos e até amizades correspondem a uma etapa efêmera da vida. Quando sofrem e se desesperam de forma desmedida por um amor incipiente, não é porque planejavam passar o resto dos dias a seu lado; é porque são sentimentos novos e, como tais, sempre misturados com angústia, desvalia, solidão e uma certeza de estar a léguas do ideal.

A idealização é uma das grandes questões da infância: os pequenos, ainda subjetivamente misturados com seus pais e familiares, acreditam ser o que se espera deles e, dessa forma, ter garantida a aprovação e o amor dos adultos. A sensação dos púberes e dos adolescentes é oposta. Como precisam se separar, passam a se sentir párias e são assombrados pelo temor de representar um projeto fracassado. Ao partir, nem que seja para ir a um lugar próximo de casa, passam a ter de encarar as expectativas projetadas neles. Diante delas, a sensação que fica é a de exílio, de não estar sendo nem nunca chegar a ser nada próximo do admirável. É graças a isso que o amor e o desejo sexual passam a representar o antídoto mais apreciado. Quando se é desejado por alguém, essa desvalia é substituída por um estado eufórico de amor por si mesmo. O contratempo dessa solução é que ela despenca como um castelo de cartas assim que esse interesse amoroso, do qual se está sendo alvo – que na maior parte das vezes é imaginário –, se extingue.

## AMORES EDUCADORES E TERAPÊUTICOS

Charlie percorreu rapidamente um processo que costuma durar anos e ter avanços e retrocessos. Por vezes, isso até acontece assim. Um garoto ou garota que parecia que jamais tomaria coragem para participar da vida social ou amorosa encontra uma amizade ou grupo junto dos quais sua vida assume uma velocidade de acontecimentos impensável.

Em nossa história, essa aceleração começou quando Charlie ficou curioso em relação a um colega da oficina de marcenaria, mais velho e desaforado. Patrick, um garoto irreverente e assumidamente *gay*, era objeto de *bullying* na escola, onde tinha o apelido de "Ninguém", mas parecia não ficar muito preocupado com isso. "Ninguém" pelo menos tinha esse apelido, já Charlie era um ninguém em minúsculo. Patrick foi sua ponte para o ingresso no novo grupo de amigos.

O grupo no qual entrou era composto de alunos veteranos, da geração de sua irmã, no derradeiro ano da escola. Sua jornada junto a eles estava programada para ser interrompida quando fossem para suas respectivas faculdades no fim daquele ano. A morte anunciada daquele convívio, que se tornou centro de sua vida, talvez não fosse recomendável para um garoto que já vivera tantas perdas.

O que tornava esse encontro com o amor fraterno e sua previsível separação tão importantes é que, dessa vez, as coisas aconteceriam de forma diferente do que com a tia e o amigo, que simplesmente desapareceram. Patrick e seu grupo teriam condições de fazer, junto ao cronicamente enlutado Charlie, um outro processo. Os amigos mais velhos, dublês muito melhorados da tia que fora sua cúmplice, construíram com ele um verdadeiro e duradouro vínculo.

Se dessa vez haveria a separação no horizonte, o que sempre equivale a uma perda, ela não seria abrupta e irreparável. As amizades cumprem esta função: são amores educadores e terapêuticos. Aos amigos dá-se uma margem de ação e liberdade que famílias e relacionamentos amorosos não têm. Eles podem criticar sem serem sentidos como destrutivos, participar sem serem considerados invasivos, ensinar sem serem considerados autoritários. Foi por isso que aquele grupo e o professor de literatura tiveram uma margem de ação que completou a formação da personalidade do protagonista. Assim acompanhado, ele teve as vivências necessárias para que parasse de evitar a vida, da qual tinha medo, além de culpa por tê-la conservado enquanto outros a haviam perdido.

No grupo adolescente, os valores estão em debate permanente, por vezes de forma mais abstrata e teórica, em um embate em torno de ideais, por outras, por meio das simples escolhas compartilhadas do que e a quem admirar ou desprezar. Entre amigos é possível ajustar-se ao que se espera de nós, sem deixar de sentir-se autor na escolha daquilo a que se irá submeter.

Mais um aparente paradoxo, essa báscula entre adaptar-se e inventar-se é o mecanismo de formação de qualquer identidade, só que na adolescência depende do grupo de pares para acontecer. Aqui estão em jogo múltiplas escolhas, como as do tipo de gente que se quer ser e com quem conviver. São parâmetros e hábitos que se seguirá por escolha, portanto, diferentes das rotinas impostas à criança por seus adultos. Fazem parte do processo, ao qual se dedica uma vida, de configuração ativa dos gostos pessoais e dos valores que se irá defender.

Adequar-se às exigências e regras do grupo equivale a sentir-se mais próximo do ideal. Muitos desses valores são coletivamente definidos; outros já vêm empacotados em um estilo ou serão determinados pelas lideranças, modismos ou figuras idealizadas de ocasião. É a possibilidade, depois de tanta dúvida e esvaziamento das certezas, de voltar a se sentir aceito, portanto, pleno, como na infância, quando a referência eram unicamente os pais.

Por isso, quando um jovem precisa mudar de cidade, ou mesmo quando é obrigado a ausentar-se de algum programa do grupo, sente-se como se fosse perder o chão, como se tivesse sido privado de tudo o que lhe interessa no mundo. Aquelas referências grupais que o envolvem e asseguram são o ar que respira; fora delas, volta às suas sufocantes angústias e incertezas. A presença dos amigos é o que, nessa fase da vida, tem de mais próximo a um lar. Os jovens podem se encontrar em qualquer lugar, uma praça, um centro de compras, a casa de algum deles, uma calçada, clube ou bar. Desde que seja capaz de acolhê-los e dar-lhes liberdade, o cenário não faz tanta diferença. É o olhar uns dos outros que os abriga, e torna-se essencial quando nos sentimos uma espécie de "sem-teto" emocional.

A sensação de satisfação ligada à presença dos amigos equivale a um aconchego que se julgava para sempre perdido. Na verdade, o desamparo dos adolescentes é tão radical que eles nem sequer conseguem se lembrar muito bem daquela experiência infantil de encaixe na família. Na saída, o jovem sai levando na mala apenas memórias dos momentos em que as crianças percebem que não agradaram, que deixaram a desejar, que temeram ser punidas, abandonadas, rejeitadas. A infância não é uma lua de mel entre pais e filhos (ou seus substitutos). Há experiências contraditórias, de aceitação e rejeição, de encaixe e solidão, de confiança e vulnerabilidade. A empatia do adolescente não pode ficar com os lados bons, pois, se assim fosse, não teria forças para partir. Ele precisa ter presentes suas evocações mais penosas para se separar da família. Isso alimenta o ressentimento, que é uma forma de se manter sutilmente ligado ao passado por meio de uma série de memórias que são catalogadas como tristes e trágicas. As memórias ruins, por vezes cômicas ou absurdas, da infância de cada um são compartilhadas no grupo, no qual se disputa quem teve a pior família, a escola onde mais se sofreu, o passado mais triste ou mesmo quem foi a criança mais atrapalhada.

Charlie era um pouco mais jovem em relação ao grupo em que foi aceito; consequentemente, tinha pouco jeito para lidar com todas as situações que se apresentavam. Uma das meninas, Mary Elisabeth, começa a namorar Charlie, quase unilateralmente, pois ele não tinha o menor interesse nela. Ele se envolve com ela por curiosidade sexual e, principalmente, por achar que era o que deveria fazer para ser aceito pelo grupo, mas sua alma só tinha olhos para Sam, a meia-irmã de seu amigo Patrick.

Um dia, em uma brincadeira grupal de "verdade ou consequência", esse envolvimento a contragosto se desvelou, e Charlie deixou Mary desconsolada. Os amigos ficam ao lado de Mary, até porque, em uma total falta de tato, o garoto se comportou de forma grosseira com a namorada, deixando explícita sua atração pela amiga em frente a todos. Durante certo tempo, o grupo o excluiu em solidariedade à injuriada Mary. Charlie ficou arrasado, devolvido ao isolamento que era a razão de seu sofrimento inicial, até que um providencial drama o devolveu ao grupo: Patrick tinha um relacionamento secreto com Brad, um colega que era o mais popular jogador de futebol americano da escola. Contudo, enquanto o primeiro era homossexual assumido, Brad posava de hétero e, até para manter seu prestígio diante dos colegas, acaba chamando Patrick de "veado". O namorado, ferido, vai tomar satisfação com seu amado, que estava posando ridiculamente de machão, e uma briga se inicia. Os colegas de Brad se intrometem, e, em uma clássica cena de *bullying* homofóbico, acabam cinco garotos esportistas e fortes batendo em um acuado Patrick.

Sem pensar na desproporção entre a sua força e a dos agressores, Charlie acaba se lançando na luta, tentando ajudar o amigo. Ele não só aparta a briga como acaba surpreendentemente batendo em todos. Seu irmão o havia ensinado a brigar, e ele estava tomado de uma fúria louca, em um momento dissociativo. Ficou inconsciente depois da briga, não lembrando bem como foi, nem mesmo seu heroísmo. Era como se essa identificação com o irmão tivesse vindo em bloco, como se naquele momento fosse o irmão, e não ele, em ação. Depois desse episódio de bravura e de ter evitado que Patrick se machucasse ainda mais, Charlie acabou sendo reintegrado no grupo com o mesmo *status* anterior.

## FELICIDADE E CULTURA

Entrando de carro com seus amigos Patrick e Sam em um túnel, sentindo o vento no rosto e escutando música, Charlie viveu uma breve epifania estética e emocional, que descreveu com as seguintes palavras:

*Sam batucava com as mãos no volante. Patrick colocou o braço para fora do carro e fazia ondas no ar. E eu fiquei sentado entre os dois. Depois que a música terminou, eu disse uma coisa: "eu me sinto infinito".*[3]

Essa é a parte do filme – que no livro se desdobra em várias cenas – da qual os fãs mais se recordam. Para quem não quer voltar atrás e tampouco sabe para onde ir, essa espécie de eternidade instantânea é particularmente preciosa. Equivale à possibilidade de se sentir em casa, no sentido do encaixe, da segurança de estar em uma espécie de tempo contínuo e ao mesmo tempo congelado, onde e com quem se gostaria. Poucas vezes na vida essa força do presente é tão perceptível. Uma sensação de "aqui e agora", de vontade de paralisar o instante ou prolongá-lo idêntico para sempre, é rara e equivale ao que costumamos chamar de felicidade. É interessante que Charlie não a tenha chamado de felicidade, pois nas últimas gerações ela tem sido colocada no horizonte do que se deve almejar na vida, com muito mais frequência do que o sucesso, a prosperidade e o poder, metas mais antigas.

Felicidade equivale a um bem-estar, uma mistura de sentir-se aceito com considerar-se satisfeito com o que está nos acontecendo. Charlie costumava viver em um tempo que nunca era o presente, pois era assombrado por pensamentos melancólicos. A melancolia é um tipo de tristeza em que os mortos, em vez de serem lembrados, evocados, nos habitam. Ele era comprometido não somente com seus mortos como também com a morte em si, que carregava junto, assim como com as tristezas de todos os que o rodeavam. Essa forma de ficar preso no passado, preenchido pelo que se perdeu, não é incomum na adolescência; corresponde a ficar ligado a uma infância que já não se pode mais viver, sem se permitir abandoná-la de fato. Boa parte das tristezas juvenis assume esse caráter melancólico, e é preciso ajudar os adolescentes a fazer o luto de um passado que teima em não se deixar enterrar.

A música, assim como filmes, seriados, livros, prosa, poesia, imagens e ritmos em geral, costuma funcionar como guia para uma sensibilidade que necessita de tradução urgente. Poucas épocas da vida são tão musicais como a adolescência: é uma constante necessidade de canções, agora não mais de ninar, mas que também sejam reconfortantes, e de letras capazes de nos produzir identificação.

A voz que nina um bebê garante uma presença que ele pode carregar para dentro de si sem temor de desaparecer ou de que ela desapareça. Ao adormecer sendo ninado, a voz aconchegante se transmuta em sonhos, permite perder o controle, e os bebês se sentem seguros de uma companhia que na verdade é somente uma criação pessoal. Para os adolescentes, a música lhes permite permanecer acordados sem medo de sucumbir à própria fragilidade. Ela preenche suas lacunas; há uma trilha sonora para cada momento. A seu modo, eles se ninam.

Além das músicas, o livro de Chbosky realça o caráter formador do compartilhamento de várias experiências culturais, principalmente a literatura, o cinema, a televisão e o teatro. As memórias de várias obras, da reação que produziram, assim como do prazer de reproduzi-las e conhecer-lhes os detalhes, são tão importantes para Charlie por representarem momentos marcantes de sua vida. Uma delas é o episódio final do seriado *M\*A\*S\*H\**, que foi a única ocasião em que Charlie viu seu pai chorar escondido. *The Rocky Horror Picture Show*, peça que seus amigos encenam todos os anos, acaba dando oportunidade a Charlie de subir ao palco. As músicas encontram várias inserções, e todas elas pontuam a vida: as que sua tia adorava, as que o namorado da irmã gravou para ela, as que ele, por sua vez, escolheu para a garota que ama e para o melhor amigo. A mais importante delas é justamente essa música que estava tocando em um momento muito especial desse filme, de estar no carro junto a seus melhores amigos, passando por dentro de um túnel, onde ele disse estar se sentindo infinito. Não podemos nos esquecer dos livros que o professor diz terem sido essenciais para ele, sobre os quais tanto debateram e que ajudaram o jovem a suportar as crises de angústia. Há também um filme, a que a família do pai assiste repetidamente quando se reúne a cada ano novo. Em todas essas obras, Charlie vê um significado que se empenha em decifrar, ao mesmo tempo que se preenche dessas referências.

*Trilha sonora da adolescência

Quanto mais rico o acervo de experiências culturais, mais instrumentos o jovem terá para compreender a si e aos outros. A cultura oferece metáforas, que, por sua vez, funcionam como chaves que abrem a capacidade de pensar, discernir, portanto, de amadurecer. As famílias enxergam as experiências culturais de modo preconceituoso: temem que certas obras artísticas ou populares influenciem negativamente as crianças e jovens. Na verdade, é a carência de estímulos culturais que os deixa incapazes de discernir, sujeitos aos atos perigosos que são também recorrência da pobreza de espírito.

Essa história, que é um livro e um filme, funciona para muitos jovens como um espelho no qual se refletem e sobre o qual refletem. A obra em si, na qual a arte faz tão bom papel, acaba, por meio de sua popularidade, sendo a prova daquilo em que ela mostra acreditar. Uma brincadeira de espelhos, que acaba, por fim, como todo bom livro, por refletir os próprios leitores.

## A INTERNAÇÃO PSIQUIÁTRICA NA ADOLESCÊNCIA

Na história, Charlie teve duas internações e saiu melhor de ambas. Infelizmente, fora do cinema, esse fato não é a regra. As internações na adolescência geralmente deixam cicatrizes para o resto da vida, e, embora até existam as que ajudam na travessia dessa fase, são mais comuns as que criam uma dificuldade adicional.

Boa parte dos surtos acaba acontecendo nessa época, devido ao encontro da fragilidade com os desafios para os quais os adolescentes não têm respostas. Essa incidência de angústias aumentadas em momentos sentidos como trágicos no coração das famílias leva a medidas marcadas pelo desespero. São atitudes provocadas pelo sentimento de impotência, pelas autoacusações de ineficiência, descaso ou falências emocionais que os pais fazem a si mesmos ou até escutam de profissionais, escolas ou pessoas de suas relações. Diante disso, há muita pressa para suprimir os sintomas, para colocar o jovem na linha, para banir rapidamente aquilo que ameaça a imagem tanto do filho quanto da família, sem falar dos ideais que se espera que ele cumpra.

Poucas decisões são tão delicadas como a de fazer a internação de um adolescente, especialmente a primeira. Os riscos não são pequenos. Não é impossível, embora esteja longe de ser uma regra, que, em se tratando de personalidade frágil e indefinida, uma internação equivocada possa inclinar o destino do paciente para ser etiquetado como louco. Em contrapartida, algumas vezes, a internação é imprescindível para preservar a integridade física de todos os envolvidos ou evitar um suicídio, se não houver um suporte familiar capaz de acolher o sofrimento do jovem. É sempre muito difícil saber o que fazer.

A internação cumpre uma função determinada: proteger o paciente, em caso de risco de morte, ou os familiares, quando a violência foge do controle, ou, ainda, evitar que o adolescente venha a cometer atos irreversíveis que o prejudiquem no futuro. Embora os quadros que levem a uma primeira internação possam ser os mais variados, geralmente uma coisa eles têm em comum: o sujeito está em uma profunda crise de identidade. Identidade, nesse caso, deve ser entendida em uma gama ampla: quem sou eu? O que querem de mim? Qual é meu lugar no mundo? O que devo fazer com minha vida? Ora, uma internação pode, mesmo que venha a proteger o paciente, produzir, como efeito colateral, uma péssima resposta a essa vacuidade, pois cria uma identidade de doente mental.

Quando a internação se dá na adolescência, às vezes, em vidas pouco movimentadas, ela se constitui no fato mais importante ocorrido até então. Em alguns casos, acaba colocando um indesejável acento traumático em experiências que deveriam ser apenas interessantes, como, por exemplo, quando um jovem se encontra com uma boa escuta, que lhe faz bem, mas que, em função do local em que ocorre, uma instituição psiquiátrica, acaba ficando associada à experiência de reclusão forçada, ao entorpecimento dos fármacos e ao convívio com outros pacientes cujos quadros lhe parecem intimidantes e assustadores. Não raro, em casos nos quais a dificuldade ou necessidade de se separar dos pais é o motivo da crise, em uma pessoa extremamente tímida, com graves dificuldades sociais, a primeira saída sem a tutela familiar, sua primeira experiência social realmente só, acaba sendo uma internação.

Porém, por vezes, temos que escolher o mal menor. Um conselho paradoxal, que os psicanalistas sempre dão para ilustrar esse tipo de impasse, é quando um paciente está em uma janela querendo se atirar, dizendo que se sente um lixo, um dejeto, algo que deve ser descartado. Nesses casos, é melhor não desdizer, pois ele poderia escutar: "nem um lixo eu sou". É melhor ser um dejeto do que não ser nada. Ao identificar-se com o nada, ele mais facilmente se sentiria sugado pelo vazio da janela. A lógica, nesse caso, é a mesma: é melhor ser louco do que não ser nada. A indefinição, nesses casos, é desagregadora, e a significação de louco, ainda que nociva, junta os pedaços de alguém que está em uma crise. Minimamente, é claro.

Nossos temores se confirmam ao encontrarmos no consultório pessoas com problemas corriqueiros, de baixa gravidade, mas com traumas graves causados por uma internação mal pensada, precipitada. Existem casos em que, após uma internação, o adolescente acaba se comportando como louco para agredir os pais, como se dissesse: "muito bem, vocês dizem que sou louco, então me aguentem assim". Esse mecanismo muitas vezes é inconsciente e se reverte no trabalho psicoterápico; outras vezes, é consciente mesmo, uma afronta deliberada a quem o internou.

Uma internação desencadeia quase sempre muita raiva; contudo, não é impossível que ocorra um agradecimento sincero por ter sido encontrado um limite, embora isso seja incomum. Às vezes, após a internação, o primeiro movimento é de alívio e gratidão; só mais tarde chega a cobrança, o ressentimento. A internação é vivida como abandono e como falência dos pais, que não suportaram o filho e desistiram de tentar. Seja como for, o efeito da internação, mesmo que benéfico, é grave no familiar e no paciente. Se, neste último, reforça a identidade de louco, para seus familiares, cabe a assimilação de que eles têm um grave problema nas mãos com o qual foram impotentes para lidar.

A internação já foi usada no passado como medida corretiva para filhos que não se conformavam aos desígnios parentais. Felizmente, já não é comum nem mesmo possível esse tipo de associação entre um corpo médico de ética duvidosa e uma família ditatorial. Há inúmeros ganhos nessa família democrática tão criticada pelos teóricos contemporâneos e nenhum motivo para ter nostalgia do velho patriarcado que tinha os filhos como súditos, submissos, servis e passíveis inclusive de castigos físicos e morais, entre os quais a internação era comumente usada.

Infelizmente, mesmo hoje, pais exaustos, desorientados e angustiados, muitas vezes tomam medidas extremas. Em um momento de cansaço, de fraqueza moral, querem que algo seja feito; precisam de uma solução, algo que dê limites a uma situação insuportável. O limite vem com a internação, mas isso nem sempre é o melhor a se fazer. Muitas vezes, a internação é um castigo inconsciente que os familiares dão àquele que não lhes dá descanso. São essas internações involuntariamente punitivas que devemos evitar.

É preciso que fique claro: a internação não cura ninguém. Ela acolhe na hora de crise, se não houver outro meio; preserva uma vida que esteja ameaçada e pode ser um basta para aqueles que não estavam levando o caso com a seriedade devida. Pode ajudar pessoas que negam terminantemente seus problemas, que se recusam a procurar tratamento ou a tomar os medicamentos necessários, por exemplo. Não é exatamente a internação que é benéfica, mas o novo estágio que se inaugura depois dela.

Na história de Charlie, a internação é relatada como bem-sucedida, pois nesse ambiente ele encontrou uma escuta, alguém disposto a mergulhar junto no seu inferno e dizer-lhe algumas coisas apropriadas. Foi com a psiquiatra que ele pôde reconstruir sua história e encaixar as pontas soltas que o angustiavam. Se ele tivesse tido essa mesma oportunidade de ser escutado antes e por mais tempo, provavelmente nunca teria chegado a uma internação. Embora as sequelas de um abuso sejam graves, elas são passíveis de alguma reparação, e quem passou por isso pode chegar à idade adulta sem prejuízos que impeçam de levar uma vida plena.

Como reflexão final, fica a questão que nosso protagonista se coloca quanto ao que fazer com os revezes que a vida interpõe. Ele acaba tendo claro que é preciso fazer algo com eles, antes de sucumbir sob seus efeitos. É na escrita de suas cartas, na amizade, na arte e no amor que ele encontra modos de arejar as emanações intoxicantes provenientes dos pensamentos angustiantes que o agoniavam desde cedo na vida. Não resta dúvida: a adolescência é um processo sofrido, mas salutar. Apesar de tão mal falada e malvista, de ter sido considerada em si tão patológica, a adolescência, mais que um problema, é uma solução. Ela é, na realidade, um conjunto de atitudes, hábitos e expressões muito efetivos para a cura das pendências neuróticas que carregamos da infância. Só seremos alguém se purgarmos a relação infantil com nossos pais, e o momento propício para isso é a adolescência.

## NOTAS

1. CHBOSKY, S. *As vantagens de ser invisível*. Rio de Janeiro: Rocco, 2007. p. 12.
2. Ibidem. p. 221.
3. Ibidem, p. 43.

CAPÍTULO IV

O MOCHILEIRO
ROMÂNTICO

FILME:

Na natureza selvagem


TEMAS:

A busca da autonomia

Herança como peso

A ingratidão dos filhos

Individualismo

Ascetismo contemporâneo

Idealização da natureza

Pensamento romântico

Certos grandes sucessos são fruto de um cruzamento feliz entre um bom livro e um bom filme. Nesse caso, foi o que aconteceu. Um ajudou o outro, e cada um tornou o outro mais conhecido. O livro *Na natureza selvagem* é do jornalista Jon Krakauer, que se apaixonou pela história do jovem aventureiro Christopher Johnson McCandless e a registrou em livro em 1996. Pessoalmente tocado pela história, por ter sido ele mesmo um ousado alpinista, Krakauer abre-se para outras experiências similares, incluindo as próprias, e questiona o sentido dessas perigosas jornadas. O filme homônimo, com roteiro e direção de Sean Penn (2007), baseou-se no livro, mas ficou centrado na vida e nas viagens de Christopher.

Este capítulo é uma exceção aos outros que desenvolvemos. Todos tratam de ficção, e aqui partimos de uma vida real, porém, a trajetória narrada está distante de ser a verdadeira vida de Chris, que deu origem ao livro. O autor confessa que ficou profundamente identificado com a história quando tomou contato com ela, como jornalista, e por isso mergulhou no passado de nosso infortunado herói. Ele nos conta a vida e os sonhos de McCandless, porém mesclando com algumas experiências suas e de outros jovens obcecados por desafiar a natureza, a solidão e a morte. Insiste que estava tão tomado pelo tema que uma visão desapaixonada seria impossível e que, ainda, preencheu lacunas do que não se sabia sobre o périplo de Chris com interpretações advindas de suas investigações e sentimentos. Apesar de o eixo ter sido a vida de Christopher McCandless, que rompeu com seu passado e caiu na estrada adotando o nome de Alex Supertramp, no texto de Krakauer, o narrador e o narrado, não raro, se confundem. O escritor encontra uma alma gêmea, não esconde isso, e a história passa a ser esse bom encontro.

Vale se questionar sobre o porquê de a trajetória desse rapaz ter-se tornado livro, filme, motivo de debates acalorados, assim como inspiradora de identificação entre aqueles que nem sequer gostam de aventuras radicais na natureza. Apesar de seus desejos eremitas, o autonomeado Alex era um entusiasta contador de sua própria história e de seus ideais; deixou suas andanças documentadas, além de comentários sobre as fontes literárias em que fundamentava suas crenças. A última aventura, por ser desastrada e dramática, tomou o centro da narrativa e o ângulo pelo qual o enxergamos, mas ele foi muito mais do que isso. Sua morte trágica, por inanição no Alasca, nos legou uma coleção de enigmas. Enigmas e pistas a respeito de como teria sido o encontro do jovem com a natureza e a morte. Sua tragédia real, fortemente inspirada na literatura, avizinhou-se da poesia. Por isso, o escritor Krakauer, o cineasta Sean Penn e, neste momento, nós também, assim como tantos outros, seguimos nos ocupando dessa história, que se tornou mítica.

São poucos os que têm coragem de fazer a experiência radical de largar a vida comum e sair ao encontro da aventura, principalmente hoje, em que há uma enorme adesão a uma vida reclusa na qual se podem viver experiências meramente virtuais. Muitos desses jovens acomodados sonham com os verdadeiros riscos e as genuínas vivências de quem abriu mão de todas as comodidades e da segurança por opção, e não em nome de uma causa ou missão ou, ainda, por ter sido convocado.

O sucesso do livro não é outra coisa que combustível para essa fantasia – e isso nos revela o desejo de fuga como uma das dimensões da adolescência. Na prática, pode ser a migração para outra geografia, para outra cultura, mas, em muitos casos, como neste, para fora da cultura propriamente dita, como se a natureza fosse purificá-lo de sua história, como se ela fosse a única alteridade respeitável. Esta é a dramática história de um jovem buscando refundar-se com o mínimo apoio possível, longe de tudo e de todos.

A tradução de *Into the Wild* para *Na natureza selvagem* não parece boa, soa como um pleonasmo, mas é justa, e não conseguimos imaginar nada melhor. O que esse adolescente buscava, como tanto outros, era a natureza intocada, em sua forma mais pura e virgem possível, distante de toda civilização, e esse é o sentido de "selvagem" no caso.

## UMA VIDA DE AVENTURA

Os alasquianos habitam um território no extremo dos Estados Unidos que, por sua beleza e natureza hostil, desperta a imaginação de pessoas de outras regiões. Eles estão habituados à aparição de peregrinos, e Christopher McCandless, um rapaz de vinte e quatro anos, oriundo de uma família classe média alta de Annandale, Virgínia, foi mais um deles. Eles os veem com certo desprezo, como assombrações que insistem em passar por ali, impulsionados por fantasias a respeito de si e do lugar, e assim os descrevem:

*[...] jovens idealistas, cheios de energia, que se superestimaram, subestimaram a região e acabaram em dificuldade [...] há um bocado desses tipos perambulando pelo Estado, tão parecidos que são quase um clichê coletivo.*[1]

A região atrai todo tipo de aventureiro, em geral jovens, que se submetem à rudeza da experiência como rito de passagem. A fibra necessária para enfrentar tal provação, os sofrimentos físicos e a superação dos medos, a solidão em que em geral essas viagens são feitas, se justificam na expectativa de consolidar uma identidade e de corroborar um valor que eles próprios possam acreditar que têm.

Chris teve um final infeliz, para alguns, apenas patético, para outros, enigmático, e, para muitos, objeto de reverência. Seu corpo foi encontrado em um ônibus abandonado, que originalmente servia de pouso para caçadores e exploradores, em meio a uma região desértica, onde ele passara três meses e meio. Estava morto havia duas semanas, sucumbiu à fome, mas conseguiu uma longa sobrevivência no local, principalmente pelas condições a que se impôs. Chris foi para lá sem mapas, relógio, bússola ou mesmo alimentos suficientes. Levava apenas dois quilos de arroz, uma arma leve para caçar, um facão, uma rede de pesca e muitos dos seus amados livros, entre os quais um precioso guia de botânica para saber como se alimentar da vegetação local.

Apesar do mau humor com que foi julgado por vários nativos, o jovem de que nos ocupamos não foi do tipo que passa pelos lugares fazendo o papel ridículo de um lunático bem-nascido brincando de aventureiro. Antes da jornada final – sua "odisseia alasquiana", como ele gostava de chamá-la –, Christopher se consolidou como um viajante experiente e competente. Enfrentou desertos, águas perigosas, viveu entre marginais, aguentou temperaturas extremas e muita privação. Também fez amigos em muitas regiões do país, trabalhando em várias profissões simples, mostrando-se sério, capaz e amoroso. Correu todo tipo de risco e angariou a experiência que julgava necessária para ser bem-sucedido no grande desafio que há muito almejava.

Em relação a sua família, as coisas eram complicadas. Antes de morrer, ele já estava desaparecido da vida deles havia dois anos, sem dar notícias e providenciando formas de não ser localizado. Christopher sempre foi teimoso, pouco obediente e radical na coerência com seus ideais oriundos de suas leituras. Por ser profundamente competitivo e exigente consigo mesmo, fez uma bem-sucedida carreira de estudos, mostrando-se capaz de liderança e, apesar de franzino, também forte e resistente nos esportes. Aos vinte e dois anos, formou-se em Antropologia e Sociologia em Emory, e esperava-se que continuasse os estudos de forma a se profissionalizar no Direito. Tinha notas até para ingressar em Harvard, boas economias e uma família seriamente disposta a investir nisso.

Eternamente queixoso do que julgava ser a desmedida exigência a que os pais o submetiam, desprezando-os pela hipocrisia e futilidade que via neles, Christopher não estava nem um pouco disposto a seguir em frente com o que representasse

O MOCHILEIRO ROMÂNTICO // **79**

o mundo deles. Conforme um velho plano, largou tudo para fazer dois anos de andanças pelo seu país. Entre 1990 e 1992, serpenteou de norte a sul, geralmente por paragens vazias, desérticas e desabitadas, até alcançar seu objetivo final no Alasca.

No percurso, interagiu com gente simples, deixando sempre uma boa impressão. Fez laços genuínos, aprendeu conhecimentos práticos e apegou-se a algumas pessoas. Diferentemente de sua atitude com a família, para esses amigos, mandava notícias regularmente e prometeu voltar a vê-los quando regressasse. A um deles, confiou seu diário e os registros das jornadas anteriores. Apesar disso, tinha o hábito de partir abruptamente, além de quase nunca aceitar conselhos e ajuda.

Rompido com a família, foi "adotado" por vários de seus novos amigos nos lugares onde se deteve por uma temporada, principalmente um pequeno empresário interiorano, um casal de maduros aventureiros nômades e um velho militar aposentado. Para todos eles, aquele jovem tagarela e de largo sorriso, trabalhador abnegado, perfeccionista, que mostrava ter uma educação apurada e convicções radicais, era fascinante. Conheciam-no como Alex, ou melhor, Alexander Supertramp, embora em certas situações tenha cometido o lapso de preencher papéis com seu nome anterior.

Os americanos têm duas gírias a partir de *tramp*,* quando a palavra é tomada no sentido de vagabundos, aventureiros ou errantes: os *rubber tramps*, aqueles que andam de carro, e os *leather tramps*, que são os que viajam a pé e/ou de carona. Christopher tinha seu amado carro, um velho e robusto Datsun 1982, que comprara com suas economias. Tanto era apegado a ele que ficou furioso quando o pai lhe ofereceu de presente de formatura um veículo novo. Depois de doar para as vítimas da fome todas as suas economias, destinadas a pagar os estudos que não pretendia fazer, partiu a bordo do seu Datsun. Infelizmente, foi obrigado a abandoná-lo quando, alheio aos avisos de perigo, como era seu hábito, entrou no leito seco de um rio que repentinamente derramou seu caudal, encalhando-o.

A perda do carro foi a deixa para o abandono das poucas referências que trazia de sua vida anterior: apagou seus traços, queimou os poucos dólares que lhe restavam, descartou a maior parte de seus pertences e, comemorando a sensação de leveza, converteu-se em um andarilho/caroneiro. Ali nascia Alex Supertramp, o super-herói vagabundo que ele sempre sonhou em ser. Com sua nova identidade, teve aventuras incríveis: atravessou desertos, florestas, sobreviveu longos períodos se alimentando apenas de frutas silvestres, viveu entre os moradores de rua, em cavernas e praias isoladas. Certa feita, passou 36 dias com dois quilos de arroz em lugar inóspito, sem nenhum contato humano. A todo momento, ludibriava policiais, guardas de fronteira e burocratas e, além das caronas, aprendeu a viajar como clandestino nos trens.

Supertramp não prestava contas ao Estado e dele não queria nada, não pagava impostos, não precisava de documentos, nem de dinheiro. Entrou no México atravessando pântanos e mares em uma canoa, desceu corredeiras somente viáveis para exímios navegantes, justamente ele, que tinha medo da água. Mas tudo isso não passava de diversão e treino para seu grande momento. Por onde fosse, com quem falava, sempre mencionava sua paixão pelas histórias de Jack London e sua futura "odisseia alasquiana".

Para ele, a vida difícil não era um destino, e sim uma opção contrastante com o ambiente familiar, já que cresceu em uma família próspera e uma casa confortável. Era filho do segundo casamento de Walt McCandless, um cientista especializado em engenharia aeroespacial. É preciso lembrar que recém findara a era da conquista espacial, misto de desafio científico e guerra fria. Era um momento em que os envolvidos nesses assuntos, como no caso do pai de Chris, que desenvolvia projetos para a NASA, eram muito valorizados. Por parte dessa união, tinha uma irmã, e, do primeiro casamento do pai, seis meios-irmãos. De origem humilde, os pais constituíram uma empresa em torno da tecnologia que

*Tramp tem uma conotação negativa, quer dizer basicamente vagabundo, mas, se aplicado a mulheres, designa uma prostituta. Nos seus derivados, "rubber" — borracha — é metonímia para carro por seus pneus, como "leather" — couro — é para os sapatos do andarilho.

Walt havia desenvolvido. Na época da formatura, a família gozava de alto padrão de vida, mas a trajetória fora de muito esforço e orçamento apertado.

Do pai, Chris não queria nada; estava empenhado em que nenhum traço de identificação com ele fosse visível. Nas suas andanças, encontrou homens mais velhos, pessoas que se formaram na vida prática, com a sabedoria dos anos e nada mais, com os quais se permitiu aprender algo e discutir seus planos, embora em nenhum momento estivesse disposto a mudar o rumo. Do pai só queria "divórcio", como ele mesmo escreveu. O comportamento afável e simpático que tinha com seus novos amigos contrastava com a crueldade intransigente dirigida aos pais e mesmo o abandono completo da irmã caçula, a quem no passado fora muito ligado.

Divórcio é, para ele, um tema espinhoso, pois, em uma de suas primeiras viagens, por ocasião de férias escolares, falando com parentes e amigos da juventude dos pais, ele desvendara um segredo do passado familiar. Seu pai chegou a manter duas famílias em paralelo durante alguns anos, em uma história de traições graças à qual, o julgamento moral que já fazia dele, enveredou para uma drástica condenação. Não deixa de surpreender um moralismo arcaico em um jovem. Costumamos esperar deles posições sempre avançadas, mas não é nada incomum revelarem uma rigidez moral que os torna suscetíveis à influência de fanatismos e propostas totalitárias.

Chris não deixa rastros de envolvimento com mulheres. Há uma notável ausência de figuras femininas em seu caminho. Fugiria ele do sexo como dos vínculos? Nunca saberemos; não há informação clara a esse respeito. De certa maneira, suas realizações contam pontos como proezas masculinas, mas não sabemos se ele também buscava alguma forma de afirmação viril com suas viagens.

Seja como for, Chris apresenta claramente algo que se tornou raro na adolescência contemporânea, pelo menos em sua forma clássica: o ascetismo.

Ou, talvez, não estejamos reconhecendo as novas formas que esse movimento de abstinência de bens e comodidades tomou.

De casa, Alex levou somente seus autores favoritos, a cuja leitura se dedicava desde cedo. Na literatura, encontrava amparo na descrição de utopias românticas ou mesmo em descrições poetizadas que ressaltavam a natureza e a simplicidade da vida. Seus autores eram Jack London, Leon Tolstói e Henry David Thoreau. Nestes, fundamentou a crítica ao desenvolvimento, a recusa à autoridade, uma espiritualidade religiosa não tradicional e a idealização da natureza. De Thoreau, sublinhou em um de seus livros a determinação de levar uma *"vida em conformidade com princípios elevados"*.

Esse amor aos livros é um dos quesitos na formação de sua posterior simpatia, pois, como bom leitor, fez-se excelente narrador. Jamais se furtava a uma roda de conversas na qual pudesse contar suas andanças e deixou com seus amigos e junto de seu corpo algumas mensagens e registos escritos do árduo cotidiano de sobrevivente. Quase sempre carregava mais peso em livros do que em comida em sua mochila. A mensagem era clara: o alimento espiritual era mais importante do que o real.

## O ASCETISMO CONTEMPORÂNEO

Chris é um abstinente da forma mais tradicional, pois pouco se parece com sua versão contemporânea. Quase tornado fora de moda, o ascetismo, muitas vezes de cunho religioso, costumava ser uma das maneiras de resistir à sensualidade e à sexualidade. É uma conduta que defende ser possível e necessário prescindir dos gozos triviais da existência. Para tanto, o asceta se expõe a privações, mortifica seu corpo de várias formas e expõe sua saúde a riscos desnecessários. Entre outras coisas, reduz a alimentação ao mínimo, idem com seu sono, e leva ao limite sua *performance* física. É uma espécie de grevista da fome, da sede, do prazer, do bem-estar, pois qualquer forma de gratificação pode ser suspeita. No medo de ser invadido por seus próprios impulsos, cria ou adere a ideologias em que todas manifestações corporais são suspeitas e/ou devem ser controladas.

Não nos distanciamos tanto assim das inquietudes que alimentaram tais movimentos, apenas observamos uma modificação, talvez de sentido, talvez apenas cosmética, dos modos de ser um asceta. Quanto à alimentação, por exemplo, podem encontrar-se abstinentes radicais, os quais evitam todo tipo de ingesta, buscando corpos que, em sua magreza, ostentem seu divórcio com a saciedade. Não estamos nos referindo aqui aos graves transtornos alimentares, como a anorexia, em que o sujeito perde a conexão com sua imagem corporal e vê-se sempre obeso, mesmo que seja pele e osso. Estes últimos estão empenhados em tirar de dentro de si tudo o que diga respeito à conexão alimentar materno-filial, mesmo que lhes custe a vida, e, sempre que se contemplam, enxergam essa possessão de seu corpo pela figura alimentadora que precisam exorcizar. Os ascetas magros, diferentemente dos anoréxicos, exibem sua pujança moral, mostrando-se além da gula, hoje tornada um dos piores dos pecados. Se antes o asceta era um herói secreto, discreto no sentido de nunca ostentar sua virtude, o de hoje é um militante público de sua causa.

A alimentação atingiu o pico dos valores morais como resultado de uma fragilização da identidade pública. Equivalemos mais aos nossos corpos do que ao nosso lugar social. Fruto do individualismo, cada vida, restrita ao tempo de sobrevivência efetiva de determinada pessoa, é uma obra ímpar e descontinuada de uma sucessão de outras. Nesse sentido, esse corpo é o maior representante do sujeito, símbolo dessa trajetória única que nos cabe neste mundo, considerando que o céu é uma incerteza que a poucos realmente consola. Quanto e o que se ingere, considerando que vários alimentos têm sido demonizados como pouco saudáveis ou excessivamente calóricos, quase como se fossem impuros, está associado a uma demonstração quase religiosa de autocontrole e adequação. Comer sempre tende a ser valorizado e regrado por ritos, quer por ser algo de que nossa vida depende, quer por ser a primeira forma de relação com o mundo e com os outros que aprendemos a ter.

Entre os jovens atuais, a exemplo de tantos adultos, são muitos os que priorizam sobre quaisquer outras questões um culto à forma física que envolve mais de uma atitude ascética – dietas hipercalóricas para construção de uma musculatura visível, hipocalóricas em nome da magreza necessária ao imaginário da moda, exercícios extenuantes e contínuos para dar ao corpo as formas exigidas, cirurgias e processos dolorosos para adequar a estética ao padrão. Nesse sentido, essa almejada "beleza" ganha um atributo moral, torna seu portador recomendável, por exigir esforços visíveis e a domesticação total da preguiça.

No entanto, não se trata de uma valorização do esforço ligado ao trabalho, como se encontrava na ética protestante. Toda a força e mobilidade exigidas desses novos ascetas é para nada produzir. Corre-se sem chegar a lugar algum, levanta-se peso somente para fabricar músculos. A nova religiosidade requer um culto ao próprio corpo, e os prazeres, quando admitidos, serão também associados à liberação de endorfinas e à dor do movimento, quando o corpo ultrapassa seus limites. Por fim, não podemos esquecer o que Veblen, autor da *Teoria da classe ociosa* (1899), diria: esse corpo representa que eles têm muito tempo para adulá-lo, portanto são de uma classe que pode dar-se esse luxo, logo são ricos, ou pelo menos se esforçam muito para parecer.

Em certo aspecto, poderíamos considerar que Chris se torna contemporâneo ao focar sua jornada de superação pessoal em levar seu próprio corpo ao limite, colocá-lo à prova todo tempo. Além da reverência à natureza, ele, que cedo demonstrara seu gosto pela competição, também a via como uma desafiante na disputa pela sobrevivência. Assim como os alpinistas, os surfistas de ondas gigantes e outros protagonistas de ousadias esportivas do gênero, Chris se utilizava da grandeza hostil da paisagem para provar heroísmo e dar demonstrações de potência.

## PÉ NA ESTRADA

Colocar o pé na estrada é uma prática corrente na cultura norte-americana, que pode servir a dois propósitos. Primeiro, como uma espécie de ritual de passagem, ou seja, faz parte da jornada de crescimento: depois de um périplo, o sujeito volta ao seu mundo, mas sentindo-se mais independente, após tê-lo visto de fora. Apesar de sermos uma sociedade de parcos rituais coletivos, há certos comportamentos que funcionam como marcadores entre as diferentes etapas da vida. Por isso, esse recurso à busca de um território diferente se tornou bastante comum. É um momento de sair de casa, em vários sentidos, e, mesmo havendo tantas coisas desconhecidas já nas redondezas do próprio lar, é preciso distanciar-se do universo onde a família tem suas referências. Dessa forma, estabelece-se um começo pessoal, longe dos olhos daqueles que lembram a criança dependente que, não faz muito, ainda se era.

No segundo caso, temos os aventureiros como a escolha mais ou menos permanente de uma vida sem raízes. É o que fazem os desistentes da sociedade, seja por opção, seja por desajuste. De qualquer forma, sair mundo afora sem destino, para um adolescente, não é algo tão incomum. Eles reservam um tempo para si, como uma espécie de merecida aposentadoria da vida de filho, umas férias não mais escolares, mas sim dos pais. Um tempo para não tomar decisões, uma experiência de afastar-se do desejo paterno e protelar as questões que a vida lhes coloca.

O interessante em estar na estrada é viver sem rumo; o que importa é o meio, e não o fim; não se vai a lugar algum, apenas se vai. Talvez possa ser lido como uma colocação em ato de uma das grandes questões dessa fase: como não sabem para onde ir, o caminho se faz ao andar. Assim vivem um eterno presente, esquivando-se da pergunta que ronda: o que vais fazer da tua vida? A pergunta é simples, singela, mas, para muitos, ela abre uma porta de pavor; sentem-se incapazes de responder e imaturos demais para as exigências do mundo. Fogem da questão e de quem eles supõem que a fariam.

A tarefa de tornar-se alguém começa com uma incontornável alienação à história familiar, mesmo que os pais tentem ser democráticos. Subjetivação e sujeição se confundem, parecem o mesmo movimento. Tomar nas próprias mãos o resultado do que fizeram conosco e fazer algo peculiar é a tarefa que cabe à adolescência desde que o individualismo se tornou dominante. A revolta contra essa marca primeira de dependência, que se tinge de uma espécie de mágoa por ter sido submetido a eles, volta com toda a força nessa idade. Na verdade, eis a fonte daquilo que os adultos estão sempre denunciando como uma ingratidão dos mais jovens: deveriam reconhecer que, quando eram desamparados, seus cuidadores lhes dispensaram tudo o que precisaram para crescer. Porém, infelizmente, a gratidão, nesse caso, viria com o preço de continuar preso dentro de casa, agora pagando a conta. É por isso que os adolescentes não sentem como legítimos os pilares em que se sustentam; precisam relativizá-los, questioná-los e fantasiar uma espécie de autofundação.

Sua questão é como trocar os próprios fundamentos sem que a casa venha abaixo. É uma operação complexa, que exige livrar-se dos pais da infância, na tentativa de abafar suas reais ou supostas exigências. É preciso matá-los simbolicamente e sair vivo da empreitada. Fugir de casa ou partir e deixar de dar e receber notícias é uma das tantas maneiras de desfazer-se dos pais. Essa é a escolha de Alex. Por isso, no caso dele, como no de tantas outras fugas de casa, o sofrimento dos pais não é considerado. É quase como se eles nunca tivessem existido; o propósito é exatamente esse. Com a maior parte das pessoas com que Alex interage durante suas andanças, repete o ciclo; encontra, faz um vínculo forte e parte sem dar adeus, sem que o outro possa proferir sequer uma palavra de despedida. Mais que ir embora, ele sumia; essa era sua marca.

Os adolescentes sabem do tamanho do buraco que deixam nos pais com seus sumiços. É impossível não saber, mas deixam de pensar no assunto ou desfilam mil razões para justificar sua postura, que tampouco é vista como cruel ou retaliativa. Queiram ou não, de forma consciente ou não, fazem um jogo sádico em que se presentificam pela ausência. Eles sabem que são queridos de volta, sabem que com seu desaparecimento se tornam o elo mais forte da relação e que poderiam chegar a qualquer momento e ser bem recebidos.

Um filho sumido vira pensamento obsessivo dos pais. Poucas estratégias são tão cruéis para com eles e tão egoístas para com seus irmãos. O filho desaparecido monopoliza os genitores; com seu gesto, ele se torna o centro, o nervo exposto da casa. Se o objetivo é enlouquecer os pais, esse é o melhor caminho. O filme tem nas cenas da mãe de Chris alucinando em cada andarilho a possibilidade de ser seu filho a melhor tradução do sofrimento que vemos em pais abandonados dessa forma.

O que nos ancora para seguirmos sendo nós mesmos é nossa história; se a jogamos pela janela, ficamos também sem sentido. Liquidar com o passado compromete o futuro, pois ele é o ponto de partida para os sonhos, os projetos. Por isso, Alex insistia que tinha um rumo, um ponto de chegada: o Alasca. Era sua forma de evitar tornar-se um louco andarilho. A errância, esses trajetos sem destino ou objetivos relevantes, é decorrência desse desprendimento do trem ao qual estávamos atrelados. Mas o passo a mais, ou seja, a ideia da liberdade que disso adviria, nem sempre se cumpre. Na prática, o que acontece é uma procura quase desesperada de algo que lhe recobre um sentido, que reordene o mundo; por isso certos radicalismos adolescentes. Estes se traduzem em engajamentos, em objetivos ou causas que abduzem a vida. Esses jovens são, nesses casos, como recém-convertidos, muito certos de suas verdades, pois elas não podem ainda ser postas em dúvida.

Esse radicalismo frágil é o que os faz, não raro, tomar ares de profetas. Por qual outra razão os recém-chegados a um mundo que mal decifram se arvorariam a ensinar os caminhos corretos para a humanidade? Mas a questão é outra: onde estaria a sabedoria? O pensamento deles é: já que os mais velhos se apresentam como se nada tivessem a ensinar, depositando no novo, na tecnologia que estaria por chegar, na juventude, toda sua admiração, cabe a nós, os jovens, regrar o mundo e supor que tudo deveria funcionar conforme nossos critérios e exigências. Contrariando a história inteira da humanidade, vivemos a primeira época em que a sabedoria não provém da experiência, dos detrás, dos mais velhos, mas supomos que esteja à frente, nos que estão chegando.

Podemos dizer que eles não estão sozinhos nesse engano. Muitos pais estão perdidos sobre os valores a transmitir e deixam o terreno baldio. Se outros o invadem, dizer o quê? A velocidade com que o mundo tem mudado, onde menos de uma década já faz tanta diferença, deixa as gerações perplexas. Os valores, os costumes, o lugar da profissão, a maneira de encarar o sexo, tudo está em constante mutação. Como, então, ensinar algo para os que estão chegando? De qualquer forma, a angústia maior das últimas gerações de pais provém do fato de que, sem supor algum tipo de sabedoria digno de respeito, perdemos também as referências quanto ao sentido da vida. Se o saber viver não está comigo, e eu não o reconheço nos meus antepassados, vai que sejam meus filhos adolescentes que saibam como encarar a vida...

Muitos comentam a soberba de Chris em ir para a floresta alasquiana sem o material necessário. Quando lemos sobre suas outras aventuras, percebemos que ele sempre cultivou a temeridade. Não escutou, por exemplo, os conselhos, de certa forma paternos, dados pelo bom homem que lhe dera carona no último momento antes de entrar na floresta que o matou. Provavelmente porque se cuidar ainda era, em sua cabeça, obedecer aos pais, portanto, significava submissão.

O adolescente tem uma relação com o corpo similar à de quem vive de aluguel: ele não é o dono, portanto não teme por ele, não precisa se cuidar. Sua onipotência é um resto do pensamento mágico infantil que parte do pressuposto de que pais poderosos surgiriam do nada e nos salvariam de qualquer perigo. Assim foi a experiência durante anos; por que pararia agora? Chris, como a maioria dos adolescentes, não tinha plano B. O lema é: se algo der errado na hora, a gente improvisa. Quantos adolescentes são assim, de um otimismo irresponsável? Crescer é resignar-se a ter plano B, plano C, é saber que ninguém virá nos resgatar. Crescer é a dura percepção de que somos os últimos, de que não existe retaguarda.

## NOVOS PENSAMENTOS ANTIGOS

Filosoficamente, o horizonte de Alex são os pensadores do século XIX, e, pessoalmente, a maior parte de seus novos vínculos era com pessoas sem estudo e com parca leitura. Nenhum deles podia enfrentar seus argumentos de caráter filosófico com maior agudeza. Não sabemos se ele os ouviria, mas é claro que não procurava interlocutores mais afiados. Ligado a ideais de uma certa essencialidade nos homens e na terra, não parecia intelectualmente viver sua época, e sim habitar um mundo mítico de passado e pureza.

Apesar de sua eloquência, como para tantos adolescentes, ele não valorizava o que se dizia, e sim o que se provava com a própria vida: a ideologia só consiste se for provada em ato. Talvez por isso narrasse suas aventuras, como prova de sua coerência com os princípios que professava.

Se Christopher fosse um pouco mais versado na filosofia do seu século, veria que seu impulso de liberdade solitária é exatamente a ideologia dominante. Ele exacerba os mitos do individualismo, a crença de que seria possível tirar sentido apenas de si e de viver sem relações de dependência. A ideia central é a de que existiria uma essencialidade do sujeito fora dos laços que o constituíram e independentemente de com quem ele faz trocas. E, ainda, a de que o eu do indivíduo é seu maior bem e o valor supremo, por isso aprimorá-lo, nesse caso impondo-se rudes desafios, com tanto esmero. Chris age como se a jornada pessoal fosse sua obra; a construção de si e suas experiências eram o centro de tudo que buscava.

Talvez essas grandes jornadas de solidão tenham sido necessárias para chegar ao que se sugere entre os últimos escritos encontrados junto a seu corpo: a ideia de que a temporada de solipsismo, na qualidade de rito de passagem a que ele se impôs, tivesse chegado ao fim. O filme retrata bem isso e termina com a frase que seria sua última lição: *"a felicidade só é verdadeira se compartilhada"*.

Com essa frase de fecho, Sean Penn faz um final otimista, como se a jornada no Alasca o tivesse curado de seu eremitismo ou, pelo menos, o tivesse levado a entender e esgotar seu sentido, e ele estivesse pronto para voltar e fazer algum engate com alguém. Porém, são conjecturas; nunca saberemos.

Já na crítica social, especialmente no que toca à sociedade de consumo, Christopher era mais atual e consistente. Ele não aceitava as ofertas de dinheiro e presentes da família, tanto por almejar uma independência como por criticar nossos hábitos de consumo. Queria viver e mostrar como se pode levar uma vida com pouco e sem a ajuda de ninguém. Por isso, queimou o dinheiro que tinha e documentou isso para a posteridade, assim como doou sua poupança para a caridade. Desprendido, não fazia do dinheiro um problema nem uma solução; sempre que precisava, mostrava-se bastante versátil para consegui-lo, desde que o destino da verba fosse parcimonioso e sem sobras. Era hábil em fazer negócios desde bem jovem; bom vendedor, tinha um toque de Midas.

Enfim, nada que possamos qualificar como um fracassado que abandona um mundo onde não consegue se encaixar.

Se existe algo que não encontra nenhuma razão sólida para se firmar é nosso consumo pelo consumo. Chris era contra isso de uma maneira radical, e a única que muitos acreditam que seja séria, ou seja, ele foi além do discurso e, em ato, mostrou, pela maneira como viveu, que é possível levar uma vida interessante com poucos objetos. O importante não seria o que cada um tem, e sim a jornada que faz pelo mundo.

Chris é bastante sábio nesse ponto. Se a vida pede tanto em quinquilharias, por que não pediria muito de nós também? Pedir demasiado serve para tudo; começa por pedir pelos objetos, mas também pela *performance* de cada um para poder acumular ainda mais objetos. A aposta de Chris é pelo esvaziamento dessas demandas; cada vez consumir menos, viver com menos, precisar de menos.

Não devemos esquecer as preocupações sociais mais amplas de Chris e como ele era sensível às desigualdades. Afinal, ele fez sua graduação elegendo como matérias o *apartheid* e a vida na África. Esse é um dos pontos políticos fortes de adesão e simpatia pela sua história. Ele estaria muito preocupado com o mundo, com as injustiças, com a hipocrisia e o vazio de valores. Mas é uma inquietude bem teórica; fora doar o dinheiro, sua única atitude parecia ser percorrer o mundo desabitado. Se buscava uma salvação, era apenas a pessoal.

Nosso aventureiro necessitava provar-se em tarefas braçais, preferencialmente nas mais rudes e desprezadas. Tinha uma identificação com a classe trabalhadora, e não com sua origem, mais um dos tantos indícios do empenho em negá-la. Porém, ironicamente, ele refaz a trajetória dos pais, que começaram com pouco e trabalharam com muito sacrifício. Christopher era sumamente competitivo, mostrando um traço de identificação com o pai que dificilmente admitiria, e odiava tanto ser superado quanto criticado. Entretanto, apesar dessa intransigência, sempre que queria algo, conquistava suas metas.

## A BUSCA PELA NATUREZA E O ROMANTISMO

A natureza é vazia de sentidos *a priori*. Não há nada lá, apenas o que nossos olhos foram educados para ver. Na maior parte da existência de nossa espécie, ela foi considerada algo que estava contra nós, algo do qual teríamos que nos defender, e não nos fundir. Raras vezes houve, na cultura ocidental, momentos de idealização ou paz com a natureza: em nosso caso, quem começou com isso foi o movimento romântico em meados do século XVIII.

Chris era um herói romântico. Encarnava a somatória de muito do que o romantismo sonhou para a humanidade. Em primeiro lugar, seu amor pela natureza, desdobramento da crença no valor do que se afigurava como primitivo, pela pureza daquilo que a mão humana ainda não tocou. A cultura é vista não como o que nos fez ser o que somos, aquilo que nos arrancou da natureza e fundou a jornada dos homens, mas como a destruidora de uma essencialidade boa e íntegra do ser humano. O romantismo ganhou e ganha adeptos porque é uma crítica social espontânea, a primeira que nos vem à cabeça. Se a sociedade é o que é, seria porque há nela uma corrupção que lhe seria intrínseca e incurável. Portanto, a salvação está fora dela, em uma espécie de volta à origem na natureza selvagem, não tocada.

Não podemos ignorar o contraponto ao discurso do pai: grosseiramente, o cientista contra o poeta. O romantismo surgiu como uma reação tanto ao iluminismo como ao nascimento da ciência e também à industrialização, três grandes pilares que fizeram o mundo moderno após o enfraquecimento do discurso religioso e a queda das monarquias.

O romantismo está correto quando aponta que a ciência combate a religião incorrendo em um de seus erros, ou seja, cria um discurso totalizante que teria todas as respostas sobre a natureza do homem. O romantismo acredita que a existência tem algo de inefável, que nunca saberemos nossas razões últimas, enfim, deixa aberta a porta sobre o mistério do que somos. Quando a adolescência encontra o discurso da ciência, ou outros discursos assemelhados, que trazem uma arrogante certeza sobre o que somos, é natural que reinvente o romantismo.

Se listarmos os valores românticos, eles se parecem com a descrição do que Chris acreditava que era e do que seus leitores apaixonados veem nele. Os valores seriam: integridade, pureza de coração, dedicação extrema, martírio, devoção a uma causa, força moral incorruptível, estar fora da sociedade, busca pelo autêntico e, é claro, a crença de que a natureza pode nos dizer algo com sua beleza e majestade. Correndo por fora, como um motor que alimenta tudo isso, está a crença de que a vontade domina a vida, e não a razão. Seria a força dos nossos desejos que faz e move o mundo, e sempre existiria algo inalcançável pelas palavras para descrever o que é essa crença vital que nos governa. Esse é o básico do credo romântico, e Chris, soubesse ou não, foi um sacerdote dessas ideias.

## A NATUREZA COMO ÚNICO VALOR AUTÊNTICO

Antes de pensar o que o pôs a correr de seu hábitat de origem, convém entendermos melhor em que direção apontava seu desejo. O andarilho Alex foi admirado não somente pela ousadia de seu desprendimento, mas também, e principalmente, pelo fato de, durante aqueles dois anos, ter construído uma existência coerente com seu pensamento romântico radical, morrendo em consequência disso. Ele é visto como se fosse o herói de uma guerra pessoal, capaz de se sacrificar pela sua crença.

Mas examinemos seu pensamento, de modo que ele revele o que haveria de admirável para aqueles que leram sobre sua história: afinal, o que um jovem buscaria na natureza? Percebemos que ela representa, para ele, uma alteridade radical, algo a ser conquistado, vencido. Mas por que a experiência ante seus rigores seria capaz de funcionar como uma prova convincente? E de que valor? E para quem?

Os pais podem até ser muito generosos, mas querem ser recompensados pelos seus investimentos amorosos. Ser filho de alguém é carregar o peso da aposta que se fez em nosso nome. De alguma forma, sempre vem a mensagem de que devemos pagar pelo lugar simbólico que ocupamos em uma linhagem. A força das marcas familiares que fundaram o sujeito é sentida particularmente na adolescência; é o fim do jantar e o momento de receber a conta. A cultura dos pais, seus sonhos e projetos, seus erros e acertos vão se impor ao ser que eles criaram; querem que ele se realize nos termos dos seus valores. Muitas vezes, o desejo parental pode não ser de continuidade; não é nada incomum que seja até de rompimento: vá além, faça o que não consegui, enfrente o que me derrotou, escolha melhor do que eu. Outras, é de mera continuidade, mas não importa o tom, sempre soará opressivo, e, quanto maiores os recursos psíquicos do jovem, menos pesada será a consciência e a desilusão de concluir que o amor dos pais nunca foi incondicional.

Já a natureza, embora, na prática, suas exigências possam ser cruéis, parece ser equânime e desinteressada. Estar sozinho em lugares extremos pode produzir momentos de euforia, em uma comunhão íntima com a beleza da paisagem, muitos dos quais foram relatados por Alex. Isso se você estiver disposto às agruras necessárias para chegar e permanecer ali. Os que conseguem se sentem vitoriosos, mas trata-se de uma conquista em que não se cedeu ao desejo de ninguém, não exigiu troca de favores, não se negociaram crenças nem houve medições de prestígio. As exigências de uma montanha, um deserto, uma grande onda, a imensidão do oceano, uma floresta cheia de ciladas, serão iguais para todos os que ingressarem nelas. O que muda são os recursos com os quais cada um entra na cena. Por isso, era fundamental para Alex não possuir nada que diminuísse os riscos, que amenizasse as exigências do lugar; era uma forma de aumentar a magnitude de uma experiência que ele considerava pura e essencial.

Acreditamos que, pela semelhança das experiências a que se lançaram o "personagem" McCandless e o escritor Krakauer, podemos tomá-los, para efeito de reflexão, como duas vozes de pensamentos similares. A pesquisa do jornalista o levou a citar trechos dos autores preferidos de seu personagem, e, entre eles, temos a seguinte passagem de *Caninos brancos*, publicado em 1906 por Jack London:

*A própria terra era uma desolação sem vida, sem movimento, tão solitária e fria que seu espírito não era nem mesmo o da tristeza. [...] Era a imperiosa e incomunicável sabedoria da eternidade rindo da futilidade da vida e do esforço de viver. Era a Natureza, a selvagem, a de coração gélido, a Natureza das Terras do Norte.*[1]

O livro de London contrasta o heroísmo natural das criaturas selvagens, assim como do valor intrínseco da beleza da paisagem do Alasca, com a mesquinhez, a incompreensão dos homens corrompidos em nome do ouro. Estes últimos, segundo as críticas que Chris dirigia a seus pais e seu modo de vida, são representantes do sistema de valores erguido em torno do dinheiro. Seus pais se sacrificaram muito para subir na vida e, como acontece em todas as famílias, não deixavam de adular o valor de suas conquistas, no caso em termos de poder aquisitivo. O filho se negou a ganhar dinheiro; insistia que o ouro não media nem provava o valor de ninguém. Já a natureza, esta sim, pareceria uma juíza legítima, e a ela ele se entregou.

## NOTA

1. KRAKAUER, J. *Na natureza selvagem*. São Paulo: Companhia da Letras, 2009. p. 82.

CAPÍTULO V

# A ÓPERA DA DELINQUÊNCIA

FILME:

Laranja mecânica

TEMAS:

Violência e virilidade

Agressão contra mulheres

Comportamento antissocial

O dialeto adolescente

Dificuldade na transmissão da experiência

*Laranja mecânica* é um livro de Anthony Burgess (1962), um filme de Stanley Kubrick (1971) e uma polêmica sem fim sobre as razões de seu sucesso. Como o filme traz imagens perturbadoras de violência gratuita, perpetradas por uma gangue de jovens, desde seu lançamento, colocou questões sobre o limite da arte. Discutia-se o quanto ela poderia, em vez de denunciar a violência, ser tomada como uma apologia dela.

A violência é um desconcerto teórico, especialmente quanto ao fascínio que pode causar. Na dúvida, passe os olhos sobre a quantidade de títulos que a incluem à disposição em qualquer catálogo de filmes, seriados ou *games*. Como todos os assuntos para os quais temos poucas ferramentas teóricas para dar conta, este acaba envolvido em querelas tolas como essa. É muito mais fácil encontrar suas causas na influência da mídia do que olhar com coragem para dentro de nós e ver como nossa agressividade é epidérmica e atinge principalmente os jovens, tanto por serem mais vulneráveis como por usá-la para expressar-se pelos mais variados motivos. Especialmente os pais estão interessadíssimos na tese de que a violência nasce da mídia, pois os livra da acusação de uma educação omissa quando perdem um filho para a marginalidade, ou quando seus filhos usam a violência como dialeto constante de suas reivindicações.

Uma minoria dos adolescentes é realmente delinquente, no sentido estrito da palavra, mas boa parte deles tem certo fascínio pela transgressão. A delinquência de que nos ocuparemos neste capítulo é a despropositada, em que não estão envolvidas necessidades de subsistência ou a posse de bens. Nesse caso, a violência é buscada como um meio de expressão de conflitos ou de afirmação de identidade, ambas motivações nem sempre muito claras.

Vamos dar destaque aos adolescentes homens, pois essa modalidade de violência praticada em grupo é tipicamente masculina. As meninas raramente passam por experiências similares, e, caso as tenham, é sem a mesma importância iniciática que tem para muitos garotos. Também nesse campo as identidades de gênero já estão começando a se embaralhar: existem turmas e gangues femininas, algumas delas quase espelhadas nas masculinas, mas elas ainda são exceções.

*Laranja mecânica* é a história de uma gangue juvenil, não de uma turma adolescente. Ela nos interessa porque uma turma pode ter seus momentos de gangue, quando não se tornar uma por um tempo. Entre os rapazes, a turma, não raro, pode se envolver em pequenas transgressões, roubos, furtos, brigas com rivais, quando se assemelha ao funcionamento de uma gangue. Qual seria a especificidade da adolescência que levaria a comportamentos violentos e transgressivos, mesmo sem uma aparente causa necessária? E, ainda, o que eles nos dizem com esses atos?

## A HISTÓRIA DE ALEX

Alex é o cruel e carismático líder de uma pequena gangue, tendo como cenário uma Londres futurista e distópica. Junto com Peter, Georgie e Dim, ele sai à noite para furtos e agressões distribuídas ao acaso, vitimando quem encontrarem pela frente ou, às vezes, fazendo pequenos planejamentos ao sabor dos prazeres que esperam encontrar. Logo no início do filme, espancam quase até a morte um velho mendigo. Encontram uma gangue rival, ocupada em estuprar uma garota, e com eles medem força, com boa vantagem para sua turma e para sorte da vítima, que aproveita a confusão para fugir. Furtam um carro e afastam-se da cidade, chegando ao acaso até uma casa isolada em cuja placa de entrada está escrito "Home". Aí, batem sem dó e com visível prazer no proprietário, que é um escritor, e estupram sua mulher em frente ao marido amarrado, amordaçado e ferido. Enfim, mais uma noite atribulada.

Tudo ia bem entre eles até que os desentendimentos começam: Alex agride duramente um de seus seguidores, quando este se mostra desrespeitoso com uma moça que cantava. Obviamente, ele não estava preocupado com a cantora, mas encheu-se de fúria ao ver seu amigo pouco reverente ante a musica que amava. Ela entoava à capela uma passagem de um de seus clássicos prediletos. A atitude dele deixa os outros rapazes da gangue muito desgostosos, pois não concordam com seu estilo cruel de liderar.

Além disso, eles mostram descontentamento com a qualidade dos delitos e com sua baixa rentabilidade. Alex responde atacando seu grupo ainda mais, como forma de provar que é mais forte e violento e que, por isso, manda. Ele também transmite um recado sobre seus motivos: é um esteta do crime e da crueldade; está mais interessado em se divertir do que em lucrar.

No dia seguinte, ocupado em uma jornada de sexo com duas garotas, atrasa-se para o encontro deles e vai percebendo que o clima no grupo está pesado. Como uma forma de ceder um pouco à reivindicação econômica dos subordinados, resolve realizar um plano de roubo idealizado por um deles: a invasão da casa de uma mulher muito rica, que vive sozinha com seus gatos.

As coisas nesse roubo não saem como esperado. Alex se descontrola e golpeia a mulher até a morte. Escutando as sirenes, todos se preparam para fugir. Dim, que estava com raiva das tantas vezes em que foi surrado, quebra uma garrafa de leite na cara de Alex, e eles o deixam indefeso na cena do crime. A polícia chega, ele é incriminado por esse assassinato e pega quatorze anos de pena.

Na prisão, como os genuínos psicopatas, adapta-se bem e já tem um plano: aproxima-se do ingênuo capelão e finge estar muito interessado na Bíblia, e com ele consegue se colocar em uma posição melhor. O acaso e sua ousadia fazem-no receber uma oferta de liberdade antecipada, caso seja cobaia de uma inovadora cura voltada à supressão do comportamento violento.

Essa forma de tratamento experimental chama-se Ludovico e consiste em um condicionamento de aversão. Alex é forçado a ver cenas de violência pesada – agressões, estupros, massacres – enquanto uma droga o faz sentir dor e náuseas, de modo que, cada vez que vive algo violento, a experiência do mal-estar retorna de forma intensa, e ele sente vontade de morrer.

Alex se torna o garoto-propaganda dessa nova modalidade de tratamento dos delinquentes que está sendo encampada pelo governo. A maneira de lidar com a violência sempre foi um tema quente nos debates políticos, até porque ninguém tem realmente propostas novas, e é também disso que se trata nessa obra. O livro de Burgess aborda o tema e coloca em questão a possibilidade de utilizar alguma maneira terapêutica para atenuar seus efeitos. Alex até faz troça do empenho dos adultos em tentar entender aquilo que para ele não passa da suprema forma de prazer.

O capelão da cadeia é a voz dissonante entre os entusiastas do novo método. Seus argumentos são de que o condicionamento não melhora, apenas tira a escolha. Sem livre-arbítrio, o indivíduo ficaria despersonalizado e não poderia nunca ser considerado um sujeito recuperado. A aposta do religioso se encontra no verdadeiro arrependimento.

Alex ganha a liberdade, mas fica sem um lugar. O Estado confiscou tudo que ele tinha de valor para ajudar suas vítimas, enquanto, ao longo de sua ausência, seus pais se desfizeram do resto. Ao voltar, não reencontra seu precioso equipamento de som nem seus butins de roubo, e haviam sumido com sua cobra de estimação. Como se não bastasse, seu quarto está ocupado por um inquilino. O jovem que está no seu lugar o enfrenta, coloca-se no papel de bom filho e o acusa de ser cruel e ingrato com seus dedicados e amorosos pais. Depois disso, só lhe resta sair de casa, enquanto o pai e a mãe assistem a tudo com a mesma atitude vazia e medrosa com que o educaram. A posição ressentida desses pais os isenta de assumir qualquer responsabilidade perante os atos do filho delinquente.

Sem rumo e sem lugar, vaga pelas ruas, mas esbarra em suas velhas vítimas, e, como agora está indefeso, elas partem para o revide. O primeiro foi o mendigo que eles haviam espancado, que o reconhece e chama seus amigos para bater em seu antigo algoz. Quando a polícia chega para desfazer a briga, outro choque espera pelo novo Alex: descobre a nova profissão de seus velhos camaradas Dim e Georgie. Entraram para a polícia e não se fazem de rogados: lembrando das antigas humilhações e pancadas, batem nele ainda mais que os mendigos e quase o afogam em um cocho. Terminada a sessão de vingança, abandonam-no todo roto no subúrbio onde o haviam levado para ser espancado.

Desorientado e sem perceber onde está, Alex procura ajuda e acaba batendo justamente na casa onde estuprou uma mulher e agrediu seu marido. Por causa do incidente, o dono da casa ficara preso a uma cadeira de rodas. Quando o recebe, não reconhece que aí estava justamente o culpado pelo que sofreu, pois Alex usava uma máscara no momento do crime. Agora o acolhe, reconhece nele o jovem que apareceu nas páginas dos jornais como a cobaia do novo método para combater a delinquência e tem pena.

Pensa em usar o popular jovem psicopata para denunciar o absurdo dessa política, afinal, ele é um intelectual engajado. Porém, na sequência, por um detalhe, percebe que estava em presença justamente do criminoso que o aleijou e causou a morte de sua esposa. Tomando banho na casa do seu benfeitor, Alex pôs-se a cantar *Singing in the Rain*, que era uma forma de expressar seu bem-estar. Era a mesma canção que cantava enquanto o maltratava e violentava sua esposa, que faleceu depois da agressão, de desgosto pelo que lhe acontecera.

Tomado pelo espírito da vingança, o escritor droga Alex e o faz acordar ouvindo Beethoven, sua antiga paixão. Ocorre que ele já havia sido informado pelos jornais de que, por puro azar, a Nona Sinfonia era usada como trilha sonora do filme em que cenas de violência lhe eram impostas para que se tornassem aversivas. Poderíamos dizer que foi um dano colateral do tratamento, já que o rapaz era praticamente devoto das sinfonias de Beethoven. A intensão do anfitrião era que o jovem enlouquecesse e se jogasse pela janela, o que de fato acontece, mas ele sobrevive à queda.

No livro, temos a informação de que a música clássica, e especialmente Beethoven, paixão de Alex, era resto de um tratamento anterior a que fora submetido, que acreditava que a alta cultura teria efeitos benéficos sobre indivíduos perturbados. De fato, o gosto musical de Alex melhorou muito, mas não suas atitudes. Aqui temos indicação de antigas crenças iluministas sobre os efeitos do refinamento estético, como se o simples acesso à cultura de qualidade, de alguma forma, pudesse civilizar os homens. Os intelectuais do pós-guerra se deram conta, chocados, de que os concertos noturnos de sofisticada música clássica do Terceiro Reich conviviam sem problemas com o cotidiano de campos de extermínio. Em resumo: a alta cultura não necessariamente produz antídotos contra a barbárie.

O próprio nome do tratamento – Ludovico – é o primeiro nome de Beethoven, músico predileto do protagonista. Esse batismo talvez seja uma homenagem de Burguess à questão das interações entre violência e refinamento intelectual. Afinal, o condicionamento em si, acompanhado pelos acordes de Beethoven, era uma forma de tortura. Portanto, ele já sintetizava a alta cultura da música erudita com a barbárie da tortura.

Durante sua longa recuperação no hospital, engessado da cabeça aos pés, Alex recebe a visita do Ministro do Interior, o mesmo que propôs o tratamento Ludovico, que vem se desculpar pelo erro que teriam cometido com ele. A opinião pública ficou sabendo da triste história de Alex e do fiasco do tratamento a que o Estado o submeteu. Agora, para desfazer o estrago político que as notícias sobre esse acontecimento causaram ao governo, ele oferece um acordo: Alex se mostraria solidário a ele, o apoiaria nas próximas eleições e, em troca, receberia uma ótima proposta de emprego.

O filme termina com Alex imaginando uma cena prazerosa, na qual está copulando em público com uma mulher enquanto escuta seu amado Beethoven. Definitivamente, isso significa que ele está "curado". O condicionamento foi apagado pela tentativa de suicídio e pela convalescença. Embora devamos observar que, desta vez, ele não a está estuprando, e a relação parece ser prazerosa para ambos, o filme dá a entender que ele estava de volta a sua psicopatia anterior.

## VIOLÊNCIA CONTRA AS MULHERES

Certamente boa parte da polêmica dessa obra resulta do tratamento dado às mulheres. Temos o estupro em que a mulher do escritor vem a falecer pelas sequelas psíquicas, além do estupro que estava em curso quando eles surpreendem a gangue rival. Alex mata a mulher dos gatos, e, durante o condicionamento, há cenas de um estupro coletivo. No livro, a coisa é ainda pior: as garotas com quem estivera envolvido, quando se atrasou para o encontro com sua gangue, eram meninas de dez anos. Ele as encontrou em uma loja de discos e as levou para casa, onde as drogou para abusá-las.

Talvez só a decoração do bar Korova já nos diga o que está por vir. É o ponto predileto da gangue, onde começa o filme e a noite do grupo de Alex. É para lá que eles costumam retornar após os folguedos. As mesas são feitas no formato de manequins de mulheres de quatro, com o ventre para cima. Para servir-se de bebida, há outro manequim, de cujos seios sai leite – com drogas, é claro. Na cena em que Alex é preso, seu subordinado o agride com uma garrafa de leite, deixando-o desacordado à mercê da polícia. O leite é onipresente, eles o bebem o tempo todo, e o corpo da mulher está sempre em uma posição de puro objeto, praticamente no filme todo.

Uma das chaves para entender a violência de Alex e seu grupo contra as mulheres passa por pensar nos deslocamentos da identidade masculina do século passado e, é claro, simetricamente, no novo papel da mulher. O mundo industrial já fez do trabalhador peça de uma engrenagem que o transcende. Há uma alienação básica, mas, ao menos, a posição masculina em si ainda o colocava em situação hierárquica superior à outra metade da humanidade. Era ele que ia para a rua trabalhar; cabia-lhe trazer o pão para casa. Ser homem estava ligado a esse lugar social relevante: transitava entre o público e sua família, enquanto sua mulher se limitava aos afazeres domésticos, subordinada ao marido. Socialmente, o homem tinha o papel principal e, mesmo que individualmente fosse sem valor, seguia sentindo-se em um patamar mais elevado quando entrava em casa.

Por sorte, isso mudou drasticamente, embora não de modo uniforme em todos os lugares ou culturas. A tendência é a de que se generalize a conquista feminina de um lugar no espaço público, liberta da tutela masculina. Em boa parte do planeta, as mulheres já têm direitos civis e liberdade e ganham para seu sustento. Dentro do casamento, outrora berço da tirania masculina, ocorreu o mesmo: a assimetria na qual a mulher era submissa, não autorizada a pensar e ter opiniões, sofreu derrotas em âmbito global.

Portanto, o trabalho já não ajuda a definir o que é ser homem. Ganhar dinheiro tampouco, mandar na mulher também não. Longe de todas essas prerrogativas, os mais frágeis e perdidos perguntam-se "o que é ser homem, então?". Como assegurar os saudosos direitos do tempo em que ele era quem mandava e tinha mais valor? Infelizmente, os humanos dificilmente abrem mão das benesses que já tiveram, mesmo que estas implicassem servidão, suplícios e escravidão alheios.

As guerras convocam o homem para encarar um dos arquétipos da condição viril, o soldado.

A primeira e a segunda guerra, seguidas pela guerra fria e as lutas anticoloniais, apesar do cataclismo humano, forneceram um lenitivo para as dúvidas relativas à identidade masculina. No imaginário bélico, o varão seguia sendo útil, indispensável, inigualável, uma peça valiosa da engrenagem. A economia e os valores da modernidade esvaziavam a representação da figura clássica masculina, como provedor e mestre, mas a guerra lhe contrabalançava o prestígio como soldado. O que fazer quando não há um esforço de guerra? Contra quem será a luta desse soldado sem bandeira? Alex e seus "drugues", como se chamavam os membros da gangue juvenil, moviam sua guerra particular: contra outros jovens, a polícia, os intelectuais e políticos que se ocupam de explicar e solucionar a violência e, principalmente, contra as mulheres.

O homem contemporâneo segue trabalhando, com mais exigências de desempenho, em um mercado no qual todos são descartáveis, e sem as regalias antigas, ainda que ilusórias, de seu gênero. Vê a mulher seguir seus passos e, muitas vezes, o ultrapassar. Já não sabe como fazer para ser amado e admirado por elas. Afinal, antes bastava ser homem; hoje ele não entende, ou não quer entender, o que elas querem e ainda se sente indignado por ter que levar isso em conta.

No campo sexual, em que era suficiente ter um pênis capaz de ereção, e um intercurso rápido e vigoroso lhe garantia a virilidade, o gênero masculino viu-se submetido a novos desafios. O prazer feminino, envolvendo seus próprios caminhos, estrangeiros para ele, passou a ser levado em conta. Ser potente agora contém a exigência de dar prazer a elas. Os simples eventos da ereção e da ejaculação não causam mais tanto impacto; a longa duração da excitação sexual é fundamental. Além disso, sempre que possível, convém atingir o orgasmo de forma simultânea com ela. Diante disso, nada como um estupro para deixar claro que o prazer da mulher é obsoleto; aliás, seu sofrimento é até bem-vindo.

Por tudo isso, o homem, na qualidade de identidade de gênero, está inseguro, sem muitas coisas que lhe devolvam uma imagem do que ele é. Considerando tudo o que ele já representou, não estranha que essas transformações sejam vividas como uma falência, como impotência. Os ganhos para eles dessa outra forma de vida, ao lado, e não acima das mulheres, são em termos de sensibilidade e companheirismo, porém a grande maioria ainda não está em condições de apreciá-los sem sentir-se feminizado. A equiparação às mulheres é, nesses casos, associada à desvalorização e à passividade que lhes eram características, portanto, algo a ser combatido. A cada nova geração nascida em meio ao progressivo ocaso do machismo, novos valores serão incorporados. Chegaremos ao ponto, até porque muitos já chegaram lá, em que os homens não conseguirão mais entender o que havia de bom em uma postura tão rígida e autoritária, assim como o que era mesmo tão ameaçador na feminilidade.

Enquanto essas gerações pós-machistas não se consolidarem, os homens ainda facilmente se sentirão convocados ao ódio pelas mulheres, pois eles foram, de fato, abandonados pelas que lhes faziam contraponto. Por séculos, elas os agraciaram sendo uma sombra em cujo contraste eles poderiam brilhar. Virginia Woolf dizia que elas eram como um espelho que refletia a imagem dos seus homens o dobro do tamanho real. Simone de Beauvoir definia as mulheres como um "outro" diante do qual eles se faziam "um".

A violência contra a mulher é uma resposta fácil, primitiva, dirigida à esfinge que pergunta ao homem o que o torna masculino. Ao invés de olhar para frente, olham para trás, enxergando apenas o prestígio que perderam. Melancolicamente, juntam os farrapos dos uniformes da masculinidade dos seus avós e fazem com eles uma bandeira anacrônica e sem sentido, que já não honra ninguém. Encenam uma caricatura de soldado em um simulacro de guerra que é sua brutalidade contra as mulheres.

*A violência da masculinidade ressentida*

## O ESTUPRO

A rua, agora de todos, era o território masculino; é aí que Alex e sua gangue vão para sua guerra particular. Eles vão tomá-la e fazer valer sua força contra os fracos, contra os velhos e especialmente contra as mulheres. O estupro é a submissão total da mulher, é colocá-la em uma condição de mero objeto, fazê-la pagar por não estar mais no "seu lugar".

No que diz respeito à violência contra elas, não há mostras de que as novas gerações, mesmo entre aqueles que foram criados com outra atmosfera de igualdade e tolerância, estejam muito mais bem preparadas do que as anteriores. Os homens ainda se queixam e se ressentem do seu papel usurpado, de estarem agora em condição de igualdade na vida e no sexo. Como saída, lançam mão do último recurso que ainda os diferencia: como costumam ser fisicamente maiores, além de tradicionalmente mais voltados para esportes mais agressivos, usam isso para marcar uma fronteira. A violência era monopólio masculino, e muitos ficaram colados a isso. Portanto, em caso de dúvida, quando outras identificações falham, o homem apela para um sistema arcaico, tornando-se a violência encarnada. Sua mensagem subliminar é: você duvidaria que alguém que bate é homem?

Mas há algo ainda pior: esses homens inseguros acreditam que toda e qualquer exposição feminina que existe, ou que eles supõem que exista, é para provocá-los. Como se elas estivessem apenas esperando o seu olhar. Uma vez que se acreditaram provocados, devem agir, demonstrar sua macheza. É uma típica atitude erotomaníaca, no sentido de projetar seu desejo e suas fantasias no outro. Em um delírio de supremacia fálica, sentem-se convocados a uma cena que não lhes diz respeito, que só existe em sua imaginação. Além de confundir de onde vem esse desejo, supor-se com direito de usufruto do que lhes produz excitação, é um modo de, narcisicamente, considerarem-se irresistíveis. Eles acreditam que elas os querem porque supõem que todas os quereriam. Em sua peculiar lógica autocentrada, elas estariam se insinuando a eles, ainda que não o saibam, em natural reconhecimento dessa maravilha viril que acreditam ser.

O estuprador e o abusador gozam da assimetria de força física e psíquica. Precisam sentir-se no comando. Para tanto, a inocência e a surpresa da vítima aumentam-lhes o efeito prazeroso: quanto mais fragilizado estiver seu objeto, mais eles são poderosos e maior seu gozo. Arriscam, em termos legais, para não se arriscar onde se sentem realmente impotentes, ou seja, na entrega erótica. Geralmente eles não têm condições de enfrentar eroticamente alguém em pé de igualdade.

A escolha do objeto de desejo diz muito de nós, pois há certo grau de identificação com o parceiro. Por isso, pode-se dizer que o abusador procura relacionar-se com quem esteja situado no ponto em que parou sua maturidade sexual. Podemos supor que, em sua fantasia, se ele não se sentisse no comando absoluto, ficaria colocado em uma posição de servidão total. Alex age de modo sádico, tanto com as mulheres como com seus comandados, assim como estes, ao darem-lhe o troco, usam a mesma moeda. Fica claro que, para esses jovens, só existem o submisso e o dominador; é preciso mostrar-se poderoso para não ocupar a vaga do supliciado.

O que ocorre nessa história, tanto no livro quanto no filme, nos quais há muitos episódios de estupro ou abuso, infelizmente não é um recurso da ficção que esteja muito longe da realidade. Na adolescência, geralmente os estupros envolvem outras pessoas, colegas, companheiros, um pequeno grupo de homens que estão tentando provar a seus pares o quanto são viris, o que, para eles, equivale a ser cruel e implacável. Nessa lógica deturpada, quanto mais malvados, mais masculinos se sentirão. Para tanto, torna-se imprescindível derrotar e esmagar o parceiro, visto como rival ou inimigo sexual, que a infeliz mulher que estiver por perto representa.

Ensiná-los a respeitar as mulheres é um grande desafio para pais de meninos, e acreditamos que isso deva ser feito principalmente por eles, embora a mãe deva também ter uma postura firme no assunto. A questão é que um sermão preventivo tem parca serventia: é observando a postura cotidiana do pai que o filho vai saber qual é a verdadeira opinião que ele tem e como se situa ante as mulheres.

Muitos casos de abusos e estupros, que ainda acontecem com assustadora frequência, hoje fazem barulho na mídia e encontram reações organizadas por parte das mulheres, deixando de ser um sofrimento envergonhado e silencioso. Por isso, não é difícil falar em família sobre o assunto e repetidamente interpretar o que aconteceu como a atitude de um homem que, na verdade, teme a própria fraqueza, e não como uma expressão de virilidade. E, ainda que óbvio, é sempre imprescindível lembrar que as vítimas jamais serão as culpadas, pois infelizmente os meninos ainda estarão escutando adultos que acreditam nisso.

A ideia de que isso está longe de nós é o principal motivo para que siga acontecendo. Ocorre em todos os lugares, em todas as classes sociais, entre pessoas com todos os graus de instrução, quer na presença, quer na ausência de religiosidade, nas diferentes culturas, até naquelas em que a submissão da mulher está em processo de erradicação.

Embora isso não torne esse ato menos condenável, o prejuízo emocional da vítima de um estupro pode atualmente também afetar aquele que o cometeu; dessa forma, o que serviria originalmente para valorizar-se torna-se uma marca desabonadora perene. Após cometer um ato desses, impulsionados pelas convicções machistas, frequentemente ligadas ao exibicionismo grupal, movidos pela insegurança transformada em violência, esses sujeitos, quando denunciados, podem vir a transformar-se em leprosos morais pelo resto de suas vidas.

Em tempos de internet, que criou mecanismos que impedem o esquecimento, sua imagem poderá ficar associada à agressão cometida, pois o silêncio envergonhado já não é característico das mulheres sexualmente agredidas. Elas criaram redes de denúncia da violência e do assédio e deixaram de ser uma espécie de troféu de caça. Bem, isso caso ele não seja como Alex, um psicopata que não conhece o remorso. No entanto, se semelhante ato for cometido por um adolescente que foi na onda do grupo, os efeitos da covardia demonstrada cobrarão um preço alto e perene. Geralmente são assaltados por fantasias de culpabilidade, quando não inventam algo para realmente punir-se. De qualquer maneira, a denúncia e a punição são imprescindíveis, pois o pior risco é que toda experiência não elaborada, principalmente se for secreta e escusa, tende à repetição. Essa é a triste sina desse tipo de enredo: a violência contra as mulheres é um jogo em que todos perdem.

## À MARGEM DA REALIDADE

É importante lembrar que a dinâmica da psicologia do grupo não é a somatória da dos indivíduos; é diferente e maior do que isso. Em algumas ocasiões, a soma da energia de muitas ideias e desejos pode chegar a ser sublime, mas, infelizmente, pode também criar algo muito pior do que o pior de seus membros. A coragem para transformar impulsos em ações é sempre maior quando se está em grupo; pode ser para fazer uma banda de *rock*, criar uma nova forma de comunicação, uma cooperativa de economia alternativa, mas também para linchar alguém, estuprar uma mulher ou um homossexual, vandalizar um lugar ou barbarizar em uma festa.

Em grupo, vícios e virtudes se potencializam. Pessoas que nunca realizariam certos atos o fazem por estarem acompanhadas de outras com quem, de algum modo, se identificam, seja para se provarem e afirmarem entre seus membros, seja para encenar uma fantasia desse coletivo específico. Qualquer terapeuta já encontrou jovens absolutamente sem palavras para dar conta do que se passou em uma transgressão realizada quando estavam com seus amigos.

Boa parte da delinquência adolescente passa pelo grupo. A inquietação dos pais quanto aos amigos dos filhos baseia-se nesse conhecimento, geralmente intuitivo ou com base em experiências pessoais, de que o grupo magnetiza seus adeptos. Eles também sabem que sua influência diminui a cada dia e que as identificações laterais, com seus colegas e amigos, não param de crescer. Os pais dizem que os amigos são as más companhias e que os maus hábitos de seus filhos se devem a isso. Geralmente é verdade, apenas esquecem que seus filhos também podem ser más companhias para os outros.

Hannah Arendt insistia que, quanto mais um grupo político for ilegítimo ou insignificante em sua inserção social, ou seja, sem relevância na trama de suas raízes no mundo real, mais violento ele será. A violência é a marca dessa impotência. As ditaduras são violentas por ilegitimidade, do mesmo modo que os grupos terroristas o são pelo seu isolamento. Esse aspecto visível no macromundo funciona também no micromundo das pequenas instituições e da família.

São sempre os que não têm voz ou legitimidade que apelam para a violência, pois acreditam ser a única forma de ser escutados. A posição do adolescente tende à marginalidade por falta de reconhecimento: já não se sente tão amado como na infância, nem tem a respeitabilidade dos que já cresceram. Isso favorece a condição de irrelevância social propiciadora das saídas violentas. Para tanto, é fundamental que os jovens possam sentir algum protagonismo que os livre da perigosa condição de párias.

O lugar do adolescente é associado mais a estar do lado de fora: de casa, da escola, assim como do tempo, dormindo quando os outros estão acordados, e vice-versa. Os momentos em que mais se reconhece como autônomo e autêntico são quando está afastado das instituições familiar e escolar, nas quais ele já tem um papel pré-determinado. Ao manter-se demasiado aderido a elas, sentirá que seus motivos e conquistas nunca são em nome ou benefício próprios.

Esse sentimento de marginalidade também tem como causa as atitudes dos adultos, que costumam ser bastante defensivos em relação aos mais jovens. Tendem a interpretar seus atos, palavras e costumes menos como uma cultura própria da faixa etária e mais como um sinal de afronta. Esquecem que no passado eles também criaram suas ilhas secretas para sobreviver.

A posição de pais e educadores em relação aos adolescentes, muitas vezes, é de ressentimento agressivo: uma mistura de inveja da juventude alheia, dos prazeres que fantasiosamente lhe atribuem, com cobranças de atitudes maduras. Não cessam de acusá-los de estar sendo omissos em relação a deveres dos quais eles mesmos os eximem ou os impedem de cumprir. O início da adolescência se passa entre adultos inconformados com a perda da docilidade infantil de seus filhos e alunos. É justamente essa nostalgia da criança que produz boa parte da infantilização dos adolescentes. Os pais se prolongam na desconfiança de suas capacidades para resolver qualquer coisa sozinhos, o que é uma tentativa de prorrogar por mais tempo o estado infantil, quando ainda detinham o poder e eram objeto de admiração.

A violência adolescente costuma partir desse sentimento de estar fora do mundo, da constante destituição de qualquer poder, portanto sem reconhecimento algum. Embora exista um lugar social para o adolescente, ele é o de encarnar uma potência, tanto maior quanto mais imaginária permanecer. Para ocupar essa posição idealizada que cabe aos jovens, eles não precisam fazer, intervir, ser reais protagonistas no espaço público. Ao contrário, na qualidade de objeto da fantasia alheia, ficam mais bem situados em um limbo. Este se localiza exatamente sobre uma linha que marca uma fronteira entre os que ainda estão brincando e os que já podem fazer coisas de gente crescida. Somente alguém que não começou poderia dispor imaginariamente de todas as opções, incluindo os recursos mágicos da criança e as liberdades dos adultos, pois escolher significa perder o resto.

Dessa forma, o que parece ser um presente, umas férias antecipadas das grandes responsabilidades adultas, deixa os adolescentes à margem da vida. Aliás, convém pensar se não seria até prejudicial para eles esse período vacante, sem lugar nem missão. Claro que não temos saudades dos tempos em que mal se saía da infância para trabalhar como um adulto, não é disso que se trata. A questão é que partimos para seu oposto sem uma reflexão maior sobre os riscos da desinserção de qualquer forma de responsabilidade. Prolongamos a infância para dentro da vida de pessoas que já estão sexualmente amadurecendo e achamos muito estranho que eles sejam infantilizados.

Soltos no mundo, eles ficam apenas estudando, sem nenhuma participação concreta. Isso é mais grave em instituições de ensino incapazes de pensar uma pedagogia própria para a faixa etária, que transmitem um conhecimento inapreensível, sem permiti-los tocar nas engrenagens reais. O engajamento seria muito mais efetivo em situações em que lhes fosse possibilitada uma interação entre perceber, intervir, fazer e pensar, ou seja, em que lhes fosse permitida alguma forma de protagonismo. Na massa dos que apenas escutam e absorvem, sem participar, modificar seu ambiente e opinar, um par de orelhas e olhos a mais não faz nenhuma diferença.

A saída da infância é duríssima porque o mundo real é muito diferente da versão mágica em que o jovem quis acreditar e que lhe foi vendida. Há uma revolta adolescente em perceber imperfeições, injustiças e crueldade. Isso é inevitável, está dentro de um quadro de derrocada das idealizações infantis. A questão é que tudo parece mais fácil para quem não intervém na concretude do mundo. Como a experiência efetiva do adolescente é quase zero, em termos de fazer algo real, ele não tem como saber quanto tudo é difícil e custoso. O mundo lhe parece à mercê de sua vontade, e o que não funciona seria devido à falta de vontade dos adultos, afinal, há uma crença infantil remanescente de que eles seriam poderosos. Como estão relegados a uma esfera exterior, desprezar e criticar é só o que cabe a quem ainda está na arquibancada, e não no gramado.

Talvez por inaugurar essa insatisfação, esse desacordo com o estabelecido, na adolescência, mais do que em qualquer outra idade, tem-se muita curiosidade com outros mundos possíveis, e isso vale tanto para a política como para a ficção. Nesses últimos casos, temos sujeitos que, mais do que reivindicar como crianças mimadas, trabalham com a imaginação e com as ideias na construção de um cenário mais favorável às expectativas que carregaram para fora da infância. Por meio da entrega apaixonada aos *games* e a certos universos ficcionais, grupos ou mesmo até consideráveis estratos de uma geração podem constituir para si um abrigo de certo modo lúdico, onde se refugiar nessa fase.

Em razão dessa característica de autoexílio e de reconhecer-se apenas entre seus próprios membros, os grupos adolescentes tendem à fragilidade da relação com a lei. Em contrapartida, é dessa mesma fonte que nascem os sonhos utópicos, dos quais algumas críticas sociais têm deixado marcas na cultura, como, por exemplo, a revolução sexual e de costumes da década de sessenta. A visão de fora, assim como a leveza de pensamento possível a quem ainda não é prisioneiro das pesadas responsabilidades cotidianas, são heranças que cada geração de adolescentes vai deixando à cultura. Como diz o psicanalista Winnicott, os adolescentes passam, pois eles crescem, mas a adolescência é algo que fica na sociedade, recebendo sempre novos membros, que chegarão para reclamar e duvidar. Essas ideias, se as soubermos escutar, podem nos fazer crescer como sociedade.

## UM PASSO A MAIS, A DELINQUÊNCIA

Quem não tem lugar no mundo costuma buscá-lo no grupo, ou fazer um grupo para tanto. Ações em comum garantem o laço, como é o caso das guerras que mencionamos anteriormente, em que a bravura ou a covardia, as dores e as experiências têm o próprio grupo de combatentes como referência e aval. Vandalismos, cumplicidade ante algumas transgressões e segredos acabam sendo também úteis para a constituição desses laços. Assim como o grupo funciona como um lugar, os atos, realizações que tendem a ser impulsivas, são o modo de ação típico dessa época, a começar pelo ato sexual, em que os jovens são chamados a dar conta de algo totalmente novo, desejável e assustador. Nessa aventura, é melhor a companhia dos que estão na mesma jornada do que de adultos que censuram, temem ou invejam.

O protesto adolescente pode tomar rumos dramáticos quando ataca e vandaliza, pois qualquer alvo serve. Trata-se de um ataque genérico: ele será contra o que for estabelecido, nem ele sabe muito o que quer quebrar, mas sabe que quer quebrar. Esse é seu protesto contra um mundo no qual ele se sente um corpo estranho, que ele pouco entende, mas que lhe parece profundamente injusto.

O vandalismo fala de seu mal-estar, de seu afastamento e da interrogação se vai ter, ou vai querer, um lugar no que lhe parece uma selva, e não uma comunidade. Soma-se a isso o esvaziamento de tudo que possa funcionar como ritual em nossa sociedade. Não há parâmetros para dizer quando a adolescência termina e como o adolescente poderia extravasar seu descontentamento, expressar e pôr à prova suas ideias. Por tudo isso, existe, na adolescência, uma tendência ao autoexílio; é uma fase quase necessária, pois o indivíduo está entrando em um clube a respeito do qual tem muitas dúvidas quanto a querer realmente ingressar. E, pior, é o único clube disponível; o outro caminho é ser eternamente marginal.

Não podemos esquecer que aqueles que situamos como marginais estão, na verdade, dentro de outro grupo. Situam-se no contexto dos excluídos, que não são necessariamente solitários. Os pichadores, por exemplo, têm um alfabeto e uma assinatura próprios, com os quais marcam a cidade e os lugares que frequentam, deixando um rastro de sua presença para seus pares. Fazem outra geografia urbana, constituída pelo percurso das marcas uns dos outros, feitas pelas mensagens que deixaram. Sentindo-se excluídos, reagem apropriando-se do espaço urbano, tornando particular o que é público ou alheio. Por último, não podemos esquecer a hierarquia da coragem, atestada pelo acesso a lugares perigosos onde deixaram sua marca. São como alpinistas que cravam sua bandeira no relevo social.

Nessa época, não costuma haver grandes esforços da parte dos adolescentes para causar boa impressão nos adultos da casa ou da escola. Os olhares são todos dirigidos para o prestígio dentro do grupo de pares, e somente o tempo transcorrido junto a eles é o que importa. Esse isolamento é incentivado pela péssima vontade dos pais e educadores de ver com bons olhos qualquer coisa que provenha da ala jovem.

De certa forma, apesar de pouco se parecerem com os cruéis vândalos dessa história, todos os jovens têm que lidar com a própria agressividade em relação a seus familiares e às instituições em que estão inseridos. Estes, por sua vez, reagem em espelho, condenando-os sumariamente: é como se fossem *a priori* culpados das transgressões que os mais velhos esperam ou fantasiam que cometerão. Assim, engessados pela imaginação alheia, tais jovens acabam presos em uma espécie de labirinto. Começam, muitas vezes, sem saber por que transgrediram, mas seus atos acabam oferecendo-lhes uma identidade. Como todos os esperam nesse lugar, é para lá que irão.

A relação entre adolescentes e adultos tende ao tom superlativo: se os mais velhos idealizam ou condenam, o farão ao modo de torcida, sem nuances, infelizmente, pois a capacidade de modular sentimento e relativizar ideias seria esperável da maturidade, à qual, pelo jeito, nem todos chegam.

## COMIGO NINGUÉM PODE

Até agora estivemos falando da adolescência dita normal, se é que se pode usar essa palavra para uma fase em que tudo é vivido de modo hiperbólico, mas Alex é aquele que deu um passo a mais. O verdadeiro escândalo dessa obra, filme e livro, é que ela acaba nos conduzindo a uma identificação com um herói mais que transgressivo, um sociopata. Alex faz aquilo que nem em sonhos admitiríamos desejar; ele é o adolescente que exerce seu ódio ao mundo adulto alheio a todas as consequências.

Em uma terra sem lei, o que vale é a vontade do mais forte. Essa é a máxima de Alex contra todos, mesmo seus companheiros. Mas há algo a mais nesse comportamento do que se dar ao direito de transgredir: trata-se de afrontar seus agentes, provar que é mesmo incontrolável, incorrigível e, principalmente, sem culpa. O estupro em frente ao marido, em uma casa onde está escrito "Home" na entrada, dá a real dimensão desse ato. Esse fato dá àquele estupro um caráter incestuoso, pois seu gozo passa também por fazer esse homem sábio, que teria idade para ser seu pai, sentir-se impotente ante a exibição de supremacia viril que a delinquência e a agressão sexual proporcionam. A mulher abusada também tem idade para ser sua mãe, e essa cena está entre os clássicos da violência no cinema, pelos requintes de crueldade e pela idade dos envolvidos.

A essência da psicopatia, do comportamento verdadeiramente perverso, é colocar o outro em uma condição de objeto, valendo-se de meios para atingir fins à revelia de quem estiver ali. Ou seja, fazer um uso instrumental do outro. Nesse sentido, a sociopatia de Alex e seu grupo não deixa lugar a dúvidas. Isso é essencial para pensar no comportamento dos nossos adolescentes, pois, como sempre estamos prontos para psicopatologizá-los e criminalizá-los, o importante, nesses casos, é examinar o ato e ver se é isso que realmente ocorreu. Alex seria um verdadeiro sociopata, não fosse um personagem, mas a questão que nos assusta nesse filme é que o tomamos como uma representação de um dos piores pesadelos que temos: o adolescente infrator. Alex é um ícone do nosso medo da violência juvenil. E, como no referente a essa etapa da vida costumamos raciocinar através do medo, <u>a maçã mais podre passa por ser a imagem da média</u>.

Dois adolescentes brigando, mesmo que um deles saia muito machucado, não constitui necessariamente um comportamento perverso; pode ser uma disputa de prestígio que ambos buscaram. Somente se, depois de um vencido, o agressor se aproveitar da fragilidade da vítima para machucá-la ainda mais podemos considerá-lo um sociopata. Insistimos, um ato transgressivo vai ser realmente grave se nessa violência alguém se servir da impotência alheia ou, pior ainda, criá-la. Enquanto os adolescentes estiverem roubando, pichando ou danificando objetos, quebrando coisas na escola, isso será motivo de preocupação e punição. Já em termos do significado desses comportamentos, poderíamos dizer que suscitam menor inquietude. Não nos entendam mal; isso é sério, grave, mas o verdadeiro drama começa se os adolescentes precisarem machucar e/ou fisicamente humilhar alguém para fazer-se valer ou para firmar sua identidade nesse ato.

Alguns desses comportamentos predatórios podem ser classificados dentro do que chamamos de tendência antissocial. Trata-se de uma espécie de teste de aceitação, no qual o jovem tenta descobrir quais são os limites da tolerância daqueles que lhe dedicam cuidados e afeto. É como se dissessem "vamos ver quanto vocês aguentam sem deixar de me amar". Nessas condutas, em geral, são feitas coisas que irritam particularmente aqueles que mais se importam com eles, que estão envolvidos em sua cura ou tutela, como, por exemplo, familiares, profissionais da saúde, professores, representantes legais. Não se trata de agredir essas pessoas, e sim de cometer pequenos furtos, danificar o veículo, sujar o ambiente, fugir.

Os psicanalistas que estudam esse tipo de comportamento lembram que aí está contida uma dimensão de esperança, por incrível que pareça, pois, quem aposta na elasticidade do afeto que é capaz de gerar no outro, acredita não somente na existência desse vínculo, mas também que ele não é tão frágil. Claro que isso ocorre naqueles que têm algum tipo de abandono ou omissão em sua biografia, caso contrário, não seria necessário testar tanto.

Há inúmeros filmes sobre e para adolescentes nos quais eles se mostram perdidos, transgressivos, causadores de confusão e até perigosos, enquanto os pais são apresentados como infantilizados, omissos, hedonistas, delirantes, narcisistas, em suma, incapazes de ocupar uma posição à altura das responsabilidades adultas e parentais. De certa forma, os filmes têm razão: jovens violentos e transgressivos têm algum abandono, uma desconexão de seus pais. Como em geral não é aparente, e muitas vezes isso ocorre em jovens que "têm tudo", ou seja, boa condição social, tem-se a impressão de que é um demônio que os possui, como dizia provocativamente o assistente social que acompanhava Alex.

Esse demônio talvez tenha uma causa mais palpável. Desde os anos sessenta, houve uma grande mudança na educação. Adotamos outra concepção de sujeito, mais rousseauniana, acreditando em uma bondade intrínseca. Partimos da premissa de que teríamos uma boa natureza, que, se fosse bem irrigada de afeto e oportunidades, desabrocharia espontaneamente. Graças a essa crença bem-intencionada, construiu-se um etos em que a educação não viria de fora, transmitida para um sujeito que precisa assimilá-la e de alguma forma lhe resiste, e sim algo que viria de dentro, precisando apenas de espaço e acolhida. Junte esse equívoco a pais que não sabem quais valores transmitir e temos filhos largados à deriva.

A paixão pela ignorância não tem idade. O jovem não é naturalmente receptivo ao novo. Na verdade, tudo que se ensina entra em choque com um jeito de pensar próprio das crianças, constituído por pensamentos mágicos e raciocínios autocentrados, que não se abandona sem pena. Para vencer essa inércia, que resiste a aprender coisas que desafiem essa cômoda posição infantil, é necessário que haja adultos convictos e capazes de motivar a curiosidade dos mais jovens.

Contudo, se os pais não confiarem em sua missão educativa, ou acreditarem que ela é impossível, acabarão deixando seus filhos sozinhos. Esses adolescentes provocadores, em busca de saber quais são seus limites, vão buscar fora de casa as balizas que não encontraram nela: farão alguma forma de tumulto na escola, junto ao sistema judiciário ou convocando a presença da polícia. Não seria também uma forma de violência esse descaso dos adultos? Tomamos a conduta de pais como os de Alex como de covardia moral. São fracos, sem rumo, despreparados para a função. Ou seja, atribuímos suas falhas à ausência de qualidades pessoais deles, mas deixamos de ver isso como uma negação de investimento no filho. Educar demanda muito trabalho árduo. Quando nos tornamos alguém amadurecido, é por esforço tanto pessoal quanto externo. Um dos dramas do nosso tempo é negar isso e apresentar-nos como geração espontânea, produto do nosso íntimo, como se tivéssemos sido feitos por nós mesmos. Infelizmente, isso é subproduto da cultura individualista, que tem como ideologia a não percepção das heranças.

Na maioria desses casos, as condutas antissociais não revelam uma natureza perversa; trata-se apenas de um diálogo tenso, realizado por meio de atos, em que o jovem se pergunta quem terá a força de bancar por ele um vínculo mesmo que ele o torne desagradável. Para acreditar no amor, ele o testa para além de todos os limites. Convém armar-se de paciência, sem poupar o jovem das punições prescritas aos atos transgressivos que pratica, até porque, do contrário, ele vai insistir neles. É imprescindível estar disposto a suportar as contrariedades, pois esses sujeitos custam a confiar e precisam testar o terreno antes de arriscar-se a colocar nele sua confiança.

## A GÍRIA ADOLESCENTE

Alex e sua turma têm um vocabulário próprio, aliás, bem mais desenvolvido do que cada adolescência costuma fazer. O livro contém um glossário no fim para que o leitor possa ir decodificando as falas em *Nadsat*, a gíria que o escritor inventou. Funciona bem; tanto deu o ar futurista que o autor pretendia como tornou a obra atemporal. O uso de uma gíria corrente a dataria.

Cada geração adolescente cria sua própria gíria. O vocabulário juvenil que seguimos usando pelo resto da vida é como os anéis do tronco que entregam a idade da árvore. Embora os adultos acabem impregnados pela gíria das novas gerações, seu uso dessas palavras soa como a fala de um estrangeiro. Nossa própria adolescência nos deixa uma espécie de sotaque peculiar, prova de que ela é mais do que uma fase, é um lugar que ocupamos, uma espécie de terra para a qual nos mudamos durante um tempo da vida e da qual não saímos sem certa nostalgia. Esse lugar terá seu folclore, que são as músicas típicas, as festas, as crenças e histórias sempre repetidas, costumes sociais, sexuais e etiqueta próprios, assim como, e principalmente, sua linguagem. Por isso, raramente um adulto entenderá tudo o que os jovens falam entre si, mesmo que estejam se expressando na mesma língua.

Os adolescentes inventam gírias para recriar a linguagem a seu modo, mas especialmente, e este é o verdadeiro motivo, para deixar os outros de fora. Se formos analisar com atenção, são raras as palavras que trazem um significado novo, fazem um recorte particular da realidade ou, ainda, apontam um viés distinto em algo normal; geralmente são novas palavras para dizer o mesmo. Muitas delas são piadas internas ou alusões a algum trecho de uma ficção compartilhada. Por vezes, novas palavras se tornarão necessárias para descrever comportamentos que não eram típicos até então, como, por exemplo, as que passaram a designar os costumeiros encontros eróticos isentos de compromisso, sem pretensões de constituir relações duradouras. Quanto a esse vocabulário específico, os adultos costumam ser duplamente estrangeiros: podem até entender a palavra e não discordar do comportamento, mas resta algum estranhamento.

Quanto à indumentária, acontece algo similar. Ela uniformiza as gerações; todos usarão a roupa igualmente justa, folgada, rasgada, colorida, preta, enfim, a forma varia, o que se repete é sua adoção epidêmica por parte de uma faixa etária. Conforme a época, roupas e cabelos seguirão modismos de influência avassaladora. Entre os próprios grupos adolescentes há diferenças situando uns em relação aos outros, como se fossem uniformes que, a distância, já entregam as preferências e crenças do portador. Alex e seus drugues usavam uniformes, assim como as gangues adversárias tinham os seus. Em razão dessa característica, os pais questionam a falta de originalidade dos filhos, o fato de andarem todos iguais e ao mesmo tempo estarem se achando muito peculiares. Poderia dizer-se que seria uma originalidade somente no aspecto curioso que essa palavra assumiu: do que foi inventado por alguém e é necessariamente diferente do que se tem no seu lugar de origem. Os jovens são originais em grupo em relação às gerações mais velhas, não entre si. Carregam uma espécie de fantasia coletiva, que garante a identidade mútua, excludente dos antepassados.

O que eles querem e precisam, com a fala ou a indumentária, é distância, separação das outras gerações, colocar sua marca no mundo. Se ainda não provaram nada para ninguém, já povoam o território com suas cores, indumentária, vocabulário e música. Sentem-se assim ao menos pioneiros de uma época, fundadores de sua microcultura. Não raro, as pessoas carregam pelo resto da vida um apelido proveniente desse tempo, criado em alguma situação cômica vivida em comum, ou mesmo a partir de uma característica física de sua juventude, provando que nos grupos adolescentes, por vezes, até de certo modo se renasce, por isso um novo nome.

A gíria garante que sejam entendidos apenas pelos seus pares, e, mais do que tudo, mesmo que os adultos entendam, é preciso que estejam do lado de fora desse código, pois é uma senha geracional. Ela exerce um pequeno constrangimento para quem está de fora e é o sinal de que nem todos são bem-vindos. Acreditamos que a etiqueta seja não se servir desse vocabulário, para que fique claro que você não é um deles e que sabe onde é a cerca da propriedade. Os adolescentes precisam de seus pais, mas que eles fiquem onde estão, sem se aproximar em certos momentos. Por isso, é melhor deixá-los com sua língua e os gostos distintivos de sua geração. Eles querem e precisam ter seu mundo, seus produtos, seus heróis e sua literatura – aqui no sentido bem amplo, incluindo desde histórias em quadrinhos até *games* – para se sentirem traduzidos. É claro que é bem-vindo o interesse pelo que lhes agrada; eles adoram apresentar aos adultos genuinamente interessados seus filmes, *games* e livros prediletos, por exemplo. Entretanto, não podemos querer entender tudo e, principalmente, servir-nos desse flanco aberto para investigar suas vidas. Quando nos introduzem em sua cultura, gostam de frisar que temos apenas o visto de turista.

Durante a infância, é importante conhecer o que as crianças estão consumindo culturalmente, seus livros, seus desenhos animados, seus programas de TV, tanto para incentivar conteúdos mais complexos e ricos como para poder falar com eles e entendê-los. Contudo, acreditamos que, se não tivermos muita delicadeza, na adolescência, esse comportamento vai ser tomado como invasivo. Convém mostrar interesse, mas entrar quando convidado, senão será contraproducente. Se você invadir, ele encontrará um novo refúgio que você não conheça.

## A TRANSMISSÃO DA EXPERIÊNCIA

O filme e algumas versões do livro omitem o último capítulo. Não se trata de um final feliz, mas é bem mais esperançoso que o filme, pois há uma virada completa na história. No cinema, ficamos com o triunfo final do psicopata, uma espécie de mundo ao revés, as vítimas sendo punidas, e os malfeitores, soltos. Porém, no capítulo final do livro, Alex consegue pensar sobre tudo que viveu e até fazer considerações filosóficas sobre a condição humana. Por que teria sido justamente essa parte tão esquecida em versões posteriores?

A virada começa depois de um reencontro com Peter, o outro antigo membro de sua gangue. Agora ele está casado; apresenta-lhe a mulher e fala um pouco de sua vida. Alex fica desconcertado. Como isso poderia estar acontecendo? Eles são tão jovens... como assim casados? Escutando melhor, sente que isso que Peter tem é o que lhe falta. Resta lembrar que a descrição de Peter é simples: a dura vida de um casal que está começando, não há nada adoçado nem romântico no relato, apenas a força do laço entre os dois.

Depois desse encontro, ele cogita ter uma mulher e um filho. Começa a refletir sobre o que viveu e aprontou como uma fase, um momento que passou, sendo que ele já não seria mais o mesmo.

Em contrapartida, pondera que tinha mesmo que passar por aquilo, viver o que viveu, e que teria sido inútil alguém tentar convencê-lo do contrário. Acredita que infelizmente os humanos, e essa seria sua pior sina, só aprendem com a própria experiência. Ou seja, essa virada nos remete a pensar a novela como uma crise adolescente, claro, hiperbólica, vivida com uma intensidade bastantes tons acima do razoável, mas um momento da vida, e não uma psicopatia essencial que duraria toda a extensão dela.

Acreditamos em Alex, pois não é nada raro encontrarmos adultos bem estabelecidos, com uma vida considerada normal, que tiveram um passado muito conturbado, com sérios problemas com a lei durante a adolescência. Abusaram das drogas e flertaram com a violência e a delinquência durante muito tempo. Claro que não chegaram aos extremos do que Alex fez, mas muitos se aproximaram ou pelo menos vislumbraram o vórtice desses descontroles.

Quando os adolescentes que experimentaram esses extremos se tornam pais, ficam especialmente angustiados com a chegada de seus filhos a essa fase. Temem que a experiência deles seja tão forte como a sua. Tornam-se muito controladores e assustados, pois têm a mesma crença de Alex, de que uma adolescência conturbada e vivida no limite é um mal inevitável. Em função disso, seriam quase inúteis os movimentos dos pais para coibir ou amenizar a crueza dessa vivência.

Alex acha que a tragédia humana se situa na incomunicabilidade e impossibilidade da transmissão da experiência entre as gerações. Ele imaginava que, quando tivesse um filho, este iria passar pelas mesmas burradas que ele passou, cair nas mesmas ciladas, pensava que não conseguiria transmitir-lhe alguma sabedoria proveniente do que viveu. Alex tem razão, a comunicação entre as gerações é fonte de grandes mal-entendidos, especialmente porque os pais não se conformam que aquilo que aprenderam a duras penas não tenha valor para seus filhos somente pela enunciação.

Os pais gostariam de ser situados em uma posição que lhes outorgasse poder e saber, afinal, já viveram mais e arcam com pesos e perdas que o jovem ainda ignora. A questão é que os descendentes são verdadeiramente sensíveis ao estilo de vida dos pais. Acreditam no que eles fazem, e não no que falam. Eles também serão influenciados pelos desejos, enunciados ou não, que se depositam sobre eles. Fantasias de agressividade e liberdade sexual podem recair sobre filhos de famílias explicitamente pacifistas ou recatadas. Os pais de Alex, por exemplo, eram de uma passividade bovina, completamente diversa da violência cultivada do filho. Quem sabe ele não estava vingando-os por sua insignificância social? Muitas vezes, é o inconsciente familiar se manifestando, e o jovem se torna, sem saber, um objeto desse mandato.

A questão é estar atento para quando o adolescente se encaminha para algum beco suspeito da existência, e não adianta condená-lo moralmente; vale perguntar-nos e perguntar-lhe o que ele está indo buscar lá. De qualquer maneira, convém falar e aconselhar, apesar do pouco que se é ouvido nesse momento. Questionados pelas atitudes dos descendentes, é importante ficarem atentos à própria coerência com o que professam, assim como à empatia com as dificuldades que o jovem possa estar atravessando.

<u>Muito do que é dito só vai ser escutado depois, tarde para a adolescência, mas útil para a vida.</u> Essas palavras são importantes menos pelos conselhos em si do que pela presença dos pais, especialmente porque o jovem se sentirá cuidado. Ele pode protestar e fará isso de mil maneiras, mas sabe que alguém olha por ele, que espera por ele, que existe um porto para os momentos de deriva. Quando esses conselhos, aparentemente ao vento, não são ao menos pronunciados, os movimentos e a saída da adolescência são ainda mais complicados. Mas atenção à forma de dá-los: eles

não são surdos, não precisa gritar, tampouco são burros, não precisa repetir mil vezes.

Françoise Dolto tinha um dito, quase uma brincadeira; ela dizia que os adolescentes fazem ou precisam de uma "paistomia". Usando o vocabulário médico, queria dizer que os pais têm que ser arrancados fora. A metáfora é boa pois é como em uma cirurgia – é um corte na carne, e estes sabem doer. Aguentar ser cortado fora é a missão paterna. É preciso ter paciência e esperar a maturidade dos filhos, quando o reencontro se dará, mas em outro patamar.

É fundamental lembrar de não usar a adolescência como um indicativo confiável para pensar o que vai ser a vida adulta. Ela não é bom termômetro do potencial de alguém. Pode-se ter uma adolescência muito turbulenta e uma vida calma depois que a maturidade chegar. Pode-se ter um desencontro total com a escola e depois uma vida dedicada aos estudos, uma temporada sexualmente devassa e uma vida amorosa posterior bem recatada. Com frequência, grandes trapalhões se revelam pessoas organizadas; *nerds* eremitas ganham uma vida social ampla. Também o inverso acontece: lideranças juvenis passam a vida sem liderar mais nada, promessas intelectuais precoces não desabrocham posteriormente, pessoas muito populares podem se tornar solitárias ou desinteressantes. Não há regras fixas porque tudo é excepcional nesse período. Resta manter-se próximo aos mais jovens, suportando, principalmente, a dolorosa revivescência das cabeçadas que nós, adultos, tivemos que dar para amadurecer.

CAPÍTULO VI

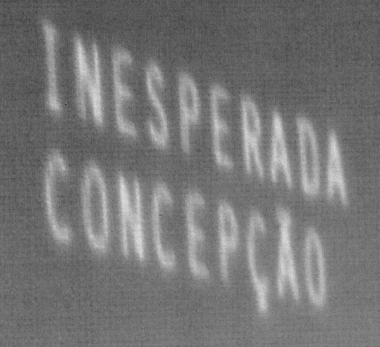

FILME:
Juno

TEMAS:
Gravidez na adolescência
Aborto
Maternidade e paternidade precoces

Juno não é uma garota fácil. Tem fama de estranha na escola, é impulsiva, rápida com as palavras, apaixonada por música e por um garoto tímido. O filme *Juno* (direção Jason Reitman, 2007), protagonizado por Ellen Page, em um papel que lhe rendeu indicação ao Oscar de melhor atriz, é a história de uma gestação adolescente. Começa com o teste de gravidez e termina imediatamente após o parto. Tudo gira em torno do que fazer com uma barriga que invadiu a cena em momento inoportuno e pede um destino.

O filme tem uma leveza que esse tema não costuma ter, mas que talvez seja necessária para tratar de algo tão espinhoso, que dá rumos bruscos e inesperados para tantos adolescentes e está no topo das principais preocupações de seus pais.

Adolescentes aprontam, fazem burradas, más escolhas, tomam desvios custosos, porém muitas dessas coisas tendem a ser reversíveis. Já um filho é um caminho sem volta; temos um novo personagem em cena, e é preciso fazer algo a respeito.

## ESTOU GRÁVIDA, E AGORA?

O teste de gravidez de Juno é feito no banheiro de uma espécie de mercadinho. A primeira pessoa a ser comunicada é a melhor amiga, e a atitude mais lógica para elas seria o aborto. Tudo indica tratar-se de um acidente, que é como geralmente surge uma gestação na adolescência.

Bleek, o "pai", é um colega de escola magrela e bom aluno, de poucas palavras, que não chega a ser seu namorado. O diálogo em que ela dá a notícia a ele é tristemente hilário e situa bem a personalidade de ambos. Diante do espanto do rapaz, ela arremeda ironicamente – *explicaram na aula que gravidez pode resultar num bebê* –, ao que ele acrescenta – *geralmente sim, é o que acontece quando nossas mães e professoras engravidam*. A seguir, consciente da enrascada em que estão metidos, ela pede desculpas por ter feito sexo com ele – *sei que não foi sua ideia*. Bleek, que é um rapaz doce e não esconde sua atração por ela, mas que realmente não teria coragem para tal atitude, só consegue balbuciar – *de quem foi a ideia?*

Assim como esse casal é diferente do clássico sedutor bonito e popular e sua garota passiva e apaixonada, característicos da primeira geração de filmes sobre adolescentes, a família também foge aos clichês. Juno vive com o pai, uma madrasta e uma irmãzinha fruto desse casamento. Não é uma família rígida, tampouco arrojada, e em absoluto é desconectada de Juno ou sem valores. O pai e a madrasta são pessoas simples, mas mostram-se capazes de reflexões profundas e diálogos densos. Após o divórcio, ocorrido quando ela tinha cinco anos, a mãe se isolou em uma comunidade indígena, onde começou outra família e desligou-se da filha. Já o casal formado pelo pai é atento à jovem; sabe repreendê-la e apoiá-la com admirável adequação. Portanto, a única pendência emocional de Juno é com o abandono por parte da mãe.

O filme é interessante por tematizar a questão da gravidez, mas ele apresenta um panorama que é mais exceção do que regra. Geralmente os adolescentes não encontram boa acolhida quando chegam com essa notícia. A fase inicial é de uma solidão imensa, especialmente para a adolescente grávida, que em geral está paralisada, ainda tentando esconder os sintomas e as mudanças corporais. É como se isso, caso não fosse notado por ninguém, não estivesse acontecendo, por isso se fica procrastinando o momento de enfrentar a tormenta. Não sem razão, as famílias praticamente enlouquecem, e abre-se uma temporada de acusações. O primeiro passo parece ser encontrar um culpado, e não ajudar jovens que estão encrencados em uma encruzilhada da vida.

Quando se sentem envelhecidos pela ameaça do surgimento de um neto, os pais podem reagir muito mal, dessa vez devido ao seu narcisismo ferido, e não por questões morais. Afinal, no estereótipo, o que são avós senão pessoas velhas? Aqueles casais de meia-idade, que se cuidam de todas as maneiras para parecerem mais jovens, sentem a notícia dessa gravidez como a suprema traição por parte de seu filho. Fazer correr as gerações é o verdadeiro crime de lesa autoimagem que deixa muitos adultos fora de si.

Os homens, ou garotos, envolvidos nessa concepção nem sempre participam desse drama; certas vezes nem sabem que isso ocorreu. Quando sabem, ele é muito distinto, afinal, não é seu corpo que está em jogo. Costumam entrar em cena apenas quando o aborto não ocorreu. O interessante nessa frequente alienação masculina do processo é que isso já começou antes, no raciocínio corriqueiro de que a anticoncepção é um problema feminino. Colocam-se como se eles fossem sócios minoritários e acessórios nesse quesito. Não raro, surpreendem-se e culpam as mulheres pelo descuido.

Mas Juno não está tão enrascada assim. Graças à legislação norte-americana, que não faz do aborto um ato clandestino e perigoso, ela chega a agendar a intervenção. Porém, ao entrar na clínica, sente-se acuada pela presença de uma manifestante – sua colega de aula – que lhe diz que seu bebê já tem unhas. Isso é ignição para um sentimento de incapacidade para tomar a atitude de se livrar do feto, de certo modo compreensível em uma garota que foi tardiamente descartada pela própria mãe. É bom lembrar que só o fato de o aborto ser legalizado já possibilita que o tema seja discutido à luz do dia; portanto, independentemente da decisão que se tomar, será menos traumática.

Em nosso entendimento, Juno repete sua história de rejeição e adoção por parte de uma outra mãe. Sua decisão foi a de manter a gravidez e encontrar alguém que deseje e receba esse bebê. Pensa em doá-lo a uma mulher estéril ou a um casal de lésbicas. O desejo por um filho, tão importante para a descartada Juno, encontra, tanto na mulher que adota o recém-nascido quanto na atitude irrepreensivelmente materna da madrasta, uma acolhida que compensa a falta de sua própria mãe.

Nem tudo são rosas, como não poderia mesmo ser para uma garota escolar, de dezesseis anos, grávida. O casal adotante, escolhido por Juno e sua amiga em uma seção de anúncios para tal finalidade, acaba se separando. O candidato a pai é imaturo e, na verdade, não partilha o forte desejo da esposa por um filho. Ele se sente mais identificado com a adolescência da gestante do que com a construção de uma família que estava em curso. Ele e Juno se encontram, discutem sobre história do *rock*, partilham músicas, até que ele assume sua opção de continuar assim, sentindo-se eternamente jovem, e abandona o barco do casamento e da adoção. A futura mãe, que preparava a casa e a vida com perfeccionismo assustador para receber seu cobiçado bebê, vê seu mundo ruir, assim como Juno, que, no fim da gestação, descobre estar sem destino para o habitante daquela enorme barriga.

Depois de um momento de desespero e reflexão solitária, Juno decide dá-lo à agora solteira postulante à adoção, pois ela estava sofrendo visivelmente muito mais pela perda da maternidade do que pelo abandono do marido. O bebê menino que nasce é recebido por uma família que é o espelho invertido daquela que o gerou: a mãe solitária é como o pai dela, que assumiu sozinho a vida com sua pequena até a chegada da madrasta à vida deles. Juno repete o gesto de sua mãe, mas faz diferente: não vira as costas, leva cuidadosamente a gestação até o fim e escolhe uma mãe apaixonada. Há uma linda cena final, do encontro da mãe adotante com seu bebê, a quem ela abraça maravilhada e emocionada, quando descobre estar sendo ternamente observada pela madrasta de Juno. *Como pareço?* Pergunta ela à mulher mais velha, que já é madrasta e mãe. *Como uma nova mãe apavorada!*

Para quem tinha a dor de ter sido deixada pela mãe, Juno conseguiu, com sua inesperada concepção, provar que a maternidade pode ser encontrada em muitos outros lugares que não uma barriga. Com essa história, queremos sublinhar que não existe gestação sem significados. A decisão a ser tomada, quer seja um aborto, quer seja a manutenção para doar o bebê ou a decisão de ficar com ele, tornando-se uma jovem mãe, sempre será enlaçada com a história da involuntária gestante adolescente.

Após o parto, o jovem casal, agora assumidamente namorados, se abraça e chora no leito do hospital, doloridos da experiência avassaladora que viveram. Eles estão decididos a não ver o bebê – *"não era nosso, acho que sempre foi dela"*, observa Juno. O pai, a consolá-la, já lhe dissera que um dia ela voltaria ali por escolha própria. Boa observação, pois as escolhas do inconsciente, envolvidas em acidentes como uma gestação precoce, são diferentes das conscientes. Estas últimas são possíveis quando um caminho é trilhado com a maturidade requerida para o trajeto, o que é um luxo que não se tem sempre.

Na cena final, com sua bicicleta e seu violão, Juno vai ao encontro de Bleek, para cantarem uma romântica homenagem ao amor de dois jovens estranhos que compartilharam uma jornada que exigia a maturidade que ainda não tinham. Pela forma corajosa como lidaram com isso, certamente ganharam o afeto do público.

## MÁS NOTÍCIAS, SEMPRE SIGNIFICATIVAS

As primeiras informações chegam pelo corpo. Um mal-estar diferente, sono, náusea, os seios mais inchados ou doloridos do que costumam ficar na véspera da menstruação, que rapidamente chama a atenção pela ausência. Os dias que passam só confirmam o temor de que algo deu errado. Aquele descuido ou acidente com a pílula, com a camisinha, com os cálculos, parece ter levado ao temido resultado positivo do teste de gravidez. O que se segue é um turbilhão de pensamentos acelerados, parecidos com aqueles que, em situações de angústia ou risco, levam ao pânico: o que fazer, o que vai ser de mim, o que vão fazer comigo?

Na cena de abertura do filme, Juno faz o teste três vezes; não quer acreditar. Como diz seu namorado ao ser comunicado: gravidez é algo que acontece com as mães e professoras. É comum que a própria fertilidade não seja levada a sério pelas adolescentes, e não se trata de desinformação, mas justamente de que é difícil acreditar-se dentro da categoria das mulheres que podem gerar bebês. Como o corpo fica pronto muito antes de que o pensamento considere essa possibilidade, sempre temos que pensar nas gestações adolescentes também como resultado desse descompasso.

É claro que abordar o tema sempre ajuda. No caso das meninas, valem a informação, a consulta com um ginecologista, a conversa com as amigas, a mãe e irmãs, enfim, toda e qualquer fonte que insista em lembrar uma fertilidade que ainda parece, para a adolescente, muito etérea, irrepresentável. A gestação indesejada é a pior maneira de acordar para o fato de que já se é, biologicamente falando, uma mulher. Devido à extrema fertilidade dos anos juvenis, é imprescindível falar sobre isso o mais cedo possível.

As razões inconscientes e fantasiosas pelas quais se comete o deslize de uma gestação acidental durante a adolescência podem estar articuladas a vários fatores combinados. Sem ordem de importância, arrolamos alguns que são apenas os mais típicos e, adiante, falaremos das suas consequências.

De qualquer maneira, sempre é bom frisar que poucos eventos são tão particulares quanto o momento de uma concepção. Além de pressupor um diálogo, até mesmo diríamos uma negociação, com o próprio corpo, que na adolescência se torna um estranho, não podemos ignorar que, em uma gestação, estão envolvidas duas subjetividades. Todos nascemos de um encontro, não somente de cargas genéticas, mas principalmente de duas mentes. Classificações ajudam, mas são sempre demasiado genéricas e alheias a nossa riqueza subjetiva, além de que cada caso pode se constituir em uma combinatória de vários significados.

Uma gestação pode estar a serviço da *materialização de um romance*. Um ou os dois adolescentes querem fazer do amor que gerou esse filho uma âncora duradoura para sua vida. Isso geralmente está ligado a duas razões: a fantasia de sair de casa e fundar um lar melhor do que ele ou ela tem, ou então a possibilidade de preencher a vacuidade da vida. Quando a escola, um projeto laboral, ou uma forma de inserção na comunidade não fazem muito sentido, essa gravidez seria o primeiro protagonismo que se ousa almejar. O bebê viria para tentar fundar uma razão para viver, um projeto mínimo para prosseguir.

O exame de gravidez positivo pode ser o meio de *consolidação ou confirmação da identidade feminina*, de forma absolutamente imaginária, porém efetiva. O raciocínio caminha pela lógica do: você duvidaria que alguém que já é mãe seria uma mulher? A assunção da identidade de gênero é uma das tarefas adolescentes, e não é das mais simples. Em certos casos, a jovem tenta, com um bebê, consolidar-se no universo feminino por meio da identidade de mãe.

Nada como uma barriga para *dar visibilidade à iniciação sexual*, ou a um relacionamento clandestino. Nesse caso, são adolescentes em busca de mostrar ao mundo que eles já são "adultos", já têm uma vida sexual ativa e alguém que gosta deles.

Algumas vezes, a gestação não se encontra a serviço de assumir um relacionamento, uma posição social ou de gênero, mas da necessidade de *dar um bebê a seus pais* para poder partir deixando outra criança em seu lugar. Essa espécie de "duplo" é gerada de forma a não os deixar de mãos vazias e, ao mesmo tempo, poder crescer, afinal, a criança, agora, é a outra.

Diante do fato, abrem-se vários caminhos. Para aquelas que não têm impedimentos morais ou religiosos para considerar o aborto como uma possibilidade, a primeira questão que se coloca é interromper a gravidez ou não. Para muitas garotas, a opção pelo aborto parece óbvia, por não desejarem a maternidade, pela inadequação do momento, das condições de vida ou da pessoa que seria pai desse filho. Outras, às quais um filho surge como uma pedra no caminho, e da qual não podem desviar devido às suas convicções religiosas ou morais, terão de começar a dar conta de um destino que lhes foge às mãos, possivelmente enfrentando o preconceito e a condenação de seu meio.

Encontramos também jovens que, por razões de falta de perspectiva social ou emocional, veem na maternidade precoce uma forma de vida que preencherá o vazio de oportunidades, capacidades ou sonhos que já as assombrava. Para outras, que igualmente decidem dar continuidade à gestação, pode desenhar-se o caminho escolhido por Juno, de entregar o bebê para adoção, mas de modo a proporcionar a ele uma família escolhida, considerada mais próxima do ideal. Uma variante dessa saída é a de ficar com o bebê e tentar constituir por si própria essa maternidade idealizada, tornando-se um exemplo do que se gostaria de ter encontrado ao nascer.

Juno não era contra o aborto. Até se organizou para fazê-lo, mas, chegada a hora, desistiu na sala de espera da clínica, optando por comunicar a família e viabilizar a adoção. A interrupção provavelmente lhe evocasse o próprio abandono; talvez tenha seguido adiante para sentir-se altruísta ou corajosa o suficiente para vivenciar uma gestação e um parto. Outra ideia, quem sabe, seria uma forma de, por meio do bebê, realizar a fantasia de escolher os pais, o que talvez teria sido o sonho de todos nós.

## UM AMOR E UMA POTÊNCIA SE EVIDENCIAM

Quanto ao relacionamento, uma gestação inesperada pode servir como meio de pressão sobre um amante recalcitrante, reforçando a materialização de um vínculo ao qual este não dava valor. Raramente é uma saída que ambos estão querendo, isto é, ter um bebê para fundarem-se como casal, ligados para sempre pelo filho em comum. Geralmente a pressão para isso é feminina; ela muitas vezes está encantada com o projeto da maternidade, que lhe parece um passaporte tanto para a vida adulta quanto para ser mulher.

Nos casos em que ela se apaixona por ter esse filho não planejado, à revelia do parceiro, o mal-entendido é ainda maior. Ela não entende como esse evento, que para ela é tão especial, não seja do apreço dos seus próprios pais e do futuro pai da criança. Para ela, fazer desse namorado um pai é simetricamente tão importante como considera tornar-se mãe. Por isso, não entende que ele talvez não queira ou se apavore mediante o projeto de fundar uma nova família.

Os homens de todas as idades frequentemente colapsam e fogem. A princípio, não sentem que uma gestação possa lhes oferecer algo e facilmente se identificam mais na posição do filho do que na do pai. Em contrapartida, há alguns rapazes para quem a paternidade surge como forma de lhes dar um norte na vida, principalmente quando precisam se afastar de tentações que os colocam em uma posição de marginalidade social, ou mesmo que ser pai lhes emprestaria um *status* de adulto que os protegeria de transgredir.

<u>Os rapazes, tornados pais "involuntários", muitas vezes ignoraram ostensivamente que o tema da anticoncepção é também de sua responsabilidade.</u> Apresentam, a seu modo, uma conduta paradoxal similar à das garotas: arriscam para produzir uma gestação que confirmaria uma fertilidade e um poder viril no qual eles mesmos não acreditavam.

Descuidar-se é esperar que a mulher zele pelas coisas sérias, como a mãe fazia enquanto eles se divertiam como crianças. Na contramão dessa imaturidade explícita, uma gestação os confronta com sua potencialidade para gerar como homens. Nesse sentido, o descuido é muito comum entre os garotos, que por vezes até levam em conta os perigos das doenças sexualmente transmissíveis, mas agem como se a fertilidade fosse um assunto que, como diz o namorado de Juno, aconteceria só com as mães e as professoras.

Posteriormente, alguns homens até conseguem fazer do evento uma boa razão para ligar-se com mais força à vida, mas, em um primeiro momento, a ideia é que sua caminhada acabou antes de começar, o que não deixa de ser um exagero, pois o que realmente teria acabado seria sua adolescência. Eles fogem porque podem partir; seu corpo não carrega o fardo. Acovardam-se e afastam-se de uma cena que os aterroriza, sobre a qual não têm mais controle. Sentem-se traídos por uma situação que eles mesmos engendraram e com a qual agora não sabem lidar.

São muito poucos os homens que conseguem estar à altura dessa situação. O pior é que muitas vezes a família do jovem não ajuda. Em vez de chamá-lo à razão e responsabilidade, tentando ver o que é possível, construtivo e sensato a fazer, culpam a adolescente e sua família, como se estivessem querendo lhes roubar o jovem ou seu futuro.

Nem todas as famílias se dão conta do que está em jogo. Como terapeutas, encontramos vários homens que, diante dessa covardia, muitas vezes escudados por suas famílias, demoraram muitos anos para reconectar-se com seu destino. Mesmo que abandonem a cena, ela segue existindo e cobrando um preço. Geralmente esses homens demoram muito mais tempo que outros para fundar uma família, desta vez por opção, e fracassam mais do que a média em mantê-la. Esse abandono da cena os marca mais do que imaginam, pois fazem uma paternidade ao revés, e muitos nunca se perdoam pela fuga. Quando finalmente conseguem alguma conexão com a realidade desse seu filho biológico, nascido ou a caminho, ele já é uma realidade da qual se furtaram. Nesses casos, a demora deixa no vínculo uma sequela irreversível.

Convenhamos, a realidade não ajuda quando esses adolescentes são atropelados pela consequência de seu ato; às vezes são pouco mais que garotos assustados. É natural que demorem para reagir. Geralmente odeiam a ideia da paternidade, odeiam esse filho que os desacomodou da vida e os empurrou bruscamente para o mundo adulto, mas só na face da responsabilidade. Como exigir sabedoria para quem acabou de acordar para o mundo? Mal os pais que realmente querem ter um filho sabem se comportar ante as exigências do cargo, como vamos pedir aos jovens que tenham uma postura madura quando nem sequer se confrontaram conscientemente com esse desejo de paternidade ou maternidade? A nosso ver, é aqui que entra a família, no caso dos rapazes que tendem a se sentir alheios ao problema, empurrando-os para uma solução sensata, ajudando-os a não fugir, a pensar a respeito e, especialmente, mostrando que é um jogo no qual estão incluídos, queiram ou não.

Quando se é adolescente e se constata a fragilidade do amor, há também um abatimento, a visão pessimista de que amar não vale a pena se for algo tão volátil. Isso se agrava por ocorrer no ocaso do que se sentia pelos pais, um vínculo amoroso que era a maior fonte da segurança sentida no passado. Os primeiros amores são idealizados como indissolúveis, menos por serem intensos, mais por acreditar-se que sejam insubstituíveis. Se desembocarem em um aborto, geralmente o feto descartado carregará consigo o fim desse relacionamento, como uma espécie de tiro de misericórdia.

Finda a dolorosa, principalmente em termos psíquicos, intervenção, resta a constatação de que se segue vivo após essa operação traumática e radical de separação. Por vezes, um aborto pode ser um jeito custoso, mas que se impõe a uma jovem acuada, de encenar no próprio corpo sua separação dos pais.

Se a gestação for mantida, é muito provável que a relação não o seja. Ao ex-casal de jovens pais restará um estranhamento entre si pelo resto da vida, entre dois adultos que talvez se tornem muito diferentes um do outro e que partilham um filho cuja existência evoca um tempo remoto de suas vidas. Se ficarem juntos e constituírem uma família, serão precipitados, sem escala na adolescência, em uma identidade forçada de adulto. Ambas as situações podem confluir para um destino pacífico para o trio, tanto para o convívio dos pais que nunca chegaram a constituir um casal quanto para a família precocemente formada. Esse bom resultado dependerá do quanto os jovens pais conseguiram se apropriar daquilo que se iniciou involuntariamente.

Um aborto, mesmo quando é uma decisão firme, pode, de forma paralela, encenar radical e dramaticamente uma separação amorosa, como a perda de algo que literalmente terá de ser retirado de dentro da jovem que se sente privada de metade de si. Nas primeiras paixões, é difícil pensar-se sobrevivendo a um rompimento. A dor chega a ser física, por isso pode requerer uma intervenção no corpo que representará a certeza de que aquele amor, que pode ter sido sua iniciação sexual ou sua primeira grande paixão, ficará marcado com a memória do aborto para sempre. Imagine se isso já é assim com outros relacionamentos ao longo da vida, o quanto pode se agravar quando somos iniciantes e sentimos que jamais seremos capazes de atrair outra pessoa, pois ainda não tivemos uma experiência de ver o amor ressurgir em outra relação.

Apesar da ousadia de Juno, facilitada pela timidez de Bleek, eles são um casal inexperiente, que não se reconhece como tal. A gestação dela os fez assumir-se como namorados, levar-se a sério um ao outro. O leitor ponderará que esse é um preço muito alto para tanto, mas talvez a história sirva para que possamos entender o quanto essas primeiras relações são distantes das expectativas que se depositam sobre elas.

A informação e o diálogo ajudarão a que não se precise passar pelo que nossa dupla de personagens passou para amadurecer os sentimentos. Porém, é importante insistir no fato de que o corpo se apronta antes de que se tenha suficiente experiência de relacionamentos para dar conta das consequências. A vida erótica, assim como os dilemas amorosos dos casais adolescentes, é uma espécie de estágio, de treino, no qual se aprende a amar e desejar.

Todo adulto já sofreu algum dia por amor, ou mesmo pela falta dele, e não há quem ignore que de um ou outro jeito é uma experiência que envolve alguma dor. Por isso, é inevitável o desejo de que os filhos tenham uma trajetória abreviada, que "se arranjem logo", por meio de uma boa escolha, um grande e construtivo amor que apareça de modo precoce e encerre esse assunto. Esquecemos, convenientemente, que com as desilusões e desencontros aprendemos tanto ou mais do que com as conquistas amorosas. Forçar ou fantasiar a constituição de uma jovem família pode ser uma dessas formas de tentar impedir os filhos de viverem suas próprias e erráticas experiências amorosas, sexuais e de relacionamento.

## CONSOLIDAÇÃO DA IMAGEM FEMININA

Fala-se muito no surgimento dos caracteres sexuais secundários, como se seios, pelos pubianos e barba garantissem a alguém sentir-se feminino ou masculino. O fato é que a confirmação do gênero que nos foi atribuído ao nascer espera a puberdade para dar seus sinais e a adolescência para provar a que veio. Espera-se dos jovens que se apresentem com o fardamento típico de um homem ou uma mulher para dar visibilidade e realçar essas características, que provam a confluência das expectativas com o destino do filho.

Cada mãe se sente testada em sua capacidade de legar a feminilidade às filhas mulheres, assim como a masculinidade dos meninos parece ser tarefa paterna. Mas nada é tão simples e direto. A mãe é decisiva para a masculinidade, o pai o é para a feminilidade, assim como também o são o modo de amar dos pais e a forma como cada um deles se insere nos valores do contexto social. Linhagens também influenciam o imaginário do que seja atribuído a cada gênero: os homens da família tal, as mulheres da família tal, são assim ou assado.

Uma gestação precoce pode funcionar muito bem como forma de corroborar, mais uma vez, de modo físico, em vez de subjetivo, uma suposta feminilidade por meio da capacidade reprodutiva do corpo. Tampouco funciona, pois adolescentes se olham no espelho com tanta intensidade quanto são assolados pelas dúvidas de serem capazes de se mostrar à altura do que se espera deles em termos de sexuação. Se forem parecidos com o que se supõe que um homem e uma mulher devem ser, em termos de curvas, músculos, atitudes e porte, outros dirão, desejando-os, que foram bem-sucedidos e conseguiram se tornar o que queriam.

Isso tampouco abafa as inseguranças, sendo que a maior parte delas nos persegue pelo resto da vida. Tanto que muitas mulheres adultas observam que quando se vestem "de mulher" é como se fosse uma fantasia. Enfim, se é certo que não se nasce mulher, torna-se, também o é que uma gestação não decide esse jogo. Mas não faltam jovens mulheres tentando dar essa cartada quando a dúvida é demasiado avassaladora.

## DAR VISIBILIDADE À INICIAÇÃO SEXUAL

Certas gravidezes são como se os adolescentes dissessem: tenho uma boa e uma má notícia. A boa é que já sou como vocês, tenho um amor e uma vida sexual; a má é que estamos grávidos e não sabemos o que fazer.

Depois que passamos pela adolescência, na medida do possível, esquecemos quanto foi trabalhoso conquistar um lugar ao sol do amor e do sexo. No ardor das batalhas eróticas juvenis, por muito tempo, acreditamo-nos indignos de ser alistados. Estávamos certos de não ter sido feitos para isso, considerando-nos particularmente incapazes, feios ou mal dotados de atrativos, razão pela qual nunca seríamos escolhidos, desejados, correspondidos por ninguém.

Quando finalmente conseguimos uma vitória nesse campo, queremos o olhar dos pais, e de todos, para a oceânica realização de conseguir alguém que nos aceite e deseje. Isso pode ocorrer com um adolescente fóbico, de pouca vida social ou extremamente tímido, acreditando que aquela experiência não vai acontecer nunca mais e que não pode deixar passar a ocasião de obter um certificado carimbado de ser capaz de engravidar alguém ou de alguém.

Nesses casos, a manutenção da gestação dará mais maus resultados do que bons, pois sua razão de ser nem ao menos se centra no bebê. O desejo que a ensejou já foi cumprido como se fosse um ritual privado em que esse casal, ou um deles, provou ao mundo que podem ser como os adultos. O problema é que ainda não conseguem ser, apenas parecer.

A adolescência é um tempo de experiências, um longo *test drive* para a vida, período em que se acredita que nada seja realmente para valer. Na contramão disso, está o fato de que é época de grandes e marcantes acontecimentos, que estão longe de ser um mero treino. No caso de uma eventual maternidade ou paternidade precoces, que visam, acima de tudo, atestar a iniciação sexual, esse espírito experimental ganha dimensões dramáticas.

Em contrapartida, mais uma vez provando a relatividade dessas descrições que fazemos, podemos encontrar jovens interessados em pular essa etapa, dispensar a incômoda adolescência. Apesar de ser considerada uma fase maravilhosa, principalmente pelos adultos amnésicos, nela as incertezas são maiores que os prazeres. Para alguns jovens, que decidem encarar precocemente a maternidade e a paternidade, entrar em algum tipo de arremedo da vida adulta, patrocinado pela exaustiva tarefa de criar um filho, é uma forma de livrar-se de tudo isto: expectativas, cobranças, críticas. Envolvidos nessa tarefa extemporânea, sentem-se livres das exigências, em geral grandiloquentes, de seus familiares. Tudo o que conseguirem, em termos de estudo e trabalho, será um lucro, pois supõe-se que têm no filho uma obstrução para que se realizem plenamente.

## DAR UM BEBÊ AOS PAIS

Muita gente é criada pelos seus avós. Em alguns casos, essa suplência deveu-se a circunstâncias de origem acidental, econômica, uma doença ou orfandade, que impediram os pais de estarem junto de seus filhos. Há, porém, uma situação típica em que uma adolescente engravida, tem o bebê e o entrega a seus pais, que ficam com o neto como uma espécie de substituto dela. Uma vez colocado esse bebê em seu lugar, ela poderá partir, no sentido real ou figurado. Isso pode acontecer quando o vínculo familiar é muito simbiótico, ou mesmo quando o vazio na vida dos pais é inquietante. Por vezes, como indivíduos ou como casal, os pais não encontraram outro motivo para viver fora da criação dos filhos, que se prolonga na presença desse neto meio filho que lhes é oferecido, em geral pela filha.

Os vínculos entre pais e filhos podem não estar estruturados de modo a suportar a separação que a adolescência impõe. Ao crescer, esses filhos serão considerados traidores e ingratos por abandonarem a quem tanto lhes deu. Essas chantagens, às vezes muito bem camufladas, são mais corriqueiras do que se acredita e acontecem tanto em famílias tradicionais quanto nas que se consideram liberais.

Embora isso pareça coisa do passado, ainda se elege de forma não explícita, mas nem por isso menos impositiva, um dos filhos para ficar junto dos pais e zelar por sua velhice após seus irmãos partirem. Uma das estratégias das meninas – pois geralmente são as mais vulneráveis a esse apelo – para sair dessa armadilha é entregar um bebê como presente de consolação. Nesses casos, para ter uma vida própria e terminar a passagem adolescente, deixar um substituto parece a única solução efetiva.

Em casos diferentes dos arrolados, uma gestação, posteriormente interrompida, pode surgir para que esse dublê não fique concretamente no lugar de sua mãe, e sim para que ela tenha claro que está agora em outra posição. Se pode ser mãe, nunca mais se sentirá o bebê da casa. Bem, nem sempre isso funciona, mas é uma tentativa, ainda que passando o limite do razoável.

## GESTAÇÃO COMO PASSAGEM AO ATO

Juno tornou-se uma jovem mulher aos seus olhos e aos da família, assumiu-se enamorada e namorando, escolheu uma mãe amorosa para adotar seu bebê, provando a força de um amor materno que lhe faltou. Ela encenou o próprio abandono por parte da mãe e a acolhida por parte da madrasta e, por fim, constatou a consistência do laço com seu pai, que se manteve ao seu lado adequada e afetuosamente.

Não se trata de banalizar o que no fim das contas é um problema que sempre acarreta consequências traumáticas em ambos os desfechos possíveis, quer seja a interrupção, quer seja a manutenção da gravidez. Porém, de pouco adianta culpar-se, perguntando onde foi que se falhou, ou punir a garota que armou-se essa cilada, ou o rapaz que cometeu esse descuido junto a sua jovem companheira. Convém perguntar-se o que essa gestação significa, pois ela sempre porta um sentido. Esperamos, com todas essas hipóteses de explicações possíveis, além das tantas que não listamos aqui, pelo menos provocar nas famílias uma reflexão. Tais acidentes, que levam a um resultado positivo no teste de gravidez, mesmo que não signifiquem um neto nascido, serão um marco para todos os envolvidos.

Nem sempre é possível oferecer à jovem e assustada gestante uma escuta profissional que a ajude a entender, minimamente que seja, a força e significação do que está ocorrendo, ajudando-a a tomar uma decisão. Infelizmente, quer pela urgência que se impõe, quer pela falta de recursos sociais ou econômicos, em geral não é possível contar com tal serviço. Porém, se houver uma família atenta, dela será exigida a extrema maturidade de entender que não se está diante de uma transgressão que exige sanção disciplinar, e sim de um ato que tem um sentido. É preciso se esforçar para entendê-lo, tanto para melhor sair dele como para que os adolescentes não o repitam de outra forma.

Para os psicanalistas, uma passagem ao ato é algo que tem uma motivação inconsciente de fazer-se acontecer. É mais forte que a vontade do sujeito e, em geral, é um divisor de águas em sua vida. Se fosse algo passível de ser elaborado ou processado de outro jeito, não teria ocorrido tal acidente. Um ato responde a razões inconscientes muito fortes que incidem sobre uma mente incapaz de digeri-las. Será vivido como um atropelamento, pois quem o faz tem tão pouca consciência e controle sobre isso como tampouco teve condições de prevê-lo e evitá-lo. É hora, portanto, de escutar-se, acolher-se. Todos os protagonistas envolvidos, a gestante, quem a fecundou, os pais de ambos, suas instituições educacionais, políticas ou religiosas, serão chamados a se posicionar e organizar seus sentimentos a partir de um novo ponto de vista, pois uma gestação é sempre um corpo prenhe de toda essa gente.

## AINDA SOBRE O ABORTO

Em alguns países, o aborto é legalizado, evitando as assustadoras cifras de mortalidade materna associadas à clandestinidade dessa prática. Entre esses, há os que condicionam o procedimento à existência prévia de um breve processo de reflexão e algumas entrevistas aos cuidados de um profissional de saúde mental. Acreditamos que isso é imprescindível, pois um aborto é sempre um evento forte para todos os envolvidos. Mesmo que seja a solução encontrada, deixará suas cicatrizes. Abortos "fazem aniversário", e também, nem tão raramente, as mulheres acabam se lembrando de que idade teria aquele filho que não aconteceu. Ele introduz uma marca na linha de tempo da vida, determinando um antes e um depois.

Quando adotada oficialmente, a prática de atenção psíquica antes do procedimento revelou que toda concepção assume algum significado ou carrega alguma mensagem. Compreendê-la, quer seja para interromper o processo, quer seja para assumi-lo, ajuda a gestante involuntária a se sentir menos invadida. Em ambas as alternativas, aborto ou gestação adolescente, ela se sentirá de certa forma abusada pelas transformações físicas e pelas práticas de assistência médica a que terá de se submeter.

Paradoxalmente, muitas gestações são iniciadas justamente para serem interrompidas. Esse é o caso, por exemplo, daquelas que visam provar, de modo desnecessariamente real, embora subjetivamente necessário, que o corpo funciona como o de qualquer mulher devidamente equipada para gestação. Não raramente, isso inicia uma espécie de círculo neurótico, pois, após o aborto, fica a fantasia de ter avariado essa mesma potencialidade que se conseguiu provar. Logo, há o risco de provocar outra gestação para novamente saber que está tudo bem com seu corpo. Não custa esclarecer, tantas vezes quanto for necessário, que estamos falando de desejos e inquietações que, na maior parte dos casos, nem sequer chegam à consciência, mas podem ser a causa de gestações e abortos de repetição, que ocorrem na vida de muitas mulheres jovens.

A renovação da dúvida sobre a própria potencialidade de ser fértil após um aborto pode ser causada pela internalização da condenação social. Em certos meios, a iniciação sexual ainda é cercada de culpas e reprimendas; nesses casos não é raro que o descuido acabe causando a já esperada e temida repressão, presentificando-se o que se temia. Fazer uma travessura para provocar um castigo é algo que acontece na infância, prolonga-se pela adolescência e nunca desaparece completamente. Esse expediente, que pareceria puro masoquismo, normalmente se constitui em um sintoma bem complexo. Em primeiro lugar, visa chamar a atenção sobre aquilo que se deveria esconder, a própria sexualidade, aqui confirmada e tornada visível. Em segundo, a força das figuras parentais ou de autoridade pode ser convocada de modo espetacular, a partir de uma gestação condenável, para justamente mostrar seus poderes.

Por vezes, uma gestação inoportuna pode soar como outra travessura qualquer, um modo extremo de testar a força dos pais. Mesmo ao custo da punição, quando se duvida da fortaleza ou da ética dos pais ou de seus representantes, provocar sua rigidez é uma forma de fazê-los parecer mais consistentes, convictos e importantes. Mesmo que seja a propósito de valores – morais ou religiosos – que o jovem não partilha, provocar uma afronta quanto às crenças familiares serve para iludir-se quanto à potência dessas figuras parentais. Esses testes ocorrem quando o sentimento de acolhida e proteção vacila. Não é a liberalidade, e sim a fragilidade psíquica dos pais, que pode causar esse desejo arrevesado de ser punido e condenado. Um aborto ocorrido nesse contexto pode redundar em fantasias de carregar em si um castigo. A adolescente abortará o feto, mas permanecerá prenhe dos efeitos punitivos dos valores familiares que ela quis reafirmar. Ter o filho nesse contexto em que a gestação é condenada provoca o mesmo efeito: será marcada pela transgressão que cometeu.

Também pode ser motivo de um aborto a encenação de uma espécie de disputa interna sobre quem é que manda: medem-se forças entre a imperiosidade do corpo, ou mesmo do destino, e sua dona e protagonista. Para reafirmar que no meu corpo e em minha vida mando eu, nada como uma encruzilhada ou o gesto radical de uma intervenção cirúrgica para sentir-se no comando. Não deixa de ser um expediente patético ter que padecer tanta dor e passar por algo tão traumático para sentir-se menos alienada diante de si mesma e da vida, mas infelizmente as coisas nem sempre respondem a uma lógica racional.

O paradoxo nesse caso, pois o que é sintomático sempre tem dois lados, é que essa liberdade de escolha só se reafirma depois de ter sido submetida a uma situação imperiosa de constatação do funcionamento impositivo do próprio corpo, como é o caso de uma gravidez. Algo como aqueles mágicos que se fazem acorrentar embaixo da água para provar que podem se libertar antes do afogamento. A pergunta que fica é de onde e por que vem tanta dúvida sobre a liberdade.

## OBRIGADO, JUNO!

Para finalizar, fica um agradecimento ao modo suave, sem ser pueril, com que o filme *Juno* nos permitiu abordar um assunto tão delicado. Tudo o que envolve a maternidade mobiliza muitas emoções, pois não há quem tenha sido originado de outra forma que não do ventre de uma mulher.

Deixa-nos nervosos pensar que houve tantas variáveis em torno do ponto de origem de cada um de nós. A gestação que nos trouxe ao mundo poderia não ter acontecido por qualquer mudança nessa complexa combinatória. Ela dependeu de uma conjunção de desejos, assim como de um contexto social e histórico. Somos fruto do particular momento de uma mulher, principalmente de suas motivações inconscientes, daquele a quem ela desejou e por quem foi correspondida, o que já envolve duas mentes imprevisíveis, suas famílias e a sociedade em que se inserem. Pensar em tantos acasos é mais doloroso do que acreditar em desígnios divinos por meio dos quais nosso nascimento não poderia ter deixado de acontecer.

Por isso, no caso dessas inesperadas concepções juvenis, convém conter o nervosismo que surge quando descobrimos que um filho é um acontecimento casual que pode se insinuar em péssima hora e com "pais" recém-saídos da infância. A concepção pode ser um desejo, mas também um sintoma, uma trapalhada significativa, um trauma, pode resultar em um filho ou não. Não adianta se comportar como se cada gestação estivesse reencenando o drama de nossa própria origem. O protagonismo é dos jovens envolvidos, e é o destino deles que está em jogo. Aos seus adultos, cabe tentar manter de fora suas inquietudes. A maturidade das famílias do casal de adolescentes grávidos é decisiva para minimizar o caráter traumático do evento.

CAPÍTULO VII

FILME:

Ensina-me a viver

TEMAS:

Características do pensamento adolescente

Obsessão com a morte

Morbidez performática

Suicídio

É preciso convencer um adolescente de que viver vale a pena. Isso não condiz com a primeira imagem que temos deles: pessoas no auge da beleza e da existência, desfrutando uma vitalidade de primavera. Os fatos não combinam com esses pressupostos: temos uma época delicada, na qual se flerta com a morte, seja de modo estético, lúdico, seja de modo filosófico, e, às vezes, alguns dão um passo a mais e tentam o suicídio. Ignorar a extensão desse problema pode nos levar ao descuido; já quando temos consciência dos riscos, o desafio é não infantilizar os adolescentes, impedindo que tenham suas experiências, ou não escutando as agudas questões sobre as quais precisam pensar. Falar com eles sobre o valor da vida e sobre o suicídio é para corajosos, porque todo adolescente é involuntariamente um filósofo, e o sentido da vida não é uma questão de fácil resposta.

## A HISTÓRIA DE HAROLD E MAUDE

Harold, nosso jovem personagem, tem mais do que uma questão com a morte; ele praticamente a namora. Trataremos de um filme de 1971, chamado no Brasil de *Ensina-me a viver* (*Harold and Maude*, direção de Hal Ashby, baseado em um livro-roteiro escrito por Colin Higgins). Foi um fracasso comercial na ocasião do lançamento, mas é um filme que insiste na memória de todos aqueles que lhe assistiram, como somente ocorre com as boas obras.

A cena inicial já é uma encenação de suicídio. Na sala da mansão, toca uma suave música clássica; sobre a mesa, repousa um bilhete de despedida, e vemos os pés do rapaz balançando, enforcado. Entra a mãe viúva, atarefada com suas prioridades: cabeleireiro e jantares. Ela dá um longo telefonema e nem nota o corpo pendente do filho. Quando finalmente o percebe, fica irritadíssima. Ela sabe, o que nós ignorávamos, que essa é mais uma das *performances* de falso suicídio de seu filho único de dezenove anos.

A primeira encenação foi involuntária: Harold provocou uma explosão no laboratório da escola, graças a uma mistura de ignorância com travessura, que destruiu tudo. Ele conseguiu sair ileso escorregando por uma velha rampa de lavanderia. Depois de assistir à explosão final, foi para casa sem falar com ninguém e chegou sem ser notado; a mãe estava, como sempre, envolvida com seus convidados. Pôde, assim, observar oculto à polícia dando a notícia de sua morte à mãe, que desmaiou nos braços dos mensageiros. Concluiu, então, que era "agradável" estar morto. É com essa ideia brincalhona que ele justifica suas encenações.

Não era uma questão de agradável ou desagradável, e sim de saber-se importante, pelo menos na ocasião de sua morte. A partir daí, como um mágico de palco, ele desenvolve técnicas de simulação de várias modalidades de suicídio: autoimolação, decepamento de membros, cortes no pescoço, afogamento na piscina, em uma sucessão de espetáculos montados para a apreciação da mãe, seu público-alvo. Ele é encaminhado para um psicanalista, que já atende a progenitora, tão hilário como os demais personagens dessa obra de humor negro. O profissional, que não consegue nenhuma empatia com esse paciente, se desespera com o silêncio e o sarcasmo do jovem.

Como parte de seu estilo sombrio de viver, Harold dirige um carro fúnebre e frequenta enterros de desconhecidos. É em um deles que encontra Maude, uma mulher de setenta e nove anos que fazia o mesmo, e ela se aproxima dele. A velha senhora, que acaba se tornando sua única amiga e amante, tem o hábito de comparecer a essas cerimônias de despedida, mas ela não é mórbida como ele; também visita regularmente estufas de plantas e maternidades. No primeiro encontro, ela esclarece que considera enterros divertidos, mas também nascimentos lhe interessam; é apaixonada por observar o ciclo da vida.

Maude, ou melhor, Condessa Mathilda Chardin, já era uma mulher madura quando começou a Segunda Guerra Mundial, na qual, pelo que deduzimos de suas palavras, não lhe faltou protagonismo. Conhecendo-a junto com Harold, vamos depreendendo, por sua conversa, partes de sua trajetória de vida irreverente, viajando pelo mundo, velejando, falando várias línguas e convivendo com diferentes culturas. Esteve à frente das lutas feministas, pelos direitos civis, juntou-se à Resistência, além de trazer no pulso a tatuagem numérica do campo de concentração. Ela não conta suas histórias; apenas alude sinteticamente a algumas passagens quando vem a calhar nos diálogos com o rapaz, em quem está empenhada em despertar a vontade de viver.

Sua casa, onde eles tomam chá, bebem champanhe orgânico, fumam narguilé, dançam e, por fim, fazem amor, é um museu das memórias dessas andanças, uma mistura caótica de todas essas referências. Apesar disso, Maude insiste em não se apegar a nada material. Em certa ocasião, a vemos jogar no mar algo muito significativo, alegando que assim sempre saberá onde isso está. Ela dirige carros e motos que rouba, usando uma espécie de conjunto de chaves polivalente que teria herdado de um falecido amigo ladrão.

Aliás, o primeiro diálogo do casal se dá a bordo do carro de Harold, roubado por ela. Dirigindo como uma endemoniada, ela para e lhe oferece uma carona na saída de um enterro, ignorando que o rapaz é o dono do veículo. Seu desapego é também em relação à vida, que aproveita com a intensidade de quem tem a morte muito presente. Considera que recebemos a vida para descobri-la a cada dia, já que é finita. Ambos, por razões distintas, estão ocupados do tema da morte; ela, pela velhice e por ter presenciado momentos trágicos da história; ele, por estar mais engatado em desistir do que em começar.

Maude não esconde, embora Harold demore para acreditar, que decidiu morrer dali a uma semana, no dia de seu aniversário de oitenta anos. Ela comenta alegremente que essa é uma boa idade para morrer. Não se trata de eutanásia; ela não está doente ou sofrendo uma depressão. Apenas tomou a decisão de viver oito décadas e evitar a decrepitude; sente-se livre para tanto. A condessa não parece ter preocupação com quem deixaria para trás; é uma personagem solta no mundo. Nesse sentido, ela se assemelha a um adolescente, pelo tipo de laços prioritários, pois não refere uma família à qual pertenceu ou que tenha constituído, apenas amizades e amor.

Em suma, o rapaz, que brincava com a morte para fazer-se amar pela mãe, encontra uma velha que leva a vida a sério de um modo muito peculiar. Maude conduziu sua existência de modo engajado, testemunhou momentos históricos decisivos, perdeu seu companheiro amado, um médico que foi fuzilado durante a Segunda Guerra, e provavelmente muitas outras pessoas queridas. Para ela, a morte não é brincadeira; é algo tangível e verdadeiro, que torna a provisoriedade da vida, dos bens e dos momentos algo a ser respeitado. Seu *carpe diem* (aproveite o dia) é o de quem sabe que do amanhã pouco se sabe.

Paralelamente ao encontro com Maude, a mãe de Harold tenta solucionar o problema do filho descarrilhado engajando-o no exército, com o auxílio de seu irmão, um influente e ridículo militar de estreitos pensamentos bélicos. Essa é a única figura vagamente paterna na obra, pois o pai do rapaz prima pela ausência, mal é mencionado e parece que nada do que fez foi relevante. Sua morte, referida de modo tangencial e desinteressado pela viúva, em meio a uma conversa de jantar, envolve um acidente ocorrido enquanto fotografava papagaios na Polinésia. É claro, esclarece ela, que não encontrou seu fim heroicamente como um soldado. Harold é órfão de um pai que não parece ser muito pranteado pela mulher, sempre envolvida em sua intensa vida social.

Poderíamos, talvez, considerar essa insistência do rapaz no tema da morte como contraponto à viuvez alegre da mãe. É uma hipótese, mas reduzir a obsessão do personagem unicamente a essa pendência familiar seria ignorar que o filme é uma abordagem bem-humorada da importância do tema da morte para os jovens e do quanto eles vacilam em relação a seguir adiante. Quando chega a hora de partir de casa rumo à própria vida, há sempre um impasse. Ele pode durar minutos ou anos, mas o marco da porta da casa familiar nunca é facilmente atravessado.

Diante do fracasso do tio, de quem Harold faz todo tipo de troça com a ajuda de Maude, a mãe apela para casá-lo e passa a selecionar, em uma agência de encontros, uma nora que aceitasse seu filho rico, mas bizarro. Com suas encenações de morte, o rapaz dá um jeito de correr com cada uma das candidatas.

Quando ele decide assumir o relacionamento com Maude – e pedi-la em casamento –, acaba descobrindo que ela falava sério quanto a partir no dia de seu aniversário e se desespera. Inutilmente, corre com ela para o hospital, pois a velha senhora havia tomado há tempo as pílulas destinadas a colocá-la em sono eterno.

A cena final pode ser alusiva ao clássico _Juventude transviada_, pois é uma espécie de citação do filme de 1955 que estabeleceu um cânone no cinema para e sobre adolescentes. O personagem Jim, representado pelo icônico James Dean, é a própria encarnação do modo adolescente de andar sobre o fio da navalha que separa a vida e a morte. Naquela história, Jim e outro garoto, líder de uma gangue local que estava testando a virilidade do recém-chegado, travam uma espécie de duelo com veículos. O desafio seria o seguinte: deveriam dirigir em velocidade máxima rumo à borda de um penhasco, e ganharia aquele que pulasse para fora do veículo o mais próximo do limite, que aguentasse firme até o último segundo antes da queda fatal.

No fim de nosso filme, Harold dirige seu Jaguar customizado como carro fúnebre até a borda do precipício, e o vemos espatifar-se e explodir no chão. Somos levados a crer que, ante a morte de Maude, ele teria decidido não viver. Mais uma vez, ele estava aplicando sobre nós uma das suas, pois, quando a câmera sobe ao longo do paredão, na borda, encontramos nosso herói tocando o banjo com que a amada o presenteara. Ele optou pela vida e destruiu o carro fúnebre, talvez como signo de que desistiu de brincar de morrer.

A melhor pista para acreditar nessa mudança é a música que ele canta enquanto toca o banjo: _If you want to sing out, sing out_,* de Cat Stevens. Ele já a tinha cantando com Maude, e a letra linda, mas pueril, resume o pensamento dela sobre a questão da vida. O que Harold aprendeu com sua amiga e amante diz respeito a uma alegria de viver que é associada ao sentimento de liberdade de escolher, mas que se justifica apenas no entusiasmo oriundo dessa leveza. Não há justificativas filosóficas ou transcendentais, apenas a eloquência própria do exemplo dela em levar uma vida de aventuras, ou, então, o que nos parece ainda melhor, a ideia de que as pequenas rotinas podem ser também encaradas como uma aventura.

Há um gosto pela vida que é transmitido, ou não, de geração para geração. Embora conversar seja fundamental, o maior argumento, como em Maude, não é um discurso hipotético feito pelo adulto, e sim sua atitude ante as experiências. Ela até fala sobre isso, mas geralmente são platitudes sobre a beleza da vida. Maude é incisiva mesmo fora da esfera do discurso, na forma como demonstra sua paixão pelas variadas vivências, tanto as mínimas quanto as superlativas. Paradoxalmente, embora tenha-se suicidado, ela convoca uma identificação poderosa pela vontade de viver, e, aparentemente, Harold sai da relação enriquecido com essa herança.

## ENSINA-ME A PENSAR

Mesmo que Harold tenha desenvolvido apuradas técnicas, e não lhe falte capacidade dramática para tornar suas _performances_ convincentes, simular a própria morte não é, em si, uma conduta tipicamente adolescente. Ele queria chamar a

*A letra dessa música de Cat Stevens, parte da trilha sonora composta e cantada por ele para o filme, expressa muito da filosofia de vida transmitida por Maude a Harold.

atenção da mãe, tentando fazê-la desmaiar novamente, como na ocasião em que ela recebeu a notícia de que seu filho havia perecido no incêndio da escola. Isso é um apelo tão infantil quanto os vários tipos de cenas que as crianças armam para garantir algum protagonismo e dobrar a vontade de seus adultos. Já um comportamento com características adolescentes visa algo diferente, até oposto, do que angariar a atenção dos adultos: está destinado a diminuir a importância deles, questionar seus valores e encaminhar algum tipo de separação entre o jovem e sua família.

Alguns fatos do crescimento, como, por exemplo, ficar mais altos e passar a olhar os pais olho no olho, ajuda a vê-los como humanos, não mais ogros ou super-heróis. Isso tem um bom efeito sobre a autoconfiança e facilita o abandono dos conflitos relativos à dependência que a criança tem. Os pequenos precisam de adultos que os cuidem, mas revoltam-se em ficar sujeitados a eles. Em contrapartida, a diminuição de estatura desses personagens parentais contribui para os sentimentos de solidão e desamparo, origem das manifestações mais problemáticas da fase.

O sofrimento adolescente se expressa sintomaticamente sob formas que remetem à depressão e à angústia, podendo assumir características similares às dos ataques de pânico. Outro recurso comum de defesa são as inibições e medos. Recuados e paralisados, muitas vezes "entocados", esses jovens acabam se sentindo protegidos, pois evitam enfrentar, fazer ou mesmo apenas encarar o que querem, mas nem sempre admitem. Para piorar, a pressão aumenta cada vez mais, os chamados do mundo já se fazem ouvir e sentem-se observados pelos adultos. Antes, o amor dos pais (ou substitutos) bastava, dava sentido à vida, enquanto a envergadura deles funcionava como escudo protetor. Ao perder a idealização e a exclusividade desse amor, fica-se sem as balizas e garantias que dali se nutriam. Essas fragilidades próprias da diminuição das figuras parentais levam a ter medo de morrer, adoecer, sair, confiar, ousar. Elas não envolvem uma busca do tema da morte, mas ele se impõe como ameaça devido à morte imaginária das figuras adultas poderosas.

É no encontro com Maude que as travessuras mórbidas tiveram oportunidade de se transformar em outra coisa. Além das *performances* suicidas e de dirigir um carro fúnebre, Harold costumava frequentar enterros de desconhecidos; talvez continuasse eterna e alegoricamente indo ao enterro do seu pai. Além disso, também amava presenciar demolições de prédios e ia a ferros-velhos para ver como os carros eram esmagados. Há um excesso estético de atividades alusivas à morte, à destruição e à precariedade de tudo, que, na sua insistência e repetição, parecem uma mensagem que nunca chega a seu destinatário. Algo que, justamente por não ser entendido, ou encaixado em uma lógica, não cessa de insistir. Ele finalmente encontra em Maude uma forma de ser escutado, então pode passar para uma modalidade discursiva – que é diferente de repetir, encenar e atuar – quando a nova amiga o convoca a descrever suas preferências e razões. Assim, o que era incompreensível e apenas repetição dá lugar a uma série de ideias e pensamentos sobre o sentido e a fragilidade da vida.

Quando escutado, o adolescente tende a ser filosófico, como acaba ocorrendo com nosso personagem. Durante uma das inúmeras conversas com Maude sobre as razões em nome das quais viver e como fazê-lo, Harold faz um balanço jocoso de sua trajetória até então: *"Eu não vivi – falou triste, inspirando profundamente. Súbito, deu uma risadinha. – Mas já morri algumas vezes"*.[1]

O humor presente nessa comédia não é alheio à estética e ao estilo adolescentes. A preferência, nessa época, pelas piadas, pelo tom sarcástico ou desafiador, próprios do humor, diz da necessidade de emprestar alguma leveza aos tempos espinhosos em que se vive. É importante ressaltar que humor pressupõe um vínculo, pois é necessário algum tipo de empatia para entender o subtexto de uma piada. Graças a isso, com ele, sentimo-nos menos avulsos, menos sós, temos nossa tribo que ri junto do que nos oprime. O humor não tem idade, mas nunca precisamos tanto dele como na adolescência, por ser o caminho mais curto para criar uma cumplicidade destinada a desfazer o poder dos mais velhos. Ridicularizar os adultos ajuda a aturá-los. Já as piadas *nonsense*, que são as mais apreciadas nessa época, o bom besteirol, são um ataque à racionalidade do mundo. Abandonar a infância e enfrentar a seriedade e a chatice da vida adulta é assustador; melhor fazer troça em bloco das regras que nos organizam.

Harold é um comediante de humor negro com suas encenações suicidas, motivo pelo qual pode visitar insistentemente o tema da morte sem naufragar. Felizmente, Maude é uma adulta que não perdeu o senso de humor nem com a idade avançada, nem com os reveses da vida; por isso o casal alcançou um grau de cumplicidade necessária para viver tanto em tão poucos dias. O próprio filme é um paradoxo. É uma comédia que trata do difícil assunto do sentido da vida, tem como núcleo o tema do suicídio, com um ato desses realizado em cena, e, mesmo assim, sentimo-nos leves no fim. O humor que possibilita esse filme é da mesma matéria que o humor que ajuda os adolescentes a suportar sua travessia.

Depois da temporada com Maude, já não será mais necessário encenar a própria morte para tentar provar que a mãe se preocupa com ele, que deseja sua presença no mundo, ou mesmo para acabar concluindo o oposto, que ela está farta do filho e que ele pode muito bem desaparecer, como seu pai. O assunto da morte deixou de ser doméstico, restrito aos conflitos meramente familiares, e ganhou o mundo, exatamente como costuma ocorrer com tudo o que deixa a infância para adolescer. As cenas iniciais eram sintomáticas, provavelmente necessárias ao seu protagonista, justamente porque nelas se sintetizava a contradição entre viver para a mãe, o que é angustiante, porque sufoca e paralisa, e o oposto, desaparecer de seus olhos, sumir. O problema é que, naquela ótica infantil, afastar-se da mãe parecia custar a própria vida.

Escutar um jovem é ainda mais difícil do que vê-lo insistir em fazer bobagens. Enquanto ele está fabricando cenas, mesmo que desagradáveis, para a família ou para a escola, seu comportamento ainda reconhece a força dessas instituições. Já quando está em fase de rompimento, vendo seus tradicionais espaços de existência com olhar crítico e realista, a tendência é que suas palavras sejam cruéis e desnudem a fragilidade de nossas instituições, crenças e razões para viver.

Um discurso adolescente típico pressupõe o desenvolvimento cognitivo, que os torna capazes de ter pensamentos abstratos, imprescindíveis para que se possa questionar e relativizar o que se vê, escuta e acredita. As crianças já são especialistas em fazer perguntas e observações constrangedoras e agudas; elas não estão cegas nem surdas aos segredos que escondemos, muitas vezes até de nós mesmos; são porosas como esponjas, mas capazes apenas de reações mais pontuais. É somente a partir da adolescência que teremos condições de construir um raciocínio crítico que trará consequências para as decisões relativas ao próprio futuro. São pensamentos estruturados que se agrupam, contrapõem e sistematizam o que desde menores já tendíamos a perceber. Quanto mais esperta uma criança tiver sido, quanto mais sua família e sua escola tiverem sido estimulantes e abertas a escutar suas ideias e dialogar com ela, maior será a quantidade de conteúdo disponível quando chegar a hora da elaboração. Ela aportará na adolescência com um capital de ideias, memórias, discussões e raciocínios começados.

Ao longo da adolescência, aquilo que surge como um potencial – a capacidade de abstração – ainda precisará ser desenvolvido, exercitado, de modo a funcionar como um verdadeiro instrumento. É claro que a supressão de nuances e contradições, que é uma espécie de infantilidade de pensamento, é uma tentação também para legiões de adultos. São os que optam por saídas messiânicas, fundamentalistas, totalitárias ou simplificadoras e preconceituosas, enfim, as várias formas de evitar contato com certos temas constrangedores e/ou desassossegadores. Essas são as saídas ao alcance também daqueles que não tiveram oportunidade ou condições de desenvolver seus potenciais de abstração.

É por isso mesmo que temos de garantir aos jovens o acesso ao conhecimento de arte, de ciências humanas e das premissas do conhecimento científico. O ensino de história, não somente no sentido clássico, mas também dos costumes, das ideias e da ciência, permite perceber-se como elo de um trajeto, inserido em uma linhagem humana que muda, discorda, descobre, acerta e erra. Também é essencial possibilitar um ambiente questionador, onde a criatividade possa florescer. Só assim teremos adolescentes que se tornarão capazes de chegar a pensar como adultos algum dia.

Quando um adolescente procura, ou é incitado a procurar, um tratamento psicoterápico, no início desse processo, na ocasião dos primeiros diálogos com um terapeuta, a tendência é que o jovem paciente fale como se não fosse de si. Os adolescentes ficam narrando conversações detalhadas com seus pares ou adultos, expressam-se em hipótese, generalizando ou falando dos outros. Demoram um pouco para ter coragem de protagonizar ideias, que no começo nem sequer sabem ou admitem que têm. Mesmo quando conseguem construir suas primeiras abstrações, aparentemente não se implicam nelas, como se estivessem acima ou fora da realidade; sentem-se observadores invisíveis. Em geral, tiveram poucas possibilidades de colocar em exercício suas escolhas e bancar as consequências disso. Podem, portanto, tratar a vida como uma hipótese, como se a realidade pudesse ser construída como uma ficção pessoal.

Não é rara, nesse período, a existência de uma rigidez nos julgamentos morais, ou até, na contramão disso, a ideia de que ninguém tem o direito de opinar sobre o comportamento dos outros, mesmo que para efeitos de um debate ético. O psicanalista britânico D. D. Winnicott atribuía essas posições a uma imaturidade do pensamento do adolescente, cujo capital de experiências é ainda muito parco. Contudo, esse psicanalista tecia um elogio a essa mesma imaturidade, dizendo que contém as características mais fascinantes do pensamento criativo.

*a riqueza de um olhar imaturo*

Trocando em miúdos, trata-se da possibilidade de ter uma espécie de "vista aérea" sobre a vida. Busca-se uma visão geral que ajude a definir parâmetros, rumos, mas que é cronologicamente anterior à maior parte das experiências pessoais de um sujeito responsável. Ao chegar a uma cidade nova, é conveniente subir a um lugar bem alto, de onde se possa visualizar o mapa tridimensional do que vai ser visitado. Na verdade, sempre dá vontade de subir aí novamente no fim da visita ao lugar, com a sensação de que agora, sim, teríamos condições de compreender melhor o que vimos anteriormente. Lá de cima, o jovem se julga capaz de conhecer a cidade antes de começar a percorrê-la, achando que sabe muito sobre um lugar onde praticamente ainda não colocou os pés. Isso não impede que seja imprescindível levá-lo ao mirante, oportunizar que avalie, pretenda compreender o que ainda não viveu e questione. Se, por um lado, ele se engana a respeito do que vê, por outro, acaba enxergando coisas que nossa vista cansada já não distingue mais.

Winnicott gostava de ficar lembrando a si mesmo que é a sociedade que carrega, perpetuamente, esse estado de adolescência, pois há sempre novas safras de adolescentes cumprindo esse papel desestabilizador. Como indivíduos, os jovens, de um jeito ou de outro, passarão pela fase, tornando-se algum tipo de adulto, portador de suas certezas. Assim, é inegável que a sociedade como um todo tem a beneficiar-se com o poder criativo dessa experiência adolescente: daí nascem as utopias, os novos costumes, as revoluções que os modernos aprendemos a respeitar.

Para os adolescentes, dialogar com adultos fora da família, com seus pares, com professores ou terapeutas constitui uma espécie de treinamento, de musculação para seus raciocínios abstratos. Utilizando-os e escutando-se emitir e defender suas opiniões, o jovem vai se tornando capaz de olhar de fora para os espaços familiares, pedagógicos, urbanos, de classe e cultura a que pertence e, somente então, acabará tomando coragem para estender esse exercício para a vida pessoal. Poderá falar não somente sobre o que faz parte da "paisagem" ou da "vista aérea", mas de si próprio: sua cultura de origem, os desejos dos pais que nele fizeram marcas, as pendências destes que se sente fadado a carregar, os descaminhos, sucessos e fracassos da família a que pertence.

Quanto a esta, é importante lembrar que costuma, nessa época, enviar a conta pelos cuidados infantis dedicados a esse filho, neto, sobrinho. Agora que está "grande" – pelo menos fisicamente – e pretende-se livre, então que assuma seu quinhão de responsabilidades e contribua com o andamento da casa e com as finanças da família. São cobranças válidas, porém, assumir-se com uma relação mais participativa e responsável é algo que dificilmente um adolescente fará no próprio lar. Na medida em que isso tiver feito parte de sua educação, ele deverá ir abandonando os restos de infantilidade, pelo menos no que diz respeito aos cuidados com seus pertences, higiene, alimentação, mobilidade e administração de seus compromissos. Isso pode até soar como piada para as famílias, pois muitos adolescentes costumam deixar atrás de si um rastro de desordem, sujeira e pendências, que acaba sendo um diálogo mudo em torno da criança que foram e que para todos é difícil abandonar. Partem, deixando para trás os restos do casulo que ocupavam.

Costumamos confrontá-los com a necessidade de agora fazer pelos outros, principalmente seus pais e avós, já cansados e apresentando sinais de maturidade e velhice, o mesmo que foi feito por ele quando era pequeno e frágil. Porém, os adolescentes reagirão negando a existência dessa dívida: "eu não pedi para nascer", argumentarão. E estão corretos. Aliás, nem eles, nem ninguém, poderíamos acrescentar; essa não é uma opção para a espécie humana. Embora uma postura colaborativa e independente seja um objetivo desejável na educação, isso não pode soar como uma retribuição por serviços prestados a ele. Se assim colocarmos, ele nos lembrará de que seus adultos lhe dedicaram tanto porque assim desejaram, e ele jamais assinou contrato algum. A responsabilidade não deve ser compreendida como um tributo, algo a ser demonstrado ou mesmo oferecido como ato de amor ou submissão, pois é dessa forma que uma criança pequena encara suas obrigações. Os jovens deverão ir incorporando atribuições e deveres perante a sociedade, quer representada pela escola, quer representada pela cidade ou outras instituições. Regras e restrições etárias auxiliam a que se possa crescer sem que isso signifique se tornar um brinquedo ainda melhor e maior para a satisfação dos pais.

Em suma, cobra-se dos adolescentes uma atitude que expresse sua gratidão pela própria vida e sobrevivência. Para eles, porém, pode vir a ficar bem claro que foram involuntariamente convocados por uma concepção e criados em nome de um desejo que é de pura responsabilidade dos pais e parentes. Nesse sentido, testar o perigo, arriscar-se, sendo leviano com a própria vida, é também uma forma de representar em ato esse impasse e, ao mesmo tempo, apropriar-se da responsabilidade consigo mesmo.

O raciocínio é mais ou menos este: vim ao mundo porque vocês assim quiseram, mas continuarei adiante, agora em meu nome, e se eu assim o quiser. O adolescente, nesse momento, assina uma espécie de contrato imaginário no qual passa a incumbir-se da própria existência. Ele nasceu porque seus adultos desejaram, mas permanecerá vivo, ou não, em nome próprio. Infelizmente, passar por algum episódio, mesmo que mínimo, de perigo ou aventura acaba sendo importante para marcar esse recomeço em nome próprio. E não há nada que os pais temam mais do que deixar a vida dos filhos nas mãos de proprietários tão levianos e inexperientes.

# O SUICÍDIO: ATO, BLEFE OU UM MODO TERRORISTA DE FILOSOFAR

É possível morrer muitas vezes ao longo de um jogo de *videogame*, assim como renascer, pois ele nos fornecerá renovadas vidas para seguir adiante. Esse modo de brincar é também uma forma simplificada de colocar o tema da vida e da morte ao alcance das crianças. Isso não é novidade, principalmente para os meninos, a quem sempre foi permitido brincar de matar ou morrer. A questão sobre o que significa a vida e a morte já está sendo colocada, basta saber ouvir. Crianças brincam com isso, mas não tiram todas as inferências da nossa condição de ser para a morte; já os adolescentes, sim, e nos fazem lembrar todo tempo da descoberta de nossa finitude. Como são recém-chegados no assunto, e ainda tomados pelo assombro dessa novidade, querem pertencer ao clube dos que a levam em conta.

Na adolescência, as dúvidas sobre a finitude, a vida, seu valor em si e em nome do quê mesmo vale a pena viver apresentam-se de maneira dura e não encontram nem respostas, nem sequer adultos querendo falar a seu respeito. Muitos destes fazem como a mãe de Harold: nunca se colocam a pergunta do porquê dessa aparente morbidez e tentam calá-la com presentes, como o Jaguar com que a ela surpreende o filho e que ele, em resposta, customiza como carro fúnebre. Ou, ainda, acham que é falta de um amor, como quando ela recorre a uma agência na patética tentativa de conseguir uma esposa que levasse Harold a uma vida adulta que transcorresse sem questionamentos.

Se enfrentar esse tema na teoria já é difícil, a questão do suicídio pede uma coragem adicional. No menor número dos casos, o suicídio é uma vontade de desaparecer, de sumir. Isso é próprio dos suicidas que não fazem uma espetacularização do ato. Matam-se em lugares remotos, onde é muito difícil que sejam reconhecidos, na eventualidade de serem encontrados. Estarão sem documentos; cuidam para não portar nada que possa identificá-los. Querem equivaler a morte biológica à morte social; são eficientes em apagar os passos que deram no mundo. Para eles, morrer equivale a não ter nascido.

É muito difícil fazer generalizações sobre esses casos, mas eles ocorrem em famílias em que já houve outros atos assim. Essas repetições, nas quais os votos de morte podem até assumir características transgeracionais, podem ser encontradas em grupos familiares ou culturas em que os relacionamentos são marcados quase exclusivamente pela violência ou, mesmo, tenham sido submetidos a traumas históricos impossíveis de elaborar.

Muitas vidas valem tão pouco para seus portadores – no caso de linhagens de miseráveis, toxicômanos crônicos, marginais de mais de uma geração, excluídos de vários tipos – que eles respondem a essa lógica dos que desaparecem sem pretensões de deixar marcas de sua passagem pelo mundo. No entanto, estes não são suicidas, no sentido de um ato de matar-se propriamente dito. Na verdade, deixam-se morrer, não despendem cuidados para continuar vivos, em geral porque o entorno também pouco se importa com eles.

Contudo, a maior parte dos suicídios responde a outra lógica, inversa a essa falta de valor da vida. Para estes, a morte é um ato desesperado para deixar algo vivo e permanente detrás de si, construir um lugar social, uma marca naqueles que os circundam. A morte biológica é requerida para tentar uma inscrição social. Se conseguir concretizar o ato, o suicida vai ser o centro das atenções por um tempo, ou para sempre. Sua voz vai ser ouvida, suas opiniões levadas em conta, uma possível demanda ou verdade que trazia será sublinhada, ganhará ares de revelação. Ele quer ter a última palavra na contenda familiar e social.

Acreditamos que o recorrente flerte adolescente com a morte, na grande maioria dos casos, não é exatamente com ela, mas com uma indagação sobre o sentido da vida. É disso que geralmente lhe interessa falar, por ser essa a questão que o atravessa. Colocar a questão do suicídio é apenas um modo terrorista de questionar-se e mobilizar os seus adultos, provocando-os para que eles lhe ofereçam uma boa razão para seguir adiante.

Generalizações nesses casos são sempre complicadas, mas consideramos pouco preocupante quando a abordagem ao tema da morte vem pela imagem, no caso roupas e adereços, ou pelos produtos culturais, filmes com temáticas mórbidas, músicas niilistas ou qualquer literatura desse gênero. Nesses casos, já existe uma representação que o adolescente toma emprestada, pois sente-se traduzido pelo conteúdo. Embora assuste os desavisados, é um sinal fraco, algo que a maior parte dos adolescentes consome, e isso passa sem maiores consequências.

É muito comum que púberes e adolescentes assumam uma estética que alude à morte e aos mortos. Trata-se de espírito similar ao que se tem no Halloween ou no Dia dos Mortos mexicano, no que eles têm de paradoxal, por serem lúdicos e reverenciais ao mesmo tempo, por isso vestirão preto e estamparão caveiras. Enquanto crianças representavam uma promessa de vida simplesmente por terem nascido. Vida é potencial, início de um caminho que parece poder levar a qualquer destino; como adolescentes gostam de nos lembrar do princípio do fim. Esses jovens trajados com elementos que recordam a morte, a celebram e ao mesmo tempo fazem troça dela, pois os inquieta. Entretanto, sua morbidez é performática, como já havia sido a precocidade na estética de gênero; ela visa mais colocar a questão da morte de fora para dentro, como uma afronta social, do que representa qualquer intenção de vir a morrer.

Já a questão da ideação suicida é sempre séria, ou seja, quando o adolescente fala que quer se matar, sobretudo se isso for dito distante de um momento de briga, de um ataque de fúria doméstica, em um contexto emocionalmente neutro. Por vezes, é apenas "para chamar a atenção", como popularmente se diz, mas aqui temos algo que não se pode pagar para ver. Especialmente se lhe dissermos que está blefando, ele pode muito bem dobrar a aposta. É um momento da vida em que tendemos à bravata, mas ganhamos uma inesperada coragem caso nossos gestos sejam desqualificados. Essa "coragem" também faz parte do drama, pois ela pode estar mesmo faltando: na verdade, coragem mesmo precisamos para viver; ir embora é mais fácil.

O problema principal para convencer um adolescente a ficar vivo é que não há uma resposta lógica para retê-los aqui, fora nossa vontade de que fiquem. Trocando em miúdos, não há nenhuma razão abstrata para seguirmos adiante; vivemos porque fazemos parte de uma comunidade que quer viver. Nunca convenceremos alguém, com argumentos racionais, a seguir vivendo. É mais provável o contrário, pela lógica, é mais fácil convencer alguém a se matar. A vontade de viver pode, sim, ser transmitida, mas isso funciona de maneira indireta, como fez Maude, vivendo e dizendo que isso lhe dava gosto. Porém, o mais importante é que fique claro para o adolescente que os outros contam e precisam dele, que ele faz parte de uma comunidade, que existe uma teia de afetos em que ele tem o seu lugar. Parece fraco e insuficiente, mas esse é o melhor antídoto para o suicídio de que podemos dispor. Em resumo, temos de tirar dele a ideia de que seria ímpar e solto e demonstrar-lhe que é um elo de uma corrente que o transcende.

Quando os pais ficam desesperados, ou seja, quando já houve uma tentativa de suicídio, ou a ameaça é sensível, tendem a fazer discursos desmedidos, misturados com chantagens baratas, que purgam males passados entre desculpas e acusações mútuas. Aqui não estamos no terreno da lógica, mas do apelo emocional, e é por isso que tem eficácia. O que é ouvido pelo adolescente, nesses casos, é que o amor que sentem por ele, mesmo que falho e ambivalente, é sincero e o quanto sua ausência será um desastre. Essa cena não é agradável de viver nem de assistir, mas é a última carta e geralmente funciona. A vida de pais e filhos adolescentes tem seus momentos dramáticos, espetaculares, quer seja por críticas mútuas, quer seja por descontentamentos de ambos os lados e, no extremo, em defesa da vida.

O pior cenário é quando o pedido paterno de que o filho permaneça vivo é capaz de causar o efeito oposto. Isso ocorre quando o jovem quer desaparecer para se livrar de alguma demanda insuportável que seus pais representam para ele. Nesses casos, o leque de quem faz o apelo deve ser mais amplo e deixar os pais o mais longe da questão, seja fisicamente, seja desmontando a "carreira" imaginária que montaram para seu filho. Que fique claro, essa demanda muitas vezes não é genuinamente parental, talvez seja apenas suposta aos pais; o problema é que já não adianta dizer do equívoco. É necessário reconhecer o sujeito que está em crise pelo que ele é e pelo que já foi, esquecendo e relativizando um futuro que o oprime. Nesses casos, os pais não podem atuar diretamente; precisarão abster-se, ampliando sua rede de ajuda.

Na insistência de uma inquietude, um terapeuta será contratado, mas isso será tão mais efetivo quanto não for na intenção de terceirizar o problema, como era o caso de Harold. Não podemos nos fazer de surdos e silenciar esses dilacerantes questionamentos sobre o sentido da vida quando eles chegam pelos nossos filhos. Esse é de um dos momentos mais duros da parentalidade, pois precipitadamente acende a luz amarela do nosso medo de não termos transmitido aos filhos a vontade de viver. O conselho aos pais é que não se julguem tão rápido, que saibam que a maioria dos adolescentes e púberes tem seus momentos niilistas, que tentem lembrar de quando passaram por essas perguntas, de que também tiveram as mesmas dúvidas, covardias e desejos autodestrutivos. E, ainda, eles são nossos filhos, mas também filhos da época em que lhes tocou viver, e os tempos de bonança das esperanças são sempre escassos.

O importante é não nos omitirmos em enfrentar essa questão sobre a morte e o sentido da vida, senão nossos adolescentes irão falar sobre suicídio com seus amigos, ou pesquisar sobre isso na internet, na qual encontrarão pessoas ainda mais despreparadas que eles. Insistimos: falar sobre suicídio com um jovem não é necessariamente falar sobre sua morte; trata-se de uma maneira indireta de falar do valor da vida. Em geral, falta-lhes alguém com mais experiência, coragem e sabedoria – como Maude – que conduza as questões para o verdadeiro ponto. Ela funcionava para Harold como a personificação da experiência, por ser uma velha lúcida e sem revolta pelo acúmulo dos anos. Jovens precisam de adultos assumidos, não de gente que se mimetize com eles.

Um grande erro que as famílias cometem é deixar cair no vazio as notícias de suicídios que aconteceram por perto ou de figuras públicas. Não é um assunto agradável, mas, se a pessoa era conhecida, é melhor falar sobre o que aconteceu. Deixar claro que provavelmente foi um ato desesperado, mas que a pessoa também foi profundamente egoísta com os amigos e familiares, a quem devastou com sua partida. Falar sobre como é uma saída fácil e, na verdade, nem sequer é uma saída, mas mera desistência. Isso pede um delicado equilíbrio, pois precisamos mencionar o trauma que um suicida impõe aos seus familiares, amigos e amores e, ao mesmo tempo, cuidar para não esquecer a dor de quem partiu, afinal, ninguém faz isso de graça; algo grave estava presente.

Acreditamos que, mesmo errando o tom, é melhor falar sobre os suicídios que ocorreram do que não falar. Os meios de comunicação têm uma ética de não falar sobre isso por saberem que o suicídio é contagioso. Eles têm razão em não querer incentivar, dando um protagonismo a um ato como esse, pois o que o suicida queria era justamente a manchete; se lhe dermos, outros poderão vir buscá-la. Já no âmbito das famílias, essa regra não vale, pois, uma vez sabedores de um evento desses no entorno, silenciar acaba sublinhando esse ato pelo avesso. Dando-se estatuto de segredo ao tema, tornamos o fato mais valioso e deixamos os mais jovens sozinhos para pensar a questão. É preciso desmistificar qualquer aura romântica, heroica ou corajosa que envolva o suicídio. Como é muito difícil falar em tese sobre o assunto, ocorrências pontuais são o melhor caminho para iniciar um diálogo.

Excluindo os casos em que os jovens pertencem a famílias envolvidas com cultos de caráter messiânico, com rotinas de vida rigidamente prescritas, vivemos uma época no Ocidente em que as grandes referências religiosas não funcionam como filosofias pessoais, nem regulam a vida dos povos. O mesmo desmonte vale para alguns discursos políticos de caráter utópico, nacionalista ou ufanista, que também tinham suas promessas de sociedades idealizadas, nem que custe algumas vidas, inclusive a própria, chegar até lá. Esses movimentos – fundamentalistas, terroristas, fascistas, entre outros –, que dão origem a várias formas de fanatismo, costumam ter muito apelo entre os jovens. Aderir a eles serve para contornar algumas perguntas para as quais não querem procurar resposta, e sabemos como sempre se paga muito caro por soluções simplificadoras. A questão é que, na falta de discursos sociais que nos deem sentido, cada um de nós fica com a missão de montar sua síntese particular de razões em nome das quais viver. Isso é um desafio, algo que nos dá liberdade, mas que pede uma capacidade de abstração e um bocado de coragem para enfrentar o vazio de respostas prontas.

Quando há um ambiente estimulante e suficientemente livre para dar conta dessas questões, os jovens tendem a debater com vigor, eloquência e ousadia. Para tanto, são necessários adultos com estofo para suportar essas questões, as quais, repetimos, nas fantasias dos mais velhos, não se esperaria que aparecessem na primavera da vida. Na contramão disso, encontram-se os que temem esse diálogo e até os que se aproveitam de uma massa de jovens de baixa capacidade de reflexão, que jogarão toda sua energia em qualquer proposta totalizante que lhes empreste um motivo externo para viver ou em nome do qual morrer. Como é fácil de concluir, as guerras, que consumiram em seu fogo gerações inteiras de jovens, beneficiaram-se muito da sua capacidade de oferecer tal tipo de atalho.

Historicamente os jovens estão perto da morte; quase todas as civilizações sempre os usaram como soldados por não terem estreitado laços com o futuro. Ainda não são pais, por isso temem menos a morte. Além de vigorosos, são mais destemidos, na medida em que sabem que não deixam ninguém dependendo deles. De certa forma, isso vale também para a situação civil; os jovens têm menos laços de compromissos e podem arriscar mais quando brincam com a ideia da morte.

## HAVIA UM PRECIPÍCIO NO MEIO DO CAMINHO

Na cena final do precipício, Harold joga seu carro no abismo e salta fora dele antes de cair, como fez o personagem de James Dean dezesseis anos antes. Essa é uma boa metáfora de que a adolescência transcorre em uma espécie de borda. Lembramos que há uma importante premissa literária antes de James Dean e seu duelo no precipício, igualmente marcada na memória coletiva: o livro *O apanhador no campo de centeio* (1951), escrito por J. D. Salinger, deve seu título justamente a um abismo.

A obra se intitula a partir de duas referências. A primeira é uma observação que o jovem personagem Holden faz na rua. Sua atenção foi capturada por uma família humilde voltando da igreja – o casal conversa, desatento ao filho. O pequeno se equilibra no meio-fio, como uma travessura de infância, enquanto cantarola uma música que diz: *"se alguém agarra alguém atravessando o campo de centeio"*.[2]

A segunda é a resposta que Holden dá a sua irmã quando ela lhe pergunta o que ele vai querer ser quando crescer:

*Eu fico na beirada de um precipício maluco. Sabe o que eu tenho que fazer? Tenho que agarrar todo mundo que vai cair no abismo. Quer dizer, se um deles começar a correr sem olhar onde está indo, eu tenho que aparecer de algum canto e agarrar o garoto. Só isso que eu ia fazer o dia todo. Ia ser só o apanhador no campo de centeio e tudo.*[3]

Ao longo dos três dias narrados no livro de Salinger, um garoto de dezesseis anos chamado Holden frequenta constantemente essa borda, mas ninguém estaria lá para lhe agarrar se fosse preciso. Como em muitas histórias adolescentes, os pais e os professores não estão, ou, se estão, parecem não falar a mesma língua. A desconexão com os pais faz parte da vivência adolescente, quando eles fazem o possível para se separar deles. Porém, como raramente os jovens assumem seus atos, acabam projetando os próprios sentimentos nos mais velhos. É como se viesse de fora o que, na verdade, provém de seu interior. Por isso, sentem como se estivessem sendo expulsos. De qualquer maneira, só isso não explica toda a solidão que lemos nas palavras de Holden e observamos na vida de Harold antes do encontro com Maude. É preciso buscá-la na dificuldade por parte dos adultos de suportar o que seus jovens realmente sentem e dizem: falam de tristeza, de vontade de desistir, quando o que projetamos neles é vigor juvenil, potência, prazeres e felicidade.

Se finalmente conseguimos atingir a condição de adultos, é porque contávamos com alguém na borda do precipício, disposto a nos apanhar. É bom lembrar disso, porque temos de estar lá quando for nossa vez de cumprir esse papel. Como diz Holden Caulfield, esse é o trabalho mais importante que um adulto tem a fazer. Enfim, mesmo sem encontrar uma figura como Maude em nosso caminho, acabaremos descobrindo que a vida é uma experiência, e com ela podemos aprender. Já a morte, mesmo quando ela se fizer presente em nossa vida com alguma frequência, sempre será vivida como uma abstração que nos desafia e que, aos poucos, tentamos circunscrever.

Por fim, embora a maior parte dos jovens sobreviva ao próprio niilismo, à tentação do fanatismo e ao afastamento de sua família da infância, há ocasiões em que os perdemos para a morte. O nascimento é um momento sabidamente dramático, no qual se tomam muitas providências para minimizar o risco de morte para a mãe e o bebê. A adolescência é um novo parto, no qual se perde o corpo protetor da casa. Aqui novamente nos encontramos em risco. Todo cuidado é pouco, inclusive ante o perigo de impedi-los de crescer.

## UMA ÁRVORE FORA DO LUGAR

Entre as aventuras que Maude leva o garoto a viver, uma das mais estranhas é o rapto de uma árvore. Quando passam por uma calçada, ela vê um canteiro estreito com uma árvore miúda, raquítica, dessas que tentam sobreviver nas cidades buscando algum ar entre a fuligem e nutrindo-se apesar do asfalto. Abruptamente, anuncia que irá salvá-la desse ambiente hostil, onde está impedida de crescer, pois, se permanecer ali, irá sucumbir. Decide levá-la para uma floresta, a fim de que possa vicejar.

Para tanto, sem remorso ou temor, usa seu molho de chaves polivalente para roubar uma camionete, que dirige sem habilitação nem documentos, como de costume. Em pleno dia, em uma avenida cheia de gente e veículos, estaciona sobre a calçada (lembrando que ela dirige como se estivesse em um autochoque) e, com a ajuda de Harold, conseguem retirar a tal árvore do passeio público. É claro que tudo isso, digamos, chama a atenção, e eles precisam fugir dali, com a polícia em seu encalço. O agente que os persegue é ridicularizado pela senhora, que faz e diz coisas tão ousadas e absurdas que o desorientam e imobilizam, produzindo o costumeiro desconcerto em que deixa aqueles que tentam impedi-la de fazer alguma de suas loucuras. Ao fim de todas essas peripécias, a dupla consegue plantar a árvore em uma floresta, onde esperam que ela encontrará perfeitas condições para se desenvolver.

A árvore apertada e sufocada em um ambiente que a impede de crescer é metafórica do garoto triste e performático que Maude conheceu, que vagava de uma cena mórbida para outra, quando não as protagonizava. Era uma existência de pouca vida e muita morte, talvez representativa do parco espaço subjetivo que tinha para crescer em casa. Sua mente inteligente e criativa encontrava na vida fútil e narcisista de sua mãe um terreno árido, onde lhe restava nada mais do que encenar o caráter mortífero dessa condição desértica. Foi preciso esperar que aparecesse aquela personagem quase mágica, como uma fada madrinha, cujo encanto o sequestrou para o território fértil de sua vontade de viver. Em contrapartida, eles, que se conheceram frequentando enterros, acabaram fazendo com a árvore um enterro às avessas, no qual se vai para a terra para iniciar, e não para acabar.

Antes de partir, Maude plantou sua árvore e deixou em Harold uma vida que ele não tinha. Talvez seja também uma brincadeira com as coisas que dizem que temos de fazer na vida: plantar uma árvore, ter um filho, escrever um livro. Ela plantou a árvore, fez Harold nascer para a vida e talvez tenha escrito algum livro, pois, de suas peripécias nas oito décadas em que decidiu viver, não sabemos sequer a metade.

### NOTAS

1. HIGGINS, C. *Harold e Maude:* ensina-me a viver. Rio de Janeiro: Record, 1971. p. 85.

2. SALINGER, J.D. *O apanhador no campo de centeio*. São Paulo: Editora do Autor, 2012. p. 100.

3. Ibidem, p. 147.

## CAPÍTULO VIII

FILME:

Azul é a cor mais quente


TEMAS:

Sair do armário

Amizades e amores

Confinamento em guetos

Exclusão da família

Identidade de gênero

Homossexualidade

Clémentine está em pleno desabrochar erótico. Aos quinze anos, sofre a pressão das amigas para fazer sua iniciação e partilhar com elas o relato da experiência. Ela não tem dificuldade em encontrar alguém: um garoto de sua escola se interessa por ela e é correspondido. Ele é delicado, atento ao despertar de seu corpo; sua estreia não teria por que ser problemática. Apesar desse provável bom começo, ela suspeita que algo diferente se desenha em sua vida.

Um simples encontro na rua deixa Clémentine em chamas. Após um momento fortuito, um cruzar de olhares com uma garota de cabelo azul, os sonhos de conteúdo homossexual e as fantasias eróticas proliferam. O desejo por outras meninas se torna evidente, levando-a a suspeitar de que não terá o destino que dela se espera. Este é o ponto em que este capítulo vai se centrar: no surgimento de desejos sexuais que o adolescente supõe serem socialmente condenáveis. Admitir a própria excitação já é difícil, e, quando ela indica caminhos que levarão à discriminação, a preconceitos e à marginalidade, todo cuidado é pouco.

A tendência dos jovens confrontados com desejos homoeróticos é a de passar uma temporada na própria concha, ou "no armário", como diz a expressão popular. Costuma ser um período de inibição, em geral bastante solitário, calculando cada passo a ser dado que possa dar visibilidade a essa forma de amar que ainda é considerada desviante.

Clémentine, a protagonista deste capítulo, vive um momento marcante quando uma colega de aula abruptamente lhe dá um beijo, deixando-a surpresa e vivamente excitada. Sente-se finalmente correspondida e compreendida por alguém e passa o resto do dia no paraíso. Na manhã seguinte, procura a colega com grandes expectativas; quer repetir a cena, mas é rejeitada. A amiga diz que ela está interpretando mal, aquilo fora um gesto momentâneo, e que ela não teria verdadeiro interesse em garotas.

Experiências como essa causam angústia e solidão, levam os novatos nos desejos homoeróticos de volta ao armário do qual mal haviam esboçado sair. Em função dessa jornada de autodescobertas, as primeiras incursões eróticas acabam sendo ainda mais complicadas. Por isso, esses adolescentes necessitam de apoio, companhia e diálogo. As amigas de Clémentine formavam um grupo de reconhecimento e troca de informações, por meio do qual se amparavam na iniciação sexual, desde que heterossexual. Porém, os desejos dela não cabiam naquele contexto e não foram nada bem recebidos.

Se bem os preconceitos têm diminuído em algumas sociedades, redundando, inclusive, em uma legislação que protege os direitos a múltiplas formas de amar, as animosidades sobrevivem e proliferam. O simples fato de que tenham de existir leis para inibir a homofobia revela a força dos preconceitos e da agressividade com que eles se expressam.

Vivemos um momento em que é viável assumir esse caminho. Existe uma vanguarda entre os jovens que nasceram a partir dos anos noventa que encara com muita naturalidade viver e/ou compartilhar experiências sexuais não convencionais. Todavia, isso ainda é restrito a grandes centros, a certas classes sociais, e é difícil saber se vai se tornar, de fato, massivo. Paira um etos de tolerância, mas ainda a descoberta de um desejo divergente do caminho heterossexual coloca os adolescentes em crise.

## NA FICÇÃO COMO NA VIDA

A trama de *Azul é a cor mais quente* provém de um romance gráfico, escrito por Julie Maroh, publicado na França em 2010 e, no Brasil, pela Martins Fontes, em 2013. Romances gráficos, ou seja, em quadrinhos, disputam um espaço entre a literatura dita séria, mas ainda são desconhecidos para muitos e sofrem o preconceito de serem considerados superficiais. A nosso ver, essas narrativas, mesclando desenhos com texto, não devem nada em capacidade de expressão aos melhores romances.

*Le bleu est une couleur chaude* é uma história de amor juvenil, contada por meio do diário da jovem francesa Clémentine. Seria mais uma história de amor se não incluísse desejos e sentimentos condenáveis no seu meio. No diário, ela registra sua paixão por outra garota um pouco mais velha chamada Emma, a garota do cabelo azul.

A coragem necessária para assumir o romance entre elas teve que ser maior para Clémentine, que era ainda uma escolar. Aos quinze anos, proveniente de um meio humilde e tradicional, tinha nesse encontro seu primeiro amor. Alguns anos mais velha, Emma já era homossexual assumida e contava com o apoio da família, bem mais abastada e intelectualizada. Após um tórrido início de relacionamento, feito de descobertas eróticas, sobretudo para a principiante, elas decidem se assumir e namorar. Emma apenas precisou encerrar um relacionamento do qual era bastante dependente, mas, para Clémentine, o processo foi muito doloroso: sofreu *bullying* na escola e foi expulsa de casa. Por sorte, restaram-lhe os amigos igualmente *gays*, com quem pôde partilhar agruras e conquistas. É comum, em função das dificuldades de trânsito social dos amores homoeróticos, que os jovens acabem sendo relegados a uma vida de gueto, restringindo as oportunidades de circulação social.

Em função dessa expulsão, elas passam a viver juntas. Estudam, trabalham, cuidam da casa, têm amigos. Porém, os preconceitos em seu meio escolar e familiar obrigaram Clémentine a fazer uma ruptura radical, encerrando precoce e abruptamente sua adolescência. Sem tutela, sem diálogos com adultos nem com a maior parte de seus contemporâneos para acompanhar seu crescimento, a jovem precisa ir adiante sem chance de vacilações ou retorno. A relação se torna vital: é seu único porto, sua família. O isolamento acaba direcionando-a para uma grande entrega amorosa, até por falta de opção.

Emma tenta reconhecimento como artista, enquanto Clémentine realiza seu sonho de ser professora de crianças. Tudo corre bem, até que novos desejos proibidos rompem o equilíbrio do casal. Clémentine se revela bissexual e tem um caso com um colega de trabalho, embora continue apaixonada pela companheira e totalmente dependente de seu amor. Já para Emma, muito mais firme na posição homossexual como um modo de estar no mundo, a traição envolvendo um homem é insuportável. Ela acredita que esse ato revelou muito mais do que um desejo sexual; pensa estarem diante de uma dissidência ética.

Não sabemos se elas foram monogâmicas esse tempo todo, mas, certamente, o fato de o envolvimento ter trazido um homem à cena foi o que mais tocou a ambas. Especialmente para Emma, a ruptura representada por isso é radical, e Clémentine é expulsa de casa pela segunda vez. Agora, é a bissexualidade que encontra uma barreira de intolerância dentro de seu casamento homossexual.

O desfecho é trágico: apaixonada e arrependida até a medula, Clémentine assume uma conduta autodestrutiva: vive deprimida, alimenta-se mal e trabalha muito, sob efeitos de uma medicação que mascara uma grave doença respiratória. Fiel à tradição literária de morrer de amor, ela desfalece nos braços de Emma quando finalmente voltam a se ver. O encontro era uma tentativa de perdoarem-se pela separação traumática.

O filme de 2013, *La vie d'Adèle*, é inspirado nessa novela, mas a ênfase é bem diferente, além de modificar o nome da protagonista: Clémentine agora se chama Adèle. Enquanto o livro se dedica mais à descoberta sexual, o filme acompanha com mais detalhes o amadurecimento, a relação e o desencontro das personagens. O diretor franco-tunisiano Abdellatif Kechiche propôs outro final, com o que, de certa forma, refez a obra no sentido da trama, mantendo a estética e o ponto de partida do romance gráfico. No Brasil, o filme recebeu o mesmo nome do livro, em vez do proposto pelo diretor.

O romance gráfico atinge um público mais restrito e acostumado a propostas ousadas, já um filme produz maior repercussão, tanto que foi muito criticado pelo seu tom intensamente erótico. Os debates giraram em torno da exposição sexual das atrizes e da abordagem da intimidade de um relacionamento lésbico, considerada voyeurística e machista por alguns, saudada como autêntica por outros.

Tanto a novela como o filme centram-se na personagem mais jovem, Clémentine/Adèle, sua jornada de crescimento e principalmente o processo de assumir seus desejos homossexuais a partir do encontro com Emma. Enquanto na novela a personagem Clémentine, inspiradora de Adèle, já está morta quando ficamos sabendo qual foi a história de amor entre as duas, no filme, a narrativa não é de algo passado; acompanhamos o desenrolar desse relacionamento, da paixão à ruptura. No fim, elas tomam caminhos diferentes, acaba o relacionamento, mas ninguém morre. Apesar de o começo da história ser quase idêntico, nos aprofundaremos na análise do filme e passaremos a chamar a personagem de Adèle.

## AMIZADES E A DESCOBERTA DOS DESEJOS HOMOERÓTICOS

A descoberta dos desejos homoeróticos ou bissexuais não obedece a regras genéricas, mas é principalmente na adolescência que boa parte das pessoas se confronta com sua necessidade de expressão. É comum que o interesse sexual por pessoas do mesmo gênero se faça presente já nas brincadeiras eróticas infantis, mas isso nem sempre define uma forma de amar que irá se consolidar por toda a vida. Somos naturalmente bissexuais, e, na infância, a curiosidade e o desejo são ainda difusos. No campo erótico, toda generalização é arriscada, pois há crianças que desde muito cedo têm clareza de seus interesses exclusivamente homossexuais, são somente estes que povoam suas fantasias onanistas e dão forma às primeiras paixões platônicas.

Quando a adolescência chega, por vezes consolida o que se mostrava apenas como sensações esfumaçadas, ideias imperfeitas, e essa foi a experiência de Adèle. Para ela, assim como para todos aqueles que se descobrem fortemente atraídos pelos de seu mesmo gênero, quando a paixão se instala, já não é mais possível negar para si mesmo o que se sente. O pensamento obsessivo do apaixonado não deixa dúvidas quanto ao que ele quer. O desafio inicial é enfrentar-se, lidando com os próprios questionamentos e condenações.

Quando a sensualidade se encaminha para a prática, existe uma fase de puro desconcerto e outra de negação. Adèle passou pelas duas. A primeira fisgada é quando se pega olhando para uma garota desconhecida – que depois saberemos que será Emma – ao acaso na rua. Fica perturbada com a visão dela, ainda mais ao perceber que a atração foi recíproca, e essa imagem lhe invade as fantasias masturbatórias. No livro, ela tem sonhos eróticos com Emma.

No colégio, Adèle era cortejada por um colega e estava um pouco atraída pela ideia de ter algo com ele. Seu grupo de amigas providenciou o apoio decisivo para o romance. Porém, ela apenas tentava cumprir o que se esperava; correspondeu, mas não conseguiu se apaixonar por ele. Sabia que havia algo diferente com ela, mas insistiu nesse caminho previsível, que teria sido tão mais tranquilo, forçando-se a recalcar seus desejos fora do esquadro. Não deu certo; aliás, isso nunca dá certo, mas esse tipo de tentativa é tanto mais comum quanto maior for o preconceito do meio circundante.

Negar o desejo, forçando-se a um destino dito normal, foi prática muito usada no passado, quando a heteronormatividade não podia ser questionada. Ainda é um conselho, especialmente dos setores religiosos, em nome da expectativa de que o tempo colocaria os desejos condenados nos eixos. A prática clínica desmente a tese: o que se consegue são apenas vidas frustradas, neuróticas ou duplas, que terminam em suicídio com assustadora frequência. A clandestinidade convive com o constante pesadelo de ser descoberto, ver ruir sua fachada social, perder a família que constituíram e a respeitabilidade do seu meio, como de fato costuma acontecer.

Após o mal-entendido com a colega que lhe roubara um beijo na boca e depois a rejeitou, Adèle se sentiu ridicularizada, vexada e exposta. Principiante no amor e no sexo, ela precisava lidar com duas novidades. Em primeiro lugar, a dificuldade em decifrar a linguagem da sedução, em que sempre se está inseguro quanto à mensagem do outro: ele nos quer ou não? Acrescentando a isso a vergonha pelos desejos considerados anormais, torna-se compreensível que se desenvolva uma postura mais desconfiada e arredia, tendendo às inibições e ao isolamento.

Não é improvável que algumas pessoas arrastem esses conflitos e sofrimentos sem nenhum tipo de realização ou apoio até a idade adulta, tornando-se celibatárias, ou até homofóbicas, como forma extrema de recalcar seu desejo. Existem os recursos de exilar-se no computador, no quarto, de desenvolver uma sexualidade exclusivamente onanista, fazer um tipo assexuado ou assumir uma aparência desagradável, que são também formas de se afastar dos próprios desejos. Mesmo com todas essas defesas, é mais difícil negar esses impulsos na adolescência. Tudo acontece com imensa velocidade; vive-se um presente atribulado, cheio de oportunidades que insistem em se apresentar: os encontros são muitos, os olhares dos pares monitoram e instigam, o convívio é intenso, e o amor está sempre em pauta.

A contragosto, Adèle chamava a atenção pela sensualidade exuberante que a tornava mais desejável que suas amigas. Nas amizades, podem atravessar-se alguns ruídos quando o desejo de mais de um converge para a mesma pessoa, que será disputada explícita ou silenciosamente, assim como quando surgem caminhos que confrontam a moral dominante. Além dos ciúmes causados pelas disputas de prestígio, uma grande fonte de tensão são justamente as tonalidades homoeróticas das relações fraternas. A amizade é um afeto forte por alguém que é um eleito, com quem se tem absoluta intimidade e se pode chegar a altos graus de dependência. Porém, nesse vínculo, os desejos sexuais são interditados, não são sentidos e, caso se insinuem, serão combatidos.

Além da desejável separação de territórios, graças a seu caráter assexual, a amizade se torna um espaço seguro para partilhar sonhos e também os revezes das experiências, assim como um lugar para onde voltar quando se sofre de amor e rejeição. Os amigos são aqueles que fazem uma espécie de acordo tácito entre si de que não se tomarão mutuamente como objeto de desejo, de modo que nenhum deles se sinta exigido a encarnar ou decifrar a fantasia do outro. É claro que isso é o ideal, pois há muitas exigências amorosas, brigas bobas e manifestações de agressividade e impaciência, que dificultam as amizades, revelando sua labilidade, mas pelo menos tende a ser um vínculo mais diplomático e tolerante.

Quem consola Adèle, que fica arrasada após a amiga que a havia beijado recuar, é seu amigo Valentin. Ela tem coragem de confiar a ele sua experiência frustrante e seus desejos, pois é um menino *gay* que já tem mais estrada nos descaminhos do amor e das duplas mensagens de quem se arrisca nesse terreno pantanoso. Ele lhe diz que não há fronteiras muito exatas entre a amizade e o amor e que as confusões são muito comuns. Confessa que ele mesmo já errou o pulo com um colega, entendendo mal os sinais.

Ele é o único que pode escutar Adèle, pois, quando suas colegas suspeitam do envolvimento com Emma, ficam repentinamente hostis, afastam-se dela. Valentin tem razão: amor a amizade podem ser facilmente confundidos, e muitos reagem de forma violenta, principalmente quando são tocados por algum desejo insuportável. Para orientar-se nesse território amoroso cheio de ambiguidades que é a amizade, é muitas vezes repousante a presença daqueles cuja orientação sexual é excludente: a amizade entre *gays* e heterossexuais é, nesse ponto, uma ilha de tranquilidade.

Principalmente as meninas, sempre inquietas quanto a posicionarem-se ante o assédio e inseguras de assumir comportamentos mais explícitos, encontram na amizade com aqueles que não as desejam um lugar seguro. Ali não há preocupações no sentido de interpretar o outro para separar o fraterno do sexual. É o mesmo sentido da amizade entre pessoas heterossexuais do mesmo gênero, até que a mobilidade dessas fronteiras venha fragilizar as barreiras.

A bissexualidade assumida ou a explicitação dos desejos homossexuais dentro de grupos que se consideravam exclusivamente heterossexuais, como ocorreu entre Adèle e suas amigas, despertam fantasias que haviam assentido em adormecer. A amizade com Valentin é preciosa para ela, pois é a única em que o vínculo é exclusivamente fraterno. Ele não deseja mulheres, o que a exclui, e ela está cada vez se sentindo mais atraída por elas, o que o exclui.

## SEQUELAS DA DISCRIMINAÇÃO

Em ambientes menos preconceituosos, os limites entre o fraterno e o erótico diluem-se sem tanto sofrimento. Neles, a bissexualidade pode ser vivida passageira ou permanentemente a partir da adolescência. Pode acontecer, inclusive, de amigos explicitarem a verdadeira inclinação de seus desejos sem causar pânico naqueles que tenham isso menos claro. Além disso, passam a ser mais viáveis certas experiências, como a de amigos viverem algum episódio mais erótico entre si, apenas para perceberem, não sem certo humor, que não era esse o papel que tinham na vida um do outro.

Isso se complica quando as próprias fantasias causam repulsa naquele que as tem, pois a reação será violentamente discriminatória. Esse foi o caso de uma colega de Adèle, que provavelmente sentiu alguma atração por ela no passado e encabeçou as agressões do grupo. Ela reinterpretou de modo persecutório uma ocasião em que passaram a noite juntas na casa dela. Não acontecera nada, foi uma situação banal de uma amiga que dorme na casa da outra, mas a ideia do que poderia ter acontecido a deixa desconcertada. Evidentemente, sem saber, com isso, ela confessa retroativamente seu desejo homossexual, oculto de si mesma na ocasião.

A repressão às diferenças e à liberdade não reorienta a sexualidade; ela não constitui um parâmetro que, caso imposto, levaria à heterossexualidade. O único efeito dessa cortina de fumaça de normatização imposta sobre a diversidade da sexualidade humana é o preconceito, a discriminação, as vidas condenadas às sombras, ao desamparo e à autodestrutividade. A repressão à diversidade só serve como fonte de sofrimento.

O que deve ser avaliado é sempre a maturidade do jovem para enfrentar seus próprios desejos e aqueles de que será objeto ao expor-se, tanto real quanto virtualmente. Para tanto, basta ser próximo, estar atento às mensagens que eles estão emitindo com seus comportamentos e palavras. É preciso, nesses casos, a grandeza da escuta, a qual depende da humildade de perceber que não é raro que sejam os adultos que ficam mais atrapalhados do que os jovens que pretendem estar educando e cuidando.

O isolamento é um dos maiores perigos para todos aqueles que reprimem seus desejos homoeróticos em função de hostilidades familiares ou do meio em que vivem. Adèle tinha Valentin e os amigos em torno dela, muitos deles *gays*, porém acabou perdendo o vínculo com seus outros contemporâneos e principalmente com sua família.

Na adolescência, é comum a tendência a ligar-se aos que são mais próximos, em termos de ideias, estilos e gostos. Costuma-se até acirrar as diferenças entre os grupos com certa rivalidade, para melhor consolidar as escolhas de identidade de cada coletivo. É preciso que haja os que são diferentes para que os membros de um grupo se sintam mais iguais.

Quando se discriminam os homossexuais, estamos condicionando esses agrupamentos a organizarem-se em torno das tendências eróticas – heterossexuais e *gays* só conviverão entre si –, o que não é necessariamente um critério óbvio. Sem essa obrigação, outras ideias ou estilos poderiam agregar os jovens ou mesmo os adultos: convicções políticas, morais, gostos artísticos, esportivos, alternativas de lazer, enfim, uma variedade que coloca em questão várias ênfases em torno das quais conduzir uma vida, muito além da sexualidade. Ela é fundamental, mas não precisa nem deve ser o centro de uma existência.

Os heterossexuais que excluem de seu convívio os que não comungam dos mesmos desejos estarão fadados a uma amizade cheia de vigilâncias. Qualquer conduta pública terá que confirmar os clichês do gênero e da forma de amar, tendendo ao empobrecimento do diálogo e da intimidade, mesmo entre pares. Dessa forma, estreitam-se muito as possibilidades de construção de uma identidade e a gama de decisões sobre como organizar a própria vida. Devido a essa patrulha heterossexual, muitos passam a vida embotados em relação a seus potenciais ou mesmo infelizes, sem jamais poder entrar em contato com seus pensamentos ou desejos, por medo de encontrar-se com ambivalências.

Entre os *gays*, o prejuízo não é menor: muitas vezes, desenvolvem-se grupos destinados acima de tudo à resistência e à ajuda mútua, organizados para aliviar as tensões externas e defender-se das incessantes agressões. A distância que se estabelece das suas famílias também tem consequências que precisamos arrolar.

Homossexuais são vistos como aqueles que rompem uma linhagem, em função de sua provável exclusão da forma tradicional de procriar. No entanto, quem realmente rompe não são os próprios; são, em geral, seus pais e irmãos, quando incapazes de suportar o desafio da diferença. Mesmo que constituam casais estáveis ou famílias, casando-se formalmente, tendo ou adotando filhos, em geral, serão aceitos pelos parentes somente após acidentado processo de ajustes entre as expectativas, as fantasias e a realidade possível que se apresenta. Todavia, esses acordos estabelecidos, de entrada ou mesmo posteriormente, entre as famílias e os filhos *gays* são comumente precedidos por uma ruptura. Em nossa história, ela foi radical, pois Adèle foi banida de casa, assim como de todas as suas referências até então.

Muitos homossexuais contarão mais com suas "famílias de amigos" do que com seus parentes. As realizações e conquistas dos filhos *gays*, por mais brilhantes que sejam, costumam valer menos para seus pais em função de sua condição. É comum serem abertamente preteridos ante os irmãos, que podem ser até problemáticos ou medíocres, mas cujo destino convencional os habilita a afetos familiares vedados ao filho diferente. Banidos, como Adèle, eles se unirão a outros também tratados como párias, muitas vezes precisando consagrar boa parte de sua vida à luta contra as injustiças que sofrem.

Também podemos arrolar outras consequências, onerosas principalmente para a vida amorosa dessas pessoas. Uma delas, ante o exílio familiar, é a de casar-se com cada amor que se encontra. Adèle e Emma foram viver juntas quando ainda eram muito jovens e mal haviam começado a namorar. A mais velha recebeu em sua casa sua amada expatriada, talvez as obrigando a um vínculo mais maduro do que convinha ao casal ter no momento. Sem a família para dar suporte, a relação amorosa ficou sobrecarregada da tarefa de acolher-se mutuamente.

Outra saída, oposta, é a de privar-se de relações estáveis, a partir da leitura, por parte do jovem banido, de que a ele não estaria reservado o direito de ter um amor. Muitas condutas compulsivamente promíscuas, algumas vezes de risco, em função das doenças sexualmente transmissíveis, respondem à combinação de exílio com autopunição. A busca por alguém para chamar de seu, no sentido da intimidade, é incessante; todas as noites serão de caçada, mas a desesperança sempre chega antes, e cada encontro parece destinado a confirmar o fracasso. Não é nada raro encontrar *gays* que chegaram à conclusão, geralmente no contexto de um tratamento, de que sua contaminação por aids fora uma forma de punir-se, um preço pela transgressão.

## VARIAÇÕES POSSÍVEIS DO AMAR E DO PARECER

Vamos, aqui, apartar-nos de algumas obviedades do senso comum que atrapalham nossa compreensão. Precisamos separar "ser" de "amar" e/ou "desejar": os dilemas que dizem respeito à identidade de gênero – parecer-se masculino ou feminino – não necessariamente definem a forma de amar e desejar.

Adèle, por exemplo, é representada tanto no livro como no filme de forma extremamente feminina, como costuma ocorrer com as mulheres homossexuais com mais frequência do que os clichês estão dispostos a aceitar. Emma se mostra um pouco mais viril, em certos momentos, e mais delicada, em outros. Tampouco há qualquer tipo de complementaridade "natural" nos casais *gays*, como gostava de definir-se outrora, supondo que cada um dos dois representaria um dos papéis sexuais clássicos, em uma espécie da pantomima de casal heterossexual. Como em tudo no território do erotismo, todas as variáveis são possíveis. Uma perspectiva mais otimista diria que estamos vivendo um momento de ruptura do paradigma homem/mulher como opostos e definidores das orientações de gênero, mas é cedo para dizer se isso veio para ficar.

A condição *gay*, um dos tantos nomes populares para aqueles que desejam os de seu mesmo gênero, refere-se basicamente ao modo de amar. Ela não deve ser confundida com outra questão, que pode estar associada aos desejos homoeróticos ou não: a identidade de gênero. Ao falar em identidade de gênero, estamos partindo do pressuposto formulado por Simone de Beauvoir de que não se nasce mulher, torna-se, e ampliando o mesmo raciocínio para a identidade masculina.

*identidade de gênero ≠ modo de amar e/ou desejar*

O nascimento com certa anatomia masculina ou feminina no aparelho reprodutivo e nos órgãos sexuais, ou seja, a predisposição fisiológica para determinado gênero, não tem como consequência natural a condição feminina ou masculina. Nossa identidade tem como ponto de partida o corpo e suas características, isso é inegável, mas, a partir daí, os caminhos abrem-se em um leque, do qual o masculino e o feminino são as pontas. Mesmo que se queira simplificar as coisas, a realidade as demonstra complicadas: não existe uma sexualidade natural que brotaria espontaneamente de um corpo. Será a história de cada um e a cultura em que se está imerso, dialogando com as premissas anatômicas, que darão forma à síntese do que seremos.

Todos sentimos inquietudes a respeito da identidade de gênero, mas existem aqueles que se sentem total ou parcialmente contrariados ante o desígnio de ser mulher ou homem que receberam ao nascer. Apesar de terem a anatomia que os predispõe a um gênero, ao pensar em si mesmos, é como algo diferente que se representam. Isso pode aparecer em sinais mais sutis, em que os traços masculinos mesclam-se com os femininos, ou mesmo como um bloco, nos casos em que o sujeito sente uma completa identificação com o sexo oposto.

O vocabulário para definir as múltiplas combinatórias e possibilidades para que alguém seja visto como um homem ou uma mulher, assim como aqueles que amam os do seu mesmo sexo, é extenso. As inúmeras variações acabam sendo sintetizadas em uma sigla, LGBT, que quer dizer: Lésbica, uma mulher que ama outras; *Gay*, palavra que define homossexuais em geral, mas que pode estar associada a um homem que ama outros; Bissexual, aquele que se interessa eroticamente por ambos os gêneros; Transgênero, pessoas que têm diferenças entre a identidade de gênero e o sexo que lhes foi designado ao nascer. Por vezes, o T é duplicado, dando lugar aos Travestis, que, em sua maioria, são anatomicamente de um sexo, mas vestem-se do outro.

Amar alguém do mesmo gênero ou do outro não depende da identidade: é possível sentir-se mulher, tendo nascido homem, mas mesmo assim amar outras mulheres. Temos, nesse exemplo, que é uma das tantas possibilidades, alguém que é transgênero e homossexual, embora pudesse ser definido, do ponto de vista anatômico, como heterossexual.

Aqueles que se sentem psiquicamente cômodos no gênero que lhes foi originalmente atribuído não são considerados normais, pois os outros não são anormais. São, por isso, denominados com outra expressão, como uma das variantes: são cisgênero. Ou seja, se você nasceu com um corpo de mulher e sente-se como tal, você é cisgênero.

A decisão de incorporar uma aparência associada à feminilidade, à masculinidade, à androginia ou mesmo um estilo assexuado é sempre fruto de um processo. Quando isso for fonte de sofrimento para o sujeito, este deverá ser assistido por uma escuta profissional, tanto para entender o que está acontecendo como para enfrentar os preconceitos sofridos por todos que, mesmo que sutilmente, têm algum conflito com os supostos desígnios da anatomia.

É duro saber-se em dúvida justamente lá onde a sociedade sempre está cobrando certezas e definições, de preferência de um ou outro extremo do diapasão das identidades sexuais estabelecidas. Por isso, a população transgênero tende, inclusive, a assumir versões caricaturais dessas identidades: *drag queens* costumam ser anatomicamente homens que se montam como fêmeas fatais e voluptuosas, e "caminhoneiras", ou *tomboys*, são machos explícitos que nasceram mulheres. Essas pessoas, que, em função do preconceito, se sentem inadequadas, tentam afirmar fortemente aquilo de que ninguém tem certeza.

A divisão radical dos hemisférios entre masculino e feminino, considerados um encaixe natural, visa manter de fora as ambiguidades. Quanto mais inquietante isso for, e sempre é, mais será legislado e policiado. A abertura para a circulação das mulheres nos territórios classicamente masculinos da vida pública e, para os homens, o acesso a uma sensibilidade que era exclusivamente feminina têm tornado as definições unívocas de gênero pobres para nos descrever. Por isso, o preconceito é direcionado em bloco aos homossexuais e às feministas.

O temor de circular nesse mundo sem parâmetros rígidos será maior para aqueles que têm pouco claro seus próprios desejos. Quanto menos se conhecem, mais precisam se esforçar para manter pensamentos fora da consciência. Em função desse tensionamento interior, mais fortes serão os motivos para temer qualquer alusão, visão ou ideia que os leve a conectar-se com o que não admitem pensar. Precisam policiar tudo o que diga respeito aos homossexuais que os perturbam, pois, se fossem reveladas, suas fantasias os deixariam perigosamente próximos do que dizem odiar.

Existe um pequeno grupo pouco estudado, os assexuados, pessoas que não sentem desejo nem atração e não se incomodam muito com isso. O que conquistamos com a revolução sexual não deve tornar impositiva a atividade erótica; deve nos levar também a respeitar quem tem essa condição, e talvez eles nos deem um ponto de vista alternativo e também inquietante. Se extraterrestres chegassem hoje no planeta, diriam que os assexuados parecem ser os únicos normais, já que não têm uma obsessão com sexo e nem esperam demais da identidade de gênero. Os ETs talvez estariam com a razão, pois uma das fontes do mal-estar contemporâneo é a expectativa desmedida sobre tudo que ronda o sexo. A verdadeira revolução sexual está para ser feita. Respiraremos aliviados quando não for mais necessário dedicar uma vida a nos enquadrar em estereótipos de gênero. Há muitas mais razões para existir, criar e preocupar-se além dessa. Entretanto, por ora, parecemos destinados a nos esmerar obsessivamente para construir um corpo desejável, tornando-nos, para tanto, o mais próximos de um clichê de gênero que pudermos, em um intuito desmedido de sermos amados e reconhecidos.

## O HOMOSSEXUAL COMO FERIDA NARCÍSICA DOS PAIS

Por parte dos pais de crianças, já observamos certa tendência para que seus filhos vistam roupas praticamente de adultos, tornando-os a forma diminuta das fêmeas ou machos que esperam que eles se tornem no futuro. Ora, isso já é efeito de uma insegurança. Nunca se tem a certeza de ter transmitido parâmetros suficientemente claros do que seja masculino ou feminino. Para amenizar essa dúvida, acaba recorrendo-se, por exemplo, a colocar roupas sensuais em uma menina e ensiná-la a rebolar antes mesmo da alfabetização. Se assim ocorre na infância, imagine na adolescência, quando a insegurança dos pais atinge a máxima potência.

Os pais aguardam ansiosos o surgimento do interesse erótico pelo sexo oposto, trazendo o alívio da confirmação da condição heterossexual. Do mesmo modo, enervam-se ante as resistências a incorporar os fetiches próprios do gênero, principalmente nas garotas, de quem se espera esmerada ocupação com trajes, enfeites e maquiagens. Quanto aos rapazes, quer-se vê-los envolvidos em práticas esportivas e demonstrações explícitas de desejos sexuais por mulheres, o que, muitas vezes, incentiva neles posturas machistas e desrespeitosas. Ao encararem a iniciação sexual heterossexual como uma tarefa premente, as condutas machistas e violentas podem ser uma consequência previsível. Isso não significa que sejam aceitáveis. Eles provavelmente terão uma série de temores que irão exorcizar em grupo, depreciando e agredindo aquelas que devem conquistar. Como caçadores amedrontados, tentarão acuar a presa para aliviar os perigos que ela possa representar.

Há jovens que reagem a essa pressão pela precocidade engordando ou assumindo uma aparência desleixada. Outros apelam para o contrário, tornando-se obsessivos com a perfeição de sua imagem, sofrendo até, com assustadora frequência, transtornos alimentares. Excessos no campo sexual, muitas vezes envolvendo exposições públicas na internet, podem ser formas de provar sua condição de homem ou mulher ante as incertezas familiares e sociais. No outro extremo, temos os jovens que desenvolvem fobia ao mundo externo, ficam permanentemente em seus quartos, entregues a jogos digitais. Nestes, podem ser quem quiserem, estão livres de provar qualquer coisa que se possa esperar deles, não precisam tocar nem ser tocados. Principalmente os meninos, confinam-se em ambientes virtuais masculinos. Entre eles, não é incomum a postura preconceituosa e excludente em relação às garotas que "invadem" o mundo dos *games*.

Para os pais, a adolescência surge como o veredito de se foram bem ou malsucedidos nas tarefas de constituir um homem ou uma mulher. Mediante quaisquer discordâncias, indefinições ou vacilações, a maioria dos pais costuma se sentir envergonhada, como se ali estivesse sendo exposto um fracasso pessoal. Surge a pergunta "onde foi que falhei?", com a qual se costuma reagir às questões colocadas por filhos que rompem com expectativas e clichês. Geralmente quem fica com a parte maior da "culpa" por esse "erro" é o membro do casal heterossexual que é do mesmo gênero, supostamente por ter sido um mau exemplo, como se sua masculinidade e/ou feminilidade fosse falha, e isso se revelara no filho. Na tentativa de evitar isso, não raro reprimem e hostilizam o filho dissidente, como fez a família de Adèle ao expulsá-la. Mesmo em famílias que aceitam a condição do filho, muitas vezes a ferida narcísica desse genitor permanece. Os pais até voltam a amar seu filho, mas, pouco abaixo da superfície, ele segue sendo visto como "falhado" e representante de um suposto fracasso familiar.

É interessante, pois filhos *gays* ou transexuais podem ser descendentes muito concernidos com os valores da família, no sentido moral, religioso ou ético, assim como com os ofícios e estilos dos pais e demais parentes. Há filhos heterossexuais que são dissidentes mais radicais, ante os quais os pais não vivenciam a mesma vergonha. Isso aponta quantas coisas depositamos na identidade de gênero, levando os paradigmas da masculinidade e da feminilidade a premissas maiores que quaisquer outros aspectos da personalidade de um ser humano.

O raciocínio torto das famílias que se prendem a argumentos de ordem religiosa guarda mais ou menos a lógica seguinte: se ele realmente nos amasse, não nos aprontaria isso, teria segurado esses "maus" instintos. A visão que eles têm da homossexualidade é a de um desejo que poderia ter sido recalcado, mas não foi, portanto, estaríamos diante de uma falha moral. Como adultos sabem que renunciaram a muitas coisas para ter uma família e filhos, acham que seu filho deveria conter-se em seus desejos por amor a eles, como se as renúncias fossem da mesma ordem. Por isso, consideram que existiria uma "cura" para os desejos homossexuais, que passa por abrir mão do pecado. Bastaria policiar os impulsos errados, como fazem os fiéis que não incorrem em nenhum dos pecados proscritos, e naturalmente se tenderia a ser heterossexual.

Existe algo mais interessante nesse tipo de atitude repressora: é como se os desejos que se colocam fora da heteronormatividade fossem, em si, promíscuos. Paradoxalmente, condutas de fato promíscuas costumam ser até incentivadas e fonte de secreto orgulho quando aparecem em filhos homens heterossexuais. Já nas mulheres, ainda significam devassidão, mesmo que sejam idênticas às de seus irmãos homens. Para os homossexuais, a condenação moral se estabelece *a priori*. Mesmo que se mostrem recatados, monogâmicos e geralmente – devido à repressão – discretos, ganham fama de libertinos.

A demonstração de amor esperada pelos progenitores do mesmo gênero é a de ver nos filhos homens confirmada sua capacidade de transmitir a masculinidade do pai, ou, nas mulheres, a feminilidade da mãe. Porém, mesmo dentro das famílias convencionais, o amor tende a seguir caminhos tão complexos como o faz fora delas. Para muitos filhos e filhas, identificar-se não é uma forma satisfatória de amar ou sentir-se amado. Precisam sentir-se dignos de interesse por parte dos pais de forma mais explícita, assim como veem que eles fazem em relação a seus parceiros eróticos e amorosos. Por que não seria admissível uma articulação diferente? Por exemplo, a de um filho que disputasse o amor do genitor de seu mesmo sexo, rivalizando com o do sexo oposto?

Existe, ainda, outra força psíquica que age na repulsa ao filho homossexual: sabemos que há alguma atração entre pais e filhos, mesmo que estejam protegidos pelo tabu do incesto. Embora essas fantasias não resultem em práticas abusivas, elas estão lá, às vezes trazendo pesadelos bem vívidos e explícitos para ambos os lados. Ora, intuitivamente, os pais se dão conta de que já é difícil encarar essas fantasias indesejáveis com seus filhos; imagine, então, ter que encarar a mesma fantasia que, além de incestuosa, se revela também homossexual.

A constituição tanto de uma identidade de gênero como de uma forma de amar não responde univocamente a determinações ou heranças diretas de pai e mãe. Articula-se a uma história complexa que envolve a época e o lugar em que se vive, os valores dominantes, os ideais de certa cultura ou classe e muitas outras variáveis. Portanto, é tola a determinação das famílias em tentar corrigir orientações sexuais ou identidades de gênero discordantes por meio de repressões, hostilidade ou violência. O único resultado obtido nesses casos é o esfacelamento das famílias, o incremento de sofrimento psíquico de todos envolvidos, condutas destrutivas e os altos índices de suicídio entre os filhos rejeitados.

Em resumo: é na construção da identidade de gênero e das escolhas amorosas dos filhos que fica mais claro que os pais se veem representados pelo que estes acabam se tornando. Para tanto, espera-se que sigam as normas, esforçando-se para ser a verdadeira fêmea ou o indiscutível macho que nenhum dos pais se considera capaz de encarnar. Em poucas questões fica tão explícito como nessa que os pais esperam que o filho seja um vingador de suas falhas. Imagine, então, o sofrimento que recai sobre aqueles que se sentem um espelho quebrado para seus familiares.

CAPÍTULO IX

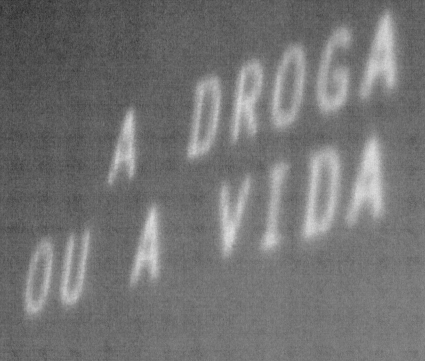

A DROGA OU A VIDA

FILME:
Trainspotting

TEMAS:
Drogas e consumo
O dever da felicidade
Toxicomania nas vidas sem sentido
Abstinência e combate à adição
Drogas legais e ilegais

Existe, de fato, uma dimensão de escolha na droga? Ela nos escraviza com sua tentação irrecusável, ou os humanos teriam em relação a ela uma opção ética, reveladora de seu valor e força de vontade? É assim que começa o filme *Trainspotting*.

Na cena de abertura, Renton, o personagem principal, foge da polícia enquanto somos introduzidos a seus pensamentos, e ele filosofa sobre nosso destino medíocre, servil aos horizontes de uma sociedade de consumo:

*Escolha uma vida. Escolha um emprego. Escolha uma carreira – escolha uma família! Escolha a porra de uma TV enorme! Escolha uma máquina de lavar, carros, discman, abridor de latas elétrico. Escolha uma boa saúde, baixo colesterol, plano de saúde dentária. Escolha uma hipoteca a bons juros. Escolha uma casa. Escolha seus amigos. Escolha roupas confortáveis, malas que combinem. Escolha um maldito terno de aluguel. Escolha uma punheta num domingo de manhã pensando nessa vida de merda. Escolha sentar no sofá para ficar vendo programas de auditório imbecis, socando um monte de lixo para dentro. Escolha, no fim, acabar apodrecendo num lar miserável, com nada além da vergonha de seus fedelhos fudidos e malcriados que você gerou para te substituir. Escolha o seu futuro. Escolha a vida.*

*Por que eu iria querer algo assim? Eu escolhi não escolher a vida. Eu escolhi uma outra coisa. E os motivos? Não há motivos. Quem precisa de motivos quando se tem heroína?*

A genialidade desse filme reside nessa denúncia do paralelo, que pode parecer exagerado e inusitado, entre nossa sociedade consumista e focada em posses e a toxicomania. Tentaremos fundamentar essa conexão, que talvez nos ajude a entender a tentação das drogas na adolescência, assim como os fracassos dos métodos mais comuns de combate à adição.

Os bens adquiridos podem nos dar um lugar social, frágil, mas de sucesso garantido. Abrir mão de tudo isso em prol de um único bem, a droga, elimina as dúvidas e soluciona o problema da eterna insatisfação pela raiz. Satisfação garantida – não seria essa justamente a maior promessa de uma sociedade de consumo?

Nossa vida sabe, às vezes, ser estreita de horizontes e pode acabar se resumindo a uma particular relação com objetos que nos emprestem uma identidade passageira e fugaz satisfação. Diga-me o que consomes e eu te direi quem és. Diante disso, o toxicômano seria alguém que desistiu de interrogar obsessivamente o espelho, na busca de encontrar alguma essência de seu ser, ou de para quem ser, ou, ainda, o que lhe faltaria. O toxicômano dispõe de um expediente capaz de calar as fustigantes dúvidas existenciais que nos assombram: interpõe a resposta absoluta de que isso não importa, desde que se tenha o que se precisa, que, para ele, é unicamente a droga. Ele pode não saber quem é, mas sabe o que lhe falta. A droga não responde às nossas questões, simplesmente as torna obsoletas. Identidade seria um problema de quem ainda não encontrou esse objeto total capaz de satisfazer seu desejo. *"E quem se importa com essas preocupações quando tem heroína?"*, diria Renton.

Acreditamos que *Trainspotting*, filme dirigido por Danny Boyle (1996) sobre romance homônimo de Irvine Welsh (1994), é a melhor obra para nos permitir realizar um diálogo fértil sobre o cruzamento que envolve juventude e drogas. Filme e livro nos contam as desventuras de um grupo de jovens escoceses envolvido com drogas, violência, delinquência e, especialmente, com a falta de sentido para suas vidas. Sua melhor qualidade é o retrato forte, sem ser preconceituoso ou leviano, do quanto é destrutivo e sem saída o universo das drogas e de como, apesar de todas as evidências, isso pode ser atraente nessa época da vida.

A genialidade do filme está em resgatar a drogadição como um fato social complexo, enquanto o senso comum insiste em situá-la na estreita bitola que vai de um problema individual de saúde para um problema social de polícia. Como poucas obras, esta enfrenta o fato de que, entre as diversas opções de destino à disposição dos nossos contemporâneos, infelizmente vigora, com excelente cotação no mercado, a opção pelo gozo instantâneo proporcionado pelo atalho da droga.

Seria impossível transpor o livro de Irvine Welsh para as telas sem algumas escolhas. Uma das suas qualidades é a de dar a voz a todos os personagens envolvidos na trama; ora eles estão narrando, ora são narrados. Um filme assim tenderia a um roteiro confuso, e Boyle optou por um único narrador para costurar o fio da trama. Vamos discutir basicamente o filme porque simplifica a obra, sem perder sua essência.

Os vícios marcam ilusoriamente a passagem da infância para a vida adulta. O cigarro e o álcool têm tradicionalmente feito a mesma coisa que a droga: como eles são vetados às crianças, seu consumo supostamente abriria as portas do mundo adulto. Eles ficam no mesmo campo da sexualidade, que não se inscreve no rol dos vícios, mas que constitui gozo proibido às crianças, que aguardam ansiosamente para saber de que se trata. Como todas as festas a que não somos convidados, elas nos parecem ótimas, pois lá, sim, é que o verdadeiro prazer aconteceria. Diferentemente dos desafios das aventuras eróticas, que constituem o maior obstáculo a se transpor ao longo da adolescência, os vícios acenam com soluções fáceis ao alcance de inibidos e assustados. A toxicomania faz estragos em qualquer época da vida, mas, como o adolescente precisa deixar a infância para trás e pede um passaporte rápido para a vida adulta, acaba ficando mais suscetível aos encantos desses falsos atalhos.

## O GRUPO DE AMIGOS

O coração da trama é a amizade de um grupo de jovens desocupados em Edimburgo, suas idas e vindas com a heroína, e as transgressões a que recorrem para manter o vício. Entretanto, "amizade" é uma palavra traiçoeira para defini-los, já que eles raramente se cuidam e frequentemente criam problemas graves uns para os outros. Com amigos como esses, não há necessidade de inimigos.

O filme se concentra na trajetória de Mark Renton, personagem de vida banal que tem no uso de heroína sua única aventura, ou desventura, conforme a fase. Ele nos conta as razões de sua aproximação da droga e os momentos em que quer parar, suas recaídas e dificuldades para inventar outro rumo para si. A heroína é demonstrada como uma peripécia imóvel: não é preciso fazer nada, é a droga que o leva a viagens e experiências que sua vida praticamente não tem.

A família de Renton o quer fora do vício e é até efetiva no apoio, assim como suporta estoicamente suas recaídas, mas pouco pode ajudar quanto a oferecer o exemplo de uma existência com um horizonte maior do que a rotina de TV, cerveja e bingo. Decididamente, ter a vida dos pais era a última coisa que ele desejaria. Embora houvesse um laço amoroso na família, eles não dispunham de qualquer outra ambição, esperança, complexidade ou transcendência capaz preencher o próprio vazio e o do filho. O monólogo inicial do filme é dirigido à genérica vida besta da qual seus pais são certamente um bom exemplo.

Os amigos são um caso à parte. Begbie é um sociopata que espanca quem se atravessa em seu caminho. Dedica-se a qualquer tipo de crime miúdo, explora quem está a sua volta e os fascina com sua violência. Ele é o único que nunca usa heroína e tem um discurso veemente contra drogas. Especialmente no livro, há um grande tema que é a armadilha de ter amigos psicopatas. Começa como uma forma de partilhar seu poder e sentir-se protegido dos outros como ele, mas isso sempre cobra um preço muito maior do que se imagina. Em vez de ajudar a sair de encrencas, é ele que os mete nelas.

Spud é um tolo simpático. Nunca sabe o que está fazendo e nem onde está; é um saco vazio. Os jovens despossuídos de identidade ou objetivos, desinseridos socialmente, são mais sujeitos a cair na droga, ou seria a droga que, uma vez instalada, os deixa ainda mais sem rumo? Essa é a pergunta que nos deixa o patético personagem.

O caso mais triste é, por certo, Tommy. No início, não usava drogas, tinha uma namorada e era o mais saudável deles. Cuidava do corpo, tinha ideias diferentes sobre o que fazer, ou como lia o mundo, mas era sempre voto vencido. Difícil saber por que fazia parte do grupo, já que era de certa forma excêntrico a ele. A irresponsabilidade de Renton cria uma situação que faz a namorada do bom rapaz abandoná-lo. Havia uma fita de vídeo com Tommy transando com ela que Renton rouba da casa do amigo para seus próprios usos nada nobres. Apavorada pela exposição que pode sofrer, ela culpa seu parceiro por ter descuidado daquele segredo do casal e rompe com ele. Tommy ignora o destino da filmagem e supõe que, por equívoco, a tenha entregue na videolocadora junto com outras fitas, o que o deixa mortificado. Sozinho, muito culpado e deprimido, ele resolve descobrir o que as drogas têm de bom afinal. Renton, que jamais confessa seu envolvimento com o desaparecimento da fita, o desestimula, mas ele insiste. O novato se mostra sem defesas para a vertigem da heroína. Um tempo depois, contrai aids e morre de uma doença oportunista, como era comum naquela época com os portadores do vírus. O pouco caráter do nosso protagonista principal não poderia ter sido mais bem ressaltado do que no desenrolar desse episódio. Talvez motivado por um narcisismo que lhe é intrínseco, ou mesmo por um desvanecimento de todos os valores do convívio social, quando as drogas se sobrepõem a tudo na vida, o que resta é um salve-se quem puder.

Simon, ou Sick Boy, é o mais alinhado do grupo. Veste-se bem, cuida muito da aparência e é bem convicto de sua superioridade sobre os amigos, especialmente por ser muito bem-sucedido com as mulheres. Promíscuo, não se liga a nenhuma de suas conquistas. Sempre é parceiro para o uso de heroína, e, junto com Renton, depois de uma jornada de abstinência, decidem voltar à droga para driblar a monotonia e a falta de rumo de suas vidas.

Diane entra na vida de Renton de modo casual. Ele a conhece em uma festa na qual se sentia deslocado. Tenta abordá-la, ela se mostra mais experiente do que ele no jogo amoroso e o convida para passarem a noite juntos. No dia seguinte, ele descobre, horrorizado, que, sem querer, incorreu em mais uma transgressão: Diane é uma colegial, portanto, ele fez sexo com uma menor, e a suposta casa dos colegas para onde ela o havia levado era, na verdade, casa de seus pais. Paradoxalmente, a mais jovem do grupo funciona como uma consciência moral para Renton. Foi seguindo seus conselhos que ele decidiu partir para Londres, tentando ficar longe de tudo que o deprime em Edimburgo e lhe facilita o caminho para a droga.

O filme começa com uma perseguição policial, após um pequeno furto para financiar a droga, em que Renton e Spud são capturados. Por esse delito, Spud vai para a cadeia, enquanto nosso herói evita a prisão entrando em um programa de reabilitação para largar a droga. O uso de metadona como parte do processo de desintoxicação não dura nada, e Renton foge da tentativa de cura, refugiando-se no covil de seu fornecedor, onde tem uma *overdose* que o leva ao hospital. Depois disso, sua família o trancafia em seu quarto até passar a crise de abstinência. Tanto os momentos de prazer como as agruras da falta de drogas são muito bem retratados, sendo um dos pontos altos do filme. Os pesadelos e as alucinações do personagem são visões bastante realistas do que é passar pelo inferno da abstinência de heroína.

Swanney não faz parte do grupo; sua casa é ponto de venda e de consumo de drogas. Também conhecido como Madre Superiora, cobra-lhes e prepara as doses. Trafica para sustentar o próprio vício, e o apelido vem por causa do longo tempo em que era viciado.

Nessa casa, ocorre aquela que é provavelmente a cena mais dura do filme: a morte de um bebê por negligência. Entre os usuários, há uma única mulher, amiga e cliente do dono da casa. Ela frequenta o lugar com a filha, que fica visivelmente descuidada enquanto todos os presentes, incluindo sua jovem mãe, estão fora do ar. Ao emergir de uma dessas viagens, ela encontra a criança morta, coroamento dessa trajetória de abandono. Os presentes são despertados de seus transes pelos gritos de desespero da mãe. Todos ficam horrorizados e tocados, especialmente Sick Boy, de quem se depreende que o boato de que seria o pai da bebê era verdadeiro. Para superar o episódio, a solução encontrada, inclusive por ela, é consumir mais uma dose. Nessa cena, a droga se sobrepõe a tudo, amizades, deveres parentais, até mesmo à morte. Imagens dessa bebê suja e maltratada serão centrais nos delírios de Renton, principalmente durante uma de suas desintoxicações. Em algum momento, mesmo que tardio, a ressaca moral chega para ficar.

Com a ajuda e conselhos da jovem namorada Diane, Renton consegue deixar seus problemas de viciado para trás, mas infelizmente a confusão o segue. Em Londres, sua paz durou pouco: estava satisfeito, trabalhando em uma imobiliária, guardando dinheiro, longe das drogas, até que o marginal Begbie invade sua vida. Estava sendo procurado pela polícia após um assalto à mão armada. Aberta a porta para o passado, logo outro "amigo", Simon, resolve também se refugiar em sua casa, que é pouco mais que um quarto. Os dois hóspedes abusados e desregrados transformam a vida e a casa dele no inferno que era antes, apenas sem as drogas.

Nesse momento, chega a notícia de que Tommy, enfraquecido pela aids, morreu de toxoplasmose. Todos voltam a Edimburgo, para o velório do amigo, onde reencontram Spud, recém-saído da prisão. Reunidos e melancólicos após a despedida fúnebre, acabam unidos pelo que tinham em comum, ou seja, drogas e marginalidade. Na ocasião, surge um negócio bastante arriscado, a venda de grande quantidade de heroína que, por sorte, chegou até eles. Para tal transação, precisam da poupança de Renton como capital inicial. Ele vacila, opõe-se, percebe-se caindo em uma velha cilada, mas os amigos nem lhe dão opção, tomam seu dinheiro, compram a droga e voltam a Londres para revendê-la. Renton, limpo há um bom tempo, foi a cobaia para saber se a droga era boa.

Foi fácil conseguir comprador para tão valiosa mercadoria, em uma operação que lhes dá um lucro bastante considerável, embora na transação tenha ficado claro tratar-se de um bando de viciados amadores negociando com a máfia de verdade. Após uma comemoração ruidosa e violenta, bem ao gosto de Begbie, o grupo decide passar a noite em um hotel, em companhia de seu precioso tesouro. Como provável vingança por ter sido raptado de sua recente vida regrada pelo grupo, Renton aproveita o sono alcoolizado deles e foge com o dinheiro. Na verdade, nem todo, pois repassa a parte que corresponderia a Spud, o desafortunado companheiro. Ou seja, roubou apenas de Simon e Begbie, que impediam seu recomeço de vida em Londres.

O filme termina com esse rompimento radical. O que ele fez é muito grave, considerando que Begbie é um psicopata e que o matará se o encontrar. Nesse momento, só lhe resta sumir no mundo, levando esse capital para começar em um lugar onde ninguém o conheça. Com esse ato, ele rompe com todos os laços desse passado que não lhe permitiam que se refundasse. No desfecho do filme, andando pela rua acompanhado de seu butim, Renton retoma o mesmo discurso da cena inicial. Aquela série de objetos e metas, inicialmente desprezados, parece ter-se tornado algo interessante em nome do qual viver.

## A TOXICOMANIA E O IDEAL DA FELICIDADE

Ficar à toa na vida, fazer algo completamente sem sentido, assim poderia ser uma das traduções da expressão *trainspotting*, ficar vendo os trens passarem. O mundo anda, e o sujeito apenas observa. Ela sintetiza o estado de espírito de um viciado: não venho nem vou a lugar nenhum, estou parado, simplesmente sorvendo esse prazer instantâneo e passageiro, que virá e partirá como os trens.

Em nossa época voltada ao culto da felicidade, os caminhos a seguir na vida ficam submetidos a um impasse diferente da simples escolha entre o bem e o mal, entre o sagrado e o profano, entre o certo e o errado. Nossas encruzilhadas não nos levam a decidir levando em conta apenas a aprovação de nossos atos; importa que o que realizemos nos faça felizes. Vale ressaltar que a imagem atual que nos torna aceitáveis, reconhecidos pelos outros, é a que demonstra que estaríamos em pleno gozo da vida, que teríamos a receita da felicidade. O parâmetro habitual seria: o que posso fazer para proporcionar uma notória felicidade a mim mesmo?

Uma das maneiras – desesperada, dirão alguns – de se chegar a esse ideal de felicidade pode ser traduzida pela droga. Afinal, se a questão é apenas proporcionar-se satisfação, por que não o fazer pela via de um único objeto que permita esse gozo diretamente, sem passar pela sempre indecifrável aprovação dos semelhantes? Nesse caso, a concha humana se fecharia, na posse dessa pérola, submergiria no fundo do mar egoico, empalidecendo o mundo em volta. Acima de tudo, a toxicomania é a supressão da alteridade; esse objeto – a droga – substitui todos os laços sociais. Na posse dela, o usuário se torna autossuficiente no quesito prazer.

A felicidade como "dever" já está implícita na resposta padrão dos pais contemporâneos à clássica pergunta que os filhos lhes dirigem direta ou indiretamente: o que querem que eu seja? Resposta típica: queremos que seja feliz no que escolher.

Ora, a felicidade em si não diz nada, é intransitiva. Feliz em quê? Fazendo o quê? Buscando o quê? Com quem?

Essa suposta liberdade de escolha, que aponta apenas o objetivo da satisfação, sem esclarecer por meio de que maneiras o filho chegaria a obtê-la, na verdade furta-se de reconhecer como é difícil e dá medo fazer escolhas e apostas quando pouco se viveu e, principalmente, não se provou ser capaz de nada. Tal postura confunde inexperiência com potência e aponta para o impossível. Pior ainda, omite-se de testemunhar tristeza e inibições, que são parte intrínseca de qualquer trajetória. Atenção, não se trata de que a antiga imposição de um destino, ou, menos que isso, a forte aposta em influenciar a vida do filho, fosse algo razoável. Porém, embora autoritária, essa pretensão de dominar os descendentes funcionava como baliza, nem que fosse para ir na direção contrária. Por sorte, há meio-termo entre a omissão e a imposição, que é partilhar com os filhos sonhos e temores que se tem a seu respeito, que eles não se sentem obrigados a obedecer, embora seja inegável que, de algum modo, escolherão seu futuro em alguma forma de diálogo com eles.

Quando lhes oferecemos apenas um ideal intransitivo do tipo "goze a vida como bem lhe aprouver", não deveríamos nos surpreender por perder alguns jovens para as drogas. Nesse tipo de voto, costuma transparecer algum ressentimento parental quanto às agruras do próprio destino: acham que investiram demasiado esforço em troca de pouco prazer, sentem-se no direito de exigir maiores contrapartidas e cobrarão isso na próxima geração. A boa vida de um filho – de modo que pareça visivelmente feliz – é também motivo de ostentação para esses pais. Por isso, é comum que ao pai rico suceda-se o filho nobre e o neto pobre, conforme a expressão popular.

Esses horizontes configuram um ideal de existência focado na busca do prazer, carente de qualquer consistência, transcendência ou valor acima do espetáculo da banalidade, iluminado com os holofotes de uma felicidade publicitária. Diante disso, realmente não há por que se estranhar de estarem tantos adolescentes mergulhados no embalo narcísico da droga. Na verdade, como bem mostrado pelo filme, os motivos em nome dos quais postergar o reino dos céus das drogas acabam parecendo muito bobos. A lista de objetos e benesses da pacata vida burguesa, feita por Renton na cena de abertura, torna-se algo perfeitamente dispensável.

Talvez outras palavras de Renton no livro sejam mais convincentes do desencanto e vazio que vive e, especialmente, da maneira em que enxerga a vida como uma trajetória unicamente pessoal, totalmente desgarrado de laços sociais:

*A vida é entediante e fútil. A gente começa com grandes expectativas, depois descarta todas elas. Percebemos que vamos todos morrer sem descobrir as grandes respostas. [...] Basicamente, a gente vive uma vida curta e decepcionante; depois a gente morre. A gente enche a vida de merda, de coisas como carreiras e relacionamentos, pra ficar livres da ideia de que tudo é inútil.*

*A heroína é uma droga honesta porque arranca fora essas ilusões. Com a heroína, quando cê se sente bem, cê se sente imortal. Quando cê se sente mal, ela intensifica a merda que já tá ali. É a única droga realmente honesta. Não altera a sua consciência. Só te dá um soco e uma sensação de bem-estar. Depois disso, cê vê a desgraça do mundo como ela é, cê não consegue mais se anestesiar contra ela.*[1]

Contemplando o personagem na plenitude de seu gozo onanista, embalados pela maravilhosa trilha sonora, chegamos a pensar "por que não?". Afinal, de que vale tanta batalha na vida? No encerramento do filme, a mesmíssima lista de objetos em nome dos quais lutar, antes tão supérfluos e idiotas, parece algo extremamente desejável e soa como um acalanto. Ora, direis, basta mostrar o inferno das drogas, em uma simples contraposição, pinçando seu aspecto destrutivo e contrastante com a comodidade segura da vida trivial para produzir esse efeito. Mas não é esse o caso, pois não existe no filme tal contradição. O mundo das drogas é cotejado com uma vida trivial das mais dispensáveis, coalhada de vícios legais. Os pais de Renton fumam, bebem continuamente e consomem calmantes regularmente. A diferença entre um mundo e outro está na opção ética em que o consumo se insere. É por isso que esse filme, mesmo não sendo moralista, tem uma eficácia moral como poucos.

Estamos acostumados a um discurso, desenvolvido principalmente depois dos anos sessenta, e que as drogas seriam uma negação do sistema produtivo capitalista, gerando um debate de falsas oposições. Para seus defensores, elas proporcionariam um prazer purificador, capaz de conectar o sujeito com sua essência, sem se importar com mais nada, libertando-o dos valores supérfluos e discutíveis da sociedade consumista. Já para seus opositores, o trabalho seria uma espécie de nobre sacrifício, contrário à alienação da droga: uma obrigação indigesta a ser aceita pelos mais fortes e moralmente superiores, um fardo que, se possível, todos dispensaríamos. Em resumo, Dionísio *versus* ética protestante. Usar drogas seria, para estes últimos, sucumbir à tentação da inutilidade, ao mesmo tempo que, para outros, consistiria em uma contestação ao estabelecido, à frivolidade da sociedade de consumo; só faltava dizer, embora houvesse quem insinuasse, que tal consumo seria revolucionário.

Tudo isso é, no máximo, uma meia verdade, pois, se é certo que o drogado não se encaixa no sistema produtivo, nem por isso ele escapa do horizonte do consumo, ou seja, da crença de que existiria um objeto que, uma vez obtido, resolveria nossas faltas. Essa visão dispensa a sociedade de consumo no varejo e centra-se nela no atacado. O sonho da geração *beat*, e depois *hippie*, de que as drogas abririam a cabeça de seus usuários, rompendo com a alienação, tornando possível outros níveis de consciência, não se tornou o mote por trás do uso massivo de drogas. De um consumo ritualístico e artesanal, quase sempre coletivo, mediados pela busca de uma revelação, desembocamos no uso cotidiano e individual apenas para obter prazer e suprimir a relação com o tempo presente.

Se associarmos duas esferas aparentemente tão díspares, veremos que o discurso publicitário, ou seja, o endeusamento de objetos, se conecta com a droga. Basta ligar a TV, e a propaganda de qualquer produto não fala de outra coisa, oferece objetos capazes de saciar anseios e produzir satisfação. Alimentamo-nos de tal crença dia e noite, ela está em todos os lugares o tempo todo: o mote de que o caminho da felicidade pode passar pela aquisição de tal ou qual objeto. Esse discurso nos faz crer em modos de viver que prescindam das trocas no campo do humano. Já que os outros seriam tão complicados, por que não agir sozinho, rodeado dos objetos certos?

Em resumo: o sucesso do filme pode ser creditado ao fato de ele dizer tão cruamente, como ninguém o tinha feito, que a droga pode ser também um subproduto indesejável, mas inevitável, da organização da sociedade focada no consumo. O filme faz esse elo, começa e fecha falando da opção do herói pela escolha de um tipo de vida, integrado ou marginal, escolha que passa por uma decisão do que comprar, do que usar, do que possuir, uma escolha entre objetos no grande supermercado da vida.

Outro ponto interessante do filme é o codinome do personagem que abastecia e coordenava o pequeno grupo de viciados. Ele atendia pelo nome de "madre superiora", pela antiguidade no vício, mas que acaba sendo uma alusão, consciente ou não, de que a força da religião levava seus fiéis a templos onde também buscavam a "paz". A casa dele era uma espécie de sinistro útero acolhedor,

simbolicamente maternal, onde, imóveis, seus usuários esperam ser agraciados apenas de prazeres, ao mesmo tempo que nada lhes falta, pelo menos durante a vigência dos efeitos da droga. Lembra uma força suprema, uma possibilidade de nos entregar em mãos de alguém que desse o rumo de nossa vida, inconscientes e em estado de graça infantil.

Sua oferta coloca a heroína em um lugar que evoca o valor do leite materno para os recém-nascidos. Para estes, assim como para suas mães, não há mal-estar que não se resolva com uma mamada. O detalhe é que a amamentação logo se revela satisfatória, mas insuficiente. A comunicação dos bebês com suas mães passa por compreender que existem outros problemas e soluções para além da fome, como dor, calor, frio, ansiedade, medo ou simples vontade de estar juntos sem mamar. Para os toxicômanos, não há esse tipo de dúvida: tudo leva à droga, todo sofrimento advém de sua falta e soluciona-se com sua presença. Nesse sentido, a regressão proposta pela droga a seus usuários é radical, pois seu consumo elimina a complexidade do desejo.

De modo similar, mas em um nível mais sofisticado, os transtornos alimentares levam suas vítimas a um território parecido: tudo se resume a não comer nada ou engolir tudo. Estes últimos, porém, ainda se reservam o privilégio de estabelecer um diálogo com uma representação da mãe alimentadora, que será convocada ou rejeitada em bloco. Para o toxicômano, até esse diálogo rudimentar com o outro se encontra suprimido; a relação com seu objeto prescinde de intermediários ou representantes. Seria como um recém-nascido que tivesse seu próprio seio para mamar, do tipo que não viesse com uma mãe colada nele.

Quando nossa religião passa a ser a posse de objetos, de adereços necessários às nossas fracas certezas, não soa tão estranho que um grupo de jovens encontre um homem que diga como uma mãe que não tem pressa em ver seu filho crescer: consuma agora, aconchegue-se, não há nada em nome do que lutar, você já tem aqui o que necessita. Só que, em sendo uma madre superiora, é de uma outra fé que se trata agora, da fé no consumo.

## O QUE FAZ FALTA NA ABSTINÊNCIA

Não são poucos os problemas que se colocam para o jovem na tentativa de abandonar a droga, a começar pelos dramas do amor e do sexo. Nesse campo, misturam-se na adolescência anseios fortíssimos, movidos por uma potência física no auge, com temores e inibições igualmente poderosos. Por que não fugir pela tangente, ao encontro de um prazer que poupe de decifrar os enigmas de outro ser humano? Aliás, nesse ponto, o filme é também único, pois qualquer um que se aproxime da questão da toxicomania sabe perfeitamente o quanto droga e sexo se excluem. Quem se droga se basta, mas poucos filmes tratam disso, pois costumam confundir gozo sexual com o gozo toxicômano. Nem *"o maior pinto do mundo"*, como diz uma moça em uma das cenas iniciais, poderia causar semelhante satisfação. Afinal, o maior pênis do mundo viria necessariamente acompanhado de seu proprietário, e aqui já temos o enigma, que sabe ser excruciante, do "bem me quer, mal me quer?".

Além disso, segundo Renton, a droga seria melhor do que sexo:

*Alison tinha razão. Cê pega o seu melhor orgasmo, multiplica a operação por vinte, e ainda assim fica a anos-luz de distância. Meus ossos quebradiços são aliviados e liquefeitos pelas carícias ternas da minha heroína.*[2]

Contudo, a droga está também associada a inúmeros desprazeres, o maior dos quais é a abstinência. Renton e seus amigos já usaram heroína, sabem como foi um drama pesado livrar-se dela e como o uso os expunha a perigos e decidem retornar ao vício. Por quê? Essa talvez seja a melhor questão a se pensar: que condições subjetivas levam uma pessoa a voltar a se drogar? Emendando nisso, a questão que é óbvia, mas frequentemente esquecida – não adianta parar de se drogar como única solução: se não houver uma mudança no vazio existencial que abriu o caminho para as drogas, elas voltarão a ser um modo atraente de preencher a vida. A droga é mais do que um prazer, é um modo de ser. Sua conquista, seu uso na companhia de outros devotos, os momentos de enlevo que após tanta batalha e perigos são obtidos, acabam funcionando como uma identidade, marginal e letal, mas completa.

A estratégia que visa unicamente afastar os usuários das drogas é muito frágil. É preciso ajudá-los a reinventar suas vidas e começar isso antes mesmo de parar com a droga. A ideia de que a droga é uma voragem que engole e encoraja a si mesma é correta nesses casos, especialmente com a heroína, mas, quando eles param e conseguem se distanciar, a volta se dá por outras razões: a vida não lhes faz sentido, eles não têm ganchos onde se segurar. Como dizia Spud: *"A vida pode ser um saco sem heroína"*.[3]

Os usuários de drogas não têm problemas porque se drogam; eles se drogam porque têm problemas. As drogas apenas aumentam a lista dos problemas iniciais, mas zere a droga e o que terás é alguém que continua não sabendo em que direção ir, o que deve, pode e o que gostaria de fazer. A suscetibilidade às drogas é inversamente proporcional à inserção social na escola, aos laços de amizades verdadeiras, a ter famílias que sejam animicamente próximas. Muitíssimos jovens têm experiências com drogas, assim como com álcool, mas os que naufragam são os que já tinham outros problemas. Os que têm algum lastro de onde subtrair uma identidade ou sentido conseguem sair com mais facilidade do labirinto da droga.

Outra forma de uso que devemos considerar pode mesmo afetar aqueles que têm muitas das condições que faltam à maioria. São aqueles que contam com alguma estrutura familiar, acesso à educação e possibilidade de sonhar algum futuro para si. Todas essas boas premissas podem fracassar se angústias, sofrimentos psíquicos profundos, inibições paralisantes ou mesmo quadros psicóticos mascarados encontrarem na droga uma forma de alívio. São jovens que se automedicam ou compensam graves inibições com drogas. Eles as usam, por exemplo, como ansiolítico e como forma de livrar-se de pensamentos martirizantes, que serão substituídos pelo raciocínio infantil, desestruturado e, por isso mesmo, leve, proporcionado especialmente pela maconha.

Outro exemplo desse tipo de consumo associado à compensação de fragilidades psíquicas é o uso da cocaína, que pode ser fonte de autoconfiança e energia, o que lhes serve também para driblar tristezas e eventualmente combater um funcionamento depressivo. Nesses casos, a transformação de um recurso ocasional em vício será determinada pela gravidade dos sintomas que estão sendo combatidos com essas drogas, assim como pela solidão do jovem. Se houver alguma atenção ao sofrimento que está sendo aplacado com essas substâncias, certamente o recurso a elas pode tornar-se desnecessário ou não oferecer riscos.

Em contrapartida, para alguns desses jovens de frágil estrutura psíquica, que já enfrentam insistentes pensamentos persecutórios ou desestruturados, a droga pode causar um surto psicótico que talvez teria sido evitado sem ela. Para estes, ela representa um perigo maior, embora por vezes acabe sendo esse momento dramático o único capaz de despertar os adultos em volta para a gravidade do que estava acontecendo abaixo da superfície.

Nesses variados tipos de encontro infeliz entre a dor de existir, a adolescência e a droga, costumamos culpar apenas esta última pelo estrago, esquecendo-nos de que ela não passa de um sintoma. A teoria de que a droga tem vida própria e destrói qualquer um que se aproxime demasiado não é verdadeira. Essa demonização é uma excelente desculpa para quem não quer se implicar na falha que teve ou pensa que possa ter tido. O vento da droga leva os que não têm peso.

A nosso ver, *Trainspotting* é extraordinário não só pela visão das drogas; ele é ótimo para discutir a mediocridade e a pobreza de espírito. Qualquer palavra que fale sobre a ignorância e/ou fraqueza cognitiva de alguém fica mal colocada, é recebida como se não "soubéssemos" que toda carência nesse quesito seria imposta pela sociedade ao indivíduo; ele nunca seria responsável pela sua trajetória intelectual, como se todo homem fosse um curioso nato que a sociedade decepciona e, assim, perde. Grande engano. Pode existir uma grande recusa para entender o mundo e uma genuína opção pela ignorância, em certos casos uma verdadeira paixão por ela. Estudar e mudar os paradigmas do pensamento infantil pode ser deveras angustiante, requer muito esforço, e muitos param pelo caminho. Spud é um exemplo do fracasso do nosso ensino, ou seria também de um fracasso pessoal em decifrar sua vida? Difícil dizer, mas as cabeças vazias à la Spud são particularmente vulneráveis à droga.

## DROGAS LEGAIS

Algo que pode ser mal interpretado vem justamente do campo da medicina. É fácil constatar que temos drogas para fazer dormir, drogas para ajudar a ficar acordado e focado, drogas para melhorar o humor, drogas para baixar a ansiedade, drogas para ajudar no sexo. Temos drogas necessárias para o alívio de dores psíquicas genuínas, mas também para uso cosmético, para aumentar a eficiência. Um bom exemplo é o metilfenidato, usado por muitas pessoas que não têm, de fato, diagnóstico de déficit de atenção. Se temos drogas para tantas coisas e tantos humores, por que seria errada uma droga para dar prazer?

Cocaína e heroína entrariam nessa classificação. Que esse prazer seja só no começo e depois tudo se complique não desfaz a lógica inicial. Os filhos observam seus pais usando remédios que consideram drogas legais, fornecidas por um médico, e ficam se perguntando: por que não, por exemplo, fumar maconha se ela relaxa e faz "bem"? Apenas porque não é legal?

Sabemos que a questão é mais complexa, mas existe a confusão inicial porque involuntariamente educamos na ideia de que se pode esperar muito de substâncias químicas. Evidentemente, temos uma dívida impagável com o desenvolvimento científico, que produziu conhecimento e substâncias que prolongaram nossa expectativa de vida e transformaram em banais muitas doenças outrora letais. Só isso já serviria para nos transformar em uma sociedade que tende a colocar as substâncias químicas em um patamar quase divino.

O problema é que, navegando na onda dessa gratidão, a indústria farmacêutica passou a nos oferecer uma enorme gama de remédios para curar ou prevenir males que não temos ainda ou que nunca teremos. São vitaminas supérfluas, assim como outros produtos que ocupam um território de fronteiras pouco claras entre a estética, a cosmética, a fraude, a promoção de uma vida saudável e a prevenção do envelhecimento, como se este último pudesse ser erradicado como uma doença. Farmácias deixaram de ser lugares onde buscar alívio e cura para dores e sofrimentos para se tornarem lojas de consumo onde encontramos o que nem sabíamos que procurávamos.

Uma das dificuldades de combater as drogas é estarmos imersos nesse etos dominante que, em um sentido metafórico, poderíamos dizer toxicômano. Estamos, aqui, usando a palavra "toxicômano" no sentido amplo, que consistiria em esperar grandes benesses, bem-estar, mudanças na vida, no comportamento e no humor provenientes do consumo de um agente químico, em vez de serem fruto de atitudes, reflexões, questionamentos. Somente esses últimos recursos poderiam almejar alterações duradouras e estruturais.

Existe um fenômeno recente capaz de ilustrar esse ponto de vista. Vivemos agora uma ressaca das promessas da fluoxetina, pois já tivemos tempo de chegar à conclusão de que ela não dá conta da promessa de felicidade química que chegou a representar. Quando foi lançada, no fim dos anos oitenta, as expectativas em torno de seus efeitos foram exageradas. A droga é extremamente útil, mas dentro de contextos específicos, quadros bem definidos. Por um tempo, entretanto, ela se tornou a aspirina do humor e o remédio para todos os males da alma. Apesar de seu potencial de alívio para os efeitos da depressão, a fluoxetina encontrou abrigo em anseios maiores do que seus poderes: a ideia que de o que nos faltaria para o bem-estar não seria da ordem da inserção social, dos laços com nossos semelhantes, e sim de um fármaco. Claro que nem sempre são os laboratórios que vendem o que a droga não é, mas ficam muito confortáveis com a confusão que os leigos fazem, pouco trabalhando para desfazer os mitos.

O mesmo vale para o lugar de honra que o álcool tem na nossa sociedade, o que por vezes cria dilemas familiares. Há um diálogo geracional truncado entre pais que bebem, por vezes com a paixão de aditos, por outras com dedicação e requintes de especialista, e seus filhos que usam drogas ilegais. Na falta de um diálogo sincero, cada um tenta convencer o outro da justeza de suas opções para anestesiar-se e/ou acessar um prazer.

## MASTURBAÇÃO, UM PARALELO HISTÓRICO

Retrocedendo um século, não havia obra sobre a juventude que não dedicasse um longo trecho ao "gravíssimo" problema da masturbação. O extraordinário é que, como Thomas Laqueur bem nos lembra, em seu livro *Sexo solitário: uma história cultural da masturbação*, o prazer solitário nunca foi um problema na antiguidade clássica, nem na Idade Média. Foi apenas no século XVIII que a masturbação passou a ser descrita como a grande causadora de inúmeros males. Conforme autores da época, ela nos extraviava das faculdades morais, incapacitava a inteligência, destruía a memória, a saúde, afrouxava os laços sociais, enfim, estragava o que tínhamos de melhor, além de ser a porta de entrada para a homossexualidade, a prostituição e a loucura. Em resumo, a masturbação drenaria nossa energia e nos transformaria em espantalhos do que poderíamos vir a ser. Você reconhece esse discurso? Ele não lembra, em vários aspectos, algumas abordagens que demonizam as drogas usando argumentos semelhantes?

Para quem quiser uma imagem cinematográfica do "problema" social da masturbação, sugerimos o extraordinário e perturbador filme *A faixa branca (Das Weisse Band)*, de Michael Heneke (2010). Nessa história, o filho do pastor confessou sua falta e, desde então, passou a dormir com as mãos amarradas para evitar a recaída na prática condenada. Essa era uma das medidas comuns para evitar que os jovens fossem corrompidos pela masturbação. Amarrados às camas ou usando roupas especiais para impedir seu acesso aos genitais, não poderiam pecar.

A masturbação tornou-se o problema do homem moderno à medida que o autocontrole passou a ser a expressão máxima da virtude. Como a libido *versus* civilização veio a ser a batalha central a ser travada, as formas de descontrole apontavam para o caos, e a masturbação era uma delas. Segundo os críticos da época, ela era pior que o álcool, pois estava ao alcance de qualquer um, não havia como isolar um mal que estava dentro de nós. Apesar de o filme que mencionamos representar uma austera comunidade religiosa, o combate da masturbação assumiu ares graves em um tempo de declínio do poder social associado ao sagrado. Na medida em que prescindimos das grandes narrativas religiosas, para as quais um ser onisciente acompanhava minuciosamente a vida de seu rebanho, quem passa a mandar e cuidar de nós somos nós mesmos, por isso o autocontrole se tornou peça-chave. Ninguém mais leva a sério a teoria da masturbação como gênese de distúrbios, mas o discurso sobre o autocontrole segue, apenas ganhou novos endereços.

É bom lembrar que as formas de gozo podem ser a marca de um grupo e que tendemos a nos classificar e nos agrupar por meio delas, sendo que algumas dessas formas podem ser consideradas "normais", enquanto outras podem ser enquadradas como desviantes. Os preconceitos contra os homossexuais são o melhor exemplo, na suposição de que eles não só seriam desviantes como também promíscuos. O divergente é sempre considerado excessivo, como se houvesse falhado em dominar o estranho prazer em que se viciaram. Por deixar claro que buscam formas diferenciadas de obter prazer erótico, alheias à heteronormatividade, são tidos como fracos. O hábito das práticas tidas como desviantes parece colar em seus adeptos, confundindo-se com sua identidade, motivo pelo qual seus pecados são ainda mais temíveis. Portanto, qualquer gozo fora do estabelecido como correto é considerado desestabilizador e perigoso.

Retomando nosso tema, agora com auxílio desse paralelo histórico, podemos lançar alguma luz sobre a dificuldade de termos discussões razoáveis sobre como combater a toxicomania. Por exemplo, o preconceito impede que façamos uma discussão de qualidade sobre as políticas de redução de danos. Nestas, diferentemente de erradicar e impor a abstinência como única abordagem, são fornecidas aos usuários pesados seringas descartáveis para evitar que se contaminem de doenças, ou, mesmo, pode-se chegar a proporcionar-lhes quantidades controladas de drogas ou de substâncias similares com acompanhamento de profissionais da saúde. Essa é uma prática de comprovada eficiência no combate aos efeitos danosos da toxicomania para a saúde pública, cujas experiências, condições, erros e acertos deveríamos avaliar com espírito científico e genuína preocupação social.

No entanto, a realidade nos mostra que até mesmo profissionais da área da saúde seguem usando os mesmos paradigmas de controle *versus* descontrole que assombram o tema da masturbação.

Os preconceitos, fechados em uma dualidade que contrapõe vício e doença à virtude, já fizeram seus estragos na sexualidade e agora permeiam a visão comum sobre as drogas. Boa parte das pessoas é contra as drogas, por acreditar que elas seriam a porta de entrada de todos os males, o começo da perdição, exatamente como se pensava sobre o onanismo. Que as drogas nos levam a caminhos sem saída sabemos, mas, exagerando seus efeitos e não entendendo os verdadeiros motivos que levam os usuários a elas, ficamos ainda mais longe de ajudar a quem precisa.

Para finalizar, gostaríamos de lembrar que as drogas vão estar sempre no horizonte do homem, pois sempre estiveram presentes. Há um irredutível sofrimento na condição humana que nos leva a buscar alguma forma de lenitivo. Talvez não estejamos educando bem nossos filhos, esquecendo de dizer-lhes que a matemática da felicidade costuma não favorecer nossa espécie, que existe uma cota de dor que é sem remédio. Se os libertarmos do dever da felicidade ou, melhor, de sentirem vergonha por suas naturais tristezas, talvez possamos apostar em que eles cresçam e atravessem sua adolescência sem precisar se refugiar em alguma forma grave de alienação de si mesmos.

Nossos antepassados preparavam seus filhos para a rudeza, cheios de boas intenções, enquanto nós queremos poupar os filhos de todas as asperezas da vida com idênticos bons propósitos. Fazendo assim, preparamos os mais jovens para não tolerar frustrações ou falhas pessoais e acabamos expondo-os mais ainda à tentação de fugir de si mesmos.

### NOTAS

1. WELSH, I. *Trainspotting*. Rio de Janeiro: Rocco, 2004. p. 97.
2. Ibidem. p. 20.
3. Ibidem. p. 127.

CAPÍTULO X

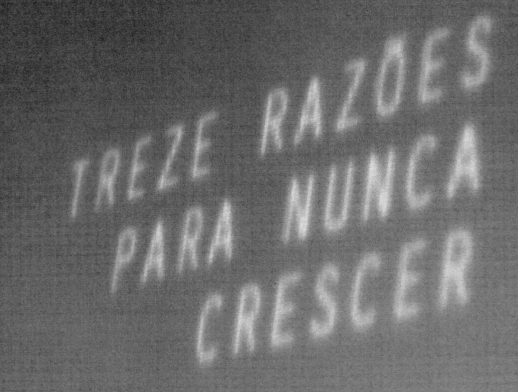

SÉRIE:

13 Reasons Why


TEMAS:

Risco de suicídio

Visibilidade e prestígio entre os pares

Adolescência e estados limítrofes

*Bullying* e mal-estar na escola

Abusos sofridos pelas adolescentes

## A HISTÓRIA DE HANNAH E SUAS REPERCUSSÕES

Um encontro bem-sucedido entre a indústria de entretenimento e seu público acendeu o alarme de pânico dos adultos: o temor de que seus adolescentes se suicidassem. *13 Reasons Why*, um seriado de treze capítulos, chegou às telas caseiras dez anos depois do livro que lhe deu origem: *Os 13 porquês*, de Jay Ascher, lançado em 2007. Produzida e exibida pela Netflix, a série conta a história do suicídio de Hannah Baker, uma garota norte-americana de classe média. Rapidamente os jovens jogaram-se em maratonas para assisti-lo, enquanto seus pais e parte da mídia lhe atribuíam o poder de ser uma espécie de Flautista de Hamelin, cuja melodia levaria os jovens a jogar-se de um precipício como os ratos daquele conto.

Ao longo dos episódios, somos convidados a escutar as gravações deixadas por Hannah após sua morte, nas quais ela vai arrolando os acontecimentos que a motivaram a cortar os pulsos. Em cada uma das treze fitas cassetes, que mediante ameaças ela garante que sejam ouvidas pelos colegas a quem culpa por sua morte, Hannah vai contando seus sofrimentos e responsabilizando uns e outros por isso. Ela opta por uma tecnologia antiga, as fitas, mas o seriado ocorre nos dias atuais.

Essas gravações relatam situações realmente graves, como ter fotos suas vazadas na rede com claras intenções de destruir sua reputação, ter sofrido um estupro, assim como ter sido obrigada a presenciar situação similar ocorrida com uma amiga. Porém, encontramos também motivos tolos e inconsistentes. Por exemplo, o fato de uma poesia escrita por ela ter sido publicada à sua revelia por um colega que admirava seu trabalho. Mesmo sem a menção de sua autoria, como o poema chamou a atenção na comunidade escolar, ela sentiu-se exposta. Ou, ainda, o afastamento daquela que considerava sua melhor amiga.

As dores psíquicas não devem ser mensuradas desde fora: se alguém diz que um episódio aparentemente banal o deixou arrasado, a ninguém cabe discordar disso. Mas, pensando nos parâmetros internos da própria jovem, é interessante observar como um desentendimento entre amigas vale o mesmo que um estupro como condição para ser arrolado entre seus suplícios.

Clay, o personagem por meio do qual os episódios são costurados, é um garoto tímido, apaixonado pela protagonista, que, devido a seu escasso amor próprio, vacilou inúmeras vezes em declarar-se. Essa covardia seria a razão para estar incluído entre os acusados de destruir a vida de Hannah. Embora ela insista que ele é o único que não teria lhe feito um grande mal, apenas deixou de fazer-lhe suficiente bem, há uma fita dedicada a ele.

Quem consegue lembrar-se, sabe muito bem que os anos adolescentes não são fáceis de transpor. Porém, se por tanto tempo tantos sobrepujaram essas dificuldades, por que os jovens atuais não o fariam? Por que supor que eles seriam tão mais frágeis que seus adultos, a ponto de serem facilmente sugestionáveis pela ideia de suicídio? Não nos parece que se trate disso. O potencial para despertar a identificação com essa série não é a vontade de tirar a própria vida, mas sim a subjetividade autocentrada da protagonista, sua certeza de ser vítima de *bullying* ou de descaso por parte dos colegas e a gravidade extrema que atribui a isso.

Tantos maus-tratos podem chamar a atenção do espectador em seu caso: ela não pertence a nenhum dos grupos a que nossa sociedade preconceituosa reserva sua crueldade. Ela é branca, heterossexual, de classe média, inteligente, espirituosa, bonita e nasceu em uma família amorosa, com pais que tentam respeitar seus desejos e propiciar-lhe as condições possíveis para realizá-los. Mas Hannah sofre constantemente, por quê?

Ela enfrenta a selvageria da cultura de aparências em que vivemos, encenada naquele hábitat, tão popular nos seriados norte-americanos, em que o ensino médio equivale a uma espécie de ilha onde são confinados os piores exemplares da espécie humana. Nenhum de nós, após ter passado os anos adolescentes, discordará de que é um trecho da vida que pode adquirir tintas dramáticas, no qual somos destinados a viver em um lugar bem pouco arejado. Para piorar, somos péssima companhia para nós mesmos: a autocrítica feroz, tanto mais quando se espera tanto dessa etapa da vida, é a musa sinistra que canta durante todo o percurso adolescente. Os outros são considerados um inferno também na medida em que os responsabilizamos pelo autodesprezo que sentimos.

Os colegas, cada um às voltas com dramas similares, geralmente são incapazes de olhar para fora, estão imersos em suas próprias ruminações narcisistas e autodepreciativas. Péssimo momento para isso, pois os adolescentes precisam de amigos e amores como de oxigênio, em contraponto ao vazio deixado pelo enfraquecimento dos laços familiares. A tendência é que, quando funcionam, as amizades sejam memoráveis e os amores intensos, porém quando esses vínculos fracassam os resultados serão dramáticos, tudo é vivido ao extremo.

Não podemos esquecer que o adolescente afasta-se da família, mas em geral não é consciente do próprio movimento, sente-se expulso ou abandonado pelos seus. Por isso, o olhar amoroso dos pares é imprescindível para amenizar o sentimento de desamparo resultante dessa perda. Na ausência de laços com os da sua mesma geração, os jovens sentem-se frágeis, inconsistentes, parecem estar à morte, mas raramente morrem disso.

Na vida de Hannah, seus colegas, tão autocentrados como ela, são acusados da mesma incapacidade de empatia que ela própria amplamente demonstra ter. Graças a esse mecanismo de atribuir aos outros o que está sentindo, obviamente não percebe que tampouco liga para as dificuldades alheias. Atribui pouca importância à timidez paralisante do enamorado protagonista, a mesma que também afeta outro garoto invisível, que a fotografa secretamente porque a ama. Não registra o medo de assumir-se *gay* de mais de um amigo, nem se compadece das durezas de uma família devastada pelas drogas de outro. Tampouco percebe a rigidez militar causadora de um clima opressivo nas famílias de vários colegas. Alheia ao trauma de um amigo que presenciou o suicídio da própria mãe, escolhe-o para envolvê-lo na sua morte, responsabilizando-o pela distribuição das fitas. Não registra a existência dos apuros financeiros dos pais, tanto que, quando eles lhe pedem ajuda em um trâmite bancário, ela perde um envelope com muito dinheiro. Nenhuma das histórias ou problemas dos outros parece ter verdadeira relevância para a jovem suicida. No palco de sua queixa, os holofotes focam apenas no seu único e precioso sofrimento.

## EFEITO WERTHER

A forma explícita em que o ato suicida é apresentado na série, uma cena de intermináveis minutos na qual ela se esvai em sangue na banheira após cortar os pulsos, parece uma espécie de tutorial para ensinar aos jovens a se matar. Apesar do mau gosto, que já justificaria a retirada da cena, ela é tão deletéria assim? Obras que contam dramas suicidas são gatilhos para atos suicidas?

Os debates em tom alarmista sobre a série alicerçam-se também na memória da epidemia de suicídios causada na Alemanha no século XVIII, por ocasião do lançamento do livro *Os sofrimentos do jovem Werther*, de Goethe. Essa obra, que é também marco importante do romantismo como movimento literário, alcançou grande popularidade e ficou ligada a essa fama nefasta. O episódio deu forma à preocupação pelo efeito mimético que os exemplos reais ou ficcionais de suicídio poderiam causar em almas despreparadas.

Fantasias encenadas em obras de ficção até podem exercer influência, tanto mais potencialmente negativa quanto mais frágeis sejam os indivíduos afetados. Porém, somente para um espectador em plena crise psicótica o suicídio funcionaria por simples contágio. Aliás, nesses casos, o mesmo efeito poderia ter sido produzido por algo visto na rua, no noticiário, por uma voz interior ou mesmo uma história que escutou alguém mencionar. O "efeito Werther", ou seja, a ideia de que o suicídio de alguém muito conhecido dê impulso a quem está em cima do muro, namorando o ato de partir deste mundo, parece-nos supervalorizada.

A receptividade de certas tramas macabras que se popularizam deve-se menos a que sejam causadoras desses conteúdos e mais a que ilustram o que anda na cabeça do seu público. Trocando em miúdos: as histórias mais revelam nossos pensamentos do que os produzem. Descartado esse fator, de que o seriado estivesse incutindo esse assunto, ou melhor, essa saída, no pensamento dos adolescentes, faltaria indagar por que tantos supuseram que as treze razões de Hannah soariam convincentes e convidativas ao suicídio.

Essa série foi considerada um alerta sobre os efeitos letais do *bullying* na adolescência. Na história, a escola e as famílias entram em uma espécie de histeria coletiva, como se todos os alunos estivessem em risco de suicídio, vitimados pelos maus-tratos sofridos por parte dos colegas. Fora da ficção, não constatamos um "efeito Hannah", no sentido dos atos suicidas que, por emulação, teriam se sucedido ao lançamento do seriado.

Na verdade, houve efeito, aumentaram os pedidos de ajuda aos serviços de prevenção ao suicídio e uma mobilização dos adultos, explicitando uma inquietude geral pela sobrevivência dos adolescentes. Essas vozes trouxeram à luz assuntos sobre os quais temos medo de falar. A relevância de escutá-los não decorre de eles tenderem realmente a matar-se somente por estar atravessando essa fase, mas sim de inevitavelmente se questionarem sobre o sentido da vida e pensarem bastante sobre o que os motivaria a passar para a próxima fase e com que forças

fazê-lo. O medo de fracassar, de desiludir seus pais, a angústia, os episódios de pânico ou extremo desânimo, a falta de coragem dos adolescentes para seguir adiante emergem como temas possíveis e necessários a ser abordados.

Goethe criou uma narrativa capaz de traduzir o que a sociedade já vivia como transformação subjetiva, que é um enfoque nos sofrimentos individuais. No caso, os que já afetam àqueles que ainda viveram muito pouco. Na literatura romântica pouco importa a magnitude real dos fatos, mas sim o tamanho do sofrimento do protagonista. O personagem Werther morreu de desilusão amorosa, apaixonara-se por uma moça casada, não sendo correspondido. O escritor captou o espírito da época, ele já era como outros jovens, que consideravam seus padecimentos pessoais potencialmente trágicos. Se, com isso, provocou suicídios, ou apenas deu visibilidade a um fenômeno já em curso em seu tempo, fica difícil definir.

É em função desse impasse que se convenciona não divulgar na imprensa notícias sobre suicídios ocorridos. O objetivo é evitar que a espetacularização dessas mortes possa instigar àqueles que pensam em colocar fim na própria vida como forma de fazer ouvir sua mensagem ou mesmo de alcançar alguma popularidade por meio de uma última *performance* pessoal.

Os críticos da série aventaram justamente esse tipo de perigo. Isso não seria um argumento desprezível, considerando que Hannah assumiu, a partir da morte, uma relevância que dificilmente conseguiria em vida. Porém, a busca de prestígio não é motivo suficiente de verdadeiras tentativas de suicídio: para tanto é preciso um sofrimento dilacerante e a premente necessidade de apagar-se, fazer isso cessar, que são contraditórias com esse objetivo.

A obra é paradoxal, pois, embora enfoque uma jovem suicida, ela não tem o perfil de alguém capaz de semelhante ato. Claro, ela é uma personagem, e os seres da literatura não têm a obrigação de coerência clínica. De qualquer maneira, vale assinalar que duvidamos muito de que alguém na vida real, parecido a Hannah, viesse a suicidar-se.

Em primeiro lugar, gostaríamos que ficasse claro que Hannah certamente sofreu, em boa parte em mãos da opressão que na adolescência afeta particularmente as garotas. A busca do amor por parte das adolescentes nutridas pela fantasia romântica que se colou na feminilidade esbarra na afirmação viril, que coloca o sexo oposto na condição de objeto descartável.

A partir dessa situação que assola boa parte das colegiais heterossexuais, há várias saídas: entregar-se ao jogo, tentando virá-lo a seu favor, dominando as artes da sedução; aliar-se a outras meninas, protegendo-se mutuamente; priorizar o convívio com garotos alheios à virilidade insegura e agressiva de alguns dos seus colegas; acomodar-se no papel de objeto de cobiça masculina e tentar adaptar-se a ele. É difícil saber a qual dessas alternativas Hannah aderiu, mesmo porque a trajetória de todos nós costuma ser de tentativa e erro. O que podemos saber da personagem é que ela optou por uma chantagem tardia, nesse sentido tentando sim virar o jogo a seu favor, mas quando seus interlocutores tivessem perdido o direito de resposta.

Hannah arquitetou uma vingança detalhadamente planejada: as instruções deixadas por ela orquestram os movimentos de seus acusados, que ficam acuados pelas fitas e a ameaça de divulgá-las caso não as sigam. Tanto sangue frio é de fato possível nos suicidas francamente determinados ao seu ato, pois costumam organizar a cena de modo a não ser impedidos. Porém, ao contrário de Hannah, cujo objetivo é distribuir a culpa por sua morte entre o maior número de acusados, alguém que não esteja mais suportando viver precisa tirar os outros de seu caminho, em vez de colocá-los. Os suicidas são os únicos que ficam com a última palavra. Desejam restringir os efeitos de sua mensagem ao sentido que pretenderam, não estão abertos a réplicas, nem interessados em observar os efeitos de suas ações. Quem se mata não suporta mais e ponto.

Embora nos pareça que a personagem não teria o perfil suicida, a ideia das várias razões é interessante. Especialmente no suicídio, a causalidade única deve ser descartada. Raramente é um fato, um incidente, uma derrota que faz alguém tentar se matar. Quando esse comportamento se instala, muitas coisas já aconteceram e é no conjunto delas que devemos buscar as razões. Isso é especialmente importante para que os envolvidos em casos de suicídio não fiquem se martirizando. Um suicídio começa muito antes do ato, e não é nos últimos momentos que vamos encontrar o culpado principal, um fato derradeiro, até porque isso não faz sentido.

Um pequeno gesto pode salvar um suicida, como também a ausência dele pode ser fatal. Mas podemos responsabilizar pela desatenção o último da fila? Não seria melhor pensar em toda a teia social – ou o fracasso em ter uma – como responsável? Embora seja equivocado distribuir as culpas sem hierarquia definida, como se todas a prejudicassem por igual, a história de Hannah nos faz pensar corretamente no sofrimento e no adoecimento como resultados de um acúmulo paulatino. Nos casos de suicídio geralmente é isso que acontece.

É nesse sentido que o dito "efeito Werther" parece-nos mascarar a realidade. Ficamos culpando apenas a última gota pelo transbordar do copo. Esse raciocínio nos captura, pois oferece uma desculpa mais fácil e leva a culpa para longe dos diretamente envolvidos. A opção dessa obra foi colocar o suicídio em pauta sem medo, e de fato desencadeou efeitos positivos de prevenção desse ato.

Talvez *13 razões* ajude a derrubar o tabu e abra caminho para outras representações dessa temática tão grave. Se bem que seja compreensível o temor de dar visibilidade e, com isso, incentivar bravatas suicidas, o silêncio, o segredo característico dos assuntos proibidos, também sabe ser perigoso. A partir da história de Hannah, famílias, escolas e grupos de amigos sentiram-se liberados para expressar seus temores e falar sobre o assunto. Não temos dúvida de que essa é uma importante contribuição para a prevenção dessas mortes devastadoras.

## ADOLESCENTES LIMÍTROFES

Hannah armou uma cena que não tinha nada de final. Seu ato amarrou a todos os envolvidos em torno de sua pessoa, levou-a ao centro dos acontecimentos. A pergunta que se impõe é por que renunciaria a observar seus colegas, que antes a ignoravam, transformados em personagens do roteiro escrito por ela? Ficamos quase secretamente esperando que Hannah reapareça para apreciar sua vitória.

Alguém assim poderia blefar uma morte, mesmo sem ter consciência da teatralidade de seus atos e sentimentos. Poderia até mesmo correr o risco de um acidente, que acontece em algumas tentativas de suicídio voltadas para a busca de olhares e atenção. Estas últimas não são menos perigosas do que as verdadeiras, embora em geral deixem pistas que possibilitem um salvamento.

Hannah fez isso: tentou fazer-se ouvir pelo conselheiro da escola, apelando para que ele entendesse a gravidade do seu sofrimento; deixou vistosamente suas fitas na casa do amigo antes de cortar os pulsos, o qual demorou demais a encontrá-las na porta. Enfim, alguns dos seus últimos atos poderiam ter sido percebidos se a sorte não a houvesse desfavorecido.

Há vidas em que chantagear emocionalmente os outros é uma atividade central. Tais pessoas assemelham-se de alguma forma à nossa personagem, pois seus supostos sofrimentos parecem-lhes o centro do mundo, e elas não costumam perdoar qualquer tipo de desatenção. Suas relações com familiares, colegas, amigos e amores costumam desembocar em alguma forma de apontá-los como culpados por um rosário de carências, frustrações e insucessos que possam lhes ocorrer. Não é raro que tais sujeitos sejam convincentes, competentes na argumentação e acabem, como Hannah, envolvendo as pessoas ao seu redor nas cenas que precisam protagonizar. Não é difícil encontrar coadjuvantes, principalmente entre os adultos: mobilizar nos demais sentimentos supostamente altruístas ou culposos ao fazê-los sentirem-se importantes pelo destino de alguém que se vitimiza é uma proposta bastante tentadora para a maior parte de nós.

A questão é que, embora ameaças de suicídio possam fazer parte desses quadros, raramente as concretizarão com a devida eficiência e, se vierem a perder a vida em alguma dessas *performances*, será por acidente. Nossa personagem assemelha-se aos quadros clínicos denominados "limítrofes" ou "*borderline*". É interessante observar que essa terminologia, alusiva à fronteira entre a neurose e a psicose, não deve levar-nos a ver Hannah como um caso patológico. Talvez essa história ajude a perceber como as bordas das etapas da vida e da sanidade mental encontram-se com frequência.

Mudanças de humor, irritabilidade explosiva, uma angústia insuportável que paralisa na hora de encarar as próprias dificuldades, assim como a tendência a projetar sobre os pais, irmãos, colegas, namorados e amigos aquilo que se está sentindo, são comuns na adolescência. O desânimo absoluto, quando só se deseja dormir, "para sempre se possível", enquanto, ao mesmo tempo, a vida urge, chama e não se quer "dormir nunca mais", para aproveitar cada momento, são estados de espírito cuja alternância não causa estranheza nessa fase da vida.

Considerando que boa parte desses sintomas é arrolada em descrições do transtorno da personalidade *borderline*, seríamos levados a pensar que há uma epidemia desse quadro na adolescência. Evidentemente que a psiquiatria não comete a insanidade de confundir uma etapa da vida com uma patologia; estamos aqui fazendo esse paralelo apenas para lembrar o quanto nossa personagem revela a labilidade psíquica própria de outro limite: aquele que é preciso transpor entre a infância e a adolescência e, logo após, entre essa fase e a vida adulta.

Outra borda difícil de delimitar nessa época é a que nos separa dos outros. As crianças pequenas, por exemplo, contam mentiras ingênuas para constatar, surpresas, que suas mães ou outros adultos não conseguem ler seus pensamentos. É um alívio para elas quando descobrem o reino secreto constituído pelas próprias mentes. Os adolescentes passam por outra rodada dessas, que muitas vezes inclui também algumas mentiras ou omissões, que servem para lembrá-los do quanto os pais não sabem tudo sobre eles. Porém, essa descoberta tem duas mãos: constata-se também que é impossível saber o que se passa na cabeça alheia, que foge ao controle que muitas vezes se gostaria de ter. Inseguranças amorosas decorrem naturalmente dessa separação, pois, se não se sabe o que o outro pensa, tampouco temos como mensurar o quanto nos aprecia.

O funcionamento de Hannah, que mistura as próprias ideações com as dos outros, situa-se nessa confusão prévia à individualização dos pensamentos. Vários dos acusados pelas revelações das fitas, além de outros personagens, insistem na necessidade de questionar, de levar em conta seus pontos de vista divergentes dos registrados nas gravações, que confundem as certezas da garota suicida com fatos reais.

Hannah recusou-se a acreditar que o que ela pensava não era o mesmo que passa na cabeça dos outros, por isso suas impressões e versões tinham que ser únicas e definitivas. Essa fusão de mentes é infantil, anterior à solidão dos que já descobriram que não carregam a mãe, ou um adulto onipresente e cuidador, dentro de si. Suportar o caráter insondável da mente alheia, assim como lidar com divergências, compreender a relatividade do próprio ponto de vista, são modalidades maduras de pensamento. Nossa personagem não dá sinais de dispor desses recursos, assim como tampouco o fazem muitos dos que consideramos adultos. Há aspectos das personalidades limítrofes que lembram a dificuldade de crescer, talvez por isso estejamos aqui falando de bordas, travessias que nossa personagem optou por não fazer.

É impossível afirmar definitivamente que os argumentos da garota não poderiam soar a alguém como persuasivos ao suicídio. A nosso ver, eles parecem mais convincentes em relação a tentar furtar-se de questionamentos. É duro perceber a própria fragilidade, a dos pais e professores, a das instituições em que se alicerça nossa sociedade. Hannah morreu preservando sua fé no grande poder de um mundo cruel, onde ela parece mais relevante do que é. A efetividade de sua vingança, arquitetada para colocar-se no centro dos acontecimentos, acabou parecendo um golpe de mestre para tal fim.

## ADMIRÁVEL EGOÍSMO

A garota cheia de autocomiseração, que, após partir, tentou deixar um rastro de culpa por meio de suas fitas, não soou simpática para todos. Alguns se solidarizaram com os sentimentos dela, viram ali retratada a solidão que sentem ou de que padeceram na adolescência, assim como a dor pelo *bullying*. As cenas reviveram as condutas agressivas e discriminatórias das quais boa parte dos estudantes são vítimas. Algumas das experiências retratadas na série são de indiscutível malignidade, como, por exemplo, a cultura do estupro que expõe tantas garotas à violência e a situações traumáticas. Aliás, infelizmente, esse tipo de agressão é tão disseminada que, se fosse diretamente causadora de suicídio nas suas vítimas, teríamos verdadeiras epidemias de perdas. Portanto, apesar dessas compreensíveis razões para o sofrimento, a personagem também causou profunda irritação pelas repetidas demonstrações de egoísmo, cegueira e surdez quanto ao que se passava com os outros e ante o que tentavam lhe dizer.

Por que solidarizar-se com alguém que se apresenta de modo tão narcisista? Certamente isso é uma tentação para aqueles que ficaram presos a uma posição infantil ou são eternamente saudosos dela, pois acreditam ter nascido para ser cuidados e admirados incondicional e eternamente. Tal atitude majestosa só cabe aos bebês e às crianças bem pequenas, que se iludem na condição de bibelô da casa. Os adolescentes e adultos que se recusam a admitir qualquer protagonismo nos revezes sofridos querem ser como eles, aconchegados no amor supostamente onipresente dos seus pais. Ao longo da infância vamos percebendo que não é bem assim, que eles são mais fracos e desatentos do que desejávamos, que vivem às voltas com os próprios problemas e ausentam-se com maior frequência do que gostaríamos. Graças a isso, vamos desligando-nos deles, interessando-nos por outras pessoas e assuntos fora do lar, por brincar e falar, por crescer.

A adolescência é o trecho mais decisivo da separação com a família, quando os filhos começam a sair de casa de fato. Por isso mesmo é uma fase tão difícil, na qual duvidamos ter forças ou mesmo desejo suficientes para fazê-lo. Nesse sentido, o que mais preocupa na popularidade desse seriado não é uma eventual epidemia de suicídios juvenis, mas sim de onde vem tanta empatia com uma personagem cheia de autocomiseração e pouco disposta a incumbir-se de suas amarguras. Tal identificação de fato pode ocorrer por parte daqueles que, como Hannah, acreditam estar sempre no centro dos olhares. Trata-se de um expediente bastante simples para lidar com a perda do lugar central que as crianças supõem ocupar no amor dos pais: acreditar que fora de casa se tem igual importância, mesmo que seja às avessas (o famoso "falem mal de mim, mas falem!").

A solidão que se experimenta na adolescência é do tipo que desarma os refúgios emocionais construídos ao longo da infância. As crianças brincam sentindo dentro de si a presença acolhedora dos adultos cuidadores. Elas o fazem falando alto, com gestos, músicas e interjeições, ocupam espaço em um ambiente que consideram ser um cenário benevolente para fantasiar a céu aberto, sem medo de expor-se. Para elas, o olhar alheio é protetor, representa função materna, e dificilmente se sentem sós, mesmo quando brincam sozinhas. A "capacidade de estar só", definida por D. W. Winnicott como uma das mais importantes aquisições maturativas dos bebês, é justamente essa possibilidade de brincar sozinho, sem interagir diretamente com a mãe, apenas supondo sua presença.

Na adolescência temos necessidade de liberar-nos dessa presença interna, que acaba soando opressiva. A puberdade traz consigo a busca da intimidade, o banheiro, o quarto e o corpo em transformação fecham-se aos olhares, já não se recebe bem a intrusão familiar. O desejo de estabelecer os próprios contornos expulsa da mente essa habitante imaginária que outrora dava segurança. Por isso a necessidade de ser visto e lembrado pelos pares torna-se premente para sentir-se protegido. A contrapartida disso é o terror de ser "transparente", como dizem sentir-se a maior parte dos jovens, que consideram nunca ser notados. Hannah revoltou-se contra esse sentimento de solidão. Já não havia como buscar nos pais um reconhecimento que esperava dos seus amores, amigos e colegas, porém ela não se conformava com o "pouco" que estes tinham para lhe oferecer.

A tarefa da sedução amorosa, a que se entregam os adolescentes apaixonados, é um antídoto contra os restos do narcisismo infantil. O apaixonado não espera nada grátis, como era em casa, supõe que é preciso fazer algo para chamar a atenção do seu objeto de desejo e fazer-se amar. Se a queda do trono de criança majestosa não tiver ocorrido, todo tipo de dificuldade para ser correspondido será sentida como uma rejeição insuportável, uma estocada a mais na dor da separação com os pais. Isso ocorrerá mesmo quando não se tiver explicitado o interesse pela pessoa amada.

Esse é um modo de funcionamento comum entre os que cresceram em uma família do tipo que coloca seus descendentes, até avançada idade, como príncipes e princesas cujos desejos são uma ordem. Isso explicaria que tenhamos muitos jovens como Hannah, portanto, identificados com seus padecimentos. Serão incapazes de enfrentar qualquer revés com outra reação diferente de uma chantagem: "se não for como espero, não brinco mais"; "se eu morrer, a culpa será sua". Para estes, se sua presença não puder ser imperiosa, quem sabe sua ausência seria? Esse tipo de subjetividade, por sorte, é melhor em ameaças e bravatas do que em atos, afinal, se amam demasiado a si mesmos, por que se suprimiriam? De qualquer maneira, sempre convém prevenir acidentes decorrentes dessas chantagens amorosas, alguns falsos Werthers são capazes de atitudes perigosamente convincentes.

Hannah não está só, muitos jovens hoje querem crescer, deixar a infância, mas sem pagar o preço: prefeririam que seu mundo seguisse cuidando deles como antes. Ficam desconsolados e agressivos ao descobrir que os outros já não os admiram e protegem como seus pais faziam. Apesar das tantas críticas dirigidas aos adolescentes mimados, acreditamos ser desnecessário encaixar toda uma geração de bem nascidos nessa categoria de narcisistas absolutos. Felizmente a maior parte deles tende a não cair no canto de sereia dos mais velhos, que lhes oferece a comodidade hipnótica de ser protegido para sempre. Se esses pais conseguissem fazer o tempo parar, nunca envelheceriam, jamais se tornariam superados e obsoletos. Em sua maioria, até os mais mimados dos filhos acabam por revelar insatisfações com o ninho e apontam para fora dos limites do lar.

Fora de casa, quer para os mais bem preparados, quer para os mais imaturos, os desafios são assustadores e o convívio com os de sua geração a prioridade. Mesmo entre os mais corajosos para as aventuras no mundo externo, a experiência da escolaridade na adolescência exige grande equilíbrio emocional, que é o que mais falta nessa época. Se pudéssemos dizer a um deles uma única frase de alento, esta seria: acredita, isso acaba!

## MAL-ESTAR NA ESCOLA

O *bullying*, ou seja, os maus-tratos recebidos geralmente na escola, encontrou nas últimas décadas uma escuta até então inédita e é tema central nessa série. Resta a pergunta de por que demoramos tanto para enxergar o óbvio? Que tipo de amnésia envolveu por tanto tempo os professores e pais para esquecer o que viveram e o que se passava entre seus colegas?

A ficção retrata o inferno que podem ser os colégios há muito mais tempo do que a popularização do conceito nos faz crer. No Brasil, o melhor exemplo é *O Ateneu*, de Raul Pompeia, escrito em 1888. Já na literatura ocidental, acreditamos ser *O jovem Törless*, de Robert Musil, de 1906, uma magnífica descrição das torturas sofridas pelos alunos que são vitimados por seus colegas e do descuido de seus cuidadores.

De certa forma, uma inesquecível crítica à crueldade que brota entre crianças e adolescentes confinados é *O senhor das moscas*, de William Golding, publicado em 1954, que já conta com duas versões cinematográficas. Essa alegoria descreve a selvageria das agressões que são capazes de infringir-se mutuamente quando ficam sem a supervisão dos adultos. Em todas as histórias mencionadas, trata-se de meninos, até pelo fato de a escolarização regular das meninas ser um fenômeno mais recente. O que observamos atualmente em termos de agressões, do *bullying* nas escolas, é que entre elas não impera um regime de maior tolerância e bondade.

As escolas têm sido um reduto de regramento, onde restaria alguma autoridade dos mais velhos e professores que ainda teriam algo a ensinar aos mais jovens, embora nem sempre sejam bem-sucedidos nessa missão. Não é raro que as próprias famílias oscilem entre esperar que a escola introduza na vida dos filhos uma autoridade que falta em casa, combinada com uma postura oposta, que exige que não se imponham restrições aos seus príncipes. Face à rarefação da presença efetiva dos adultos, do enfraquecimento da hierarquia entre as gerações, os grupos de alunos acabam autorregulando-se em ambientes que lembram a ilha de *O senhor das moscas*. Deixados à própria sorte, os jovens estabelecem suas estruturas de poder, hierarquias e categorias de inclusão e exclusão dos membros dos seus grupos de modo caricatural, demonstrando a crueldade do poder exercido pela força bruta, pelas bravatas de prestígio e a instabilidade dos confrontos constantes.

Nessa série há um grupo de garotos que segue um rapaz rico, violento e autoritário. É um líder perverso e tirânico, responsável pelos estupros e idealizador de várias situações de *bullying*. Ao seu redor, cada um dos seguidores está às voltas com uma fragilidade em particular, mas sentem-se ao mesmo tempo destacados e protegidos por sua influência. A autoridade será mais totalitária e perversa quanto menos for baseada no respeito à experiência do líder, em regras que lhe garantam autenticidade ou em méritos que tenham lhe valido o reconhecimento do grupo.

Muitas vezes os familiares se omitem em ocupar um lugar de autoridade e influência por idealizar o potencial dos descendentes, invertendo a equação tradicional que situava a sabedoria nos mais velhos. Outras vezes, pode tratar-se de pais incapazes de encarar a pessoa real de seus filhos, preferindo o resguardo das fantasias sobre eles, nas quais seus rebentos não têm falhas, medos ou quaisquer incapacidades. Eles esperam maravilhas, afinal, não suportam ter investido tanto esforço em troca de tão pouco, esquecem que filhos são péssimos pagadores da dívida que seus pais supõem que eles contraíram.

Há, ainda, os que se refugiam em uma esperança ingênua, que é a compreensão da infância como uma fase de inocência. Os filhos nasceriam com uma essência admirável, seriam bons quando ainda não foram corrompidos pela sociedade, por isso tanto melhor se as nefastas influências dos adultos impuros se mantiverem fora do caminho dessas cândidas criaturas. Mas é exatamente o contrário: é o contrapeso da cultura, na figura dos pais, professores e outros adultos, que impedem as crianças de serem agressivas em excesso e de tiranizarem seus pares.

Parece uma péssima ideia confinar por vários anos um grupo de jovens inseguros e frágeis, obrigados a permanecer imóveis por horas em um único recinto, inquietos com a presença uns dos outros e ociosos, pois fazem o possível para alienar-se das atividades pedagógicas. Isso soa como um pesadelo, e geralmente o é. Se pelo menos tivéssemos clareza de que isso é temporário, ajudaria. Mas quando estamos na escola parece que não haverá amanhã. O presente é opressivo, tem-se a sensação de estar preso em um filme infinito, sem cortes nem edição, em um único plano sequência.

Hannah é linda, desejada por muitos e admirada por alguns, que lhe dedicam amizade e lhe propõem alianças naquele ambiente escolar hostil. O narrador do seriado, que conduz as cenas com a tônica de seu olhar enamorado, custa a declarar-se devido à sua insegurança, enquanto ela raramente lhe facilita as coisas. O ambiente para nossa heroína não é mais duro do que para seus contemporâneos, como não é tão diferente do vivido pelas gerações anteriores. Mas ela queixa-se, acusa, arma verdadeiras ciladas para os que convivem com ela, de modo a provar a si mesma e à posteridade que não foi escutada, amada e respeitada o suficiente. Suas reclamações fazem eco em jovens e adultos, porque gostamos de crer que alguém é mais responsável do que nós mesmos pelo destino que nos tocou.

## MAL-ESTAR COM A FEMINILIDADE

Entre as motivações para o ato de Hannah, encontram-se as várias formas de opressão às mulheres, que nos parecem ser as únicas potencialmente traumáticas. Embora afetem mulheres de todas as idades, essas agressões aumentam em número e grau quando elas encontram-se no auge de seus atrativos físicos e ainda verdes para dar conta disso. Constrangimentos verbais, postagem de fotos comprometedoras na rede, maledicência e, por fim, o abuso sexual propriamente dito, são práticas, infelizmente, correntes e tradicionais.

As adolescentes sempre lidaram com a violência masculina como se fosse inevitável e faziam o possível para evitar as más línguas, sempre prontas para condenar qualquer lampejo de liberdade. Até hoje, as agressões que elas sofrem raríssimas vezes são percebidas e punidas, mesmo nos lugares teoricamente mais arejados.

A recente popularização do movimento feminista entre as jovens lhes deu a coragem de reagir e organizou uma pressão social para que suas denúncias sejam recebidas de forma respeitosa e os culpados punidos. Ante a dimensão da violência ainda sofrida pelas mulheres, a reação é ainda acanhada e restrita a poucos territórios do planeta, mas sua existência representa um caminho antes inexistente. Nossa personagem e suas amigas não partilham desses avanços, elas inclusive têm parca solidariedade entre si, mas a série revela situações que garotas e mulheres contemporâneas não têm deixado ser varridas para baixo do tapete. Portanto, poderíamos dizer que estamos diante de um seriado interessante, no sentido da denúncia feminista dos perigos do *bullying sexual* contra as adolescentes. Curiosamente, não tem sido essa a razão de sua popularidade.

*"Suicídio é para fracos"*, diz uma personagem secundária, uma garota estranha, sofrida e forte que não figura entre os acusados e vai ganhando visibilidade ao longo dos capítulos. Ela, que ao contrário da vistosa Hannah poderia considerar-se como transparente, é a única que realmente ousa criticar a protagonista principal, cujas reivindicações tantos, dentro e fora do seriado, parecem validar.

Para a maior parte do público adulto, as treze razões são tocantes porque se sentem em permanente dívida com suas próprias fantasias a respeito dos adolescentes. É em nome dessa idealização da juventude e dos filhos que se tenta provê-los de mais, sempre mais recursos e cuidados. Ignora-se que é assim que se constrói uma gaiola dourada, onde eles ficam presos nos sonhos dos mais velhos e fadados a uma fragilidade poliqueixosa.

O desafio dos pais é achar a medida certa: estar suficientemente perto para escutar um pedido de ajuda, e longe o bastante para que os filhos aprendam a andar sozinhos. Eles vão errar, vão sofrer, privá-los disso é impedi-los de crescer. Se você estiver demasiado dedicado a tentar impedir o sofrimento inevitável dos adolescentes talvez o problema esteja com a sua própria vida, com o medo do vazio que se abre após a partida dos príncipes e princesas.

Aprisionar os descendentes em um mundo de fantasia visa acima de tudo provar os poderes de realeza dos pais. A realidade ignora esses cargos nobiliárquicos, nela os filhos aprendem sofrendo e os pais também precisam crescer.

CAPÍTULO XI

# A BAILARINA QUE CAI

FILME:

Cisne negro


TEMAS:

Loucura na adolescência

Identificações alucinadas

Fragilidade da imagem corporal

Ferimentos autoinfligidos

Delírios e risco de suicídio

Nina, nossa personagem, é esquiva e delicada. Seus olhos de animalzinho acuado contrastam com a musculatura apurada de um corpo capaz de realizar os movimentos árduos e precisos exigidos de uma bailarina clássica. O filme *Cisne negro (Black Swan)*, dirigido por Darren Aronofsky, lançado em 2010, deu a Natalie Portman todos os maiores prêmios de melhor atriz do ano seguinte. O papel revelou a mestria da intérprete em retratar o processo de enlouquecimento de uma jovem cujo corpo domado, capaz de alta eficiência, contrastava com uma frágil constituição psíquica.

Sua história se entrelaça com o honroso convite para dançar como solista do *O lago dos cisnes*. O papel principal era óbvio motivo de cobiça para todas as bailarinas do elenco. Embora muito bem treinada para os passos, giros e piruetas do palco, Nina não tinha o mesmo preparo para a visibilidade e o sucesso. A oportunidade que ela, como todas, sempre esperou a fez cair em uma espiral de loucura que a levou à destruição.

A companhia nova-iorquina de dança de Nina vivia dias difíceis. Em crise, dependia de patrocínios, afinal, a dança não tem apelo popular, não junta público suficiente para pagar sua alta *performance*. Eram necessárias mudanças para relançar o interesse do público e, principalmente, dos patrocinadores. Thomas, o diretor artístico, decide que precisa de um novo rosto, principalmente jovem, o que significa que teria que substituir Beth, sua bailarina principal. Além disso, opta por fazer uma versão provocativa e inovadora de uma das peças mais clássicas do balé: *O lago dos cisnes*, de Tchaikovsky.

Na versão de Thomas para *O lago dos cisnes*, a bailarina solista deve interpretar duas personagens antagônicas: o Cisne Branco e aquela que o diretor definiu como sua "gêmea má", o Cisne Negro. Na história original, Cisne Branco é Odette, uma princesa enfeitiçada para quem somente um verdadeiro amor será o antídoto para voltar à forma humana permanentemente. Pela noite, Odette é ainda uma linda jovem, mas, tão logo surge a aurora, transforma-se em ave. Já o Cisne Negro é Odila, que, na forma mais corrente de representar o enredo, não era uma espécie de gêmea má, e sim uma bruxa, filha do feiticeiro que mantém Cisne Branco cativa.

Com a ajuda mágica do pai, a perversa Odila se passa pela princesa Odette para ludibriar o prometido desta, cujo amor a libertaria. Cisne Branco já havia conquistado o príncipe Siegfried, seduzido pela sua beleza frágil e pura, que ficara sensibilizado pela triste história. Príncipe e princesa já tinham uma promessa solene de ficar juntos, em um previsível final feliz. Porém, durante o baile em que ele deveria aclamá-la como sua futura esposa, rompendo o feitiço, mais uma maldade esperava pela princesa.

Trajada como Cisne Negro, a perversa Odila captura o príncipe pelas artes da sedução, e ele, sem se dar conta – afinal, a magia mudava a aparência da bruxa –, se encanta com ela e trai Cisne Branco. Para Thomas, a colocação de ambas as cisnes como gêmeas ressalta a dualidade: mesma aparência, ou seja, mesmo corpo, duas almas distintas. Para produzir tal efeito, deveriam ser representadas pela mesma bailarina, capaz de mostrar-se idêntica e ao mesmo tempo oposta a si mesma.

O fim dessa história é variável e costuma estar em aberto, cada companhia faz o seu. Ele pode ser à maneira dos contos de fadas, com o desmascaramento e a derrota dos malvados, seguidos pela vitória do amor e o desencantamento da princesa, como na versão original. Há quem opte por um fim mais trágico, no qual o erro induzido pelo feitiço de Cisne Negro leva ao suicídio dos amantes. No caso, essa versão optou por um dos finais infelizes: depois de ser traída, Cisne Branco Odette atira-se em um precipício e morre.

## A ESCOLHIDA

O começo do filme gira entorno da escolha da substituta da primeira bailarina. Como não há uma candidata natural, abre-se uma surda, mas feroz, concorrência dentro da companhia. A eleita é Nina, que se destacava pela técnica apurada, mas era impopular entre as outras pela sua falta de habilidade social. Embora seja o que Nina mais desejava, ela fica um tanto desconcertada pela escolha, pois o diretor deixara explícito que lhe faltava força dramática e malícia para interpretar o papel do Cisne Negro.

Não bastava que ele a considerasse feita para o papel do Cisne Branco, o que de fato ela era. Obsessiva e perseverante, era capaz de ocupar um lugar de destaque durante a coreografia, desde que lhe fosse dito o que, quando e como deveria fazer. Fora do palco, quando seu corpo não estava organizado pela linguagem do balé, ela era quieta, quase transparente. Durante os intervalos, escutava a conversa animada das jovens colegas em silêncio, não sabia participar, e por vezes entendia as coisas de modo enviesado, como uma criança.

Apesar de sua natural candidatura para o protagonismo, graças ao apuro técnico, Nina não tinha condições de desempenhar o Cisne Negro, personagem de uma sensualidade natural e envolvente. Porém, Thomas muda de ideia com base em um equívoco: ao tentar beijá-la, ela o morde. Ele interpreta essa atitude erroneamente como provocadora, supondo nessa situação uma reação de caráter erótico. A mordida o excita, e ele pensa em colocar para fora o Cisne Negro que se encontraria embrionário dentro da bailarina perfeita. Como coreógrafo, sua conduta é, ao mesmo tempo, libidinosa e cruelmente exigente. Nina responde com mais esforços, mas ele quer mais expressividade e, para tanto, incentiva-a a se masturbar para despertar-lhe fantasias.

No entanto, naquele beijo, ela não o mordeu para provocá-lo; tinha sido de susto. Assustou-se com a intrusão e reagiu com violência, como uma criança o faria, mordendo. Nina encontra-se nessa fronteira entre o corpo de mulher e a mente infantil, na qual tantos adolescentes oscilam de posição, desejam e temem. A presença de alguém mais velho e de forte ascendência sobre ela, como é o caso de Thomas, que não deixa de ter suas tintas de abusador, forçando um amadurecimento precoce ou impossível, é um dos perigos dessa época.

A convocação à dualidade dos Cisnes Negro e Branco despertara genuinamente em Nina um desejo, misto de vontade de reconhecimento como bailarina e de cobiça pela identidade feminina. O prazer erótico necessário para o papel vai aos poucos se esboçando, mesclado com a atração exercida pelo diretor, verdadeira encarnação do feiticeiro mau que persegue a bela e suave Odette. Na falta de outros recursos para dar conta dessa irrupção de desejos e questionamentos, é por meio de assustadoras alucinações que ela acaba respondendo ao desafio.

Um julgamento apressado nos levaria a atribuir exclusivamente a essa forma sexualmente abusiva de Thomas o desencadeante central de sua crise, mas esse é apenas um ponto. Nina tem vários flancos abertos; sua posterior loucura é resultado da soma deles.

## AS TRÊS FACES DA MULHER

A mãe da personagem, Erica, é uma bailarina frustrada que não cessa de dizer à filha que parou de dançar para tê-la, que sacrificou sua carreira pela maternidade. Nina sabe que ela era medíocre e ficava alardeando oportunidades perdidas que, na prática, nunca teve. Por vezes, quando discute com a mãe, acaba desvendando esse embuste; por outras, cala e possibilita que ela se realize mediante o virtuosismo da filha.

Erica cuida de Nina com a intimidade de uma mãe de criança pequena: supervisiona a comida, veste a filha, corta suas unhas, coloca-a para dormir em um quarto rosa, cheio de bichos de pelúcia. Ela é onipresente zelando por todos os detalhes, principalmente no que diz respeito à carreira artística da filha. Quando não está com os olhos em Nina, fica em casa pintando numerosos autorretratos de qualidade artística duvidosa. O quarto da mãe parece mais um santuário sinistro devotado a sua própria imagem decaída, tanto mais porque os inúmeros quadros multiplicam o olhar controlador dela sobre Nina.

O processo de separação entre as duas é paralelo ao crescimento da jovem no papel de Cisne Negro. Quanto mais se habilita para encarná-lo, menos Nina suporta a presença da mãe. Agride o próprio corpo cada vez mais, provocando-se escoriações e arranhões nas costas, um velho hábito contra o qual anteriormente a mãe a fazia dormir com meias nas mãos. Nina passa a colocar uma barra de madeira para impedir a entrada intrusiva dela em seu quarto e joga no lixo seus bichos de pelúcia. Seu mundo claustrofóbico, onde só figuravam mãe e filha, incorpora novas personagens, principalmente Lilly, uma colega de elenco com quem se envolve, mais psíquica do que factualmente. Trata-se da bailarina que é preparada para substituir Nina, como sempre as protagonistas têm. Representada por Mila Kunis, uma atriz de enormes e expressivos olhos escuros, torna-se, para ela, a própria encarnação do Cisne Negro, por quem desenvolve uma atração obsessiva e paranoica.

Lilly é naturalmente sensual; pelo menos é assim que é apontada pelo diretor, quando diz a Nina que deveria se inspirar nela. Tudo indica que Thomas e Lilly são amantes, mas ficamos confusos se isso de fato ocorre ou se seria uma alucinação da nossa personagem, cada vez mais propícia a tê-las. As jovens chegam a se divertir um pouco juntas, saem e bebem, causando grandes conflitos entre mãe e filha. Porém, Nina vai além, tem fantasias lascivas, enamora-se pela amiga e rival e passa a ver sua imagem em todos os lugares.

Essa identificação com aquela que acaba simbolizando a gêmea má, o próprio Cisne Negro, acaba ganhando contornos delirantes justamente porque é praticamente literal. Lilly tem asas tatuadas nas costas, e é nesse lugar que Nina alucina e sente que penas lhe brotam de dentro da pele das omoplatas. Essas penas negras em suas costas são a fusão de sua identificação com Lilly e com o Cisne Negro, que representa a sexualidade que ela teria que aprender a expressar. Interessante que é a partir daí que os encontros com Lilly passam a ser uma obsessão. São tão constantes os delírios que envolvem esse seu duplo que, no desenrolar do filme, nos sentimos perdidos quanto ao que é fantasia e ao que é real.

Outra figura por quem Nina desenvolve uma obsessão delirante é a de Beth, a primeira bailarina que fora desbancada. Ela não entende a óbvia tempestade de ódio que recebe da preterida Beth. Com a costumeira expressão de assombro infantil, assiste ao ataque de fúria da colega mais velha, que acaba destruindo seu camarim. Sorrateira, nossa jovem aproveita a deixa de sua saída intempestiva para lhe roubar pequenos objetos pessoais. Apropriar-se desses objetos de Beth já denota a precariedade dos mecanismos a que Nina recorria: apossar-se de algo de alguém idealizado, "ter" algo dele para "ser" ele um pouco é um dos recursos comuns, em geral ligados a pequenos furtos, que acontecem entre a puberdade e a adolescência. É um pouco como as crianças se fantasiam para brincar, exceto que nesse caso não se trata de brincadeira: o objeto furtado deve realmente pertencer a uma pessoa ou um tipo de pessoa cuja identidade se cobiça e deve passar a pertencer, mesmo que ilicitamente, a quem o possui no momento.

Nina espia e admira a desequilibrada Beth, encenada por Winona Ryder, a qual não cansa de insultar Thomas por tê-la descartado. Se bem tenha sido substituída, ela não deixara de ser virtuosa, admirada, tudo aquilo que Erica, na opinião da filha, nunca teria sido. Depois de ter uma crise de fúria com o diretor, Beth sofre um acidente significativo: é atropelada na saída do baile em que o novo elenco, do qual tinha sido excluída, foi apresentado. É evidente que a bailarina preterida provocou sua imolação, pois o acidente literalmente lhe quebra as pernas, aquelas que foram aposentadas pelo diretor.

Esse acidente produziu em Nina uma nova série de produções delirantes. Após vê-la ferida no hospital, sentindo-se usurpadora, devolve os objetos surrupiados, entre os quais uma lixa metálica. A partir daí, as imagens horríveis que perseguem a jovem são de Beth deformando-se, perfurando o próprio rosto com esse objeto cortante. Não deixa de ser expressivo que ela sinta que esses olhos, que não suportam ver o sucesso da bailarina mais jovem, sejam exatamente como os de sua mãe. Esse rosto acabou sendo delirantemente destruído, como se lhe vazassem os olhos. Convém lembrar que ao olhar materno cabe uma espécie de testemunho, que nos ajuda a ser alguém. Ele está na origem da constituição de nossa imagem corporal.

Todos esses olhos e espelhos se sobressaem ainda mais pela forma como a câmera é usada no filme. Nina é praticamente perseguida pela lente; é uma filmagem opressiva, não há quase cenas sem ela ou sem o que ela está olhando. Isso nos conduz a uma angustiante identificação com a personagem; partilhamos de sua mesma confusão sobre o que de fato enxerga e quais são seus delírios e alucinações. Para aquela que tinha em sua mãe a única figura de inspiração, às vésperas de fazer-se mulher, abre-se um leque de alternativas com as quais compor uma versão pessoal da feminilidade.

Em casa, enquanto Nina parece viver algo um pouco mais próximo de uma adolescência rebelde, o clima fica tenso, e Erica começa a boicotar discretamente a estreia da filha. Quando o sonho da primeira bailarina se realiza por meio de Nina, quem se impõe é a rivalidade da mãe com a filha.

Na sombra dos dois cisnes, encontram-se essas três mulheres, Erica, Lilly e Beth, conjugações múltiplas da feminilidade que Nina está tentando incorporar. Elas protagonizam as alucinações de Nina. Nessas produções imaginárias, as três encarnam figuras perseguidoras e corpos que sangram e se decompõem, enquanto pousa sobre ela um olhar invejoso, desejante e acossador.

Navegando por essa tempestade de emoções e irrealidades, Nina chega a estrear em seu papel. Dança de forma fantástica, mas perde o equilíbrio e cai durante um dos solos. Para garantir o bom desempenho, considera necessário eliminar a rival que ela imagina que está tentando destruí-la. Em uma cena forte, que chegamos a acreditar tratar-se de um acontecimento, e não de uma alucinação, elas se enfrentam, e a frágil e pura Cisne Branco apunhala Lilly com o caco de um espelho quebrado. Com frieza, arrasta seu corpo para o banheiro, estancando o sangue com uma toalha, e, graças a isso, consegue voltar ao palco apta para encarnar uma perfeita Cisne Negro. Quando volta ao camarim, para trajar novamente a fantasia da princesa enfeitiçada, percebemos que ela havia perfurado o próprio ventre. Embora ferida, Nina executa maravilhosamente o último solo do Cisne Branco. Por fim, após o suicídio da personagem, ovacionada pelo público, é encontrada morta. Assim, fundem-se finalmente os papéis dos dois cisnes, as personalidades de Nina e Lilly, e a história termina igual para a personagem e sua protagonista.

## GRANDES ESPERANÇAS, PARCOS RECURSOS

O fracasso é um dos fantasmas que assombra a adolescência, quando os desafios nos encontram novatos e sabemos que se formos adiante pode dar certo ou não. Nessa fase, sentimos como nunca o perigo de que as partes trincadas do nosso imaturo esqueleto emocional se tornem fraturas expostas. Padecemos do encontro das grandes expectativas com o sentimento de descrédito. Espera-se tanto de nós justamente quando somos mais incrédulos das nossas capacidades. É justamente na adolescência que muito olhos ficam atentos a que apresentemos desempenhos à altura desses sonhos alheios que foram projetados em nós. Tudo o que ocorre nesses anos deixará cicatrizes no que nos tornaremos; será traumático, no sentido do que fura nossa superfície emocional, pois ainda estamos verdes para certas experiências.

A adolescência é vertiginosa, tudo acontece ao mesmo tempo: as primeiras oportunidades de trabalho, de encontro com mestres inspiradores, de participação nos acontecimentos públicos, os amores correspondidos ou não, a experiência do sexo. Posteriormente, olhamos esse passado com certa vergonha, como se não estivéssemos realmente à altura do que ocorria. Resta a sensação de termos sido ingratos com quem nos deu oportunidades, de não termos percebido a importância de amores interessantes que descartamos, de termos perdido tempo com relações que eram mesquinhas e maltratantes, de termos desperdiçado caminhos que não tivemos a lucidez de escolher. Na adolescência, a vida é como uma roupa de um número maior do que nosso; sempre algo sobra.

A maior parte dos jovens vai adiante vestindo a coragem e a ousadia próprias da época. É a fase estar sempre dando conta de fazer coisas que exigem atributos que ainda não adquirimos e temos consciência de estar sendo um blefe. Muitas vezes, pelo resto da vida, somos acompanhados dessa insegurança; é uma espécie de cacoete, de tique neurótico, que nos impede de acreditar que somos capazes, mesmo quando já nos provamos. Na adolescência, isso não é uma impressão; é fato que somos chamados a desempenhar um papel que não temos a mínima ideia de como fazê-lo, começando pelo próprio corpo, que se torna de um jeito que nunca usamos antes, e todos nos olham nesse novo formato, que ainda nos é estranho. Os que deveriam ser proprietários dessa nova morada corporal mal se sentem seus inquilinos.

Essa é a história de uma bailarina que enlouqueceu quando precisou dar conta de um protagonismo que se revelou demasiado. Situamos essa narrativa na adolescência porque ela ilustra muito bem o perigo da encruzilhada, em que eventualmente uma grande oportunidade surge para alguém que ainda não tem a capacidade de suportá-la. Especialmente nesse caso, como veremos, trata-se de alguém que mal demonstrava estar na trilha adolescente.

Na ocasião do lançamento do filme, falava-se da psicose de Nina. Vamos, sim, falar de loucura, pois não é à toa que, diante dos desafios iniciais que chegam com a adolescência, costumam acontecer os primeiros e, por vezes únicos, surtos. Porém, se até quando se trata de seres humanos nem sempre a patologia encaixa, que dirá um personagem, que não tem como meta ser coerente com a vida. Personagens não se prestam para serem diagnosticadas, e sim para pisar em alguns de nossos calos e colocar-nos a falar e pensar sobre determinados assuntos – nesse caso, sobre o medo de fracassar, ou de perder-se de si mesmo nas ocasiões decisivas.

De qualquer forma, a loucura costuma estar ligada à exigência de assumir um lugar do qual não se consegue dar conta. Tanto que se pode generalizar que os psicóticos seriam aqueles que fazem crises diante do sucesso, enquanto os neuróticos entram em crise diante do fracasso. Nina não teve estrutura para aguentar o sucesso de ter-se tornado primeira bailarina. Os neuróticos podem também sofrer com o sucesso, depressivamente optar por se boicotar, mas eles não enlouquecem. Perdem a oportunidade, mas não a sanidade.

Há uma série de pessoas que, apesar de internamente muito perturbadas, não chamam a atenção pelo desequilíbrio emocional. Estas, em geral, economizam o máximo possível sua passagem pela adolescência, cujas tarefas estão além das suas condições. Para muitas, apesar da fragilidade de sua constituição, que as impede de enfrentar uma série de desafios, ainda lhes é possível passar ao largo de muitos perigos sem jamais surtar, nunca ser consideradas loucas ou incapazes de qualquer coisa. Moldar a vida de acordo com suas possibilidades é uma sabedoria. A seu modo, elas encontram um espaço de convívio e realização seguro, em geral estudando e trabalhando e até constituindo famílias de forma muito competente, sem nunca apresentar nenhum ruído que lembre um desajuste, conflito ou sofrimento. Alguns teóricos chamam esses casos de psicoses brancas; são loucuras silenciosas. Nina poderia ter-se encaixado como alguém assim, até que foi eleita.

Os pais sabem, mesmo sem estarem conscientes disso, que a adolescência é uma época decisiva para a revelação de tendências patológicas. Ficariam mais tranquilos se tivessem claro que muitas delas não vieram para ficar, apenas significam um ajuste entre as possibilidades de cada indivíduo, os desafios que ele suportará enfrentar e a eficácia de suas defesas. Porém, é frequente que mantenham seus filhos em redomas onde seus temores não se confirmem, apresentando-lhes uma realidade mastigada e maquiada. Evitam que eles se sintam testados, garantindo-lhes um falso bom desempenho em uma vida irreal, com tudo o que puder ser comprado e facilitado por eles.

Em geral, esses temores parentais, de ter um filho incapaz, louco ou problemático, são falsos e estão a serviço da resistência em deixar crescer seus rebentos. É uma conduta de risco, pois, se não houver nenhuma vivência na qual os recursos internos de cura que o jovem traz consigo possam ser acionados, eles acabarão não se desenvolvendo, ou, mesmo, o que realmente se avolumará é uma visão infantilizada da realidade. Esses filhos que não são frágeis *a priori* tornam-se assim a partir da educação restritiva e fóbica que recebem. A liberdade para viver a adolescência que lhes for possível fortalece e incrementa recursos. Caso se trate de fato de um sujeito frágil demais para suportar as exigências da fase, como é o caso de Nina, isso se revelará a tempo de ser tratado, cuidado e, quem sabe, superado. É claro que os adolescentes inspiram uma postura atenta, mas é hora de deixá-los viver.

## QUANDO CRESCER É TERMINAL

Essa é a triste história de uma separação entre mãe e filha que não terminou de acontecer. Na adolescência, o maior desafio é sair do espaço gravitacional dos pais, mas temos dúvidas a respeito da forma como Nina teria realizado as primeiras separações infantis com a mãe, pois esse é um processo contínuo de rupturas e crescimento. Não há, no filme, qualquer menção ao pai ou outro familiar; ele se centra na díade mãe-filha como se fossem sozinhas. Nina cresceu e, embora seja econômica nas palavras, é capaz de se expressar verbalmente. Tornou-se uma bailarina competente, portanto é evidente que descobriu o mundo fora da relação com a mãe, mas, ao mesmo tempo, seguia demasiado dependente dela.

A adolescência é o momento de uma nova rodada de rompimentos. O primeiro é na infância, quando a criança vai construindo descontinuidades com a mãe e já não se confunde mais com ela. Parece-nos bastante óbvio que Nina era infantilizada. A relação delas era tão próxima que assistir às cenas iniciais do filme, nas quais se vê Erica lidando com aquela moça grande e bela como se fosse uma criança pequena, é próximo do insuportável.

Nina entregava-se de bom grado a esses cuidados maternos e, até enfrentar o desafio de encarnar o Cisne Negro, parecia muito pouco rebelde à presença ostensiva da mãe tratando de seu corpo. Justamente, adolescer equivale a constituir uma identidade corporal que barra o acesso visual e tátil dos familiares a um corpo que antes mimavam e zelavam sem constrangimento. Ela construiu um físico de bailarina, que foi uma forma de crescer sem ir se apropriando de uma imagem pessoal e privativa; em vez disso, foi formatando o corpo na base da perfeição do balé, uma referência ligada ao ideal materno.

O que talvez permitiu que ela fosse tão longe, conseguindo se tornar, nem que fosse de forma fugaz, a primeira bailarina, é que esse ideal não estava baseado em algo que Erica havia sido, e sim em uma eterna frustração dessa mãe. O fato de essa realização transcender a trajetória materna deu ao ato de Nina a possibilidade de estabelecer uma diferença entre elas, com potencial de ajudá-la a criar um espaço próprio, o que foi possível brevemente, pois o voo não tinha condições de ir longe.

Até então, entregues ambas à faina comum de fazer de Nina uma grande bailarina, nada se interpunha entre mãe e filha, e o balé era um território similar ao doméstico. Porém, a ambição dela seria de fato seu desejo ou apenas um instrumento de superação da frustração da mãe? Disso não temos como saber. O que o filme deixa claro é que, uma vez atingida a meta, a realização do desejo deixa de ser de Erica e passa a ser de Nina. A nascente rebeldia da jovem, assim como a busca pelo erotismo de um corpo até então totalmente alienado dessa dimensão, encontram-se em alguém que ainda não aprendera bem a respirar fora do ambiente materno.

Em relação à mãe, tampouco vemos outra coisa em sua vida fora sua filha. Erica, encenada pela atriz Barbara Hershey, saiu-se muito bem no papel dessa mãe bruxa. Ela consegue revelar a face sinistra que pode se ocultar sob a forma do amor mais idealizado da nossa sociedade. Há nela uma boa síntese da conflitiva própria do envelhecimento em personalidades muito narcisistas: uma beleza que havia sido o maior trunfo, que se esvai enquanto ela tenta se apegar a essa imagem por meio de seus inúmeros autorretratos. Presa a uma relação melancólica com a própria imagem perdida, encontra-se impossibilitada de apoiar uma filha que segue seus passos, certamente por devoção filial. Tudo ia bem, de seu ponto de vista, até que realmente Nina a ultrapassa, alcançando um protagonismo que ela nunca teve.

## UM CORPO QUE CAI

No espetáculo de estreia, Nina caiu em pleno palco. O tombo foi um sinal de que nossa bailarina não conseguia equilibrar seu corpo no limiar dessa fronteira, a partir da qual não poderia seguir adiante apenas como Cisne Branco. Justamente, a metáfora desse filme é forte, pois, para todas as meninas, trata-se de incorporar essa outra, uma mulher, em cujos trajes ela deveria se sentir à vontade.

Quando estamos aprendendo a andar e, pelas primeiras vezes, erguemos o corpo sobre diminutos pés, ocorre uma exigência similar à da posição em ponta das bailarinas. As mães estão habituadas a oferecer seus olhos como ponto de referência, lugar de sustentação. Colocam-se na frente à altura dos olhos deles e encorajam seus bebês, pois sabem que é preciso muito equilíbrio e confiança para não cair. Aprendemos, mesmo adultos, quando precisamos de equilíbrio, a fixar um ponto no qual sustentamos toda a estrutura, o mesmo que precisa ser localizado novamente a cada giro dos bailarinos. É dessa natureza o olhar de fora que nos assegura dos contornos e da estrutura do nosso corpo. Nina estava sem esse olhar materno que outrora lhe dava equilíbrio, do qual precisou se separar para tentar ser uma mulher.

A primeira manifestação da perturbação de Nina à qual somos apresentados no filme é o aparecimento de arranhões nas costas, do tipo produzido pelas próprias mãos ao coçar-se com violência. Por ser um mau hábito antigo da garota, Erica a repreende e toma medidas para evitar que ela faça isso dormindo. Nina jura que não se repetirá, mas torna-se compulsiva, até ver brotar deles, assim como de seus braços, a visão delirante das pontas de penas pretas. É a identidade do Cisne Negro avultando-se sob sua pele, que nesse momento lhe soa como uma possessão.

Uma das cenas mais chocantes é feita a partir de algo bem simples. Uma cutícula aparece levantada na mão de Nina, e ela, tentando removê-la, alucina que rasga sua pele, que começa a se desprender. Isso é da mesma ordem do que falamos sobre o equilíbrio; a imagem corporal é colada pelo olhar que recebemos do outro, que no princípio seria a mãe ou quem esteja cumprindo sua função. A queda desse olhar materno, sem que outra coisa entre em seu lugar, fragiliza a imagem corporal de Nina. Por isso, as alucinações são de se decompor, sangrar, rasgar. Ao mesmo tempo, estando a mãe tão "dentro" do corpo da filha, para tirá-la, é necessário, de algum modo, extirpá-la. É também por isso que o corpo da jovem é tão agredido por ela mesma.

As escoriações, machucados e cortes autoinfligidos são um quadro comum na adolescência e sempre dão o que falar pela sua força dramática. Em geral, surgem quando o sujeito se encontra em algum tipo de diálogo interno e inconsciente a respeito dos limites de seu próprio corpo. O sujeito fica aliviado ao ver seu sangue brotar, como se passasse a ter certeza de estar realmente aí, sente-se mais vivo por meio da dor e visualiza seu interior dessa forma. Além disso, os arranhões visam provocar uma demarcação autoral e territorial. Fazer-se machucados, cicatrizes, é como assinar no próprio corpo, como um pintor faria com sua obra. É uma forma primitiva, performática, de dizer "este corpo é meu". De forma socialmente aceita e sem esse caráter dramático, ocorre o mesmo com o hábito de enfeitar o corpo com tatuagens e outras intervenções de cunho estético. <u>Nosso corpo sobrevive nesse delicado equilíbrio entre convocar um olhar que o estruture e barrar esse mesmo olhar que o devassa.</u>

No caso de nossa personagem, temos um quadro diferente dessas transformações corporais, necessárias para a delimitação de fronteiras, comuns na adolescência. Ela apresenta sintomas alucinatórios e físicos: sente-se fitada e ameaçada pela própria imagem quando refletida nos mais variados lugares e tem delírios de ferimentos e transformações corporais em si e nos outros. São corpos que tentam não se desfazer, diferentes daqueles adolescentes e adultos que se vestem, tatuam ou enfeitam para providenciar algumas definições de contornos. As de Nina são vivências mais próximas da esquizofrenia ou de quadros limítrofes com a psicose do que seria corriqueiro na vida de jovens, que podem ter seus momentos de angústia, vergonha, autodepreciação, porém acabam por encontrar seu equilíbrio e identidade.

Se Nina tivesse, hipoteticamente, alguém com quem falar dessas tramas e sensações, talvez tivesse se tranquilizado um pouco, pelo menos no sentido de ver legitimada sua luta para não sucumbir. Compreender ou mesmo chegar a confiar em si e nos outros já seria um passo seguinte. Entretanto, isso são conjecturas, pois Nina estrelou um drama no qual o Cisne Branco estava fadado a morrer, desesperado pelo abandono, em pleno êxtase de perfeição.

Suas últimas palavras, quando ela realmente morre, depois do suicídio no palco do Cisne Branco, são: *"Fui perfeita!"*. A perfeição é o resto de uma fantasia infantil, que é rapidamente abandonada quando a criança percebe que mesmo se esforçando não há o que possa fazer para manter cativos seus adultos amados. Eles vão e vêm, nem sempre entendem o que ela quer, desinteressam-se de sua presença, e, por vezes, ela se sente abandonada. Se não criar o próprio mundo, brincando e fantasiando, sofrerá muito a cada ocasião em que se esboçar algum tipo de ausência. Em seu epílogo, Nina morrerá trajada de Cisne Branco, tal como imaginava ser aos olhos da mãe quando ambas viviam aparentemente satisfeitas uma com a outra. Isso antes que o erotismo dela e a insatisfação de sua mãe viessem para macular aquele estado. Nesse caso, a morte funcionou como a indiscutível palavra final: perfeita.

## DELÍRIOS E SUICÍDIO

Há uma cena no camarim em que nos sentimos inquietos, confusos entre a realidade e as alucinações da personagem. Nina pretensamente mata Lilly com um caco do espelho que havia quebrado em um acesso de fúria. Na verdade, descobrimos a seguir, isso não ocorreu, e foi no próprio ventre que ela o havia espetado.

Quando retorna para trajar-se novamente de Cisne Branco e fazer a cena final, descobre-se mortalmente ferida, e é nessa condição que realiza o último solo. Nossa apreensão de espectadores, indecisos entre a realidade e a fantasia, fica solucionada.

Só assim ela consegue encenar as duas gêmeas. Com um espelho, representante da identificação, literalmente incorporado ao próprio ventre, ela acaba gestando dentro de si a gêmea má, mediante a eliminação delirante de Lilly. Ao supor que esta perdeu a vida ao fracassar em seu intento de substituí-la, Nina fica na posição de ter tirado a vida da outra bailarina para dançar em seu lugar. O papel de Cisne Negro sempre foi legitimamente de Lilly, que tinha asas negras tatuadas nas costas e a sensualidade natural requisitada pela personagem. Nina sente que entra nele como usurpadora e, já que ela não contava com os atributos necessários, precisou "matar" Lilly. Após ferir seu corpo, alucinando que era da outra, ela incorporou de forma literal seus atributos e pôde sentir-se nas penas negras da gêmea sensual.

Essa cena duplica seus sentimentos a respeito de Beth, intérprete mais velha preterida, pois também foi no lugar dela que teve que dançar. Assim nasceu a bailarina completa, a menina e a mulher. Fundindo-se com o ideal materno, Nina atinge a perfeição e apresenta-se de forma extraordinária. Embora isso não seja uma regra, não é incomum que as grandes criações ou interpretações artísticas provenham de pessoas que estão no limite da morte, do sofrimento ou da loucura.

O que caracteriza como delirante e louca sua conduta não é o fato de ter atentado contra a própria vida. Podemos falar de psicose graças ao delírio de incorporação factual de um corpo em outro, por meio do assassinato, que acaba sendo de si mesma. Como espectadores, partilhamos dessa perda de referências, em um filme que em vários momentos nos leva a vivenciar, como se fosse conosco, a diluição da fronteira entre realidade e fantasia.

O delírio pode ser útil aos que dele lançam mão. Por seu intermédio, é possível completar alguma operação de que eles prescindem na realidade. Quer sejam vozes que dão ordens ou visões, são alucinações visuais, auditivas ou sensoriais organizadas por uma fantasia delirante. Tudo isso fornece uma realidade ortopédica do que precisa ser ou acontecer para que aquele que delira se sinta completo ou com algum sentido. O delírio é uma tentativa espontânea de cura, uma forma de restabelecer o sentido perdido, de reorganizar uma subjetividade caótica.

O suicídio de Nina serviu a duas funções: eliminar Lilly e substituí-la ("ser ela" é diferente de "ser como ela"), e, ao mesmo tempo, encarnar a perfeição que era o sonho de sua mãe. Só podemos ser perfeitos em um ato terminal. Ele é a única forma definitiva de silenciar a crítica, pois, no segundo seguinte a qualquer coisa ótima que tiver sido feita, já lhe vemos os defeitos, já exigimos correções, o ideal já se deslocou um pouco adiante. Nossa personagem conseguiu ser tão completa a ponto de encarnar dois opostos, personificar o auge de uma carreira que sua mãe mal iniciou, sem jamais viver um declínio. Tal imaculada versão dos ideais de Thomas – mistura de figura paterna com adulto abusador – ou Erica – a mãe rival – só poderia ocorrer uma vez: a última.

Uma boa e incômoda dose de crítica faz parte da vida de todos nós, mas, na adolescência, ela pode ser devastadora, pois, em geral, ainda não provamos nada para ninguém. Por sorte, nessa época, também há boas defesas contra isso, como, por exemplo, a desqualificação dos pais, cujas vozes são identificadas com as exigências que o próprio adolescente impõe a si mesmo. É também muito útil a exagerada importância atribuída aos laços fraternos, os amigos que se tornam tudo na vida, já que a amizade se caracteriza pela tolerância mútua, aceita-se tudo sem críticas uns dos outros, ou, no máximo, os questionamentos que podem ser feitos usarão os recursos do humor e da leveza.

É claro que também essa pode ser uma época propícia para redes de fofocas e maledicência, mas estas visam basicamente manter a coesão grupal, em que certo núcleo elege elementos de fora como inimigos ou passíveis de desprezo, para melhor exaltar o laço dos seus membros. Outros recursos interessantes são a negação, a desqualificação e o questionamento dos valores associados pelos mais velhos ao sucesso, à vitória, ao bem comum, enfim, aos lugares tradicionais, ou dos valores de uma época, aos que se espera que a maturidade normalmente conduziria.

Como se vê, no próprio modo de vida do adolescente, montam-se vários tipos de refúgio para proteger-se do caráter invasivo e angustiante das cobranças que recaem sobre os que abandonam a infância. É necessário criar alguma casca protetora para que a voz imperiosa do desejo alheio não funcione como um som capaz de quebrar os cristais que nos tornamos nessa fase. Os sinais de defesa diante dessa fragilidade temporária são sempre inquietantes: pensamentos delirantes; ataques constantes e físicos de agressividade em família; tentativas de anestesiar-se ferindo-se ou recorrendo ao uso abusivo de álcool ou, ainda, de drogas, lícitas e ilícitas, como formas de analgesia da inquietude; atos destemidos, colocando-se em perigo para provar-se senhor da própria vida. Os riscos nesse caso são muitos. Portanto, se você, adulto, se queixa dos comportamentos típicos dos adolescentes, acredite, sem eles, pode ficar ainda pior.

CAPÍTULO XII

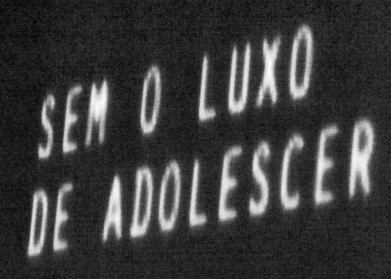

FILME:
Inverno da alma

TEMAS:
Oportunidade para adolescer
Imposição do legado familiar

Existe um filme simples, mas duro, que mostra o avesso de uma das facetas mais valorizadas da adolescência: a liberdade para escolher um destino. Admiramos nos jovens seu supostamente infinito leque de opções, o fato de que eles ainda não escolheram o que serão. Idealizamos a aparente possibilidade de ser quem quiserem, constituir seus próprios valores, decidir se ficar ou partir, criar versões de sua origem, abandonar suas raízes. Ree, nossa personagem, não pode fazer nada disso. A palavra "luxo", no título deste capítulo, é para lembrar que a adolescência, tal como hoje concebemos a juventude, não é o único caminho possível para crescer e que necessita de quem a banque.

Inverno da alma (Winter's Bone, 2010), dirigido por Debra Granik, tem a atriz Jennifer Lawrence como Ree, em sua primeira grande interpretação. Por esse papel, a jovem atriz, de vinte anos na época, foi indicada ao Oscar e a outros prêmios cinematográficos daquele ano. Baseado no livro de Daniel Woodrell, Ossos do inverno (Ed. Martins Fontes, 2011), o filme conta a história da jornada de uma jovem em busca do pai, logo transformada na procura pelo corpo deste.

Ree Dolly tem dezesseis anos e um cotidiano complicado, pois cria sozinha os dois irmãos menores. O pai está desaparecido, e a única adulta na casa é a mãe, mas está entre demenciada e catatônica e, pior, demanda mais cuidados que os pequenos. A vida de Ree é tão rústica como o ambiente em que vive – as montanhas geladas de Ozark, nos Estados unidos –, onde corta lenha para se aquecer e caça animais para comer. Como não tem dinheiro, conta com a caridade dos vizinhos.

É ela que acorda cedo e improvisa alguma comida antes de levar seus irmãos para a escola. Não parece incomodada pela situação e é extremamente amorosa com eles. Apenas percebemos a garota que ainda é quando percorre a escola em que as crianças estudam e espia curiosa as salas de aula, os ginásios que já não frequenta. Ela não tem tempo nem condições para isso. Sua vida parece antiga, mas a história é ambientada nos dias de hoje.

É tudo muito árduo, mas a pior dureza ainda está por vir: recebe a visita do delegado com a comunicação de que seu pai hipotecou a propriedade em que vivem para pagar a fiança e responder em liberdade a uma acusação de tráfico. O problema é que o pai sumiu, e, caso ele não apareça na audiência marcada, eles vão perder o pouco que têm para manter o que restou dessa família.

Atrás de informações, vemos Ree passar em revista o mundo sórdido dos traficantes e bandidos que seu pai frequentava. Ela persiste, pois confia no pai e acredita que ele não sumiria assim, deixando a família para trás, sem notícias nem recursos. Aos poucos, a suspeita de que ele está morto se confirma, mas não há tempo para tristeza: sem o corpo, não terá como provar que ele não rompeu com a palavra, a fiança será cobrada, e perderão a casa em que moram. Ela tem que descobrir onde esconderam os restos mortais para provar que ele não está foragido.

Ree sempre soube das encrencas de seu pai com a lei, nunca ignorou que ele "cozinhava", ou seja, preparava metanfetamina. Há, inclusive, um certo orgulho familiar quanto a ele ser o melhor nisso. Seu tio Teardrop, irmão do pai, também é do ramo, portanto ela sabe que nasceu em uma família marginal ao sistema e conhece muito bem os códigos de conduta dessa comunidade.

Quando o tio lhe confirma que seu pai foi morto por outros traficantes por ter tentado uma colaboração com a polícia, em troca de redução de pena, ela fica envergonhada. Segundo o tio, esse não é o estilo da família; eles não são dedos-duros. Por mais esse agravante, Ree é desaconselhada a buscar o corpo do pai junto a seus assassinos.

Qualquer um pode imaginar como isso é difícil e extremamente perigoso. Contra tudo e todos, Ree não desiste. A desproporção de poder entre uma garota armada apenas pela determinação e os assassinos de seu pai é o mote do filme. Movida pela necessidade, pois não via outra saída, ela se torna a encarnação da perseverança destemida. Ela vai longe demais, a ponto de colocar sua vida em risco. Quando estava quase desfalecida, apanhando muito das mulheres dos traficantes, a quem inicialmente tentara apelar por solidariedade, acaba sendo resgatada pelo seu tio. Ele havia se omitido de ajudá-la, mas, quando ela chega no limite máximo do perigo, ele vai buscá-la na toca do inimigo. Apesar disso, ela finalmente consegue ser ouvida: não queria saber nada, não buscava vingança, queria apenas o corpo do pai para não perder a casa. Admitia que o pai errou, mas que já pagara por seu erro.

O tio, viciado em metanfetamina, inicialmente se acovardou, ponderando com a sobrinha a assimetria de poder que eles não teriam como enfrentar. Aumentando o desamparo de Ree, chegou a sugerir a ela que cortasse as árvores de suas terras rapidamente e vendesse a lenha antes de perdê-las. Como parte da solução derrotista proposta pelo seu único parente, ele queria que Ree entregasse seu irmão para ele e a mulher criarem. A menina ficaria com ela, afinal, as mulheres não valem o mesmo nesse mundo. Nossa heroína não está disposta a abrir mão do que resta de sua vida; ficarão juntos e em casa. Inspirado pela coragem da sobrinha, afinal, prevalece no tio a força do sangue dos Dolly, mais de uma geração de foras da lei.

A corajosa e patética peregrinação alcança um resultado. Apesar de a primeira reação ter sido violenta, as mulheres da família do chefe do tráfico resolvem que ela realmente tem razão na sua busca. Uma tênue solidariedade feminina, assim como a valorização dos laços entre a marginalidade e um parentesco distante, acaba falando mais alto. Esta é também uma história de mulheres e garotas. É delas o protagonismo no desenlace da história. Elas levam Ree vendada até um pântano onde o corpo de seu pai foi descartado. Em uma cena impactante, obrigam-na a tatear na água em busca das mãos do cadáver e entregam-lhe uma motosserra para cortá-las e, assim, provar à Justiça que ele está morto. Puxá-lo do charco gelado já foi demais para ela. Em um raro momento de bondade, uma das mulheres a poupa e corta, ela mesma, as mãos do cadáver enquanto Ree as suspende para fora da água.

Mentindo que as mãos foram atiradas no seu pátio, ela as entrega à polícia e, com isso, resgata a casa, afinal, o pai não faltou com a palavra; não retornou porque estava morto. Talvez a busca de Ree só tenha sido possível por ela ser uma mulher. Ela não é vista como quem busca vingança, apenas como quem pede a misericórdia de ter um corpo para pôr fim a uma espera, fazer um luto e resolver um problema.

Nossa heroína ainda ganha um brinde do destino: alguém complementou o que faltava da fiança com uma soma em dinheiro. Como a contribuição era anônima, foi destinada à família do acusado. Provavelmente, a ajuda que o pai teve para aguardar o julgamento em liberdade veio do próprio assassino, que o tirou da cadeia para matá-lo. A polícia não teria conduzido bem a possível delação, e ele foi descoberto e morto antes de agir. Não parece ser muito dinheiro, mas, para quem não tem nada, é comida para aguentar mais um inverno.

O filme é muito fiel ao livro, exceto pela figura do tio ser muito mais sinistra, e pelo fato de as crianças no livro serem ambas meninos. A parte da vida de Ree que nos toca acompanhar termina com uma oferta de emprego. O oficial de fiança pergunta se ela quer trabalhar junto com ele, afinal, seus parentes são os maiores clientes, e ela seria útil por isso mesmo, por conhecê-los. Ela pensa em comprar um carro com o dinheiro, e os Dolly restantes – Ree, as crianças e o tio – se reúnem para tocar banjo em uma espécie de rito funerário. Não deixa de ser um respiro de esperança.

## BATISMO DE FOGO

A história é uma clássica jornada de crescimento: confrontado a um desafio, um jovem sai maior e mais experiente. Nesse caso, é uma espécie de batismo de fogo pelos descaminhos da marginalidade que o pai lhe legou. Ree sai mais adulta da prova; deixa de ser apenas a filha de seu pai. Ficará marcada pela coragem e ousadia com que recuperou sua propriedade. Também se trata de um amadurecimento acelerado, a partir do momento em que se dá conta de que seu pai não vai mais voltar e que agora é tudo com ela. A família já lhe pesava, mas agora é sem saída.

O que chama atenção nessa história é que a vida dessa jovem não demonstra qualquer traço de adolescência tal como a conhecemos; esse é um luxo que ninguém banca para Ree. Sem o pai, acaba também o sonho de ir para o Exército, talvez a única forma que lhe restava de escapar de uma vida entre marginais, a única oportunidade de inventar um destino diferente daquele que o peso de ser uma Dolly permitia.

— *Bom, eu sou uma Dolly. Nasci uma Dolly e vou morrer uma Dolly, e é assim que sei que meu pai está morto.*[1]

Essa é a resposta dada por Ree ao oficial de fiança quando este pergunta como sabe que o pai está morto. O importante é menos a intuição e mais a ideia da prisão a uma identidade. Ree tem um destino à moda antiga, quando a herança familiar deixava estreita margem de manobra para inventar uma vida. O mais anacrônico na personagem é o fato de que não se queixa; parece resignada em ganhar uma herança tão pesada.

Paradoxalmente, ir para o Exército seria sua adolescência possível, no sentido de um lugar distinto da família e aberto a novas possibilidades. Provavelmente, Ree daria certo na caserna: conviver em um ambiente viril e rude não lhe era problema, e estaria em uma instituição de normas rígidas, como é o ambiente mafioso no qual foi criada. Continuaria em meio a armas e códigos de honra, mas dentro da lei, e, quem sabe, teria uma oportunidade para deixar o passado marginal para trás.

Quando seu tio sabe que sua sobrinha anda perguntando tudo a todos a respeito do pai, pede a Ree que por favor não lhe conte se descobrir quem foi o assassino, pois não poderá não o matar e seguramente será morto por isso. Saber seria seu fim. Na última cena, Teardrop diz a ela que sabe quem matou seu irmão e recebe em troca um abraço triste, como quem se despede. Ambos estão conscientes e resignados com essa condenação, já que nada pode ser feito. Para ele, a herança familiar é ainda mais cruel; pagará com a vida. Nenhum dos dois cogita em partir, em romper com tudo; estão demasiado ligados à terra e a sua história. Essa subjetividade à moda antiga os acorrenta.

Partir desse cenário seria a verdadeira ruptura. Para Ree, o sonho de se alistar seria a oportunidade de beneficiar-se dos privilégios dessa fase da vida que está completamente vedada a muitos. Esses jovens marginalizados têm idade para ser adolescentes, mas, como vivem a miséria, a guerra, o trabalho semiescravo, a prostituição ou o recrutamento no tráfico, essa contingência lhes rouba o adolescer.

## O PRIVILÉGIO DE ADOLESCER

A adolescência, ao menos na qualidade de idealização, é tempo de partir, de desligar-se da história dos pais e inventar um rumo para si na vida. Nesse ponto, ela é, acima de tudo, fruto de uma oportunidade, depende de circunstâncias muito específicas para ocorrer. O amadurecimento hormonal e neurológico e o surgimento de um corpo vigoroso não levam naturalmente a uma subjetividade adolescente: significa apenas isso, um processo físico em que a infância dá lugar ao corpo jovem de um adulto sexuado.

A experiência desse período à deriva, crivado de dúvidas, próprio para contestações, em que costuma ocorrer algum tipo de rompimento com seus adultos, depende de condições sociais muito específicas, que estavam ausentes na trajetória de Ree. É importante observar que essa história é apenas uma variante da vida de tantos jovens, talvez a maioria numérica em nosso mundo, sem oportunidade de viver a dita adolescência. Precisamos entender que ela é um processo socialmente incentivado, o modo como a cultura contemporânea enlaça e determina o estilo de vida daqueles que abandonam a infância.

A condição infantil não é optativa. Mesmo que encontremos mundo afora gente muito pequena de grande coragem, capazes de sobreviver em condições de desamparo extremas, eles não deixam de ser crianças por falta de contexto. Não há como contornar a dependência humana inicial, assim como o lento desenvolvimento emocional e mental, que carece de proteção e estímulos para se desenvolver. As necessidades infantis existem para os que têm recursos para ser cuidados e também para os que não têm. Ninguém pula a fase da infância porque nasce miserável; apenas será uma criança ainda mais frágil em termos de saúde e terá horizontes mais estreitos por falta de cuidados e investimentos. É por isso que qualquer governante minimamente digno de seu cargo priorizará a atenção à primeira infância.

Quanto aos jovens confrontados à miséria econômica e social, há muitos que tentam, apesar da falta de oportunidades, propiciar-se alguma vivência adolescente. Mesmo que estejam privados de estudos e cultura, que precisem trabalhar duramente, que não consigam se manter alheios a lutar na guerra do tráfico, que acabem por se prostituir, que tenham filhos quando seu corpo mal amadureceu, muitos deles ainda reivindicam o direito ao luxo da imaturidade, à inconsequência momentânea e às dúvidas sobre tudo. Para a maior parte dessas pessoas, o apelo não será ouvido, ou nem ousarão fazê-lo. Querendo ou não, estão fadadas a levar a vida de jovens adultos com parcos horizontes própria do ambiente que as rodeia. Insistimos, elas serão jovens de fato, mas não conseguirão viver uma adolescência. Porém, como a adolescência já faz parte dos sonhos das crianças e dos adultos, vão se sentir privadas de algo a que parece que todos deveriam ter direito.

Essa oportunidade de ter um destino em aberto enlaça-se com o individualismo, que é nossa forma corriqueira de subjetivação. Ou seja, em tese, teríamos que inventar individualmente um percurso de vida específico para cada um de nós, independentemente de nossa origem. O sentido da nossa vida já não é implícito no nascimento nem rigidamente determinado pelo que nossos pais escolheram ou querem para nós. O momento em que fazemos essa ruptura é na adolescência, pois é também quando temos consciência da nossa imparidade, do quanto somos irredutivelmente uma história singular sem cópia.

Diferentemente do que o nome sugere, o individualismo – tal como definido pelos antropólogos e sociólogos – não quer dizer uma postura egoísta e narcisista, infelizmente típica dos tempos contemporâneos, em que cada um só pensa em si. O termo visa circunscrever uma herança subjetiva das revoluções Francesa e Industrial, quando os indivíduos se libertaram da terra onde nasceram, dos laços feudais e familiares e passaram a viver uma mobilidade até então inédita. Desde então, tornou-se corriqueiro ter que inventar um destino para si mesmo, alheio ao dos antepassados. Não que todos os adolescentes façam rupturas radicais com o passado e com seus pais, sabemos que não é assim, mas a possibilidade, assim como a expectativa de que se faça isso, é o que muda tudo. Esse sopro de liberdade chega com a adolescência, e saber o que fazer com isso é mais uma das tarefas do crescimento.

Entre os que não vivem uma adolescência, a maior parte é constituída pelos que são privados disso por razões socioeconômicas, mas também encontramos indivíduos ou mesmo famílias inteiras que fazem de tudo para elidir as vivências desse período. A adolescência é um potencial de liberdade, mas também fonte de angústia, motivo pelo qual alguns jovens que têm esse privilégio acabam abrindo mão dele, livrando-se dos impasses. Casamentos, maternidades e paternidades muito precoces, adesão a pensamentos totalitários de cunho político ou religioso, enfim, há várias formas de livrar-se dos enigmas apresentados por essa etapa.

Ree é aparentemente uma jovem transgressora, afinal enfrenta homens fortes, armados e impiedosos; nisso ela se mostraria rebelde aos desígnios sociais de gênero e de idade de seu meio. Na verdade, ela segue a tradição das mulheres mais velhas, suas contemporâneas: habita uma terra de mulheres rústicas. Elas são aparentemente submissas, mas afinal acabam fazendo o que querem e acham certo. Todas manejam armas e ferramentas pesadas e sabem brigar. É a essa linhagem que acaba se filiando, e não sabemos se o fardo da família a prenderá aí para sempre ou se conseguirá outro destino. De qualquer forma, essa postura é a única coisa que a mantém na contemporaneidade. Ela não precisa de um homem ao seu lado, como no passado, para seguir a vida. Do lado familiar, vale lembrar que, embora o tio a tenha salvo, ela não lhe obedeceu; ele não queria a busca ao irmão, e ela seguiu em frente.

Famílias lideradas por mulheres são muito comuns nas comunidades miseráveis, onde a expectativa de vida e o horizonte dos homens são ainda mais estreitos que os das mulheres. Elas, assim como Ree, têm, no cuidado da prole, dos filhos ou irmãos menores, um fio de prumo. Por isso, são menos nômades e tendem a organizar o grupo familiar em seu entorno. Já nossa personagem não pertence a um mundo matriarcal; ali são os homens que mandam, embora suas mulheres não pareçam nada frágeis e arranjem meios para impor algo de seus desejos.

Ainda que situada em um país onde a miséria não afoga massas humanas, Ree não teve muita sorte. Apesar da imagem pública de bem-estar social, os Estados Unidos abrigam uma significativa população para a qual alguns luxos, entre os quais a adolescência, no sentido de poder escolher um destino, não fazem parte da vida.

### NOTA

1. WOODRELL, D. *Ossos do inverno*. São Paulo: Martins Fontes, 2011. p. 155.

CAPÍTULO XIII

FILME:
(500) dias com ela

TEMAS:
O primeiro amor
Construção da identidade de gênero
O preço da fantasia romântica
Perda e rompimentos dilacerantes
Acaso *versus* predestinação
Restos infantis no amor

A adolescência é considerada a estação do amor, mais especificamente a primavera do ser humano, época do cio. Talvez devêssemos pensar o contrário: que seria o amor a chave do estado adolescente, independentemente da idade do apaixonado. De qualquer maneira, seja exercido, seja fantasiado, o amor é o espaço mais propício para elaborar tudo o que é imprescindível à formação de nossa identidade. Os primeiros são os amores de dentro de casa, paixões incestuosas, inaugurais, fundamentais e fabricantes da neurose. A partir da adolescência, chegam as experiências que vão colocar em jogo todo esse acervo de fantasias que sobreviveram ao fim da infância. As vivências que virão a partir daí também ajudam a lapidar nossa identidade, porque no amor estamos sempre aprendendo a ser.

O filme *(500) dias com ela* (*(500) Days of Summer*, 2009) fez sucesso tanto pelo relato preciso de um fracasso amoroso como pela forma lúdica de narrar. Ele é construído em *flashbacks* aleatórios, mas de forma nenhuma nos perdemos do que está sendo contado. O diretor, Marc Webb, importando sua experiência com curtas e videoclipes, construiu uma narrativa bastante livre em termos de linguagem. Ele lança mão de recursos interessantes, quase didáticos, como a divisão da tela ao descrever como foi um fato, um encontro ou, em geral, um desencontro: uma metade para a imagem real, outra, para as expectativas. O filme ainda brinca com citações de outros filmes, com os clichês das comédias românticas. Por esses e outros detalhes, é inovador. Mas, atenção: é preciso considerar que estamos no universo da comédia romântica, dessa vez enfocando as desventuras de um amor adolescente.

Há poucos territórios em que a inteligência nos abandona tanto como no amoroso; o contraste entre o que se enxerga e o que se fantasia costuma ser abissal. Acrescente a isso a inexperiência e as inibições próprias de um jovem e fica fácil compreender a graça da história. O cerne do filme é a paixão de Tom por Summer, uma colega de trabalho. Tom é um arquiteto que se desencaminhou de sua área e trabalha em uma empresa que faz cartões de mensagens para todas as ocasiões, enfim, uma fábrica de linguagem clichê *prêt-à-porter*. Ele parece ter uma vocação genuína para a arquitetura, mas não tem boas razões para nos dizer por que não persegue seu sonho. Um dia, chega Summer, a nova auxiliar do chefe, para trabalhar no mesmo escritório. Ela nos é apresentada como uma garota independente, bem resolvida e antirromântica. Nós a enxergamos conforme os olhos dele, ou seja, com o assombro de quem vê uma aparição.

Tom se apaixona por Summer, mas custa a admitir até para si mesmo. Um dia, em uma festa da empresa, um colega bêbado que era seu confidente revela o quanto Tom a amava. Em vez de confirmar, o envergonhado Tom segue dissimulando. Summer fica um tanto atraída, mais pelo amor que lhe é devotado do que por Tom, que, ainda inseguro, não consegue aproveitar nenhuma das oportunidades que ela cria para assumir seu desejo. É preciso que ela quebre o gelo do primeiro beijo, cansada de esperar pelo tímido apaixonado. A partir daí, eles têm uma temporada de relação, duzentos e noventa dias, para sermos mais exatos. Os dias restantes, para fechar quinhentos dias do título, são os da ressaca amorosa de Tom para superar a perda de Summer.

Sempre houve uma assimetria nesse namoro que não quer ser chamado assim, já que ela sempre se opôs a formalizarem o vínculo. Summer não tem uma real admiração por Tom; gosta dele, acha-o bom amigo e até o deseja, mas não se apaixona. Na prática, por algum tempo, namoram, pelo menos do ponto de vista dele. Começam a se encontrar toda hora, saem juntos e se divertem, transam, criam suas piadas internas, brincam bastante, partilham músicas, ele desenha e fala de arquitetura para ela. Na vida de Tom, não é apenas o amor que se inicia; vê-se nele um despertar, que vem na esteira dessa relação.

Um dia, aparentemente de inopino, ela diz que tudo tem de acabar. Tom não entende nada e se afunda em uma longa jornada de raiva e lamúrias, tentando entender o que deu errado. Repassa todas as memórias na vã esperança de chegar a uma revelação sobre o fracasso. Summer sai também do escritório onde trabalhavam e, quando volta para a história, já está comprometida; vai se casar. Tom fica ainda mais estarrecido: como alguém que dizia não acreditar no amor, não queria sequer namorar, agora vai casar? A resposta não é boa para Tom. Ela lhe diz que nunca sentiu em relação a ele a certeza que sente em relação ao noivo.

Embora com a alma quebrada, Tom segue em frente. Já não é o mesmo; desenha o enorme perfil de uma cidade em sua parede, enquanto gesta sua saída do casulo para buscar outro destino para sua vida. Já não lhe serve o emprego medíocre, onde há anos se distanciava da identidade de arquiteto, e vai procurar emprego em sua área. Como homem, ele também já deixou de lado o papel de garoto desamparado; uma iniciativa leva a outra. Em uma de suas buscas, à espera de uma entrevista de emprego, encontra uma garota e, em um lance de ousadia, a convida para sair. Ela aceita; chama-se Autumn.

## DIFERENÇA DE MATURIDADE ENTRE HOMENS E MULHERES

O filme se inicia já deixando claro com quem estamos lidando. Tom está em casa, em um espetáculo de autocomiseração e desilusão, destruindo seus objetos, em uma quebradeira quase apática. Seus amigos, que já não sabem o que fazer com ele, chamam sua meia-irmã, Rachel, para acalmá-lo, o que ela de fato consegue. O notável é que ela é bem mais jovem do que ele, pouco mais que uma criança. No entanto, durante todo o filme, é ela quem lhe diz as coisas mais sensatas sobre as razões de seu fracasso amoroso.

Summer também se mostra o tempo todo mais madura; sorri de forma condescendente das ingenuidades de Tom e em nenhum momento deixa de avisá-lo de que não pretende ter com ele uma relação estável. Ele nunca escuta o que ela diz e, a partir do fato de ambos passarem, principalmente no começo, uma temporada de agradável cumplicidade, deduz o que quer a respeito do destino de ambos.

Estar à vontade com Summer decorre também da personalidade tranquila dela: é segura e agradável, sabe onde está pisando e não descarta ter uma relação erótica com um amigo que considera atraente. Além disso, fica visivelmente lisonjeada com o comportamento apaixonado do rapaz.

Pouco sabemos dela; somente que percebia que ele não a escutava quando dizia que o estatuto da relação era diferente para cada um. Era visível que ele não fazia caso de seus avisos, como que psiquicamente surdo, envolvendo-se com afinco naquilo que acreditava ser a relação deles. É também em função disso que ela resolve romper; o convívio começava a padecer dos conflitos decorrentes das diferentes visões da relação que eles tinham.

Poderíamos dizer que Summer estava sendo injusta com ele; porém, se assim fosse, ele não teria crescido tanto a partir dessa frustração amorosa. Ela se deixou amar mais do que amava; ambos passaram um "veraneio" amoroso, do qual Tom saiu mais maduro e "outonal" para encontrar outros destinos. Quanto a ela, pelo pouco que chegamos a conhecê-la, podemos dizer que ele a deixou pensando sobre o amor. Era capaz de permitir-se até alguma fantasia romântica.

Geralmente as mulheres estão mais preparadas quando chega o momento dos primeiros relacionamentos. A assimetria enorme entre o graúdo e desolado Tom e a miúda Rachel, sua inteligente irmãzinha, junto a quem ele buscava se aconselhar, é uma hipérbole cômica da sabedoria feminina. Esse fato decorre de séculos de prática das mulheres com as lides do amor e dos relacionamentos. Como esse sempre foi o foco central na vida delas, é natural que larguem na frente nesse quesito. Também é interessante, se formos partir dos dados da imagem, Tom ter aparência e idade para ser um galã adulto de filme vitoriano, enquanto Rachel deveria correr pelos campos atrás do Coelho Branco.

A imaturidade do jovem homem, realçada pela adolescência cada vez mais tardia, é acompanhada da precipitação precoce da menina para o mesmo período da vida. A adolescência caminha para ser um dos maiores tempos da existência, à medida que vai se apropriando do fim da infância e do início da vida adulta. Além disso, parece que as meninas têm mais pressa de crescer, enquanto os garotos demoram-se na imaturidade.

Não é de se surpreender que assim seja, dada a tradição do que seja nascer do sexo masculino e do feminino em nossa cultura. Quando um menino chega ao mundo, é óbvio que terá direito à livre circulação urbana, sexual e social, assim como a um espaço onde se realizar acadêmica, laboral, cultural ou profissionalmente. Claro que as crises econômicas, a desigualdade racial e a miséria endêmica abalam essas últimas certezas para muitos. Para os que nascem em lugares conflagrados ou esquecidos pela ventura, onde viver é perigoso, e a esperança, um luxo de que não dispõem, o tempo para demorar-se não existe. Porém, experimente chegar ao mundo como uma mulher: mesmo em territórios mais prósperos, todas essas garantias masculinas estão ainda para elas em fase de conquista, além de que seu corpo as coloca em risco até nos momentos de paz, que dirá na guerra.

## AMOR E IDENTIFICAÇÃO

Quando se nasce em um lar, em uma família nuclear ou algum grupo próximo de sua estrutura, encontra-se asfaltado o caminho do amor, enquanto o da identificação sempre será mais pedregoso. Amar um filho é mais fácil do que abrir-lhe o acesso à identificação. Sua chegada completa os pais, seu corpinho oferece uma espécie de continuidade, fica-se maior por meio dele. Já propiciar sua identificação com seus pais exige do progenitor estar disposto a ceder parte de si para ser usada pelo filho. Em suma, no amor se acrescenta, na identificação se cede, voluntária ou involuntariamente, pois em geral o filho recolhe os aspectos de personalidade que mais lhe convêm, independentemente dos que lhe forem oferecidos.

Formar uma identidade passa por tomar para si traços de pais e outras figuras idealizadas que se incorporam à medida que se cresce. Portanto, identificar-se é sempre uma operação próxima do roubo, do plágio, de fazer um duplo que, com o tempo, acaba tomando o lugar do original. Essa operação se reproduz em cada traço dos que constituem o mosaico de uma personalidade.

Entre mães e filhas e pais e filhos, portanto, haverá sempre uma tarefa inicial: oferecer a oportunidade de uma identificação, como a que é suposta quando se partilham as premissas físicas de um gênero. É preciso também dispor-se a ser usado e usurpado por alguém que, chegada a adolescência, provavelmente se tornará uma versão física melhorada do que seus pais foram ou gostariam de ter sido, despertando a clássica animosidade das madrastas e dos ogros dos contos de fadas.

Por essas facilidades da via do amor, um menino tende a encontrar alguma preferência para receber os encantos da mãe, em cuja acolhida ele irá também investir seus primeiros charmes. A relação com o pai, que em geral inclui a disputa e a conquista de traços de identificação, passará por alguns ruídos. A menina terá com a mãe, que é o primeiro e imprescindível colo, já de entrada, a questão de parecer-se ou não com ela, o que empresta alguma tensão à relação delas, muito tênue no início, mas que tende a crescer. Portanto, para elas, encontram-se unidas as oportunidades do amor e os percalços da identificação.

Os meninos ainda hoje são recebidos como príncipes, em muitíssimas famílias ainda são mais valorizados que as meninas, embora não se admita. Desse privilégio historicamente traçado advém também sua imaturidade amorosa. Fica-lhes difícil desenvolver a arte da sedução, assim como perceber se são correspondidos ou não, afinal, não lhes bastou surgir no mundo para serem amados e idealizados?

Podemos até supor que Summer não amasse Tom porque as mulheres têm mais dificuldades com a falta de ambição do que os homens, provavelmente por intuírem essa acomodação infantil do filho com a mãe. Em alguns vínculos maternos, ao menino basta ser o que é para sentir-se amado, e não lhe ocorre que suas namoradas não funcionem dentro dessa lógica que já operava antes. Para amar, as mulheres não estão dispostas a ter um menino para mimar; elas esperam que seus parceiros possam ter crescido, no sentido de quem se prova no mundo. Calejadas por milênios de silêncio, elas hoje também apreciam quem as escuta, em vez de um amor que as tome como objeto de adoração pelo simples fato de existirem.

A experiência amorosa, principalmente os tombos inaugurais, trará aos meninos a maturidade necessária para dar-se conta de que esse verão quente e agradável da vida acabou. Depois disso, com a chegada do outono, nome da jovem que atraiu os encantos de um Tom já amadurecido, é possível amar sem esperar que todos os dias sejam quentes e radiantes. A grande aprendizagem do crescimento nesse campo é a consciência de que nem sempre agradamos, de que precisamos sempre conquistar os outros, de que nada é de graça como o amor dos pais. Aliás, nem esse...

Outro fator, menos lembrado, mas nem por isso menos importante, é que as brincadeiras típicas da infância beneficiam as meninas no quesito vínculos humanos. Tradicionalmente, os meninos brincam de questões que dizem respeito à vida pública: de carrinhos, de lutas, de jogos de estratégia; ensaiam como vai ser a briga para encontrar um lugar no mundo adulto que um dia vai chegar. As meninas, herdeiras das antepassadas confinadas ao lar, já incorporam guerreiras e lutas em seu mundo lúdico; podem brincar de investigar, construir, montar cidades, mas na maior parte do tempo lidam com famílias, maternam bonecas e bichinhos e brincam de casinha.

O acesso aos brinquedos e às brincadeiras outrora restritos aos meninos tem sido um pouco mais fácil para as meninas do que seu inverso. Eles ainda enfrentam preconceitos que os impedem de transitar no território daquilo que supostamente seria feminino. Isso os torna mais despreparados no que toca à sensibilidade amorosa. Na constituição da subjetividade feminina, associada à maternidade, sempre foi sublinhado às meninas que precisam cuidar dos outros e dos vínculos; logo, estão muito mais atentas ao que são os lugares de cada um em uma relação e na família, ao que é o amor e ao que liga cada ser humano ao outro. Graças a essa tradição, é comum que as meninas desenvolvam precocemente melhores bússolas para lidar com o amor e as relações. Quando chega a adolescência, elas já "estudaram" o assunto, e os meninos, salvo raras exceções, seguem iletrados para o amor.

Há inúmeras variações nesse esquema binário descrito. Listaremos aqui apenas algumas delas: crianças que têm questões quanto a sua pertença de gênero, sentindo discordâncias em relação ao sexo que lhes foi designado ao nascer; as que são filhas de casais constituídos por um pai sensível e uma mãe com um estilo mais viril; as que vêm de famílias de casais homossexuais; as que, dispondo de apenas um dos progenitores, terão que construir identificações de gênero a partir de outros laços, colhendo elementos de diferentes tipos de vínculos não parentais; as que têm o caminho da identificação para um dos pais ou um dos gêneros barrado, quando um dos progenitores impede o laço com o outro. Essas múltiplas possibilidades, fora as que não chegamos a citar, dão uma clara ideia de que pai e mãe são aqueles que exercem tais funções e de que masculino e feminino acabam sendo aqueles que se sentem tais.

## ROMANTISMO BARATO

Certamente, a parte mais divertida do filme são as piadas que advêm da contradição entre Tom e seu trabalho. Afinal, como ele e seus colegas, fracassados no amor e nas relações sociais, podem ser redatores de cartões sobre amor e relacionamentos? O que sabem eles para falar de sentimentos? O filme brinca com a puerilidade dos cartões comprados prontos e sua sabedoria anódina e genérica, subproduto de um discurso de autoajuda que simplifica e banaliza as relações humanas.

Logo no começo, há um encontro casual no elevador. É Summer quem consegue falar; Tom fica sem ação. Logo ele, que sempre tem as frases certas em seu trabalho – afinal, vive de escrever cartões, de dizer a coisa certa na hora certa –, fica sem palavras. Entre as frases prontas que Tom escreve e a incapacidade de dizer algo original para ela, algo que traduza o momento que estão vivendo, há um abismo.

A sabedoria amorosa não está nesses cartões melosos; ela só se aprende na experiência. Essa é a mensagem do filme. Como se o filme dissesse: viva, sofra e aprenderás alguma coisa. O filme é um libelo contra o romantismo barato, rasteiro, que vende justamente a ilusão da perfeição do encaixe, da predestinação e da simplicidade do amor, o mito de que tudo é singelo e depende apenas de uma suposta magia do encontro e de boa vontade das partes. É uma crítica ácida a muitas pessoas ditas adultas, mas que nunca saíram da esfera encantada da qual costuma ser revestida a infância contemporânea – mais a concepção que temos dela do que ela realmente é, diga-se –, ou seja, analfabetos amorosos agarrados a crenças regressivas.

Summer é a porta-voz do discurso antirromântico. Diz não acreditar no amor e em todos os seus subprodutos. Insiste que os casamentos não duram; então, para que casar? Coerente com suas teses, durante todo o tempo em que esteve com Tom, nega-se a formalizar o namoro, insiste que são somente bons amigos, embora vivam uma rotina de namorados. Um dos amigos de Tom, ouvindo a pregação dela contra a formalização dos vínculos, chega a brincar: *"Você é um homem!"*.

Certamente, um dos encantos desse filme é a inversão dos clichês, pois tradicionalmente a ilusão romântica é atribuída às mulheres, que teriam o sonho de casar a qualquer custo como meta de vida. Nesse ponto, apesar de o foco estar centrado em Tom e de Summer pouco passar de uma encarnação da fantasia dele, o filme acaba sendo bem elogioso às mulheres. Tanto ela quanto a irmãzinha conselheira se mostram muito mais capazes de transitar pelas complexidades do amor, a anos-luz das ilusões baratas, enquanto o romantismo bobo fica a cargo do imaturo apaixonado.

Quando Tom finalmente decide parar com a autocomiseração e romper com tudo, ele começa pelo trabalho. É cômico o discurso que faz antes de se demitir. Em um arroubo de sinceridade, derruba todas as pontes com o escritório. Afirma que pertencia a uma empresa cuja missão é ajudar quem não tem as palavras certas a tê-las menos ainda. Acaba dizendo quão patética é a missão de ilustrar a vida amorosa dos outros, vendendo receitas poéticas falaciosas. Reitera que eles estão enganando os clientes, pois dão respostas fáceis, elaboradas por quem não entende nada do assunto, para perguntas complexas.

Seu "sincericídio" na empresa é paralelo ao de sua vida. Diz a mesma coisa para seus amigos, que querem ajudá-lo, mas não têm nenhuma ou apenas parca experiência amorosa efetiva. Tom ainda não é sábio, mas já reconhece sua ignorância. Ou, talvez, a verdadeira sabedoria amorosa seja reconhecer que ela não existe como conteúdo definitivo, que cada caso é único, e só ouvidos muitíssimo atentos ao outro nos protegem das piores trapalhadas emocionais.

## A DEVASTADORA PRIMEIRA PAIXÃO

Temos, com os primeiros amores, uma dívida devido ao seu caráter de fundação, como com a escola em que estudamos, como com a família que temos. Já que nossos primeiros parceiros geralmente são tão neófitos como nós, vamos tropeçando e acertando o rumo, tendo como destino, em geral, a experimentação e contando com a sorte para ter mais bons momentos do que desencontros. Esses primeiros amores têm um caráter iniciático; eles são importantes por fundarem e formatarem nossa maneira de amar, portanto decisivos, seja como for a experiência, positiva ou negativa.

A paixão é diferente da cortesia amorosa, que ocorre até entre as crianças, quando elas brincam de gostar umas das outras. Nesses primórdios, a parte mais importante é o segredo partilhado com os amigos e o trânsito dessa informação, a respeito de quem gosta de quem em um grupo. Também não é o mesmo que algumas pautas de comportamento erótico que se iniciam a partir da puberdade. As ousadias eróticas vão sendo cumpridas, até por questões de prestígio, sempre balizadas pelas conversas com os amigos. Tem sido assim com os primeiros beijos, carícias mais avançadas e eventualmente as primeiras relações sexuais, que com frequência são regrados por uma espécie de código de comportamento grupal.

Em ocasiões felizes, essas iniciações predominantemente sexuais vão coincidir com uma ligação forte e de intimidade mais aprofundada, uma paixão. Porém, se o amor não surgir, a pressão social para o envolvimento erótico será grande, de tal forma que não é incomum que as vivências de caráter mais emocional só cheguem mais tarde, encontrando jovens já com alguma experiência sexual prática.

Nenhum amante começa do zero, pois dentro da família há espaço para um aprendizado afetivo, em que se colocam questões de identificação de gênero, disputas de prestígio entre os irmãos, seduções alternadas de cada um dos pais, alianças amorosas de todo tipo, crises de ciúmes, separações dolorosas. A família é, de fato, uma experiência concentrada de vínculos complexos, na qual vamos percebendo paulatinamente o pouco controle que temos tanto sobre o sentimento alheio quanto na distribuição do reconhecimento que recebemos daqueles que nos viram crescer.

Tudo isso ocorre enquanto ainda estamos em casa, no sentido prático e especialmente psíquico. Em família, os laços que amarram uma criança que cresceu ligada a esse grupo de adultos e de pares parecem funcionar como certa garantia. As tramas amorosas intrafamiliares são capazes de produzir situações tão dramáticas que há rompimentos extremos, em que pais, filhos e irmãos já crescidos chegam a sair completamente da vida uns dos outros. Essa é uma experiência traumática para todos, justamente porque constatam a fragilidade desse vínculo que pareceria o único seguro, o verdadeiro lastro amoroso.

Filhos de pais separados têm uma visão distinta do amor; sabem que ele pode acabar, costumam ter muito presente que os vínculos têm que ser negociados e que, mesmo assim, as possibilidades de acordo não são garantidas. Por isso, podem chegar a ser mais maduros do que os filhos de um casamento duradouro. Mas não pense que as consequências são diretas: em certos casos, o trauma de ter convivido com um casal em constante litígio, ou mesmo com o ressentimento amoroso dos pais, foi tão duro que relança esses filhos em uma busca de vínculos em que o amor nunca acabe. Muitos querem provar aos pais que têm uma competência maior que eles no quesito das relações afetivas. Na direção oposta, filhos de casais separados podem tender à instabilidade amorosa, consagrados a buscar o amor perfeito em uma sucessão interminável de paixões frustradas.

A estabilidade do casal parental pode ser uma lição do empenho necessário para a construção de uma relação. No entanto, essa mesma experiência pode também inibir no filho a coragem para fazer os rompimentos necessários quando um amor se extinguiu. Trocando em miúdos, a história amorosa familiar fornece um enredo que serve para diferentes inspirações.

Quando esse primeiro amor – que nem sempre é o primeiro relacionamento – acaba, instala-se um clima de caos. Quem viveu lembrará: uma mistura de desespero, frustração, abandono, um vazio dilacerante, agravado por nunca ter vivido esse tipo de perda. O adolescente já sai da família envolvido em uma espécie de desilusão amorosa e encontra lá fora outra mais dilacerante. Enquanto o rompimento com a família é um longo e lento processo que o tempo ajuda a cicatrizar e relativizar, a paixão termina abruptamente, por isso é mais dura. Para personalidades narcisistas, ou que se abrigavam em uma zona de conforto, como é o caso de Tom, o fim de uma paixão é um choque de realidade. Ele, como tantos jovens, descobre que não é especial em nada, que qualquer um pode ser substituído.

A perda da primeira paixão joga o sujeito no chão. Tudo fica questionado, especialmente sua identidade de gênero. Sente-se pouco masculino, pouco feminino, ou pouco qualquer outra identidade. Voltam as antigas dúvidas sobre si mesmo, como se perdesse várias conquistas, esquecendo suas outras experiências; enfim, vive o vácuo do objeto perdido. Ser amado garantia o que lhe faltava para firmar sua identidade de gênero. É muito mais do que uma perda amorosa; perde-se a imagem que funcionava espelhada ao outro. Quando um adolescente diz que perdeu tudo, acredite, é isso mesmo.

Muita gente consegue ser adulta para trabalhar, cuidar de si, assumir responsabilidades, mas deixa um cantinho escuro de pensamento infantil intacto. É aí que se instalam as fantasias românticas da predestinação, do par perfeito, de receber um presente dos deuses. Nesses casos, espera-se do ser amado o que nem se pede ao todo-poderoso e muito mais do que se obteve da mãe. A expectativa é receber mais do que se está disposto a dar ou a mudar para viabilizar uma relação.

O filme poderia ser descrito como a alfabetização amorosa de Tom e sua transposição para o mundo adulto; como ele abandonou as ilusões românticas, o amor visto de forma teórica e distante, e passou a encarar o turbilhão confuso que são nossas reais formas de amar.

## CAUSALIDADE *VERSUS* PREDESTINAÇÃO

Entre os apaixonados, paira uma dúvida: e se o destino nunca tivesse nos colocado juntos? É incômodo pensar o quanto um amor dependeu do acaso para surgir. Quer tenham se conhecido em um local de trabalho, estudo, quer por intermédio de um amigo em comum, em uma festa ou por meio de uma conexão virtual, é quase sinistro ficar ponderando que qualquer variável mínima poderia ter alterado o cenário. Aqueles que passaram a viver um para o outro talvez nunca tivessem cruzado seus caminhos e estariam envolvidos com outras pessoas, tecendo com elas outras histórias. Chegamos até a ter verdadeiro ciúmes dos destinos alternativos que nossos amados não chegaram a viver.

É triste constatar que o roteiro da paixão tem seus protagonistas escolhidos ao mero acaso. Nas cenas finais, Summer, já casada, encontra Tom para, de certa forma, despedir-se e reconhecer que ele tinha razão: ela também gosta de acreditar, como ele dava provas de fazê-lo, que existiria um destino por trás dos encontros amorosos. Como ela, não suportamos e recobrimos o aleatório com a ilusão da predestinação, emprestamos um caráter solene ao trivial. Retroativamente, pensando nos pais, é arrepiante compreender que somos fruto de um amor que por um triz poderia não ter existido, portanto nem nós. Se não existe destino, o que uniu nossos pais também obedece a essas leis, e, logo, nossa própria existência, idem. No melhor dos casos, somos fruto de um amor, mas esse amor também tem seu tributo com a causalidade.

A predestinação é uma das mais fortes ilusões românticas, acompanhada da exigência de sentir o encaixe absoluto que torne inquestionável a fusão do casal. Para tanto existe o ditado: "casamento e mortalha, no céu se talha". A expressão revela outro aspecto de nossas fantasias, tão atraente que cola até nos mais incrédulos. Trata-se de uma piscadela otimista para o destino, do qual costumamos esperar más notícias, como doenças, mortes, acidentes, falências. Dessa vez, o acaso, mensageiro do destino, poderia trazer-nos a melhor notícia de todas: há alguém especial para nós, alguém cuja vida se encaminha para unir-se com a nossa, para fazer-nos felizes para sempre.

Com base nisso, julgamos nossas escolhas de parceiros amorosos como se houvesse "pessoas certas" ou "pessoas erradas", sendo os fracassos atribuídos a esses equívocos. É como se tivéssemos falhado em uma seleção que já tinha um candidato natural. Porém, um encontro nunca é errado; pode até ser ruim, mas sempre tem suas razões de ser. Ele depende do desejo dos envolvidos. Quando duas pessoas se elegem para percorrer juntas algum trajeto da vida, é porque naquele momento vieram a calhar uma para a outra. Infelizmente, por vezes, somos movidos a desejar pessoas ou situações que nos fazem sofrer, trazendo-nos desvalia e desesperança. De qualquer modo, nossas escolhas amorosas serão sempre reveladoras de algo que, sem saber, estamos tramando para nós mesmos. Confundimos nossos mistérios e nossos obscuros desejos com o destino.

Summer, nesse sentido, não era a pessoa errada para Tom. Sua energia erótica arrancou-o do marasmo para jogá-lo em uma vida mais condizente com os anseios que não admitia ter. Se eles tivessem se encaixado de imediato, casado e formado uma família, talvez seria porque o voto de ambos era partilhar algum tipo de acomodação. Que estilo teria a vida de Tom caso seu coração tivesse batido por alguém com um perfil menos inquieto? Difícil dizer...

As fantasias românticas, como a da predestinação, costumam contribuir para muitas falências amorosas. Em vez de construir uma relação, apenas espera-se que ela funcione por si, afinal, forças superiores influenciaram esse encontro. Ao relacionamento caberia confirmar a sintonia, crescer em ritmo constante, como bem cabe às duas metades da laranja. O problema é que a única parceira que realmente encaixa totalmente conosco é a da nossa fantasia, enquanto o ser amado insiste em não ser idêntico a ela. Passados os primeiros arroubos, a jornada dos casais apresenta os inevitáveis desencontros inaugurais, que costumam ser até mais duros do que os conflitos posteriores, pois são um choque diante das grandes expectativas das ilusões românticas que estão sendo vividas dentro de uma paixão.

Como ousa, essa pessoa que me seria predestinada, fazer ou pensar coisas que não me têm como centro? Como ousa tomar caminhos que divergem das minhas formas de ser? As reações são de mágoa, por descobrir-nos inevitavelmente sós. Na adolescência, afastamo-nos da família cheios de ressentimentos e esperamos do amor a confirmação de que, em algum lugar, existe alguém que reconhece plenamente nosso valor e imparidade! Só que isso novamente não ocorre. Carregamos um buraco, um fio solto, uma solidão, dos quais passaremos a vida exigindo ser curados, absolvidos, poupados. Pobre amor. Seu único destino infalível é ser vítima desse fardo; o resto é acaso.

Os primeiros amores são escolas de vida. É preciso suportar quando o adolescente sofre de uma forma que julgamos desproporcional, pois parece irracional ficar meio ano deprimido e enclausurado por uma relação de meio mês, que talvez nem relação de fato tenha sido. Ao perder a paciência, esquecemos que nós mesmos já vivemos amores caracterizados por uma parca porção de realidade em meio a um mar de fantasias irrealizadas.

Há jovens casais que conseguem passar por essas experiências juntos e ir transformando-se um ao outro. Parecem compreender de entrada que, se há um ajuste possível, ele terá que ser construído. Obviamente, isso depende da sorte de que tenha havido um encontro entre duas idiossincrasias e desejos que de alguma forma combinem. Porém, esse encontro, digamos feliz, ou, melhor, mais estável, depende de que ambos estejam em condições de abandonar os laços familiares e dispostos a ser, em alguns aspectos, diferentes do que foram até então. Quando se está junto com alguém

– salvo se um dos dois se anula –, a negociação é inevitável. A questão é não tomar qualquer mudança como despersonalização, como pessoas frágeis o fazem, agarrando-se às suas certezas e caprichos sem julgar se estes lhes convêm ou não. É triste dar-se conta de que o amor grátis – e nem tanto assim – só funciona com os pais e irmãos.

Muitas dessas derrotas amorosas espetaculares proporcionam a renovação da aposta nos vínculos aconchegantes do lar, uma volta à base para se refazer. Choroso, afogado em uma precipitada onda de desesperança, o adolescente volta-se para a família, onde acaba sendo acolhido e cuidado em mais uma jornada de vida infantil, a qual muitas vezes é ainda necessária para que possa voltar a sair um pouco mais forte. Além disso, boa parte do desespero se deve à inexperiência. Mesmo depois de mais velhos, vivemos cada rompimento amoroso como um fim do nosso mundo, pois, de fato, há uma dimensão de vivências que se encerra. Há um luto da vida compartilhada nas costas de cada amor que partiu. Imagine isso quando é a primeira vez, quando ainda não se sabe que as perdas acabam sendo reparadas. Além disso, o primeiro fracasso amoroso ressuscita as dores do rompimento com a família, como se o adolescente sentisse que deixou o certo pelo incerto e ficou sem nada.

Algumas retomadas tardias de antigos amores refletem a vontade de voltar lá, depois de adultos, para mostrar o que se aprendeu, que já não se é mais um amante afobado, um autocentrado que não entendeu o que estava em jogo, que não respeitou o tempo do outro. São relacionamentos reparatórios do mal que acreditamos ter causado. Assim como fruto do ímpeto de resgatar antigas fantasias. Às vezes, funciona, em outras, só se repete o desencaixe que já foi vivido ou oportunizam-se balanços e adeuses mais satisfatórios. Como esses primeiros amores ficam retratados de forma tão marcante dentro da nossa história, um reencontro por vezes é necessário para esvaziar as pendências ilusórias que carregamos ao longo da vida. Afinal, dos primeiros amores jamais se esquece.

## É PRECISO FALAR DE AMOR

A clínica com adolescentes nos impõe a rotina de falar, à exaustão, de amor. Mesmo os meninos, de quem se diz, equivocadamente, serem pouco românticos, ocupam-se bastante disso. Precisamos ter paciência, pois se os pais estão preocupados com desempenho escolar, desorganização da rotina, uso de maconha, irritabilidade ou outras inquietações, boa parte dos jovens só quer falar "dele" ou "dela".

A questão é que o fim da infância os faz falar de amor. A criança sente-se habitando dentro do que seus pais sentem por ela; poderá por vezes duvidar do quanto eles a valorizam, mas, bem ou mal, eles constituem seu lugar. Por isso, a clínica com crianças acaba sendo mais segura, pois elas são trapezistas com rede, têm onde cair sem risco à vida. Mas, ao abandonar esse lar, mesmo que carreguem dentro de si todas essas marcas e memórias afetivas, os jovens são apresentados a uma sensação de fragilidade chamada solidão.

Ninguém tirou a rede; na verdade, eles mesmos a abandonaram. Eles voam de um trapézio a outro sem olhar para baixo, tentando ignorar a vertigem, mas ameaçados por ela o tempo todo. Quem os escuta a sente, se angustia, pode tentar ajudá-los a se equilibrar, mas a rede que lhes servirá dali em diante terá que ser tecida por eles mesmos. Tecer uma rede de amigos é uma alternativa, afinal, os laços fraternos também podem ser amores bem consistentes. Por enquanto, o único ponto ao qual conseguem fixar-se, os trapézios que os salvam da morte, ou do seu equivalente, a sensação de inexistir, são justamente os amores.

Chamar os pais de pouco adianta; só se for para ajudá-los a tolerar as lamúrias aparentemente inúteis dos enamorados. O abismo que se abriu entre as gerações é necessário e não será suprimido. Os pais acompanham com alegria e tristeza as idas e vindas dos enlaces do filho, buscando alguma lógica e previsibilidade, tentando entendê-lo a partir das escolhas que faz. Alheios a essas preocupações, os apaixonados se perguntam por que os familiares se envolvem tanto, reclamam das perguntas, observações e tentativas de diálogo, que consideram uma invasão.

Talvez os terapeutas e analistas de adolescentes sejam os adultos que, diferentemente dos pais, não estão sofrendo com a separação, podendo, portanto, escutar e falar sem ter de ser afastados, rejeitados ou mantidos distantes. Para os pais, é difícil a resignação mediante a perda da devoção que a criança recebe e dá. Podem até falar de amor com seus filhos adolescentes, mas de algum modo estarão enciumados pelo entusiasmo do enamorado por aquela criatura que até ontem nem existia. Por isso o silêncio visa também poupá-los do sofrimento dessa "traição" em curso, o que não deixa de ser, de certa forma, um gesto amoroso dos filhos para com seus pais.

## CAPÍTULO XIV

# VAMPIRIZANDO A JUVENTUDE DOS FILHOS

FILME:

A primeira noite de um homem

TEMAS:

Silêncio, paralisia e deriva adolescentes
Inveja e a idealização da adolescência
Dilema da maturidade dos pais

O título do filme em português, _A primeira noite de um homem_, entrega o enredo, mas entrega errado. O nome original, _The Graduate_, teria uma tradução mais próxima de "O recém-formado", que talvez não atraísse tanto o público. De fato, o filme retrata o envolvimento sexual de um rapaz de vinte e um anos com uma bela e madura amiga de seus pais. Essa relação, mais de sexo do que de amor, é suficientemente lúbrica para atiçar fantasias e motivar os espectadores. Tornou-se a marca da obra, porém, de nenhuma forma é o que ela tem de melhor para nos oferecer.

Na verdade, o filme de 1967, dirigido por Mike Nichols, presta-se para falar da inveja que os adultos têm da juventude, especialmente da de seus filhos. A obra é extraordinariamente fiel ao livro homônimo de Charles Webb, ambos de rara sutileza e originalidade, pois as histórias sobre adolescentes que os precederam centravam-se nos clichês do desajuste e da marginalidade. O que temos aqui é um tratamento mais complexo do desânimo que pode abater um jovem, mesmo entre aqueles que estão longe de se considerar fracassados. Outra grande novidade desse filme é a abordagem do conflito de gerações com direito a acesso aos desejos velados dos pais. Até então, os conflitos, quando retratados, reduziam-se a abordar os problemas de limites dos adolescentes e as diferenças de valores entre as gerações.

## ME DEIXEM EM PAZ

A história se inicia em uma festa: comemora-se o retorno ao lar do jovem Benjamin Braddock, que acaba de receber seu diploma. Tudo indica que ele foi aluno brilhante em uma universidade de prestígio, onde mostrou liderança e angariou prêmios por meio de uma participação ativa no entorno da vida acadêmica, ou seja, um sucesso intelectual e social. Filho único, seus pais estão radiantes com seu rebento, e a comunidade dos amigos deles acompanha esse entusiasmo. Na típica casa de classe média americana, há um clima de comemoração, e a glória é, antes do que tudo, dos pais. Todos os presentes ressaltam que, com sua trajetória, o rapaz poderá fazer o que quiser, seu destino está aberto para muitas possibilidades, e todas elas fantásticas.

Uma cena inicial do filme – ausente no livro – revela essa ilusão quando um dos amigos da família chama Benjamin para um canto para lhe segredar um conselho cômico de uma única palavra: "plástico". O rapaz demora mais do que nós para se dar conta de que o conselho lhe adverte que o futuro é investir no plástico – estamos na década de sessenta – se ele quiser dinheiro e fama. O caminho seria especializar-se nesse material que vivia seu grande momento.

Benjamin é o único que discorda dessa euforia toda por uma única razão: ele não sabe o que quer fazer e no momento só tem vontade de ficar quieto, de preferência a sós. Na verdade, não deseja nada, está à deriva, suportando com angústia uma expectativa que só o paralisa. Em uma espécie de confronto com o tanto que se espera dele, entra em uma rotina de férias e tédio.

É nesse momento, dedicado acima de tudo a não ser aquilo que se supõe que se tornará, que ele acaba sendo capturado pelo desejo de uma amiga da família. Aliás, amiga diz pouco: ela é a mulher do sócio de seu pai, e esse colega o trata como um filho. Foram famílias que se frequentaram desde sempre, e existe no ar uma esperança de que Benjamin vá se casar com a filha deles, Elaine. No momento, ela está longe, na faculdade, mas todos pressionam para que ele a convide para sair quando ela visitar a família.

Mrs. Robinson, mãe da jovem prometida, é uma mulher bastante atraente e sabe disso. Desde o retorno de Benjamin, tenta seduzi-lo de uma forma direta, sem sutilezas. Usa seu lugar de autoridade natural de amiga dos pais, solicitando-lhe favores para atraí-lo para sua casa e mostrar-se nua. O lugar da armadilha não poderia ser mais simbólico e nos alertar para o que de fato se tratava, pois ela se desnuda no quarto de sua filha.

O que se segue é o previsível. Especialmente por estar sem projeto, sem rumo, vagando à toa, Benjamin atira-se em algo que, bem ou mal, é um desafio viril. Existe uma relutância inicial; ele a chama à razão, fala do que ela representa para ele, mas seu desejo e a sedução falam mais alto. Fica claro que a vida acadêmica o formou muito pouco para aquilo que é um teste para os adolescentes: sua iniciação sexual. Mrs. Robinson percebe logo, se é que já não sabia, que aquela carne fresca podia ser moldada por ela. O romance entre eles se desenvolve com um entusiasmo erótico inicial, mas logo se instala um vazio em Benjamin. Ela não fala, não quer falar. Só quer sexo, pois havia muito que não poderia ser dito.

Na primeira conversa, quase forçada pelo jovem, ela conta de sua frustração por não ter terminado os estudos e ter engravidado antes do casamento, o que selou seu destino como esposa, mãe e mais nada. Eles tangenciam seu alcoolismo, símbolo do tédio e da desesperança. No discurso, ela parece resignada, mas sua atitude revela o contrário; pelo menos na fantasia, quer uma segunda chance. Na verdade, veremos, ela gostaria de ter a mesma oportunidade que sua filha de começar do zero, de escolher. Para a mulher casada e madura dos anos sessenta, um divórcio e uma vida autônoma regulada pelo seu desejo eram desafios para poucas. Mrs. Robinson não parecia movida pela coragem requerida para um destino desses; seus atos traziam a marca do ressentimento.

A belíssima atriz Anne Bancroft, protagonista no papel de Mrs. Robinson, tinha apenas trinta e seis anos na época, enquanto o jovem Ben, que deveria ter vinte e um, era, na verdade, representado por um Dustin Hoffman de trinta, o que torna o romance de ambos na tela mais aceitável para o público conservador. A personagem, pela lógica do enredo, deveria ser uma mulher ao redor dos quarenta anos, pois já tinha uma filha universitária, esta na mesma idade em que uma gestação indesejada a tinha afastado de seu supostamente promissor futuro profissional.

Nessa rara e fatídica conversa, ela pede a seu amante que jamais saia com sua filha, Elaine. Em um primeiro momento, ainda se colocando no papel de filho do sócio, Benjamin não compreende bem as razões desse pedido. Com uma ingenuidade que revela muito da situação, ele não capta o óbvio sinal de ciúme amoroso. Pensa que ela lhe diz isso por não o considerar bom o suficiente para merecer a jovem, por isso se revolta. Ele ainda está lidando com os ecos do contraste entre sua falta de perspectivas, a desmotivação que sente para vencer na vida e as enormes expectativas que o cercam, e é desde esse lugar que ele escuta essa exigência. Porém, cede ao pedido dela, pois, na falta de maiores projetos, ser prisioneiro desse amor acaba sendo um lugar.

No desenrolar da trama, ele é quase obrigado pelo pai e pelo futuro sogro a sair com Elaine. Em um primeiro momento, obediente às promessas que fizera à mãe dela, Benjamim se comporta de maneira grosseira para estragar o encontro. Elaine chora, não entende por que está sendo tão maltratada, e quase tudo se arruína. Mas o destino é mais forte; ele se descobre atravessado por um desejo, talvez exatamente por ter-se tornado proibido, e os jovens se apaixonam. Vivem um idílio de pouco tempo, pois a mãe dela quer dar um fim nisso.

Mrs. Robinson, como ocorria com as bruxas dos contos de fada, inveja ativamente o amor deles e o ameaça, não com um feitiço, mas com uma maldição: contar tudo à filha. Quando Benjamim se adianta e conta a Elaine sua versão, a moça percebe que está lidando com um caos de emoções e histórias mal contadas. Enoja-se de tudo isso, sente que precisa se afastar e volta para a faculdade sem querer saber de mais nada.

Benjamin não se conforma; faz de tudo para reconquistar Elaine. Suas tentativas são desesperadas, destrambelhadas, tão sem norte como sua vida. Não sabemos se ele está realmente apaixonado ou se apenas quer recolocar o mundo nos eixos. Comprometer-se com a jovem, nesse caso, significaria sair da posição incestuosa de amante-filho, que no princípio lhe parecera tão atraente. Ela o usou para pular de sua geração para a dele, ele se serviu dela para se tornar homem sem precisar crescer e sair de casa.

A única maneira de derrotar essa espécie de feiticeira sedutora por quem ele inicialmente se mesmerizou seria conquistando a verdadeira princesa. É com essa saída que ele fica obcecado. Inicialmente, Elaine comprou a versão da mãe, de que ela teria sido violada em um momento em que estava alcoolizada, e tem dificuldade de acreditar na verdade. Afinal, qual mulher suporia em sua mãe o extremo maquiavelismo de usurpar-lhe o lugar dessa maneira? Não consegue sequer imaginar que tenha havido a participação ativa dela em desejar um jovem que era, ainda que apenas na fantasia das famílias, seu prometido.

De qualquer maneira, Elaine decidiu se afastar de todos os protagonistas desse imbróglio e jogar-se em uma solução que se apresentava como refúgio, embora fosse uma cilada. Rapidamente, noivou com um jovem médico, oriundo de uma pequena cidade e herdeiro de uma tradição de prestígio profissional. Essa saída lhe garantiria um futuro sem surpresas, convencional e tradicional, como o de sua mãe. A infeliz ideia tinha como efeito liquidar sua cobiçada juventude, transformando-se em uma adulta de vida tão limitada como sua mãe, a qual não teria mais o que invejar. A Sra. Robinson não precisaria mais temer ser superada ao ver a filha transcendendo as limitações de sua trajetória de frustrações. Esta se preparava para sucedê-la sem grandes variações, apenas herdando o bastão da mesmice da vida doméstica.

O desfecho acabou saindo um pouco do território fático e penetrando no mítico. Em um final quase mágico, Elaine está se casando em uma tradicional igreja interiorana, já deu seu "sim" quando o antigo prometido invade o recinto aos brados, chamando-a a corresponder a sua louca paixão. O desespero do jovem contracena com a fúria dos pais da noiva e dos outros adultos, determinados a defender aquele destino tradicional. Entre a saída convencional e previsível e a aventura da incerteza daquele amor maluco, ela muda de lado e foge vestida de noiva com ele. Quando os fugitivos entram em conflito com suas famílias, na porta da igreja, a mãe de Elaine lhe diz: *"é tarde demais"*. Ao que ela responde: *"não para mim"*. As duas trocam tapas, sinalizando seu rompimento definitivo e um ponto final na usurpação que esta tentou fazer de sua vida.

No final, há uma cena de correria na qual eles se desvencilham de todos. O filme termina com os dois partindo, sem rumo e sem nada, a bordo de um ônibus. É a versão *hippie* do "felizes para sempre". Eles têm que começar do zero, só contam um com o outro, pois acabam de abandonar o apoio da família, cujo preço não queriam pagar. São os jovens tentando se apropriar do seu destino contra a geração mais velha, que quer encaixá-los em seus sonhos e modelos.

## A MÃE VAMPIRA

Mrs. Robinson esperava para si um futuro diferente daquele que havia tocado às suas avós. Começara a universidade, curso de artes, o mundo a convidava a fazer parte. Contudo, a pílula chegou tarde demais para ela. Uma gestação indesejada empurrou sua embarcação para velhos mares. Viu-se, como suas antepassadas, condenada aos aposentos da família.

O tédio foi sendo domado com álcool, até que uma chance de renovar seus votos juvenis apareceu sob a forma de Benjamin. Rapaz perdido, disposto a deixar-se levar, exatamente como aconteceu com ela na juventude. O caso com ele traz mais do que os prazeres do sexo, do corpo dele cheio de uma energia que nitidamente havia abandonado seu marido mais velho, também curtido pelo álcool. O encontro com Ben lhe oportuniza fantasias de reviver muitas promessas não cumpridas de seu passado.

Quanto a Benjamin, pela trajetória escolar brilhante, cada um dos adultos presentes na animada festa de boas-vindas projetava nele seus sonhos frustrados. Todos o assediaram com olhares e palavras, mas somente Mrs. Robinson o sequestrou, para sugá-lo. Como uma vampira, precisava sorver sua vitalidade para voltar a viver.

Vampiros só podem entrar se a vítima lhes der licença. Essa é uma curiosa peculiaridade desses monstros, tão intrusivos, mas dependentes dessa regra de cortesia. A provável razão de ser desse detalhe é a lembrança de que ele oferece algo que a pessoa que será sugada deseja deixar entrar: no caso da lenda clássica, trata-se da languidez da entrega erótica ao desejo alheio, em um prazer que será extremo, por ser terminal. Nesse caso, também supomos que, se ela estivesse interessada em sugar o frescor da vida dele, Ben o entregaria a ela de bom grado. Ela poderia muito bem usurpar-lhe a juventude, pois, para ele, não passava de um fardo.

Se, por ocasião da gestação precoce e inesperada, Mrs. Robinson não fosse uma garota, e sim um rapaz, talvez não tivesse as portas do mundo fechadas pela paternidade. É certo que Mr. Robinson teve que trabalhar para sustentar sua nova família e, talvez com isso, também tenha deixado alguns projetos juvenis para trás. Mas a história nos conta que ele já era adulto na ocasião, então não foi forçado, como ela, a abandonar totalmente seus sonhos, só precisou adequá-los. Mesmo que ele fosse um homem mais jovem, ainda poderia encaminhar seus assuntos de amadurecimento no mundo exterior ao lar, esse do qual sua mulher foi exilada quando engravidou. É claro que muitas mulheres dessa e de outras épocas conseguiram realizar algum sonho profissional, mas isso era para as abnegadas, apaixonadas e ousadas, o que não era o caso da nossa personagem. Talvez ela tenha desistido apenas porque era difícil; o certo é que colocou as culpas disso na maternidade.

Ao fazer-se desejar por Ben, cativá-lo em seu leito e envolvê-lo em uma sucessão de encontros sem futuro, Mrs. Robinson construiu uma fantasia de que ela e seu estreito horizonte podiam representar tudo o que um jovem podia desejar. Já que ela não podia mais ser como ele, que parecia ter uma gama infinita de caminhos em aberto, reduziu-o a ser como ela, cativo de um corpo de mulher. Para Ben, que só pedia, por favor, que parassem com todo aquele falatório e o deixassem em silêncio, vinha a calhar esse encontro com o prazer sexual sem palavras que eles tinham. Por isso, deixou a vampira entrar; ele só queria se aposentar precocemente de todos os sonhos alheios que não tinha ânimo para realizar.

Enfeitiçá-lo não era a única fonte de energia que ela esperava provir do jovem amante. O caso deles deu a oportunidade de um ajuste de contas. Havia uma fantasia familiar de que os filhos únicos de ambos os sócios selariam com um matrimônio a colaboração profissional dos seus pais. Mrs. Robinson evidentemente fazia parte dessa combinação implícita, que se tornou explícita depois da graduação do moço. Nesse momento, surge a ocasião para se vingar, dando o troco à filha, cujo nascimento hipoteticamente havia-lhe cerceado as oportunidades. Antes que Elaine voltasse das férias, atraiu para sua cama seu potencial futuro noivo, interditando-lhe o acesso à prometida, literalmente sequestrando seu lugar.

Antes tarde do que nunca, o jovem se dá conta do erro em que estava se metendo. Dividido e culpado, tenta inúmeras vezes terminar aquele caso. Mrs. Robinson, por sua vez, é fria e não demostra o menor constrangimento; tem plena consciência do que está fazendo. Para ela, isso não é um passatempo; é uma obra-prima talhada pelo seu ressentimento. Sua posição fica clara na cena em que a verdade vem à tona para a filha, deixando Mrs. Robinson visivelmente devastada, menos por ter sido descoberta e mais pela perda do amante. É o único momento do filme em que não está bela.

O amante vampirizado só acorda do feitiço ao qual se entregara com evidente prazer quando se percebe, bem tardiamente, envolvido por essa assombração da mãe da infância, que o quer para sua própria satisfação. Essa história de criar os filhos para o mundo é bonita de dizer, mas nenhuma mãe está disposta, de fato, a entregar suas crias, pelo menos não facilmente. O tempo vai passando, e toda mãe precisa capitular: o filho vai se desvencilhando de seu colo aos poucos já ao longo da própria infância, até que a adolescência chega para dar um xeque-mate. Apesar de ter recebido tanto e quase tudo da mãe, ele será do mundo, terá outros amores, muitos interesses que não a incluem, quer ela queira ou não.

O problema é que normalmente isso acontece quando a mãe se aproxima do declínio hormonal, aquela época em que sua fertilidade fenece junto com o viço de seu corpo. Há quem chame essa fase de complexo de Jocasta, considerado um momento perigoso, de surgimento de um desejo proibido por parte das mães. Embora muito se fale do declínio da vontade sexual na menopausa, na verdade, o refluxo dos hormônios é acompanhado do despertar de desejos que estavam adormecidos, distraídos com a correria da vida.

A psicanalista francesa Marie-Christine Laznik – resgatando uma leitura de Helene Deutsch – lembra que a menopausa é um reencontro com amores incestuosos proibidos da infância, dos tempos que os psicanalistas chamam de complexo de Édipo. Só que, nesse momento da vida, o objeto de desejo interditado deixa de ser o próprio pai para voltar-se para o filho crescido ou alguém que o represente, como, no caso, Benjamin, que tinha idade para ser filho de Mrs. Robinson.

A maturidade vem com algumas libertações – do fardo físico da maternidade, por exemplo, do peso de muitas expectativas que, cumpridas ou não, foram ficando para trás. Isso abre espaço para fantasias, vontades, desejos, enfim, que permaneceram soterrados por décadas da vida das mulheres que se tornaram mães. Portanto, embora muitas se queixem de falta de desejo sexual, há quem diga que isso não se deve principalmente aos hormônios, e sim à mistura dos pensamentos lúbricos com fantasias proibidas. O assédio de Mrs. Robinson ao jovem Ben é a encarnação dessa Jocasta realizada.

Esse filme teve, na sua trilha sonora, composta por Simon e Garfunkel, um ponto forte que o ajudou a se tornar um clássico. Entre essas músicas, uma intitulada *Mrs. Robinson* é a mais importante. Entre suas estrofes, há uma passagem em que, provavelmente falando como jovens, os cantores chamam a amante a compreender-se, ao mesmo tempo que a consideram um enigma.

Os problemas dos adultos, suas frustrações, podem ser detectados pelos novatos, mas aos jovens falta experiência para ter uma verdadeira empatia com os dilemas dos mais velhos. Por isso, Ben se deixa fisgar, mas escapa. Envolve-se, mas de modo distraído, e passa por tudo dando a impressão de não estar compreendendo quase nada. Mrs. Robinson é, para ele, uma charada perigosa; sabe que precisa fugir, e a melancolia etílica dela não lhe diz respeito. Ele se sente assoberbado, cuidando da própria tristeza, aprendendo a brigar pelas rupturas necessárias para crescer.

Estamos diante de uma família bastante comum, do tipo que projeta uma infinidade de possibilidades e pensa oferecer a liberdade de um futuro em aberto. A verdade é um pouco diferente dessas boas intenções: já traçaram o destino dos filhos, suas fantasias e sonhos, o que não deixa de ser uma forma de influenciar as escolhas deles. Por que, nesse caso, tanta força para casá-los? Ao fazer isso, as famílias uniriam a sociedade em um único herdeiro, ou seja, o castelo seria só deles. De novo, uma escolha dos pais para o destino dos filhos, nessa história colocada de modo quase caricatural: infinitas possibilidades, desde que restritas ao que os pais querem.

Como se vê, não é somente a mãe que retém a cria, mas também da parte dos pais dessas duas famílias há um projeto de que os filhos permaneçam em casa.

## GRANDES ESPERANÇAS *VERSUS* A DERIVA ADOLESCENTE

Além desse amor entre gerações distintas, do trio formado por mãe, filha e o amante e pretendente de ambas, outro eixo dessa história é o duelo que se trava entre a enorme expectativa dos adultos sobre o futuro de um jovem considerado brilhante, em contraste com seu inteiro desânimo. Ele volta da faculdade com todos os lauréis acadêmicos possíveis, mas precisa ficar quieto, tentar organizar a desordem de seu pensamento.

Passada a festa de boas-vindas, Benjamin cai em uma rotina que não poderia ser mais vazia. A princípio, seus pais entendem suas merecidas férias, mas logo a depressão dele começa a contaminá-los. É difícil dizer, considerando famílias com vínculos afetivos importantes, se um momento assim de deriva, de ausência de desejos e projetos, é mais duro para o adolescente ou para seus pais. Na verdade, se houver sintonia, cada um sofre a seu modo. O fato é que a paciência parental geralmente é mais curta, e as cobranças começam com eles. Não foi diferente nesse filme; o casal Braddock é que reage primeiro.

O dramático nesses casos é que muito pouco se pode auxiliar alguém nessa situação. A questão é estar ao lado, ou melhor, a oferta atenta de estar ao lado, pois, às vezes, há uma recusa ativa de ajuda. O adolescente está imerso na negatividade: sabe tudo o que rejeita, mas nada do que quer. Todas as escolhas parecem ser dos outros, tudo o aliena.

O exasperante é a falta de discurso. No filme, isso está muito bem demonstrado; Ben nunca tem as palavras certas para as ocasiões. Não dá conta nem para si do que está vivendo, só sabe evitar contato e conversas. Não se trata de uma fuga; ele realmente não sabe o que dizer. Os adolescentes são assim. Quando conseguem dizer algo, é mais certo que seja para os parceiros de sua geração do que para seus pais, que, por isso, se sentem traídos, especialmente quando há o hábito do diálogo com os filhos.

O que os jovens sentem, e que os paralisa, é uma pergunta sobre o sentido da vida. Essa questão, um filosofar inevitável, os imobiliza e requisita todas as suas forças para ser formulada e, a seu modo, respondida. Uma precisão faz-se necessária: Benjamin apresenta uma atitude mais niilista do que questionadora. A entrega a uma imobilidade indecisa parece ser mais importante do que qualquer impasse.

Em uma espécie de ilusão nostálgica, fantasiamos que os jovens ainda dispõem de um tempo infinito, um mar de possibilidades, um potencial invejável. Incrível como podemos cultivar tal fantasia, já que um pingo de memória nos lembraria do quanto isso é falso. Como aconteceu conosco, em um passado do qual, se tivermos coragem, ainda conseguimos nos lembrar, sentíamo-nos confusos, em geral deprimidos, ou ficávamos tentando nos ocupar o tempo todo para não pensar. Até então, nunca prováramos a ninguém grandes feitos e tínhamos motivos para duvidar mais de nós do que do futuro. Jovens só querem ficar em paz, adorariam pular essa parte na qual têm que fazer escolhas e são constantemente cobrados por planos dos quais, na verdade, não têm nem o esboço.

Isso não significa que as famílias ajudariam muito simplesmente ignorando a presença dessa imobilidade angustiada dentro de casa. É preciso tentar manter uma caixa de diálogo aberta, a prova de que se está acreditando que há perspectivas no futuro para aquele jovem, que certamente não apostaria um vintém em si mesmo. É um equilíbrio difícil, quase impossível, no delicado trato entre pais amadurecendo e filhos adolescendo.

"Se eu tivesse suas oportunidades – costumam dizer os pais –, quanto mais teria feito!" Cobram eficiência em troca do tanto que pensam ter oferecido. É uma cobrança estranha, visto que, muitas vezes, esses mesmos pais estão desperdiçando suas potencialidades, fugindo dos próprios desejos. Provavelmente, também estão acovardados diante das oportunidades profissionais, sexuais e amorosas que eles, de fato, ainda têm. É mais fácil apontar no outro a covardia do desejo.

Adultos que são pais de jovens costumam estar vivendo uma fase interessante: já sabem algo a seu respeito, sua identidade já tem algum contorno, e começam a se sentir aliviados do fardo da família. Porém, frequentemente, sentem-se tão confusos e tristonhos quanto seus jovens filhos. O fato de que a maturidade renova a oportunidade de escolhas pode ser tão difícil de enfrentar quanto o que ocorre aos seus filhos. Para os adultos, planejar as próximas décadas, sabendo que o prazo é menor, e conhecendo as próprias capacidades e limitações, pode ser tão complicado quanto para os jovens é a descoberta das primeiras vocações ou dos projetos que se vai levar adiante.

Essa segunda rodada de escolhas, uma segunda adolescência, na falta de um termo melhor, ocorre quando há certa estabilidade na vida, e a gincana da criação dos filhos e/ou de conquistar algum reconhecimento no trabalho já não ocupa todo o tempo. São muitas as perguntas que se recolocam. Cabe fazer o balanço do que restou do amor nos casais que continuam juntos. Para aqueles que estão sós, não sabem ao certo quanta esperança e coragem ainda conseguem angariar para começar algo, para criar nova intimidade ou até rotinas com alguém até então desconhecido. Por isso, não são nada incomuns, nessa fase, os reencontros com amores e amizades antigos, pois reatar alguma ponta solta com quem se teve um passado em comum parece mais fácil do que começar do zero. Sem dúvida, a essa altura, todos se perguntam quanto vale a pena o esforço de trabalhar, de fazer conquistas amorosas, de ganhar dinheiro e, ainda, o que realmente gostariam de fazer com seu tempo livre.

Todas essas questões seriam, caso se pensasse sistematicamente nelas, o que raramente fazemos, marcadas por balanços difíceis, em que a experiência nos mostra que as ilusões emagreceram. Isso leva a invejar os desejos e expectativas daqueles que, em nossa fantasia, seriam virgens de desesperança, tendo estoques menores de realismo. É uma visão ingênua e amnésica desses adultos, pois a adolescência é justamente a época de enxergar uma realidade que insiste em desnudar-se da cega confiança que as crianças têm na grandeza de seus pais e professores. É um tempo de tristezas, autocríticas cruéis e uma mistura improvável de arrebatos e entusiasmos com niilismo e paralisia.

Uma das melhores e mais angustiantes cenas do filme mostra o jovem se submetendo ao desejo do pai de exibi-lo aos amigos. Para tanto, entra na piscina da casa com uma roupa de mergulho, um presente que recebeu de aniversário pelos seus vinte e um anos. A cena é genial, pois é filmada a partir do olhar de Benjamin. Dentro desse escafandro, ele respira mal, enxerga mal, está no foco de todos, mas profundamente só. Fica no fundo da piscina sem vontade de voltar. Nada melhor poderia simbolizar sua solidão, o peso do desejo paterno e o quanto está imerso em algo que não quer.

A música tema, <u>Sons do silêncio</u> (*The Sounds of Silence*), tem uma bela letra que fala sobre a incomunicabilidade, sobre os diálogos vazios, sobre não escutar e não ser escutado. Passa a ideia de estar só com os pensamentos sombrios e depressivos. Há um verso que diz que o silêncio é como um câncer que cresce, os adolescentes o sabem muito bem. Eles habitam o silêncio, não sobre o banal, para isso podem ser muito tagarelas, mas para o essencial em suas vidas. É silêncio feito acima de tudo pela dificuldade de encontrar palavras para se expressar.

*pais em crise da meia-idade*

Para sair da paralisia, é necessário encontrar seu desejo. No entanto, a operação é complexa, porque passa também por abandonar a influência dos pais e relativizar a grandeza de seu legado. Para os pais, ver os filhos nessa inércia os deixa derrotados, perguntando-se o que fizeram de errado. Essa é uma pergunta equivocada, pois, tenham acertado ou tenham errado, esse momento de paralisia virá da mesma forma. Ele é uma resposta em ato às perguntas que os jovens estão tentando formular sobre por que e como viver. Eles estiveram até agora amparados e guiados pelo amor familiar, mas, para refundar-se, para tomar para si ou rejeitar os valores que lhes foram transmitidos, é necessário esse período de suspensão.

Resta a quem estiver por perto suportar, acompanhar o adolescente, entender a dureza de sua travessia, e não o apressar. O olhar atento e respeitoso, assim como a disponibilidade para o diálogo nas preciosas ocasiões em que ele se torna possível, são os instrumentos de que se dispõe para ajudá-lo a manter um frágil equilíbrio. É difícil escutar o que eles têm para dizer, em parte porque isso desperta evocações tristes ou constrangedoras do passado dos pais, os quais provavelmente editaram as memórias da própria adolescência com cortes.

Da mesma forma, convém não esquecer que os pais provavelmente também estão sofrendo com sua imagem corporal fenecida e com os impasses vocacionais e eróticos da meia-idade. A surdez que costuma abatê-los provém de perceber-se também ameaçados pelo desânimo e a depressão que observam em seu filho. É um tempo em que todos estão embarcados para partir; pais e filhos terão que se ocupar de outras coisas além de uns dos outros. Os mais moços, que nunca viveram esses impasses, poderão recuar, vacilar, ficar nervosos; já aos mais velhos convém lembrarem-se de já ter sobrevivido a tudo isso. Portanto, podem ser mais sábios e tranquilos.

CAPÍTULO XV

# A MENARCA ASSASSINA

FILME:
Carrie, a estranha

TEMAS:
Fantasias e simbolismo da menarca
Tensões pré-menstruais
Advento da fertilidade
Bruxaria e feminilidade

Vamos concordar que "estranho" mesmo é que ainda haja tanto apelo, no século XX, para uma obra que associa a chegada da menarca com bruxaria. Afinal, trata-se da história de uma jovem que, a partir do advento da menstruação, aprende a controlar seus poderes paranormais e, tendo sido ofendida, promove a destruição de sua cidade.

Nos dias atuais, as garotas passam sem maiores traumas pela sua primeira menstruação, são apoiadas pela família, e supõe-se que já estarão previamente informadas a respeito. Além disso, graças à evolução dos métodos contraceptivos, a confirmação da fertilidade não significa uma associação do sexo com a maternidade inevitável. Portanto, as perspectivas que se abrem para as mulheres estreantes são, hoje, menos ameaçadoras. Quando essa obra surgiu, nos anos setenta, já fazia mais de dez anos da descoberta e difusão da pílula anticoncepcional, e a revolução sexual dos anos sessenta já tinha deixado boas heranças mesmo entre os mais conservadores.

Mesmo assim, desde a realização do filme até suas sucessivas refilmagens, assim como mediante a difusão planetária do livro de Stephen King, que lhe deu origem, a jovem feiticeira Carrie não cessa de assombrar a cada nova geração. Por que os poderes mentais oriundos de uma menina perturbada, que tem uma crise logo após sua menarca, ainda assustam alguém? É melhor não julgar e sim pensar por que essa história capturou a tantos. Como sabemos, o sucesso de uma obra nunca ocorre por acaso: ele depende da sua potencialidade para associar-se com algum trauma ou obsessão que corre nas veias de seu público.

## A TRISTE E ASSUSTADORA HISTÓRIA DE CARRIE

A história do livro é interessante pela sua gênese. Stephen King ainda não era um autor de sucesso quando escreveu *Carrie, a estranha*; este foi seu livro inaugural. Quando concluiu as primeiras laudas inacabadas do que seria essa trama, ele a detestou e as jogou no lixo. Há muito ele se sentia obcecado por duas figuras de sua memória escolar, que ele chamou de Tina White e Sandra Irving, uma delas desengonçada, e a outra, filha de uma beata, ambas isoladas e objeto de *bullying*. Sobre elas, observa ele no prefácio do livro:

```
Fiquei assustado... tanto com o
mundo juvenil feminino que eu teria
que habitar (era um mundo do qual
eu pouco sabia) como com o nível
de crueldade que eu teria que
descrever.[1]
```

Curiosamente assustado, já que sustentava a família com contos de terror que vendia para revistas do gênero. King lembra de não ter intercedido em favor daquelas colegas na época, e, de certo modo, isso acabou sendo feito, antes tarde do que nunca, por meio dessa história. Surgiram, então, a jovem feiticeira Carietta White, sua protagonista, e Susan Snell, a menina popular que primeiro a constrange e depois tenta reparar esse dano.

A esposa do escritor recolheu aquelas folhas descartadas, leu, gostou e insistiu muito para que ele finalizasse a história e a entregasse para publicação. Foi assim que surgiu o primeiro romance de sucesso de King: pelas mãos de Carrie, ele foi sagrado o rei da literatura de terror de sua época.

Nossa heroína era uma pária, eternamente maltratada na escola, e o próprio King a descreve com desprezo: o olhar bovino, os braços pendendo ao longo do corpo como se fosse um símio, o porte de um saco de batatas, as espinhas no rosto maltratado, o cabelo cor de rato, as roupas enormes e fora de qualquer moda. Desde que fora motivo de escárnio no primeiro dia de aula, quando se ajoelhou para rezar antes de comer no refeitório da escola, ela vivia tentando se integrar. Porém, a filha de uma beata delirante, tão conhecida como odiada na cidade, não tinha chance. Habituada desde o lar aos maus-tratos, assumiu um comportamento de animal arredio e raramente acompanhava ou entendia o que se passava em volta. No entanto, as agressões atingiram seu auge por ocasião de sua menarca tardia, aos dezesseis anos,* em pleno vestiário feminino da escola. A reação desequilibrada da menina, que entrou em pânico ao ver seu sangue escorrendo, produziu um grande evento de *bullying*, descrito em uma época em que nem sequer se debatia o conceito e pouco se combatia tal prática.

Nas mãos do seu criador, em um primeiro momento, ela foi também objeto de rejeição. Parece que há algo nessa história que beira o insuportável. Apesar disso, é um livro que não cessa de ser lembrado e refilmado. Não há adolescente que não conheça Carietta como *Carrie, a estranha*. Sua história continua trazendo algo impactante: o perigo da menarca, da invasão do sangue feminino, os poderes que nascem com a marca escarlate da feminilidade.

De certa forma, a história de Carrie é a de uma Cinderela ao avesso. Como veremos, ela se faz bela ao ser levada ao baile por um príncipe, só que o "felizes para sempre" é trocado por um banho de sangue. O livro é de 1974, e a primeira versão em filme, dirigida por Brian de Palma, com a inigualável Sissy Spacek (na época com vinte e sete anos), já surge em 1976.

O cenário é uma minúscula cidade do Maine, Estados Unidos. Dentro dela, a *high school*, com o grupo dos alunos que estão preparando seu baile de formatura, forma uma comunidade ainda menor. Os personagens são os habituais clichês: a menina mimada, rica e influente, seu namorado bruto e atraente, o casal de populares que pode até ser bonzinho, a professora de esportes, a direção da escola. Escrito e ambientado nos anos setenta, retrata adolescentes que já gozavam de relativa liberdade sexual, graças às conquistas da revolução de costumes da década anterior. Apesar disso, o horizonte dessas meninas interioranas ainda tinha no casamento sua prioridade. A novidade de que podiam perder a virgindade antes dele e falar livremente sobre sexo entre si apontava uma tendência à liberdade que ainda engatinhava.

Em contraponto a essa juventude licenciosa dos anos setenta, King nos apresenta Carrietta White. Ela é filha de uma viúva religiosa e paranoica, que considera o sexo imundo e todos os sinais do corpo que o aludem como uma maldição. Seu maior vexame é a própria existência da filha, prova de que ao menos uma vez sucumbiu à tentação da carne. Margaret conhecia os poderes telecinéticos da filha; quisera matá-la ainda bebê quando a surpreendera levitando sua mamadeira, mas seu marido a impediu. Ela sabia o que temer: sua avó acendia a lareira sem se levantar da cadeira de balanço. Suas inquietudes se confirmaram; dera à luz mais uma descendente endiabrada da maldita linhagem.

A vida da jovem não necessitava esperar a condenação ao inferno; o martírio era aqui mesmo. A mãe policiava todos os seus atos, sempre à espreita de alguma manifestação da feminilidade na menina, a qual seria a prova de que ela representava o pecado. Margaret White a punia severamente pela mínima demanda de liberdade, o que julgava serem vacilações da fé. O pior castigo era um cubículo onde a jovem era encerrada e forçada a passar horas, ou até o dia inteiro, em meio a imagens religiosas intimidantes.

Além da fogueira e da forca, uma das tradicionais formas de tortura que a Inquisição reservava às bruxas era o emparedamento. Ele consistia em deixar a condenada presa em um espaço mínimo, imóvel, recebendo apenas pão e água através de um pequeno buraco, onde enlouquecia e morria lentamente. Esse emparedamento doméstico lhe era reservado porque Carrie, de fato, era uma espécie de bruxa. Mas não é como poderosa feiticeira que começa sua história.

Ela está no chuveiro da escola, após um jogo, quando a chacota das colegas a faz perceber seu primeiro sangue menstrual que lhe escorria pelas pernas e ganhava o chão. É sua menarca, e,

*Tardia considerando os padrões de hoje. No século XIX, era aos dezessete anos a média, que hoje caiu para treze. Essa diferença parece estar ligada a melhoras na alimentação. Não podemos falar em precocidade sexual das meninas dos dias de hoje, pois, no século XIX, aos dezessete anos, geralmente já estavam casadas.

pior ainda, apesar de ter-lhe ocorrido somente aos dezesseis anos, ela não entendia o que esse sangramento significava. Óbvio que a mãe nada lhe informava, acreditando, inclusive, que a ausência da menarca da filha estava correspondendo às suas preces, para que ela não fosse acometida pela maldita tentação do sexo.

Ao ver o sangue, a garota começa a gritar, sente cólicas, acredita que está morrendo. Sua inadequação a tornava motivo constante de escárnio, e foi isso o que novamente aconteceu naquela ocasião, só que, dessa vez, instigadas pela vítima acuada, as colegas se tornaram selvagemente agressivas. Animadas pelo efeito de grupo, provavelmente também sensibilizadas pela presença da menstruação descontrolada naquela criatura esquisita, reagiram gritando-lhe impropérios e atirando sobre ela uma chuva de absorventes.

A professora custou a reagir; chegou a esbofeteá-la, tomada pelo espírito da ocasião, até que finalmente se deu conta de que a menina não compreendia o que lhe acontecera e estava desorganizada. Então, mal ou bem, a protegeu, providenciando a punição das líderes do *bullying* coletivo. A principal castigada por liderar as agressões foi justamente a jovem mais mimada e rica, que acabou proibida de comparecer ao baile de formatura.

Susan, ou Sue, a popular namorada do capitão do time da escola, também participou da agressão. Ela acabou fazendo uma autocrítica e resolveu, como forma de espiar sua culpa, sugerir ao seu próprio par que convidasse Carrie para o baile de formatura. Estava abrindo mão de comparecer e tornarem-se os reis do baile, como já estava previsto. Ele, surpreendentemente humano para o clichê do papel, aceitou o pedido da namorada e o fez com delicadeza e dignidade, o que levou a jovem pária, sua admiradora secreta, a aceitar.

Carrie sempre fantasiara secretamente com isso. Costurou seu próprio vestido tal como aprendeu nas revistas de moda que costumava espiar e embelezou-se, apresentando-se à altura do galã.

Foram eleitos rei e rainha do baile, e ela custava a acreditar no que vivia. Porém, essa não é uma história de conto de fadas; é um livro de Stephen King. Quando se sentaram ao trono, uma cilada os esperava. Preparados pela indignada inimiga, aquela que fora impedida de ir ao baile, havia dois baldes de sangue animal, suspensos sobre o palco, esperando para serem despejados sobre eles quando estivessem sendo coroados.

Subitamente, Carrie viu-se banhada em sangue, enquanto seu galã, atingido na cabeça por um dos baldes de metal, pendia morto no trono ao lado. A reação do público foi a de uma irrefreável gargalhada coletiva, mas a da jovem bruxa, dessa vez, foi diferente. Carrie já vinha treinando sua telecinesia e, desde o episódio da menarca, aprendera a controlar seu poder.

Conforme os "estudiosos", cujos hipotéticos debates King incluiu no livro, a capacidade de mover objetos com o olhar seria um dom genético que se manifesta com grande força a partir da puberdade. A chegada do sangue menstrual transformara a menina infeliz em uma bruxa de verdade. Graças a isso, passou a incutir medo na mãe, que não conseguiu impedir sua participação no baile. Em casa, ela já estava virando a mesa sobre quem punha medo em quem, e, agora, era a vez dos colegas descobrirem essa transformação.

Enfurecida pelo vexame e pelas gargalhadas, com o simples olhar, lacrou as portas de saída, abriu o sistema de esguichos para o caso de fogo e, com a ajuda de cabos elétricos arrancados do palco, providenciou uma eletrocussão coletiva, seguida de uma explosão que matou quase todos os integrantes do baile. Antes de partir, esvaziou os hidrantes, evitando que os bombeiros apagassem "seu fogo".

Por onde passava, ia deixando um rastro de destruição, até chegar em casa, determinada a matar a mãe. Esta, aliás, tinha a mesma intenção, desde o nascimento daquela criatura indesejável, que ela tratou como um câncer, uma infecção que a mataria. Após uma discussão, na qual Margaret lhe revela sua concepção pecaminosa e a determinação tantas vezes fracassada de eliminá-la, elas se agridem mutuamente. A mãe a esfaqueia no ombro, e Carrie, com o poder da mente, paralisa-lhe o coração. Ainda ferida, Carrie tem tempo de matar aqueles que planejaram sua agressão, entre tantos outros, que sucumbem a incêndios, explosões e descargas elétricas que ela ia providenciando.

Enquanto isso, Sue, a benfeitora tardia que tivera a ideia de convidá-la ao baile, sente-se telepaticamente atraída por ela e sai em busca de Carrie. Antes de morrer em seus braços, a jovem bruxa utiliza seus poderes mentais, pelo jeito também telepáticos, para examinar-lhe os pensamentos. Graças a isso, desfaz-se a desconfiança de que a colega fizesse parte da cilada, e há um dramático momento de ternura entre aquelas que nunca foram amigas.

No filme, há uma cena inesquecível, na qual, ao visitarem o túmulo de Carrie, Sue e o público todo se apavoram ao ver uma mão ensanguentada emergir de dentro da terra. A maldição de Carrie não estava morta. No livro, cuja narrativa vai sendo costurada por meio notícias, passagens de diários, depoimentos e outras fontes documentais, King encerra com a transcrição do trecho de uma carta. Escrita pela mãe de uma menina, nascida no Tennessee, muito depois desses incidentes, relata à irmã que a pequena é muito sapeca: costuma brincar com as bolinhas de gude do irmão que mantém suspensas no ar. A remetente lembra que nisso se parece com sua avó, que movia objetos com o pensamento e estranhava a todos da família com seus dons. Agora, é só esperar a menarca.

## VIRADAS NO DESTINO

Esse filme só faz sentido se pensarmos a catástrofe causada pela menarca de Carrie como um contraponto às liberdades sexuais que ainda, possivelmente durante a infância do autor, eram conquistas recentes para os adolescentes. Nossa bruxinha carrega em seu simbolismo tudo o que a sexualidade da mulher ainda tem de selvagem, indomado, estranho, mágico, perigoso e destruidor, mesmo em tempos em que o patriarcado sofre sérias bancarrotas.

Sugerimos considerar a personagem de Carrie como um duplo de Sue, uma versão às avessas de sua figura bem-sucedida: a parte dela e de todas meninas que se encontram com a "maldição" feminina. Afinal, quando elas desempenham aquele selvagem comportamento do vestiário, o que haveria aí de tão insuportável que teria levado a esse exorcismo coletivo? A figura de Sue é a encarregada de detalhar o processo, em uma tentativa de elaboração do ocorrido. Aparentemente sob o efeito da culpa, da condenação moral de sua atitude, o resultado daquela catarse foi um divisor de águas na vida de ambas as personagens.

Carrie se encaminhará para seu momento de evidência e vingança, enquanto Sue verá seu projeto convencional de vida, que parecia tão óbvio e inquestionável, ruir com as estruturas do salão do baile. O fato de elas partilharem o mesmo par reforça o caráter estranho desse triângulo: para quem mais, a não ser para uma espécie de duplo de si mesma, uma garota emprestaria seu namorado justamente no baile de formatura?

Àquela noite, apenas uma delas sobreviveu, mas ela ficará ao certo com as marcas da maldição e do poder feminino deixadas pela transtornada colega, que morreu em seus braços. Se, em um primeiro momento, elas representam opostos, uma no topo e outra no fim da cadeia alimentar do prestígio escolar, no fim, estarão contidas uma na outra.

No livro, há uma passagem mais trabalhada, em que Sue fala com o namorado sobre a mediocridade dos papéis que eles estavam cumprindo e dos que os esperavam. Em primeiro lugar, dá-se conta da irrelevância de seu sucesso social no âmbito escolar:

*Com uma raiva súbita, viu que havia um casal como eles em cada escola média para brancos da periferia. Na sequência desse pensamento, ela tem uma antecipação do que será seu futuro: a palavra que estava evitando era "conformar-se", no infinitivo, que evocava imagens tristes de rolinhos no cabelo, longas tardes passando ferro diante de novelas, [...] de pílulas em inúmeras caixinhas redondas amarelas para não deixá-la passar do tamanho de menina, antes que fosse absolutamente necessário, nem deixá-la sofrer a intrusão de um serzinho estranho e repulsivo que se borrava todo e berrava para ser sacudido às duas da manhã.*[1]

Naquele momento, Sue percebe que estava escolhendo se tornar uma conservadora habitante dos subúrbios de classe média. Essa lucidez, que lhe é incômoda e reveladora, acabou sendo uma consequência do confronto com Carrie.

## O PODER DO SANGUE

Sangue, muito sangue fresco. Na raiz disso, sempre havia o sangue, e só o sangue podia expiar isso, era o pensamento de Margaret depois que Carrie partiu, vestida para o baile. Para aquela mãe, que dedicara à filha ameaçadores esconjuros pelo simples fato de que ela começara a menstruar, ir a um baile só confirmava sua condição devassa, assim como de todas as mulheres. Herdeiras do pecado original, elas sofriam como a mulher de Adão,

*[...] cujo primeiro pecado foi o coito. E o senhor infligiu uma maldição a Eva, e a maldição foi a maldição do sangue. Após dar um chute na filha que jazia aos soluços no chão, Margaret acrescentou: – E houve uma segunda maldição, e esta foi a maldição do parto.*[2]

A fisiologia da mulher determina que o começo de sua fertilidade seja anunciado, visível, a partir do primeiro sangramento. A cada mês, ela terá, por meio do sangue, uma confirmação de que seu corpo funciona rotineiramente. Para muitas, o surgimento regular dessa manifestação é um momento de alívio, em que cessa a tensão pré-menstrual. Esse quadro é motivo de piadas, assim como de cuidados especiais, pois para muitas significa dores, o corpo pesado e os nervos à flor da pele. São fenômenos determinados pelo efeito dos hormônios, que fazem, em seu interior, complicadas coreografias, visando preparar, no corpo, um ninho para receber um óvulo fecundado, ou para desfazer esse cenário todo, deixando o caminho aberto para o retorno do ciclo fértil. Além das razões fisiológicas, esse mal-estar talvez possa ser atribuído a outras variáveis: uma espécie de revolta contra a sujeição involuntária a esse processo tão imperioso; uma forma de anunciar publicamente sua fertilidade. Ou, ainda, nas ocasiões em que a maternidade está sendo elaborada, na qualidade de potencialidade ou de um projeto concreto, o sangramento é vivido como uma gestação negativa.

Quando o sangramento não surge, será sucedido de um momento dramático para sua aparição: o parto ou o aborto. As mulheres se acostumam a marcar seus ritmos em consonância com o ciclo menstrual, ou o controlam com medicação para que interfira menos em sua vida. Os casais convivem com ele na vida erótica, sendo que, para alguns, ainda é sentido como uma impureza, sem se darem conta bem do porquê. A menstruação deixa rastros na casa; os familiares e principalmente as crianças eventualmente os encontram. De um jeito ou de outro, acaba sendo uma questão para todos.

O sangue que escorre do interior da mulher não significa, como em alguns animais, o momento propício para a fecundação; ao contrário. Embora sua presença confirme essa possibilidade, quando ele aparece, é como se algo saísse de dentro de uma mãe em potencial, vivo ou morto. A fantasia inconsciente de que cada menstruação corresponde a um filho que não nascerá é uma das causas, entre outras, dos sofrimentos pré-menstruais.

A associação entre ciclo fértil e gestação, assim como da menstruação como o anúncio de um não nascimento futuro, é a que coloca as mulheres em uma posição representada pelas mitológicas Moiras. Presentes com nomes diversos em várias culturas, são femininas as personagens que se responsabilizam pelo início e pelo fim da vida. Devido a sua capacidade de gestar, assim como à tradição milenar de confinamento feminino, as mulheres sempre estiveram em torno dos recém-nascidos e dos moribundos, ou seja, literalmente presentes no início e no fim da vida.

É parte do destino do corpo de uma mulher a possibilidade de conter dentro de si outro ser humano; ou seja, como as bruxas emparedadas, todos nós já habitamos um lugar minúsculo, onde podíamos nos mexer parcamente e recebíamos apenas o alimento. Lembrem que, quando não estava querendo matá-la, Margaret prendia Carrie em um cubículo. Funcionava como uma espécie de monstruoso ventre, guardado por severas imagens religiosas. Algo como uma versão tanto em miniatura como em terror da torre de Rapunzel.

Não há filho que passe ao largo do temor de ficar preso junto da mãe, o que, em uma percepção regressiva, significa voltar para dentro dela; por isso, na época da adolescência, os conflitos com elas se tornam árduos e necessários. É um novo parto: é preciso livrar-se dos cuidados maternos da infância que transformavam a casa em um cálido ventre. Os filhos crescidos temem ser impedidos de sair, assim como também precisam exorcizar sua covardia de partir, culpando a mãe por estar barrando-lhes o crescimento. Nesse sentido, a mãe de Carrie é verossímil como uma caricatura desse movimento.

A partir da menarca, as meninas se veem confrontadas com essa enxurrada de fantasias e expectativas sociais. No livro de King, após sua iniciação sexual com o namorado, Sue acompanhava inquieta o atraso em sua menstruação, temerosa da forma como isso decidiria seu destino. A fertilidade, com suas ondas, seus sustos, enigmas e impasses, confronta as jovens com momentos psiquicamente densos. Por isso, no episódio do vestiário, não foi apenas Carrie a ser bombardeada com a irrupção de impropérios e agressões físicas, cena que se repetiu com a mãe quando a garota chegou em casa. Aquelas meninas, assim como Margaret, reagiam à visão do sangue menstrual, que, como vimos, não passa facilmente despercebido e é carregado de simbolismo. <u>Carrie sobreviveu à virada do século e segue encontrando leitores e novas versões cinematográficas porque o corpo feminino ainda contém as representações da mãe, da bruxa e da morte.</u> Portanto, não nos estranha que seu simbolismo contenha tantos poderes.

Da menarca à menopausa, esses enigmas encarnados pelo corpo feminino fazem sucessivas aparições ao longo da vida, sempre orquestrados pela presença ou ausência do sangue. O surgimento do corpo de uma mulher jovem, capaz de vida sexual, encontra uma menina novata no papel, portanto, no mínimo, confusa. Por sua vez, a mudança de *status* dela ameaça a autoimagem dos pais, que já começam a se sentir potencialmente avós, logo, precisam encarar um projeto de envelhecimento. Diante de tudo isso, como esquecer Carrie?

## EPÍLOGO

Mais de uma pessoa que nos ajudou enquanto este livro estava sendo feito nos fez a mesma pergunta: por que não examinar o filme *O exorcista* (1973), de William Friedkin. Afinal, trata-se de uma das maiores bilheterias de todos os tempos, um marco dos filmes de terror, e envolve um tema semelhante ao de Carrie. Sim e não. O filme é interessante, mas, para nosso propósito de analisar discursos sobre a adolescência, dele só se extrai uma interpretação básica: a nova adolescência, que brotava da contracultura, soava tão estranha, diferente e assustadora que só podia ser coisa do demônio.

Raras vezes na história uma geração se revelou tão distinta da anterior como ocorreu com os *Baby Boomers*, como foram chamados os nascidos entre o pós-guerra e o começo da década de sessenta. A mais radical mudança de costumes, que as gerações anteriores ensaiavam ou apenas uma vanguarda realizava, foi feita por ela de uma forma massiva. Especialmente em relação ao sexo, vários tabus caíram: a virgindade deixou de ser um valor, sexo antes do casamento idem, a homossexualidade começou a ganhar mais visibilidade e a cavar um espaço de respeitabilidade. Esses jovens tampouco compartilhavam com os pais o mesmo apreço ao dinheiro e ao trabalho, buscando outras formas de estar no mundo. Afastaram-se da religião, ou a trocaram por outras formas de espiritualidade e misticismos dos mais variados. Isso sem falar da experiência com drogas, todas elas. Como que seus pais veriam essas abissais diferenças – na forma alucinada, simbólica, em seus pesadelos e temores – senão como manifestações do capeta?

### NOTAS

1. KING, S. *Carrie, a estranha*. Rio de Janeiro: Objetiva, 2013. p. 13.
2. Ibidem, p. 54-55.

CAPÍTULO XVI

# SONHOS ROUBADOS

FILMES:

Cidade de Deus

Sonhos roubados

TEMAS:

Cooptação para o tráfico de drogas

Desvalorização do trabalho

Fascínio das armas

Rituais de passagem

Abuso e prostituição juvenil

Cultura da pedofilia

Violência contra mulheres

Adolescendo na adversidade

Há milhões de vidas que transcorrem na fronteira ou mesmo no interior da extrema pobreza. São crianças e jovens privados de incentivo e proteção, mas destinatários de todo tipo de preconceito. Para crescer nessas condições, meninos e meninas precisam enfrentar diferentes ciladas.

Quanto aos garotos, trabalharemos em torno do retrato daqueles a quem o Estado e a sociedade mais observam: os que sucumbiram à tentação da delinquência. Nessa atenção dedicada às avessas, combater e encarcerar esses jovens é a única ação cuja eficácia é socialmente reconhecida e conta com ampla simpatia popular.

No que diz respeito às meninas, sua trajetória acaba sempre associada ao corpo. As garotas de que nos ocupamos aqui enfrentam sistemáticos abusos, violência, maternidades precoces e, acuadas por esses traumas, muitas acabam transitando pela prostituição. Apesar disso, tentam ser adolescentes românticas, festeiras e livres.

Falaremos de dois filmes, para dar conta da diferença de gênero que configura diversos perigos que rondam os destinos desses adolescentes. O primeiro deles é baseado em uma obra de ficção, criada a partir de uma experiência de pesquisa no bairro carioca Cidade de Deus. O roteiro do segundo nasceu dos diários de seis meninas abusadas e prostituídas.

*Cidade de Deus*, um filme de Fernando Meirelles, baseado na obra literária de Paulo Lins, e *Sonhos roubados*, filme de Sandra Werneck, baseado no livro da jornalista Eliane Trindade, são respectivamente histórias de garotos e garotas. Eles nos levarão para esse território conflagrado, onde adolescer é um ato de valentia.

## ELES

*Cidade de Deus*, o filme de 2002, dirigido por Fernando Meirelles, é a história de um bairro e de uma época que viveu a transformação da criminalidade genérica na guerra do tráfico. A narrativa é conduzida tendo como eixo as vidas de alguns jovens e garotos que cresceram nesse enorme complexo habitacional, que inchou antes de ser concluído, abrigando o êxodo de várias comunidades retiradas de seus lugares de origem a partir da década de sessenta.

O livro homônimo, a partir do qual foi realizado o roteiro do filme, foi lançado em 1997. O escritor Paulo Lins, originário da Cidade de Deus, teceu uma sofisticada trama literária, que manteve seu dinamismo e poética apesar de ser também fruto de pesquisas acadêmicas sobre violência urbana realizadas no local. A ótica da obra foi criticada pelos moradores, ressentidos com a identificação de seu bairro com a criminalidade, principalmente em função da enorme popularidade do filme, candidato a várias categorias do Oscar.

Apesar de ser o livro de estreia de Lins, *Cidade de Deus* foi imediatamente celebrado nos meios literários pela vivacidade da descrição de dezenas de tipos humanos. O uso coloquial da linguagem, testemunhada pelo autor no convívio cotidiano, deu caráter convincente aos personagens retratados. Devido à complexidade da trama literária, assim como à nossa opção pelo cinema por ser uma abordagem ficcional sintética, escolheremos o filme como fonte das reflexões que se seguem. Ele foi realizado com atores não profissionais, provenientes da Cidade de Deus e de comunidades semelhantes, sendo que foram privilegiadas as improvisações deles às falas previstas no roteiro.

Quanto ao filme, sempre estará em qualquer lista dos melhores do cinema brasileiro de todos os tempos. Escrever sobre sua riqueza demandaria mais páginas que este livro inteiro. Ele é um retrato do descaso sistemático do Estado brasileiro para com a população que mais precisa dele, conta como se deu a ascensão do tráfico e de como isso transformou a criminalidade no Brasil. Respeitadas as diferenças locais, existem inúmeras Cidades de Deus no País, são medidos em milhões os "domicílios erguidos em aglomerados subnormais", que é como são contabilizadas as favelas nas estatísticas.

Nosso objetivo tem um foco bem definido: pensar sobre como é ser um adolescente em ambientes muito pobres, esquecidos pelo Estado e conflagrados. Que peso a mais para crescer carregam os jovens cuja juventude transcorre em tais lugares?

## MESMA ORIGEM, MUITOS DESTINOS

A história do filme tem um narrador, cuja voz exterior à cena vai apresentando os demais personagens e contando suas histórias. Essas foram distribuídas em três partes, a primeira dedicada aos anos sessenta do século XX, a segunda aos setenta, enquanto na terceira, que seria a década seguinte, as diversas tramas se precipitam e se amarram. Apesar de Buscapé, o narrador, ser um garoto que não segue uma carreira criminosa, pois sonha e consegue tornar-se fotojornalista, *Cidade de Deus* é focado nos marginais, ladrões e traficantes. Portanto, apesar de ser morador, negro e de origem humilde, como a maioria dos outros personagens, já é como um observador externo que Buscapé nos apresenta aquele recorte da realidade.

No primeiro período enfocado, os anos sessenta, conhecemos um grupo de malandros conhecidos como "Trio Ternura". Eles são populares e sedutores, dedicam-se a delitos de baixa rentabilidade, chegam a partilhar parte de seus ganhos com a população e se definem como "bichos soltos". Seu charme é ainda ligado à figura já superada do malandro, mesclada à origem do samba, marcada pela música, a preguiça e pela liberdade de nunca submeter-se às duras condições de vida dos trabalhadores.

"Otário" é o nome que os jovens marginais dão aos trabalhadores que voltam em massa, embarcados em ônibus lotados, exaustos ao final da jornada de trabalho braçal e vivem humildemente. Apesar dos caminhos diferentes, espera-se que entre os criminosos e os trabalhadores moradores do local, denominados de "rapaziada da jurisdição", impere um respeito mútuo: os trabalhadores não alcaguetam, enquanto os marginais não vitimam seus conterrâneos. Ainda é um tempo que acaba parecendo ingênuo ante o que o futuro iria aprontar.

Ser considerado um otário nesse caso diz muito mais, pois define, por oposição, os "não otários", os que não trabalham por opção. Existe um campo indefinido, entre optar e ser empurrado para a marginalidade, mas de qualquer forma fica marcada uma postura: eles apresentam como positiva a desinserção do mundo laboral. Não trabalhar deixa de ser um problema e torna-se outra forma de nobreza, uma "elite" dentro da pobreza, afinal, nobres tampouco trabalham.

Não podemos esquecer que a ética do trabalho no Brasil tem um amplo espectro de possibilidades e ainda sofremos dos traumas da escravidão. Boicotar o trabalho, ou seja, sem dar na vista, tentar criar todo obstáculo possível à produção, era uma maneira de autodefesa, a única forma de preservar-se. Opor-se à servidão era uma estratégia positiva de evitar a alienação e o desgaste excessivo do corpo. Talvez os jovens em questão não elaborassem dessa forma, mas intuitivamente percebem o pouco valor que o trabalho e o trabalhador têm entre nós. Como é mais fácil e atraente ser "nobre", agora não mais a partir do nascimento, mas do exercício da violência e da rapinagem.

O Trio Ternura é seguido de perto por alguns garotos, admiradores de seus feitos. Apesar de fãs, desenvolverão outro tipo de marginalidade, associado ao crescimento do tráfico e à elevação da violência a outros patamares. A primeira geração de marginais da Cidade de Deus sonhava com um fim de carreira tranquilo: mulher, filhos criados longe do perigo e um sítio onde plantar e fumar maconha. Nenhum deles chegou a tal objetivo, sendo que o único sobrevivente do trio deve esse feito ao encerramento precoce da vida de marginal, pelo retorno à igreja pentecostal.

Os anos setenta assistiram à ascensão ao poder daquelas crianças que rodeavam os protagonistas anteriores. Todos começaram com crimes comuns, já que no início o tráfico não era uma atividade concorrida entre os bandidos. Assemelhava-se mais a um dos tantos negócios informais e proibidos, tão comuns no local, dedicados a abastecer os moradores. É a enorme rentabilidade do comércio das drogas, que começa a enriquecer esses comerciantes do mercado negro, o que desperta a cobiça dos criminosos comuns.

A introdução da cocaína, produto de grande aceitação entre as classes altas, leva para dentro das favelas todo tipo de usuário e viciado. As antigas vítimas, que tinham suas joias, carros e carteiras roubadas, agora se transformaram em clientes. Entre os usuários de drogas, ocupando um território ambíguo, sem ser otários nem criminosos, surgem os grupos de "cocotas" ou *"playboys"*, originários das classes média e alta ou mesmo habitantes da favela identificados com elas. São jovens ociosos, que cuidam muito da imagem, usam roupas de marcas da moda, frequentam a praia, disputam as garotas mais sensuais e são afeitos a uma boa briga. Entre os estereótipos, talvez esses sejam os que melhor encarnam a adolescência.

Encerrado o período amador dos marginais que morriam sem jamais acumular nada, entramos na fase selvagem da luta pelo controle de prósperas bocas de fumo. Elas funcionavam como pequenas empresas distribuidoras, recebendo a matéria bruta, separando-a e adulterando-a, organizando-a nas pequenas embalagens que são entregues ao consumidor e comercializando a droga. Chegavam a ter o que Buscapé definiu como plano de carreira, pelo qual o futuro traficante iniciava-se nesse mundo desde criança: começava na condição de "aviãozinho", que é um tipo de estagiário pronto para qualquer serviço menor; passando pela de "olheiro", responsável por vigiar; até a de "vapor", que é o que interage com o consumidor. Para os mais afeitos à vocação militar, havia a posição de "soldado". Assim como para aqueles que sabiam escrever e calcular, sendo mais organizados, havia o nobre cargo de "gerente de boca", este último uma pessoa de confiança do dono do território.

A polícia, ou melhor, os "samangos", na sua ótica, não teriam a função de proteger a população, nem de erradicar o crime, sua principal atividade seria a extorsão e o assassinato. São vistos como racistas – *"desde quando roubar preto e ladrão é crime?"*[1] –, mas podem ser neutralizados enquanto o dinheiro e a droga fluírem bem. Ela é coadjuvante da escalada de ascensão do tráfico, representada pelos seus membros mais corruptos e mafiosos. O leitor precisa lembrar que esse filme edita o pior recorte tanto dos moradores quanto da corporação policial.

Além de ser dividido em três décadas, ou períodos diferentes no perfil da criminalidade da favela, *Cidade de Deus* se organiza em torno de três personagens centrais, três histórias, três destinos.

## BUSCAPÉ, O FOTÓGRAFO

O narrador e futuro fotógrafo Buscapé é filho de um peixeiro e irmão de Marreco, um dos integrantes do Trio Ternura. Ele se considera desprovido da coragem e da vontade para seguir um caminho marginal. Na família é considerado inteligente, por isso espera-se que estude, diferentemente do primogênito, que deveria assumir o negócio do pai. Marreco, porém, não quer vender peixes, achava fedido e muito trabalhoso, tinha sonhos de sedutor, de *bon vivant*, e, para conseguir o charme necessário, recorria ao crime.

O trauma decorrente da morte do irmão provavelmente mudou o rumo da vida de Buscapé. É bastante comum que jovens que tiveram um irmão mais velho consumido pela droga, perdido para a marginalidade ou morto, tenham um aprendizado forçado por essa perda. Vendo as consequências trágicas e o sofrimento familiar, optam por um destino o mais longe possível do trilhado por aquele que se desviou.

Pela amizade com os rapazes do crime, assim como por meio da incipiente identidade de fotógrafo, conseguida com uma câmera rudimentar adquirida com trabalhos temporários, Buscapé acaba ganhando uma câmera profissional. Ela é levada ao morro por um viciado de classe alta, desses que furtam os bens da família para trocar por droga, e destinada a ele pelo traficante Bené, que sabia da paixão do amigo pela fotografia. Buscapé encontra-se e desencontra-se dessa câmera ao longo do filme e também é por meio das imagens produzidas por ela que a história é amarrada.

Quando a guerra do tráfico é deflagrada, em um primeiro momento, nosso protagonista tenta passar a maior parte do tempo longe do bairro. Vai trabalhar na entrega de jornais, onde se familiariza com o trabalho dos fotojornalistas que admirava. Buscapé passa seu tempo livre dentro do laboratório fotográfico do jornal, acolhido por um funcionário que também é da Cidade de Deus e lhe ensina o trabalho. Algumas fotos que ele tirou dos criminosos e dos conflitos são reveladas pelo amigo do laboratório e acabam fazendo sucesso na redação, indo para as páginas do jornal. Essa é uma completa virada na vida do aspirante a fotojornalista. A coragem que não lhe servia para ser criminoso, não faltou como fotógrafo. Tendo um acesso, que era vedado aos jornalistas, ao coração do bairro e aos incidentes, ele consegue essas imagens. Graças a elas se torna, ao final da história, estagiário do jornal e futuro profissional da área. A história de Buscapé é a única com final feliz.

## DADINHO, O PODEROSO CHEFÃO

Entre os garotos que rondavam o Trio Ternura, Dadinho era o que tinha mais sangue frio. Andava sempre colado ao amigo Bené, que era irmão de um dos integrantes, e dependia desse parceiro para mediar e relacionar-se com os outros, pois era incapaz de qualquer interação sem confronto. Mal conseguia conter sua agressividade e ambição em qualquer situação, até uma simples pelada terminava em briga. Feioso, desajeitado para o trato social, Dadinho é o oposto dos malandros clássicos: não tinha charme nem sucesso com as mulheres, motivo pelo qual dependia de prostitutas para ter uma vida sexual. Excetuando Bené, não tem amigos, apenas aqueles que o servem e o temem, nunca relaxa ou se diverte, trabalha sem trégua em prol da ascensão ao poder. Por fim alcança seu objetivo, acaba sendo o mais importante traficante do local, o que se viabiliza pelo extermínio de todos os concorrentes e da formação de uma milícia armada, que começa constituída de adolescentes, mas chega a incluir crianças.

Seu aniversário de dezoito anos, no qual promoveu uma grande festa para toda a comunidade, já o encontra calejado no mundo do crime, considerado o bandido mais respeitado da Cidade de Deus e um dos mais procurados do Rio de Janeiro:

*[...] a maioridade chegava com dez assassinatos, experiência de cinquenta assaltos, trinta revólveres dos mais diversos calibres e respeito de todos os bandidos do local. Seu poder de liderança não vinha somente de sua periculosidade, vinha de suas entranhas, de sua vontade de ser o maior.*[2]

Durante as comemorações de sua maioridade, mudou seu nome para Zé Pequeno, rebatizado em um rito religioso do Candomblé. Os personagens dessa história não respondem por nomes de batismo, cada um tem um apelido, a partir de características físicas, como Cabelo Calmo ou Verdes Olhos, ou mesmo oriundo de uma espécie de nome de guerra, como Passistinha, Inferninho ou Ferroada.[3] Quando o pai de santo renomeia Dadinho, nessa espécie de rito de passagem para a maioridade, vaticina: *"Zé Pequeno vai crescê"*. O oráculo é retrato do projeto ambicioso de seu portador.

## BENÉ, O DIPLOMATA

Bené é o melhor amigo de Dadinho, sempre negociando os desentendimentos dele, é considerado o "bandido mais responsa" da região. Ele o acompanha em toda sua t ajetória e, mesmo quando o amigo já é o temível Zé Pequeno, continua partilhando tudo com ele e fazendo o meio de campo em todas as relações sociais. É o único que o traficante admite ao seu lado, com quem divide poder e conquistas. Bené nem de longe tem o fascínio pelo poder e riqueza de Pequeno, parece estar lá acima de tudo pela fraternidade que os liga.

Um dia Bené decide usar seu dinheiro para ser como os jovens bem nascidos, quer parecer um adolescente. Dá dinheiro a um viciado de classe média ligado ao tráfico para que lhe compre roupas da moda, passa parafina no cabelo e faz uma tatuagem: *"virei* playboy", anuncia aos amigos. Apaixona-se pela cocota Angélica, garota de classe média, que se empenha muito em fazê-lo mudar de vida. Os namorados começam a fazer planos, sonham em ir embora para um sítio: *"a gente é* hippie *de coração"*, argumenta ela. Apesar do desespero de Pequeno, que não se vê sem o amigo, Bené decide partir com a amada. O projeto deles assemelha-se ao que já animava a geração de Cabeleira, irmão dele: *"morar num sítio e fumar maconha o dia inteiro"*. A festa de despedida do malandro responsa tem a abrangência de sua generosa sociabilidade: reuniu *"os bandidos, a rapaziada* black*, a comunidade crente, a galera do samba e os cocotas"*.

Depois da última tentativa de Pequeno, durante a festa, de trazê-lo de volta ao seu lado, pois não consegue conceber que se abra mão de tanto poder e dinheiro, os amigos discutem e Bené se impacienta com ele: *"todo mundo pra ti é filha da puta, por isso que tô indo embora"*. Infelizmente, assim como ocorreu com seu irmão, a morte o encontra antes que ele possa sair da vida de marginal. Em um momento dramático, acaba recebendo por engano um tiro destinado a Pequeno e morre em seu lugar. Bené quis ser adolescente, playboy, hippie, morreu como o marginal que sempre foi, mas, na verdade, dedicou a vida à amizade.

## A GUERRA DO TRÁFICO

O maior traficante da Cidade de Deus eliminou todos os que lhe cortavam o caminho. Quase todos, pois seus inimigos restaram em três *fronts*. O primeiro, por cuja eliminação era obcecado, era um traficante rival, cuja boca era preservada até então a pedido do diplomático Bené: pertencia a um amigo e protegido dele chamado Sandro Cenoura. O território do Cenoura era menos ditatorial do que o de Pequeno, o que dava margem à ação de um grupo de delinquentes infantis, também considerados inimigos, denominado Caixa Baixa. Estes não trabalhavam como aviõezinhos, não entravam na hierarquia do tráfico, faziam seus próprios pequenos negócios, e Cenoura era benevolente com eles.

Como não deixava inimigo vivo, Zé Pequeno instaurou um provisório período de calma regido pelo terror na Cidade de Deus. O tumulto causado pelos roubos das crianças arruaceiras do Caixa Baixa irritava Pequeno. Considerava a criminalidade alheia ao tráfico dentro de seus domínios prejudicial para os negócios, pois atraía a polícia. Para tanto, estava decidido a acabar com eles e serem crianças não era impedimento para eliminá-los. Em uma das cenas mais impactantes do filme, ele persegue essas crianças e, após conseguir encurralar duas delas, dá um tiro no pé do menorzinho, após obrigá-lo a escolher se queria ser alvejado no pé ou na mão.

Pouco satisfeito com a ação que devia ser exemplar para assustar os outros garotos, incumbe um de seus seguidores, que é pouco mais que uma criança, de escolher um dos pequenos prisioneiros para matar: *"Filé, quero ver se você é do conceito, agora escolhe um aí e mata!"*. Esse garoto, chamado Filé com Fritas, é admitido após esse assassinato na irmandade do crime e logo se autoriza a considerar sua infância encerrada: *"Que criança nada, cara! Eu fumo, eu cheiro, já matei, já roubei, sô sujeito homem"*.

Além do traficante rival, Sandro Cenoura, e dos garotos do Caixa Baixa, o terceiro desafeto de Pequeno era um morador honesto da Cidade de Deus. Representado no filme pelo músico Seu Jorge, Mané Galinha era assim chamado devido ao sucesso com as mulheres. Ele consistia no oposto dele: instruído, bonito, bem quisto por todos, forte, e, embora trabalhasse como cobrador de ônibus, era respeitado, por ter sido atirador de elite durante o serviço militar. O traficante engraçou-se pela namorada de Galinha e, tendo sido rejeitado por ela, decidiu punir o rival.

Em uma festa da comunidade, constrangeu-o a fazer um *strip-tease* sob a mira de uma arma e, assim que encontrou oportunidade, estuprou sua amada na frente dele. Não bastando esses males, foi até sua casa, matou seu irmão e passou a persegui-lo, arrependido de não tê-lo eliminado na própria cena do estupro. Depois disso, não é difícil para Sandro Cenoura convencer Galinha a entrar para a criminalidade e aliar-se a ele com o objetivo de derrotar seu algoz. Do enfrentamento deles nasce a guerra do tráfico que transforma a Cidade de Deus em um território conflagrado. É dessa época a fama do bairro como o mais perigoso do Brasil. Os confrontos pelas bocas de fumo e em busca de vingança passam a envolver fuzis e metralhadoras, todos são recrutados, inclusive as crianças, que recebem armas. É guerra aberta: *"a gente se acostumou a viver no Vietnã"*, dizia Buscapé.

Durante a época da guerra do tráfico, Galinha é preso e sua foto aparece nos jornais, o que deixa seu rival muito invejoso. Para eles, a visibilidade na grande imprensa é uma forma importante de reconhecimento social. Por isso, quando Buscapé encontra-se com Zé Pequeno, este o constrange a tirar uma foto pousada dele com seu bando armado, que acaba sendo o passaporte de entrada do narrador no jornal.

No fim da história, o jovem fotógrafo acaba documentando o confronto final, onde morrem quase todos os protagonistas. O rentável mercado do tráfico fica aberto para as crianças do Caixa Baixa, criminosos que nunca chegaram sequer à maturidade mínima dos adolescentes e homens jovens que protagonizaram o período anterior. Para eles, matar é brincadeira e morrer – *"amanhecer com a boca cheia de formigas"*, como dizem – é perder uma vida que nem se conscientizaram de ser sua. Nas favelas, a passagem do poder para bandidos de faixa etária cada vez menor tem eliminado o mínimo de regras que ainda norteavam a relação dos criminosos entre si e com seus bairros e cidades.

## AS ARMAS

Foi Zé Pequeno quem armou as crianças do Caixa Baixa, que acabaram bandeando-se para seu lado. Na guerra esquecemos pequenas desavenças anteriores ante a urgência do momento. A ironia é que é com essas armas que, depois dele perder o comando, essas crianças irão matá-lo. As armas são o atalho para o poder nesses grupos delinquentes: constituem uma potência de fato, que serve para contrabalançar a impotência social e etária. Ante quem as tem, todos ficam iguais, elas abolem diferenças de classe, invertem as hierarquias, dão visibilidade aos socialmente invisíveis.

As armas de fogo contemporâneas prescindem de muito treinamento. Não é simples o seu uso, mas as exigências são radicalmente diferentes daquelas das armas anteriores. Antes, ser nobre, ou da classe dominante, era também uma vida dedicada à intimidade com o manuseio de armas. Ninguém, por apenas portar uma espada, uma lança, um arco, estava em vantagem decisiva sobre outro. Eram necessários anos de exercício e aprendizado para realmente saber usá-la com destreza em uma luta. A arma de fogo banalizou o poder, qualquer um, mesmo com pouca experiência, pode produzir um grande estrago, um só homem pode render um grupo ou matar muitos. Talvez por isso elas exerçam tanto fascínio, constituindo um passaporte direto, ainda que ilusório, para o lado forte da cena social.

Inúmeros crimes com armas de fogo desbordam da esfera da necessidade objetiva: as vítimas já estavam rendidas ou nem esboçaram reação e acabaram mortas. Do outro lado do cano podemos ter um desajeitado iniciante no crime, geralmente muito jovem, que, sem pensar ou premeditar, exerce um poder absoluto, contrastante àquele que nunca teve, e que jamais poderia pretender dada sua condição social. Esse ato é sua passagem definitiva para o outro lado. Muitas coisas podem ser revertidas, mas não atos como esse: matar é traumático. Uma desumanização e um embrutecimento o acompanharão definitivamente e são de dificílima, ou quase impossível, elaboração.

Um assassinato é uma tragédia por todos os lados, uma família perdeu uma vida e quem o fez perdeu parte da alma. Em outras palavras, aquela morte não vai ser metabolizada por quem a provocou e ficará enterrada em si, produzindo um luto impossível. Há também o risco de que faça mais atos como esse, porque o que não se elabora se repete. O autor de um crime desses pode inclusive, fantasiosamente, ficar esperando a vingança do destino em cada sombra, projetando-a ao acaso e causando mais danos com suas reações desproporcionadas. Potencialmente, um assassino vai ter mais probabilidade de cometer outro ato semelhante, ou de involuntariamente causar a própria morte para aliviar-se do que fez.

O filme é muito eficiente e assustador em mostrar o quanto uma criança, portando um revólver, pode fazer um estrago absurdo e sem sentido. Referimo-nos à cena em que Dadinho entra num motel, encontrando vítimas já rendidas e, sem piedade, mata pessoas nuas, apavoradas e impotentes. Ele não podia perder a oportunidade de exercer tal poder quando esse se apresentava tão fácil. Esse episódio do motel, ausente no livro e criado para o roteiro do filme, é bastante simbólico: naquele local, adultos fazem coisas vedadas às crianças, sobre as quais estas costumam conjecturar com curiosidade. Dadinho sentiu-se acima dos amantes e seus prazeres cobiçados, ele estava de braços dados com o maior poder de todos, a morte.

Esperamos crescer para ter acesso aos segredos e práticas dos adultos, só que para as que nascem destituídas até do direito de sonhar, não há nada para esperar. Como o futuro nada lhes promete, resta-lhes rapinar o presente. Como nada valem, a vida dos outros tampouco vale, azar de quem encontrarem pela frente. Crescer depende da vontade de atingir algo, o mínimo fiapo de esperança já ajuda, assim como a mais tênue presença de alguém com quem identificar-se em algo já faz diferença.

Dadinho nunca cresceu, tramou com seu diabo pessoal um assalto aos bens e possibilidades dos adultos, eliminados sumariamente, tornados tão insignificantes como seus familiares que se marcam pela ausência. Crianças assim, miseráveis da herança simbólica proporcionada por adultos que as eduquem, teriam motivos para vingar-se dos que representam um futuro que nunca terão. Note o leitor que nos referimos a uma miséria também imaterial: a dos marginalizados das condições mínimas de cidadania. Para estes não há infância, no sentido do amparo e da necessária dependência inicial, tampouco podemos considerar que tenham o mais remoto direito à adolescência. A mortalidade juvenil nessa população de delinquentes é enorme, não há tempo para investimentos a longo prazo para aqueles que são adotados pela morte.

O controle sobre a vida alheia, ou seja, o direito de matar, é um elemento importante nos sonhos proibidos e inconfessos de todos. Quando alguém nos atrapalha ou despreza, desejamos secretamente que morra, assim como gostaríamos que aqueles que admiramos, ou por quem sentimos atração, sejam presas imediatas dos nossos encantos. Nada como supor um poder, advindo da violência, pelo qual os outros seriam obrigados a nos obedecer, servir ou admirar. Porém, estamos falando de fantasias, devaneios infantis, que não têm qualquer intenção de ser realizados.

Talvez aí resida a fama de delinquentes, atribuída a uma massa de jovens humildes, que a carregam em nome de alguns, que são realmente bandidos. Não é raro associar adolescentes a condutas hedonistas e violentas, muito mais numerosas na fantasia do que na realidade. Corpos jovens, as forças ainda não esgotadas, livres das dependências infantis e descompromissados dos grilhões que amarram a vida adulta à rotina. Por que esses jovens não aproveitariam a oportunidade de realizar os sonhos escusos que rondam a todos? Esse medo imaginário ajuda a fundar a discriminação.

## RITUAIS DE PASSAGEM

É um entendimento comum que na modernidade os rituais de passagem desapareceram. Sem as balizas sociais das cerimônias coletivas regradas, e de alta eficácia simbólica, agora cada indivíduo terá que inventar sua forma particular de marcar os novos *status* etários. Essas marcas continuam sendo importantes, mas deixaram de ser externas, passaram a ser subjetivas. Além de depender de parâmetros quase exclusivamente internos, é lenta e oscilante a assimilação de uma nova fase da vida, ao contrário das automáticas novas identidades recebidas mediante os rituais de passagem das sociedades tradicionais.

Mas esse é um modelo básico, será que essa história não nos mostra formas de ressurgimento dos ritos de passagem, mesmo que de modos parciais ou vagamente alusivos? Certamente não temos mais rituais no sentido das celebrações coletivas e aceitas em seu significado por toda uma comunidade, como se fossem documentos oficiais, mas é possível que reste deles uma forma decaída, mista, algo que poderíamos denominar de "fatos de passagem". Sobre isso talvez nos ajudem a pensar alguns casos do filme. Trata-se de uma espécie de rituais, não aceitos por todos, mas por um grupo, com uma significação pontual. Dizem apenas do *status* do sujeito em questão ante os membros do grupo, que funciona como sua comunidade.

Referimo-nos, por exemplo, à cena em que Zé Pequeno pede a Filé com Fritas que assassine uma criança rival. Seu ato selou a fidelidade ao grupo e foi marca de que ele já não seria mais uma criança, pois já matara, tornando-se – em sua palavras – "sujeito homem". Por esse valor simbólico do assassinato, perpetrado diante do grupo, demonstrando fidelidade ao chefe, ele "cresceu". Inclusive, mais tarde, gaba-se disso como sendo uma das coisas que o tirou da infância.

Essa cena, de um personagem abandonando a infância mediante o assassinato de outra criança, nos parece que equivale a dar um tiro na própria imagem no espelho. Desinseridos de uma coletividade que os reconheça, e paute com suas regras, os jovens podem recorrer a apoio uns dos outros para cometer atos transgressivos que, por sua "coragem", darão provas de acesso a um novo *status*. Foi assim no caso de Filé com Fritas, que cometeu o assassinato em estado de pânico, mas sempre fiel ao grupo que o desafia para incluí-lo.

Matar, roubar, consumir droga e mesmo estuprar, ainda que possam ser atos bárbaros, têm a função de atestar a "maturidade" do sujeito ante seu pequeno grupo. O fato de estar fora da circulação social estabelecida, corrente, não quer dizer que alguém não estaria capturado pelas tarefas que são comuns a todos, como as de "fazer-se homem" e atingir algum tipo de certeza de que se abandonou a infância.

Ao contrário de Bené, Zé Pequeno não sonhava com uma adolescência. Não existem traços disso nele, desde criança só cobiçava o poder. Para ele, obtê-lo é o equivalente a tornar-se homem, e sempre por meio do domínio da morte. Esta sim ele dominava, pois para o sexo sentia-se inepto – por isso não compreende o amigo e seus sonhos. Para "crescer" resolveu seu problema à moda antiga: em um ritual com um pai de santo, sentiu-se guindado à posição adulta. Como era comum nos ritos a troca de nome para atestar a mudança brusca de *status*, isso também ocorre aqui, por isso Dadinho vira Zé Pequeno.

## A MARCA DE SER DA FAVELA

A exceção do final feliz de Buscapé não dilui o retrato duro do filme, do qual não decorre uma expectativa otimista com relação ao destino dos jovens que habitam as favelas. Evidentemente que a vida pacata dos trabalhadores esforçados e de parca escolaridade não rende tiroteios, aventuras, muito menos qualquer glamour. No cinema brasileiro as favelas foram cenário de muitas histórias, mas, dentro delas, os protagonistas são geralmente nossa versão nacional de gângsteres. Ou seja, favela praticamente só é cenário para crime, muito raro vê-la de forma positiva nas telas.

A sina da grande massa de trabalhadores mal remunerados, que vivem nas periferias e favelas brasileiras, é acabar sendo identificados com a marginalidade. Essa figura colou-se à imagem dos mais humildes, principalmente se negros ou pardos, tanto na versão artística e ingênua inicial da malandragem quanto no enquadre mais sombrio do mundo do tráfico. Por sorte, hoje poetas e músicos, em sua maioria *rappers*, muitos deles oriundos de comunidades carentes, tentam produzir retratos de sua vida e arte que sejam visões de dentro para fora, enfrentado a versão preconcebida dos observadores externos, tentando inverter a polaridade negativa inicial que ser da favela ou periferia atrai.

A realidade diz outra coisa que esse imaginário social: a miséria, a falta de escolaridade e um ambiente violento são compatíveis com um destino que nada tem a ver com a criminalidade. A maior parte dos habitantes do cordão de pobreza que rodeia as grandes cidades brasileiras é constituída de trabalhadores, via de regra ligados a ocupações temporárias, informais, domésticas, enfim, as mais sujeitas ao desemprego e carentes de direitos. Sem poder sonhar um destino melhor, tecem sua humilde e honesta trajetória, geração após geração.

Se a adolescência é caracterizada pela abertura para o questionamento e para a escolha de um destino, se é uma etapa em que se espera que o sujeito se posicione ante uma gama de possibilidades, quais seriam as alternativas para que um morador da favela vivesse uma genuína adolescência? Como temos dito, alguém tem que pagar pela adolescência, afinal, ela é uma espécie de luxo, pois, se alguns podem ter um tempo livre, quer dizer que alguém está trabalhando para isso. Como, então, as camadas mais desfavorecidas têm enfrentado essa questão?

As populações carentes compartilham dos mesmos ideais do resto da sociedade. Nesse sentido, podemos dizer que funciona da mesma maneira que nos ambientes com mais poder aquisitivo, ou seja, partilham o olhar que valoriza as gerações futuras. Nas famílias estruturadas, o mínimo excedente financeiro será reservado à compra de brinquedos, à decoração das festas de aniversário dos filhos, a prover os jovens de eletrônicos, assim como a possibilitar, quando se abre alguma brecha, o acesso dos filhos ao cobiçado diploma universitário. Os descendentes vêm em primeiro lugar nos gastos e expectativas da família. Na sociedade tradicional os olhares eram voltados para trás, primeiro a satisfação dos mais velhos, os anciões, o que sobrava era destinado aos jovens. A sociedade moderna inverteu a mão, primeiro pensamos nas crianças e jovens e depois nos mais velhos. Portanto, os esforços serão destinados para que os filhos possam ter o direito às promessas da adolescência.

Os meninos dessa história não contam com famílias que lhes sonhem qualquer tipo de futuro, que se agradem com suas conquistas e demonstrações juvenis. Não há praticamente pais no filme, à exceção, não por acaso, da família do narrador Buscapé, o único que se permite almejar um destino melhor. Toda a linha da vida de nossos personagens ocorre entre pares, sendo a única hierarquia remanescente a diferença entre gerações. Com o desenrolar da trama, até essa sutil atribuição de poder reservado aos mais velhos vai se dissolvendo, representada por um diálogo entre as crianças do Caixa Baixa que dizem não querer submeter-se ao "plano de carreira" do tráfico. Eles se inspiram em Dadinho, pretendendo chegar onde querem pelo domínio da violência.

Esse é um perigo que infelizmente ronda as crianças das comunidades em que os adultos ocupam uma posição tão desvalida – muitas vezes afogados na própria poça de álcool e entorpecentes – que nada têm a legar. É nesse vácuo de referências e esperança que proliferam as igrejas de orientação fundamentalista, oferecendo um acervo imaginário, um olhar simbolicamente valorizado e uma comunidade vigilante que servem como ortopedia de sociedade para os órfãos de cidadania. As igrejas acabaram sendo a última morada capaz de oferecer alguma inclusão social, além de tentar suprir, mesmo que de modo caricatural, um olhar paternal que a condição de abandono social nega aos habitantes das comunidades mais pobres.

Os homens reduzidos à sua força bruta e as mulheres identificadas ao sexo e à maternidade não se sentem valendo como pais e mães. Não serão, portanto, capazes de transmitir aos filhos ensinamentos decorrentes de sua experiência e aprendidos com seus ancestrais. É preciso que eles sejam capazes de sentir-se parte de alguma história, que por sua vez tenham recursos para contar, para que possam ocupar esses lugares parentais. Essa capacidade narrativa é ferramenta imprescindível para colocar os filhos numa linha do tempo, que torna os pais e os avós personagens do passado e faz, com filhos e netos, a trama de seu futuro. A construção desses elos, meramente simbólicos, alheios às aparências e aos bens de consumo, depende de recursos provenientes da arte, da educação e de algum tipo de inclusão social. Ante o deserto dessas referências, crenças religiosas fortemente mágicas e agregadoras têm sido bem-sucedidas na suplência da cidadania. Fora disso, para esses adolescentes, restarão os pequenos grupos de iguais. Longe do olhar dos adultos, amortecidos por lenitivos químicos ou ausentes, estarão mais abertos às seduções fáceis da violência e dos atalhos sociais transgressivos.

Se, contando com recursos provenientes de uma formação cultural mínima, já é difícil entender e expressar o que se passa nessa fase estranha e angustiante que é a travessia adolescente, do que dispõem aqueles que não tiveram níveis mínimos de educação, nem sequer parcas experiências artísticas? Como entender-se sem essas ferramentas essenciais? Ante isso, será enorme a tentação de passar a adolescência drogado para que a angústia, a dor e as incertezas não sejam sentidas. Esse risco pode ser tão grave e letal como a adesão à criminalidade.

Não há rede de suporte para esses proscritos de uma adolescência que ninguém está disposto a bancar. Não lhes cabem instrução nem acesso a experiências culturais, dispõem de poucos espaços urbanos – como praças e centros culturais e esportivos – planejados para que possam agrupar-se e expressar-se. Se as comunidades não organizarem alternativas, resta-lhes o acesso aos bens de consumo, mesmo que seja a partir da criminalidade, de vários tipos de trambique ou, para a maioria que não tende à delinquência, o eterno endividamento.

## ELAS

Aos dez anos, Vitória vivia aos cuidados de uma mulher que empregava um grupo de crianças incumbidas de vender rosas à noite. Se voltassem com as flores e sem dinheiro, não comiam. Até que uma colega mais velha a levou para a casa dela, *"apontou para o pai, que tinha uns 40 anos,* *e disse: se você colocar a boca no pinto dele ganha R$10 e um pacote de macarrão*".[4] Controlando o nojo, a garota logo aprendeu a usar seu corpo para conseguir mais rápido o dinheiro das rosas e voltar para brincar. Quem brinca precisa de algum brinquedo, e Vitória tentava ser uma criança como qualquer outra: "*com a grana da prostituição comprei minha primeira Barbie*", acrescenta.[5]

A história dessa menina provém de um dos seis diários, escritos ou gravados por adolescentes abusadas e exploradas que mais tarde acabaram se prostituindo. Os relatos foram compilados, editados e comentados por Eliane Trindade no livro *As meninas da esquina: diários dos sonhos, dores e aventuras de seis adolescentes do Brasil.*

Diana tem clientes regulares, Seu Nicolau, Seu Clóvis, Doutor Diógenes. Ela faz programa com vários homens, a maioria maduros ou idosos, entre os quais seu tio Josafá, e sonha com uma festa de quinze anos. Yasmin teve uma única experiência de prostituição, aos doze anos, com Seu Francisco, um "*velho babão*" que vendia bombons em sua rua. Para a sorte da garota, apesar de ter pago, o cliente "*não conseguiu ter uma ereção*". Mesmo assim, essa lembrança pesa e muitos anos depois ainda sente asco e vergonha. Yasmin não é a única a ter esses sentimentos, várias meninas de sua comunidade os partilham. São sistematicamente assediadas, abusadas e até violentadas por pais, tios, padrastos, avós, vizinhos. Muitas delas crescem em meio a um bando de lobos de seus corpos ainda imaturos.

O sexo pago, quando envolve menores, não é prostituição, é pedofilia e abuso. Denominá-las prostitutas seria uma institucionalização da exploração sexual, infelizmente epidêmica no Brasil, onde a infância transcorre em situações de pobreza extrema e desamparo familiar. É comum, entre aquelas que são forçadas a iniciar-se sexualmente dessa forma violenta, que acabem profissionalizando-se. O que temos nesse caso são garotas que depois dessas experiências tendem a seguir em frente por uma via marginal. Elas sofrem tal discriminação social, que lhes resta pouca margem de opção, ainda mais reduzida do que cabe às adolescentes pobres.

Aos dezenove anos, Milena sente-se velha: "*os coroas só procuram meninas mais novas, quando garotinha chegava a ganhar R$ 400 numa noite*".[6]

As menorzinhas são um fetiche, têm medo, cobram pouco e não exigem camisinha. Entre os estrangeiros que vêm ao País em busca de turismo sexual, é consenso de que as bem novinhas, além de serem um atrativo extra, são convenientes por ainda não estarem contaminadas pelas doenças sexualmente transmissíveis. Nas ruas das cidades, onde ficam à mercê da escória da humanidade, frequentemente são escorraçadas após o ato sem pagamento algum. Nos relatos incluídos no livro de Eliane Trindade, vemos garotas entre os quatorze e os vinte anos que se expressam como mulheres sofridas.

Em 1992, o jornalista Gilberto Dimenstein publicou um livro-reportagem, a partir de um trabalho realizado para a *Folha de São Paulo*, cujas revelações eram tão tocantes que mobilizaram uma inédita reação pública em defesa dessas vítimas infantis.[7] Ele mapeou o trabalho escravo de meninas prostituídas, a partir de oito, nove anos, em boates situadas na zona do garimpo e nas ruas de Manaus. Para elas, além das doenças que normalmente se associam à prostituição nos lugares mais sórdidos, acrescentavam-se também a malária e a selvageria dos aventureiros e bandidos que as aprisionavam. Dimenstein não se contentou apenas em retratá-las, seu trabalho precipitou e participou de uma operação de salvamento que as retirou dos prostíbulos e as entregou aos cuidados de agentes de saúde e educação.

Apesar de poder chegar a ser uma atividade mais rentável para uma garota do que outras formas de trabalho comuns à população pobre e desassistida, "*parece que é um dinheiro maldito*", pondera Vitória:

`Nunca consegui economizar nada, gastava tudo no outro dia. É como se` *eu quisesse esquecer daquela grana. Não construí nada com isso.*[8]

Talvez seja a vergonha que as leve a livrar-se rapidamente dos ganhos com a prostituição, porém tendemos a acreditar que a irresponsabilidade no uso desse dinheiro seja um dos últimos refúgios da infância e da adolescência para essas garotas. Gastam como se fosse uma mesada, a imitação de algo que nunca tiveram: a condição descomprometida dos filhos que recebem cuidados, liberados para brincar e sonhar, sem ter que preocupar-se com a necessidade.

Algumas dessas jovens já têm filhos que precisam sustentar, muitas provêm de famílias miseráveis, cujos membros muitas vezes são agressivos, sofrem de doenças mentais, usam drogas, suas mães envolvem-se com homens que maltratam e abusam das enteadas. Os parentes costumam ser omissos, coniventes ou mesmo incentivadores da prostituição infantil.

Os diários do livro por vezes confundem-se com uma espécie de livro caixa, as garotas estão sempre fazendo cálculos do que ganham e no que gastam, projetando quanto lhes falta para adquirir uma roupa ou objeto que cobiçam. Trabalham para sobreviver, para levar dinheiro para casa, ajudando a sustentar filhos e muitas vezes avós, e para comprar itens imprescindíveis de higiene. Acima de tudo, vendem o corpo para poder ser crianças ou adolescentes: conforme o momento, compram brinquedos, roupas, eletrônicos, droga e ingressos para os bailes *funk*, a paixão comum a todas elas. Nessas noites de felicidade, ficam bonitas, dançam, beijam, apaixonam-se e divertem-se como adolescentes comuns.

Desde os oito anos Natasha é abusada por Gerson, quarenta e três anos mais velho, que ela chama de "meu coroa". Dez anos depois, ainda recebe alguns trocados e presentes dele: "*O carinho que sinto por ele é de pai, apesar de ter sexo no meio*".[9] Ela se recusa a aceitar a pressão do avô, com quem vive, para juntar-se a esse homem, pois, apesar de ter sido tão subjugada, a liberdade é seu maior bem. Para a maior parte dessas meninas, as relações amorosas são instáveis: tornam-se arredias, compromisso e submissão tendem a equivaler-se.

Esse escudo protetor adotado por elas é compreensível, principalmente se nos lembrarmos que, na cadeia alimentar da violência, a condição feminina está sempre na pior extremidade. Mulheres estão nos graus máximos de vulnerabilidade, tanto pior se forem menores e negras. Elas são devoradas também dentro da própria comunidade em que vivem. Todo tipo de insegurança viril, de desvalorização social que afetar os homens em seu entorno, encontrará um modo de consolo em supliciá-las.

Britney é muito bonita, aconselham-na a aproveitar a oportunidade do turismo sexual para arranjar um coroa estrangeiro que a leve para longe da miséria. Ela tem outros planos e partilha com suas companheiras de escrita a sorte de ser inserida em projetos de ONGs, onde puderam, enfim, sonhar outros destinos. Faz cursos e prepara-se para ser recepcionista:

*Se Deus quiser vou conseguir um trabalho de recepcionista no hotel mais luxuoso da cidade. Nunca entrei lá, mas dizem que é cheio de vidro e é muito bonito. Lá na rua se comenta que Carla Perez ficou hospedada lá. Parece maravilhoso.*[10]

Os sonhos delas são simples: querem a chance de entrar em algum lugar dignamente, pela porta da frente.

Chegar às telas tem sido o anseio de quase todas as meninas sonhadoras. Essas seis jovens estavam longe disso, mas tiveram suas histórias transformadas em filme. Contando a história de Jéssica, Sabrina e Daiane, reduzidas a três para simplificar, *Sonhos roubados*, filme de 2010, dirigido por Sandra Werneck, oferece o encanto do cinema para emprestar alguma empatia à vida daquelas que são discriminadas até entre os que a sociedade já jogou para baixo do tapete.

Em *Cidade de Deus*, assistimos à busca de prestígio de meninos pobres, cada vez mais jovens, por meio das armas. Já nesta história, a representação social possível ao alcance dessas garotas está associada ao próprio corpo. Só que, diferentemente de seus pares do sexo masculino, o corpo delas pode ser um modo de sobrevivência, mas é, acima de tudo, seu ponto fraco. São maltratadas por homens de todas as idades e enfrentam desde muito cedo a violência sexual.

Jéssica, a protagonista, tem dezessete anos, é mãe solteira da pequena Britney. Perdeu sua própria mãe há cinco anos, vitimada pela aids e pelas drogas. Elas tinham uma relação de amizade, por isso, sente falta dela e a perdoa pelas fraquezas. Vive com um avô alcoólatra e simpático, que a cuida como pode. Raramente consegue ver sua bebê, que passa a maior parte do tempo aos cuidados da avó religiosa, que obviamente encara Jéssica como uma perdida. Boa parte da trama enfoca as disputas em torno da guarda de Britney.

Jéssica ama a filha, quer muito ficar com ela, mas também é jovem, quer usar roupas provocantes, dançar e principalmente não se submeter a ninguém. Para trazer dinheiro para casa e financiar seus pequenos luxos recorre à prostituição. Aos potenciais clientes mente que é maior de idade, e eles fingem que acreditam, como costuma acontecer. Em meio a tudo isso, incrivelmente, é uma escolar. As aulas, frequentemente suspensas, constituem uma realidade alheia à sua, é nítido que dali não espera nada. Estão quites, pois muitas das escolas de periferia nem sempre esperam algo de seus alunos, todos apenas cumprem uma formalidade.

Entre as ofertas de trabalho, Jéssica aceita o convite de fazer-se passar por esposa de um presidiário, a quem os aliados livres oferecem os serviços sexuais da garota. Ricardo, encenado pelo *rapper* MV Bill, apaixona-se por ela. Tornam-se confidentes, desejam-se, ela passa a visitá-lo mesmo quando não lhe pagam por isso. Porém, quando ele propõe que se casem e projeta morar em um sítio com ela e a filha depois de sair da cadeia, Jéssica sorri: *"sou do asfalto"*, argumenta. Ela esquiva-se do convite que faria dela uma espécie de Cinderela da periferia, é calejada, mas a liberdade é seu bem maior.

Na mesma escola estudam suas duas amigas, Sabrina e Daiane. A primeira é uma romântica, sentimento ausente na endurecida Jéssica. Sabrina sonha com um lar e uma família, por isso ilude-se quando um traficante lhe oferece uma casa para morar. Quando engravida, sua ingenuidade a trai, e ela descobre que ele estava interessado apenas nos encontros sexuais. Furioso, atira nela o dinheiro para abortar, expulsa-a da casa e some. Decidida a manter a gestação, sobrevive de subempregos, conta com a ajuda das amigas e, depois do nascimento do seu menino, assume a prostituição como trabalho.

Daiane é a caçulinha: tem quatorze anos e inicialmente apenas acompanha as duas amigas nos encontros pagos que elas mantêm. Depois até ganha algum dinheiro oferecendo o corpo, mas tem a sorte do encontro com uma cabeleireira que a adota informalmente. Vivida por Marieta Severo, a nova amiga de Daiane é uma mulher corajosa e sem preconceitos, que a orienta a denunciar o tio, com quem vivia, pelos abusos sexuais a que a submetia desde pequena. Ela também a ajuda a obrigar o descompromissado pai a financiar seu grande sonho: uma festa de quinze anos.

O tio é preso, a tia indignada expulsa a sobrinha de casa, levando a personagem ao único destino feliz entre as três: Daiane vai viver com a cabeleireira como uma espécie de filha e aprende seu ofício. Na cena final do filme, as três amigas enlaçadas divertem-se, apesar de todos esses padecimentos. Elas são adolescentes, dançam, arrumam-se, amam e cuidam umas das outras.

Quando, em uma entrevista, perguntaram à atriz que faz o papel de Jéssica se *Sonhos roubados* era um filme de esperança ou de realidade, ela respondeu: *"E uma coisa sobrevive sem a outra? Pra mim, uma realidade sem esperança é a morte".* As personagens do livro-reportagem de Eliane traduzem a dura realidade da solidão dessas meninas, desprezadas e usadas por todos, que encontraram na narrativa de suas vidas algum ar para respirar.

Na tela, a amizade é o lugar protegido onde sobrevive a adolescência possível e o amparo emocional das garotas. O filme conta com uma bela canção tema, que diz:

*A minha esperança eu invento / Sempre em movimento / Não tem parada pra mim / Não tem lamento.*

Mas vez que outra tem amizade e algumas almas que se dedicam a devolver a dignidade aos jovens cujos sonhos a sociedade teima em roubar.

## A CULTURA DA PEDOFILIA

Infelizmente, ainda é preciso arrolar argumentos e empreender ações visando evitar a culpabilização das garotas e mulheres vítimas de exploração, assédio, abuso e violência sexual. Certos pedófilos, como os encontrados nesses relatos, consideram-se isentos de culpa devido ao fato de tratar-se de meninas prostitutas, cuja suposta profissionalização lhes tiraria o direito à proteção como menores de idade. Nada como acompanhar essas histórias para que fique claro que desde muito pequenas não há nenhuma segurança, nem mesmo na família, para essas garotas. Muitas delas acabam recorrendo à prostituição como única forma de fugir dos maus-tratos domésticos.

Entregar-se em troca de dinheiro parece-lhes um modo de assumir alguma propriedade sobre seus corpos e sua vida. Os bordéis, estradas e as ruas das cidades estão lotados de adolescentes prostituídas, elas sabem, como comentado por uma das autoras dos diários, que, quanto mais infantis forem seus corpos, mais clientela terão. No mercado do sexo a pedofilia está sempre em alta.

Tem sido usado o termo "cultura da pedofilia" para sinalizar a popularidade de padrões de beleza associados ao corpo das meninas, aos quais mulheres adultas, de todas as condições sociais, entregam-se sem questionar. São muitas as exigências que pesam sobre os corpos torturados daquelas que tentam manter-se dentro dos padrões de beleza decorrentes dessa estética pedófila. Entre os itens exigidos encontram-se a supressão dos pelos pubianos; o padrão de magreza extrema, como o das modelos das revistas femininas, que mal têm curvas, como os das pré-puberes; as labioplastias, que reduzem os lábios vaginais e os mantêm apertados e firmes como os das meninas virgens; a fabricação cirúrgica de narizes infantis; os implantes de silicone que garantem seios empinados que parecem juvenis, mas são volumosos como os de algumas adultas.

Além das providências tomadas pelas próprias mulheres para padronizar uma estética, que infelizmente lembra a dessas garotas prostituídas, temos que levar em conta o risco constante decorrente da visibilidade do corpo feminino. Mesmo quando se tratar de uma menina, tanto mais se ela estiver trajando roupas consideradas sensuais, significa para os agressores, e até para algumas autoridades, um convite e uma autorização ao assédio sexual.

A psicanalista Helene Deutsch escreveu sobre a necessidade de "desempenhar" que ocorre na pré-puberdade das meninas. Trata-se de assumir ludicamente uma imagem de mulher quando ainda não se tem a mínima intenção de comportar-se realmente como uma. Se uma garota for fisgada, em meio a essas *performances*, por um olhar desejante, ficará apavorada, vexada e confusa. Para ela é um jogo que tem a ver com a construção da identidade feminina e não a intenção de ser tomada no lugar concreto de objeto de desejo. É por isso que a maioria das garotas tem como traumáticas as primeiras experiências em que são assediadas verbal ou fisicamente em lugares públicos: significam que alguém viu nelas, como se estivesse já presente, uma identidade de mulher que ainda lhes soa alheia. Independentemente do lugar e da classe social, é difícil encontrar uma jovem que não tenha uma história dessas para contar.

## OS CLICHÊS DE GÊNERO

Desde pequenas, muitas meninas são vestidas pelos pais com roupas que se assemelham às das mulheres provocantes. Isso é considerado uma espécie de brincadeira, tal qual colocar bermuda e camiseta de surfista em um bebê menino. Essa antecipação deve-se a que as famílias têm suas inquietudes a respeito da identidade de gênero dos descendentes, tanto maiores quanto mais indefinidos andam os papéis masculino e feminino.

A diluição das formas tradicionais de representação de gênero é visível e irreversível. Casamento, maternidade, atividades do lar e funções laborais já não se organizam de acordo com as reservas de mercado que destinavam aos homens o espaço público, enquanto confinavam as mulheres no privado. Os pais sentem-se no dever de transmitir certezas que já não existem. Por isso, quanto antes melhor: urge dar aos bebês e crianças uma forma coerente com os clichês associados ao seu sexo biológico.

Toda ambiguidade que aparecer nos filhos, quer seja representada por uma indumentária unissex, ou por brincadeiras e gestos que evoquem o sexo oposto, será vivida pelos adultos como um questionamento dirigido à identidade sexual deles. Em oposição a isso, na vanguarda cultural da sociedade, principalmente entre os adolescentes, dubiedades e atravessamentos entre os gêneros são comuns e até mesmo bem-vindos. Eles percebem que isso os diferencia da geração dos pais e incrementam essa atitude, que, por outro lado, lhes é natural.

Entre as angustiantes incertezas sobre quais valores transmitir, essas identidades de gênero estereotipadas são as que restam para muitas famílias como almejada fonte de repouso. Por isso vemos, em comportadas festas de aniversário infantil, menininhas rebolando e reproduzindo os gestos obscenos de certas coreografias musicais, incapazes de entender as letras em que são colocadas como objeto sexual, ante o olhar divertido dos adultos.

A mesma estereotipia impulsiona os garotos ainda na puberdade ou no início da adolescência a uma iniciação sexual precoce, via de regra anterior à sua capacidade emocional de enfrentar os desafios dos encontros eróticos reais. Ter ereções, ejacular, falar sobre sexo, ficar fantasiando e masturbando-se em seus quartos não quer dizer que tenham condições de partir para o ato. São ensaios, no princípio similares aos das púberes que desempenham uma feminilidade performática. Esses tampouco deveriam ser transformados em atos precoces que, ao seu modo, não deixam de ser abusivos.

Os adolescentes preparam-se para o verdadeiro exercício da sexualidade em um tempo que pode ser maior do que suas famílias inseguras estão dispostas a suportar. Não raro, serão incentivados a comportar-se como garanhões, patrocinados para buscar prostitutas e festejados quando exibem suas conquistas precoces. Muitas vezes será bem-vindo que envolvam certo tom de agressividade, que lhes confere ante os outros um ar mais proativo e viril. Não deveríamos estranhar, portanto, que tantos garotos se escondam em seus quartos, entregues a intermináveis jornadas de *games* na segurança de um time virtual masculino.

Os garotos ligados ao crime também precisam dar provas de "serem homens" para ficar aptos a assumir funções. A questão é que ser um homem, nesse contexto, muitas vezes está ligado ao fato simples e rasteiro de submeter uma mulher. Considerando que as idades dos aliciados são cada vez mais baixas, teremos uma série de quase crianças buscando prostitutas e formatando, assim, sua visão do sexo, ou mesmo se comportando de modo violento com as meninas da comunidade.

As frequentes situações de exploração e abuso, ocorridas entre os jovens, podem ser alimentadas pelo encontro desses dois personagens: a menina que busca uma identidade feminina, incorporando os clichês que associam mulheres adultas com objetos sexuais, com a virilidade ostensiva e agressiva que se espera dos meninos. O problema sobre agregado a isso é que, por sentir-se correspondendo a papéis sociais, a princípio aprovados, é muito difícil proteger as adolescentes, que muitas vezes submetem-se com assustadora naturalidade aos maus-tratos. Tampouco deveríamos estranhar o uso abusivo e precoce de álcool e de drogas euforizantes nas festas dos púberes e adolescentes principiantes. A coragem para os papéis sexualmente ativos que se espera que desempenhem, para os quais não estão suficientemente maduros, acaba tendo que vir de fora, dos aditivos a que recorrem.

## QUEM SÃO OS PEDÓFILOS

A pedofilia masculina encontra seu alimento no ressentimento viril. É característica muito comum naqueles cuja masculinidade está pendente do encontro com um objeto em que a assimetria de poder sexual seja ressaltada pela sua fragilidade e submissão. Ou seja, só pode relacionar-se com quem lhe oferecer confirmações práticas e automáticas da sua duvidosa virilidade.

Esse tipo de homem não consegue encarar a mulher como uma pessoa completa, alguém que fala, expressa desejos e assume um papel social adulto. Ante uma sexualidade mais desenvolta, é ele que vai sentir-se ocupando o lugar passivo.

<u>A escolha de objeto diz mais de quem o procura do que do alvo, pois há certa identificação com o par escolhido. O abusador procura parceiros situados no ponto onde parou sua maturidade sexual.</u>
A sexualidade adulta ameaça os pedófilos: na ausência de um poder desigual, como conseguem ter com uma criança, sentem-se fracos e impotentes, ficando do lado errado que sua particular equação sexual requer.

Os corpos delicados e ainda indefinidos das meninas correspondem ao ideal de fragilidade, passividade e anulação pessoal que cada vez menos captura as mulheres na cena pública. Por isso, a libertação feminina tem sido acompanhada da ressentida reivindicação pela manutenção dos direitos de supremacia masculina, acompanhados de atitudes machistas, quando não pedófilas. Nenhuma dessas condutas é novidade na face da Terra, apenas vem mudando o discurso em que se alicerça a violência contra as mulheres e o abuso sexual de menores.

Consideramos como exploração ou abuso sexual a situação em que alguém impõe seus desejos eróticos a outro que não tem condições de corresponder a eles. A vítima será necessariamente muito jovem para entender e reagir à altura. O fato de uma garota vestir-se de uma ou outra maneira não significa a expressão de um desejo, na verdade, como vimos, é apenas um modo de mostrar conformidade com papéis sociais de gênero. Impor uma experiência sexual, tendo como atrativo o fato de tratar-se de uma criança ou uma adolescente, é uma atitude perversa de afirmação de poder associada à masculinidade frágil.

Nessas histórias, assim como nos casos relatados no livro <u>Meninas da noite,</u> de Dimenstein, revela-se a disseminada preferência dos homens mais velhos pelos corpos de meninas, a maioria nem sequer entrada na puberdade. Nos relatos desses livros, assim como nas constantes notícias na imprensa, nas quais se vê autoridades policiais ou jurídicas responsabilizando as vítimas pelas agressões sofridas, revela-se o quanto impera em nossa sociedade tanto a pedofilia como o que poderíamos chamar de lógica da Burca.

Nesse tipo de raciocínio, a violência sexual justifica-se a partir da visibilidade do corpo feminino. Considera-se que os homens seriam eroticamente convocados pelo que se deixa ver, tornando natural o cerceamento da circulação social de mulheres de todas as idades e o velamento de seus corpos. O desejo feminino não entra em questão nessa cena, elas não precisam estar com a intenção de seduzir para ter seus corpos fisgados pelo suposto apetite sexual incontrolável dos homens.

Elas podem estar em outros assuntos, quer seja por tratar-se de uma menina, quer por ser uma mulher ocupada com qualquer outra coisa. A lógica da Burca supõe que, em presença do objeto sexual, um homem não estaria em condições de pensar em outra coisa, muito menos de controlar seus desejos.

## OS SONHOS RESGATADOS

As garotas da nossa história fazem o que está ao seu alcance para viver a adolescência possível, mesmo tendo que arcar com as responsabilidades pelo próprio sustento, de familiares e das maternidades precoces. Elas geralmente pagam com seu próprio esforço as migalhas da condição adolescente que usufruem. O problema é que o que podem cobiçar exclui aspectos imprescindíveis dessa etapa, como escolha de um destino, um pensamento livre capaz de produzir questionamentos, um tempo destinado à formação cultural, estética, aquisição de conhecimentos, habilidades ou desenvolvimento da capacidade de expressão artística.

O tempo livre, no qual nossas personagens sentem-se jovens, é inteiramente dedicado às *performances* destinadas à busca de reconhecimento conforme os clichês de gênero. Sobram apenas, como alguma possibilidade de fruição artística e de desenvolvimento da capacidade de expressão, a música e a dança. No filme, Jéssica passa com frequência em frente a uma quadra onde alguns jovens da comunidade aprendem dança e olha-os com cobiça. Ela não tem tempo para isso, precisa prover o próprio sustento, da filha e do avô.

A maternidade precoce frequente nessas jovens prostituídas é parte de uma cadeia sem fim de gestações que passam longe do que pode sonhar uma mulher que quer ter um filho. Em geral elas próprias nasceram como fruto dos padecimentos do corpo maltratado de suas mães meninas. Por sua vez, gerarão outras, que trarão ao mundo outras tantas gestantes adolescentes involuntárias.

Concebidos por meninas que não têm a própria fertilidade muito presente, por vezes em meio a cenas de abuso, quer seja mercantilizado, familiar ou mesmo cometido por outro jovem, esses filhos chegam como uma espécie de castigo suplementar a uma vida já privada de quase tudo.

Desprovidas de educação, orientação e cuidados, elas pouco sabem sobre anticoncepção e não têm entendimento ou coragem de exigir o uso da camisinha. Quando engravidam, o aborto está longe de suas possibilidades, em geral associado ao risco de vida. A contaminação pelas doenças sexualmente transmissíveis, as gestações e partos em seus corpos imaturos e as tentativas malsucedidas de aborto são assassinos seriais de garotas miseráveis. Por isso, apesar de, na fantasia, terem chegado a pensar que a maternidade as tornaria mulheres de verdade, costumam não poder criar seus filhos, que ficam a cargo das mais velhas, em geral as avós, enquanto elas são lançadas com mais força à máquina de moer carne dos prostíbulos de menores.

Restam a essas garotas de vida precária as festas, para as quais é um prazer preparar-se, aprendendo as coreografias provocantes e providenciando roupas, maquiagem e enfeites que realcem sua beleza juvenil. Ver-se desejada, para essas meninas, é por vezes a única experiência de valorização social com que podem contar. Isso em absoluto quer dizer que estão prontas para manter relações sexuais com qualquer um que as quiser. <u>Elas precisam acima de tudo ser vistas, ser cortejadas e admiradas em sua particularidade, em vez de consumidas como um corpo genérico.</u>

Convém lembrar que até o olhar sabe ser traumático, quando se coloca as mulheres no lugar de objetos passivos, a quem pode ser dito qualquer coisa na rua pelo simples fato de serem jovens. Supondo que seu lugar é o confinamento doméstico, toda circulação social feminina é vista como um *trottoir*. É como se o simples fato de estar fora de casa as tornasse disponíveis para o sexo. Agredi-las com grosserias verbais, lançar-lhes olhares ostensivamente lascivos, é um modo de tentar limitar o acesso feminino às ruas, principalmente se não estiverem escoltadas por um homem. Uma série de campanhas destinadas à proteção mútua entre as mulheres, assim como o incentivo à denúncia dos abusos sofridos, têm envolvido muitas adolescentes, porém, para nossas meninas da noite, essas reivindicações feministas ainda são uma realidade longínqua.

Combinando esses elementos: as conquistas feministas e a mágoa viril pelo espaço supostamente perdido; os clichês de gênero questionados e por isso mesmo exacerbados; a conivência das autoridades com a violência contra as mulheres de todas as idades; a miséria econômica e cultural que coloca um exército de meninas à mercê de todo tipo de abuso, teremos o quadro descrito nas histórias das nossas personagens. Infelizmente, elas são menos ficcionais do que gostaríamos.

### NOTAS

1. Os diálogos que reproduzimos cuja referência bibliográfica estiver ausente referem-se ao filme.
2. LINS, P. *Cidade de Deus*. São Paulo: Companhia das Letras, 2002. p. 177.
3. Alguns desses nomes foram retirados do livro, embora tenhamos utilizado para os personagens principais a denominação que receberam no filme, em alguns casos diferente da literária.
4. TRINDADE, E. *As meninas da esquina:* diários dos sonhos, dores e aventuras de seis adolescentes do Brasil. Rio de Janeiro: Record, 2010. p. 240.
5. Ibidem, p. 240.
6. Ibidem, p. 120.
7. DIMENSTEIN, G. *Meninas da noite:* a prostituição de meninas escravas no Brasil. São Paulo: Ática, 1992.
8. Ibidem, p. 241.
9. Ibidem, p. 32.
10. Ibidem, p. 118.

## CAPÍTULO XVII

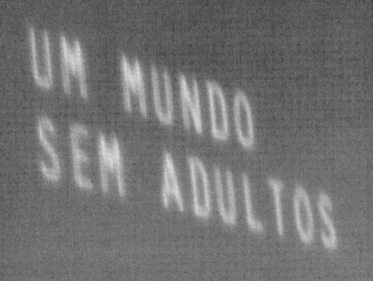

UM MUNDO SEM ADULTOS

FILME:

A praia

TEMAS:

Suspensão temporária da vida
Comunidade adolescente
Simbolismo das praias
Maconha, uso e cultura
Viagem como modo de vida

O filme *A praia*, de 2000, dirigido por Danny Boyle, é baseado em um livro homônimo de Alex Garland, publicado em 1996. A história presta-se como uma parábola sobre a vontade adolescente de fundar um lugar livre de tudo que significa vida adulta. De algum modo, eles precisam tomar distância de seus pais e da herança civilizatória que receberam, que pode ser sentida como uma carga insuportável. Essa fantasia imagina como seria uma sociedade organizada por jovens, de acordo com valores comuns a sua geração. No caso dos nossos personagens, eles priorizaram a criação das próprias regras sociais, a simplicidade, os prazeres, a vida em contato com a natureza e a maconha como rito e combustível.

[Trata-se da história de uma comunidade livre, alternativa, cujas peripécias nos fazem ver como um sonho de liberdade pode se transformar em um mundo tão duro quanto o nosso. Apesar disso, não é uma história pessimista, que desaconselhe que fantasiemos sobre outras formas de encarar a vida e que ridiculariza as críticas que uma geração faz ao modo como as anteriores dispuseram as coisas. Garland lançou esse livro com vinte e seis anos, provavelmente em um acerto de contas com o fim de sua adolescência. Ele nos mostra que a experiência do grupo fechado, em um lugar isolado, sempre oportuniza a expressão de impasses humanos, nesse caso, os tipicamente juvenis. Lembra, também, que uma geração precisa da outra: não existe harmonia possível em uma só ilha geracional.]

A praia que dá título ao filme e ao livro em que ele se baseou é uma comunidade fechada para o exterior, em um lugar escondido dos olhos de todos, tanto por ser desconhecido como por ser protegido por uma muralha natural de pedra que não permite a entrada de ninguém. Sua geografia e estilo funcionam como uma boa alegoria dos grupos adolescentes, seus códigos, segredos e autorreferências imprescindíveis a seus membros, assim como indiferentes e até mesmo hostis aos de fora. Ali, como nesses grupos, ninguém vale pela sua trajetória anterior ao encontro com esses pares. As hierarquias e posições no grupo são regidas unicamente pela história no interior dessa pequena rede de vínculos. Organizando esse isolamento, pretendem-se livres de sua história, do peso que sentem no olhar familiar, com suas cobranças e expectativas, e das exigências que recaem sobre quem se avizinha da vida adulta.

Na literatura, o mote sobre esses paraísos ocultos é antigo e recorrente: existiria algum lugar, desconhecido pelo mundo, onde reinaria uma comunidade isolada cujos membros saberiam levar uma vida mais leve e mais razoável do que a nossa. Desse ponto partimos, mas fica só nessa primeira premissa a identificação dessa história com esses paraísos imaginários. A utopia não anda na moda, a ficção tem tido particular predileção pela sua irmã oposta, a distopia, e, nesse caso, o destino faz a primeira se transformar na segunda.

Esse lugar, no caso essa praia, é uma miragem transitória, não resiste aos revezes com que é confrontada. Ela também difere das utopias tradicionais pelo corte geracional; não existem velhos, nem crianças, apenas jovens a habitam. Tampouco é um sonho político de uma sociedade organizada sob outros moldes econômicos, pois ela é simples e despretensiosa a esse respeito: vive-se de pesca e agricultura de subsistência, sendo que não há particular atenção quanto a essas opções; são consequências naturais do lugar e da vida leve. Seus princípios não se centram em produzir nem em compartilhar, não é construída uma ideologia que não seja a opção pelo gozo de aproveitar cada dia sem compromisso com mais nada. Tampouco existe o universalismo comum das ideias utópicas. Ela não é um exemplo, um modelo para os outros, pois é um clube secreto para poucos eleitos, e seu sucesso depende justamente de ser oculta.

A adaptação do filme deixa bastante a desejar. O diretor toma liberdades que tiram a força do enredo. O elenco de atores talentosos e muito bem escolhidos minimiza as eventuais fraquezas do roteiro. Leonardo DiCaprio protagoniza, na companhia de Robert Carlyle e Tilda Swinton. Esse trio garante a força da trama em que a ilha paradisíaca dá lugar ao inferno dos homens.

O isolamento e os delírios do narrador, Richard, posteriores à chegada à ilha, não existem no livro. O filme também cria um triângulo amoroso com o casal francês que no livro é apenas um desejo que nunca se concretiza. A insistência nas cenas do personagem principal parecendo um herói de *videogame* quase põe o filme a perder. Mas, mesmo assim, as excelentes atuações e as fantasias envolvidas tornaram esse filme inesquecível para muita gente. Afinal, quem já não fantasiou sobre a busca de um espaço longe de tudo e tão virgem e puro quanto nossas boas intenções juvenis?

## O MAPA DO PARAÍSO

Tudo começa ao sabor do acaso. Em um hotel barato de Bangcoc, Richard, um viajante americano (no livro ele é britânico) sem rumo definido, conhece um casal francês, a bela Françoise e Étienne. Sua chegada à cidade nos descortina um turismo adolescente hedonista. Um lugar permanentemente agitado, onde os nativos exploram a fantasia estrangeira de transgressão e exotismo, uma experiência que visivelmente não empolga nossos viajantes protagonistas. Os três são experientes, orgulham-se de não cair nesse tipo de cilada.

No mesmo hotel, Richard encontra Daffy, um hóspede mais velho, escocês, de saúde mental duvidosa, com a aparência de quem foi curtido por anos de sol e drogas. Daffy lhe conta a história de uma ilha secreta, que seria a praia perfeita, intocada pela civilização, e, portanto, sem a presença de turistas. Contudo, a conversa não poderia ser mais misteriosa, mais alucinada. Era difícil discernir o que era delírio do que fora um resquício de realidade.

De qualquer forma, no dia seguinte, Richard se depara com um mapa feito à mão que havia sido colocado em sua porta. Seria a suposta ilha descrita no dia anterior pelo viajante escocês. O entusiasmo de fazer algo ímpar, de fugir da mesmice, deixa Richard excitado. Porém, ao buscar Daffy, para agradecer e saber mais detalhes, encontra-o morto: tinha-se suicidado, cortando os pulsos.

Não há em Richard muito assombro pela forma como as coisas se deram: conhecer alguém e logo em seguida encontrá-lo morto. Sua preocupação principal é como lidar com a polícia. Todos os hóspedes são chamados a depor, mas foi Richard quem achou o corpo. Ele não menciona que havia ido ao quarto em função do mapa, mas essa investigação policial não dá em nada.

Desde o momento em que põe as mãos no mapa, ele tem a clara dimensão de estar na posse de um segredo precioso. Ao mesmo tempo, Daffy se transforma em um fantasma que habita os sonhos e pensamentos de Richard. O enigmático escocês se torna um interlocutor imaginário para discutir os conflitos que a procura da ilha e sua temporada por lá lhe colocaram.

Como o sinistro da situação não o desencoraja, ele convence Françoise e Étienne a juntos buscarem o lugar paradisíaco. O casal rapidamente entende o que significa essa aventura e compra a ideia de sair em busca da ilha que esconde a praia perfeita. A viagem até a ilha é atribulada: o mapa não é muito preciso, e obviamente não existem meios de transporte até lá. Em um dos trechos, é necessário nadar em mar aberto de uma ilha para outra. Nem é preciso dizer que existe a possibilidade de tubarões. Começa a ficar claro que o preço da aventura é arriscar-se de verdade.

Esse lugar intocado, dentro de uma reserva florestal tailandesa, não fora descoberto apenas pelos jovens em busca de um paraíso. Traficantes usam o local incógnito para uma plantação de maconha. Essa lavoura de *Cannabis* é cuidada por guardas armados e nada condescendentes. Driblá-los para chegar à praia resulta em uma tarefa bem dura. Mais uma vez, arriscam a vida para encontrar seu Xangrilá. Passados os soldados da plantação, guardiões involuntários desse suposto paraíso, ainda existe uma terceira e última prova: é preciso pular de um penhasco para dentro d'água. Finalmente chegam ao destino, onde encontram uma pequena comunidade internacional de jovens, alguns dos quais passaram pelas provas iniciatórias, que são essas dificuldades de acesso. Outros teriam sido escolhidos para partilhar o lugar, convidados pelos fundadores.

## PARAÍSO TRANSITÓRIO

Richard e o casal francês são bem recebidos, afinal, são como eles: acreditaram que o lugar existia e pagaram o preço com sua coragem em chegar. Essa comunidade é praticamente autônoma e pouquíssimo depende do mundo externo. De fato, é um paraíso natural, uma praia lindíssima que fica escondida por ser praticamente interna ao continente, uma pequena baía que não se deixa ver por quem passa de barco.

Quem habita a praia são jovens, em geral os escolhidos pelos fundadores da comunidade. Vivem uma vida simples e disciplinada, trabalham na manutenção das instalações, na horta e na pesca. Pouco saem da ilha para buscar o que lhes falta. Evitam sair para manter o segredo que lhes é precioso. Seu maior receio é o de que a praia se torne conhecida e, portanto, invadida por turistas, que já destruíram tantos outros lugares maravilhosos. Partilham a missão de serem guardiões de um tesouro: a praia com sua pequena comunidade. Nunca acendem fogueiras à noite, nem correm o risco de produzir qualquer indício que possa alertar, por terra ou por ar, de sua presença no lugar.

Rapidamente, Richard e os franceses se sentem em casa e se esquecem do mundo que deixaram para trás. Segue-se uma época de paz e harmonia. Estão felizes, acreditam que encontraram seu Éden. Os habitantes se caracterizam pelo que são no momento; todos deixaram suas histórias para trás. Embora sejam uma comunidade ocidental de muitas nacionalidades, parece que não há contribuições diferenciadas em função disso, seja no ramo culinário, seja no dos costumes ou das linguagens. A língua comum da música e dos ideais adolescentes, o onipresente inglês falado em uma babel de sotaques, funciona como um esperanto. Ali cada um vale pela função no grupo. Estão sem pais, raízes, nada do passado é considerado. Nunca há dados sobre a vida de qualquer um deles antes da chegada. Estão livres do peso do passado, não são filhos de ninguém, são apenas eles mesmos, aqui e agora.

A comunidade praiana via-se como um grupo com tintas anarquistas, representadas por um vago ideal de assembleia que tudo decide. Porém, fica bastante claro que os fundadores e especialmente Sal (Tilda Swinton), uma espécie de abelha-rainha, impunham sua autoridade sobre o resto. Como foram eles os responsáveis pela escolha dos outros membros, é claro que detêm mais poder, pois a maioria se sente devedora disso. Richard, os franceses, além de raros outros membros da comunidade, estão em outra posição por não terem sido escolhidos pelos fundadores para estar ali; eles descobriram o lugar porque o segredo vazou.

As praias se revestem de um simbolismo denso. Elas são limite, fronteira, linha divisória de dois mundos, o ponto de onde podemos partir mar adentro. Hoje, são, acima de tudo, tidas como fontes de prazer. Ir à praia significa divertir-se, tempo de exceção, sempre ligado à fantasia da boa vida. Mesmo quando ela representa um lugar de onde partir, pensamos no início de uma aventura excitante, em uma boa viagem, ignorando quantos embarcaram para exílios, batalhas e escravidão.

O surfe, um dos esportes mais populares entre os jovens, costuma acontecer naquela faixa de água próxima à areia; brinca-se no e com o mar. É do senso comum que basta estar em suas imediações para entrar em uma atmosfera de gozo. Portanto, faz todo sentido que hoje, quando pensamos em um paraíso, encontremos em uma praia esse cenário.

Porém, o sonho se esqueceu de combinar com a realidade para seguir maravilhoso, e fissuras começam a aparecer no que seria o lugar perfeito. Um evento trágico quebra o idílio: dois membros da comunidade, de origem sueca, que atuavam como pescadores, são mutilados por tubarões, e eles não têm meios para ajudá-los. Um deles morre imediatamente, mas o outro foi apenas ferido. Em vez de procurar uma maneira de salvá-lo, deixam-no agonizando até a morte, por muitos dias, entre dores lancinantes e uma grave infecção. Sabem que se buscarem ajuda perderão seu território privado. As provas para chegar não eram tudo; descobrem que também existe um preço para ficar: se você se machucar, conte só consigo mesmo; o clube secreto não se colocará em risco para ajudá-lo.

Ironicamente, do mesmo paraíso natural de onde provêm todos os encantos, surgiu o pesadelo, na figura do tubarão. Foi a partir do romantismo, na qualidade de movimento estético, que passamos a idealizar a natureza como um exemplo de equilíbrio, atribuindo-lhe perfeições. Antes dele, a vivíamos como nosso oposto e inimigo, algo a temer, a ser domado, dominado, combatido e da qual não se deveria esperar nada de bom. Embora a harmonia com a natureza pertença à dimensão da fantasia, segue tendo um apelo forte, como se em algum lugar existisse um território sem conflitos.

Uma das explicações que surge com frequência a respeito das causas de nosso mal-estar e infelicidade contemporâneos seria nosso afastamento da natureza. As preocupações ecológicas que estamos aprendendo a ter, no sentido de combater a fúria destrutiva com que nossa civilização a atacou, são uma resposta a séculos de relacionamento agressivo com o meio em que vivemos. Fomos cruéis, predatórios e vingativos com uma natureza que acreditávamos ter que domesticar antes que nos devorasse. Hoje, migramos para uma postura oposta, culpamo-nos pelos danos, buscamos o equilíbrio e, por vezes, recaímos nas fantasias românticas, idealizando-a.

Nessa história, aquilo que era um território de solidariedade e harmonia transforma-se em um lugar de dor, fofocas, brigas e negação dos vínculos. O grupo entra em conflito a respeito do destino do sueco ferido. O certo seria buscar ajuda, pedir que viessem buscá-lo. Como um resgate colocaria o segredo desse lugar em risco, a maioria opta por não fazer contato. O pior vem a seguir: praticamente ninguém quer saber do doente. Ele é afastado do grupo, que se queixa de quão insuportável é ouvir sua agonia. Somente uma pessoa ajuda de fato o moribundo, enquanto os outros levam a vida de forma normal e jogam futebol na praia. Richard, atento a esses detalhes, começa a narrar a progressiva falência ética da comunidade.

Esse episódio derruba a moral do grupo, mas um último golpe estraçalha a fantasia de vez. Antes de partir, Richard, secretamente, fez uma cópia rústica do mapa que ganhou e a deixou com outros viajantes americanos recém-conhecidos, com quem tomou umas cervejas, fumou uns baseados e partilhou conversas interessantes. Ficou com pena de omitir deles essa informação, já que haviam mostrado curiosidade em relação a esse lugar, que acreditavam ser mítico. Agora esse segundo mapa lhe é uma dor de cabeça: a prova de que ele mentiu a todos quando disse que não tinha partilhado com ninguém o segredo que lhe fora revelado por Daffy. Esses viajantes chegaram até o local, mas não conseguiram passar pelos guardas da plantação e foram assassinados.

O fazendeiro de maconha, como ele se denomina, chega ao acampamento para tirar satisfações. Havia um pacto acordado previamente com os traficantes: ninguém mais poderia vir de fora. O aumento da população era ruim para a comunidade da praia e para os negócios da droga. Ele acusa Sal, a líder, de não cumprir o combinado. Mostra o mapa feito por Richard que estava em mãos dos jovens executados e exige que todos saiam da ilha. Sal se recusa a partir. Protesta dizendo que esse é seu lar e culpa Richard pelo ocorrido.

Ela já sabia do deslize de Richard e agora o entrega. O chefe dos traficantes concorda que fiquem se ela eliminar Richard. Para tanto, dá-lhe um revólver com uma só bala, como quem faz roleta-russa. Richard lhe diz que, se ela atirar, mostrará a todos o preço em sangue que esse paraíso vem custando. Sal atira, mas o revólver não dispara. O traficante, que apenas queria vê-la obedecer, retira dela a arma. O gesto já havia sido suficientemente forte para que todos se dessem conta do absurdo que era guardar esse segredo. Isso já tinha cobrado o preço da vida dos dois suecos e agora quase a de Richard. O ato desvelou a brutalidade de Sal em sua tentativa de manter o isolamento da comunidade. A história termina mostrando como os sonhos utópicos podem exigir atos inaceitáveis.

## O FIM DO AUTOEXÍLIO

Antes desse desfecho trágico, quando todos partem e deixam Sal sozinha, Richard já concluíra que o sonho se tornara pesadelo. Como ninguém podia simplesmente ir embora, porque colocaria em risco o segredo do lugar, a única saída era a fuga. Para isso, ele liderava um motim.

Aquilo que começou como herança de um suicida não podia acabar bem. A verdade sobre as intenções de Daffy foi levada para o túmulo, mas fica a desconfiança de que ele passou o bastão de uma maldição para Richard. As cartas estavam marcadas. Daffy certamente é um apelido; é também o nome do nosso Patolino, personagem do *Looney Tunes*. A palavra em inglês tem um espectro de significação entre o idiota e o louco. Esse mapa que causou tantas mortes soa como um voto de morte à comunidade que ele abandonou. Sua experiência parece a prova de que o exílio dos jovens entre seus pares é uma solução temporária. Se passar do ponto, torna-se uma rota sem saída.

O que é especialmente dolorido nas experiências de fracasso das turmas de adolescentes é o momento em se descobrem tão iguais àqueles que criticavam. Tão mesquinhos, egoístas e pequenos como qualquer um. Nada demais, apenas se revelam humanos, falhos como todos.

Sua geração e eles mesmos não eram puros e diferentes como acreditavam. A convivência em grupo é muito mais complicada e conflitiva do que imaginavam, principalmente quando transcende o caráter temporário, de ócio e férias.

O segundo ponto da descoberta é que a simplicidade tem suas limitações. O "eu não preciso de nada", ou "eu preciso de muito pouco", só funciona se existe alguma estrutura por trás que os ampare quando surge o imprevisto, pois este não é computado na lógica adolescente. Especialmente em relação ao corpo, nesse momento da vida, que ele venha a falhar não é uma possibilidade presente. Vivem seu vigor e saúde como se fossem para sempre, um dom infinito.

A porta de entrada dos processos que identificamos com essa fase da vida costuma ser a queda da idealização dos mais velhos, enquanto a porta de saída dessa etapa, para muitos, é marcada a partir da desilusão com seus pares. Portanto, a senha para entrar é o projeto de ter uma vida ímpar, diferente da monotonia da de seus pais, vistos como os que teriam capitulado seus sonhos. Em contrapartida, em aparente contradição com esses ambiciosos propósitos, há uma característica também visível em nossos personagens: uma tendência a desistir antes de tentar, uma espécie de desânimo, uma postergação sem data, em que o futuro está fora de questão e o presente tenta ser eterno. A adolescência também é feita de covardias, de evitação do mundo.

Talvez o intenso convívio social tenha encontrado um forte rival em uma importante onda de isolamento permitida pelo computador. Sintomática de uma atitude contemporânea de desesperança precoce, muitos optam pela imobilidade. Ficam meses ou anos sozinhos em seus quartos, em geral limitados a uma exploração virtual do mundo. Esses jovens ermitões são diferentes daqueles que fazem de seus dispositivos eletrônicos um meio de incessante e compulsiva comunicação. Sempre em casa, acomodam-se ao papel de eternas crianças dependentes, no sentido de que pouco zelam pela alimentação e higiene de seu corpo e ambiente. Esses solipsistas, embora ainda brinquem, não trazem da infância o gosto pelo vínculo e pela novidade, a atitude curiosa de quem cativa e aprende. Mudos, desleixados e mal-humorados, são marcados pelo desencanto com tudo que a vida real tem a oferecer. O exílio faz parte da adolescência; foge-se por meio dos recursos da fraternidade, da fantasia, dos mais variados esconderijos.

Se o desapontamento com o saber dos seus adultos, somado ao desencanto com o mundo, é a deixa para a entrada no processo adolescente, o chamado para ir saindo, que nem todos escutam, é o enfraquecimento desse abrigo temporário no grupo de pares. É o encontro com as limitações de si e dos cenários que se idealizou ou compôs. Para os mais caseiros, que ficaram agarrados a uma infância tardia e desconfiada, essa saída não ocorre, pois terão que passar por algum tipo de socialização para encaminhar-se para a vida fora do lar. Na maior parte desses casos, a oportunidade surge quando eles são forçados a sair tanto pelo caminho dos estudos como do trabalho, que, no melhor dos casos, serão obrigados a enfrentar.

## MACONHA, DROGA E CULTURA

Tanto para os intensamente sociáveis quanto para os do tipo mais recluso, não é incomum o recurso à maconha, uma droga essencialmente juvenil, como forma de garantir essa vivência de presente eterno. Para a maior parte desses adolescentes, não passa de uma subcultura da época, que não se tornará um hábito adulto. Outros manterão a porta aberta para o reencontro ocasional com essa experiência de desconexão e leveza descoberta na juventude. Alguns, em menor número, ficarão mesmerizados, imóveis no eterno presente que a maconha possibilita. Por que essa droga específica cumpre uma função tão importante para tantos adolescentes?

No filme, a maconha é onipresente, tanto no uso cotidiano de seus habitantes como no entorno.

É bom lembrar que a ilha tem dois territórios, duas populações e um tratado de convivência. A comunidade da praia sabe que o resto da ilha é usada para plantar maconha ilegalmente e guardada por uma máfia que mata sem perguntas a quem se aproxima. A droga e seu preço em sangue estão muito perto do Éden, perto o suficiente para ouvirem-se os tiros, uma realidade infernal por trás daquele outro paraíso que é a droga.

Esse filme ajuda a pensar a questão da maconha, não só da droga em si, como consumo, mas como parte essencial de um estilo de vida ligado à natureza, à paz, à tranquilidade, à possibilidade de encarar a vida de forma mais leve. Muitos usuários de maconha, especialmente os que estão sob o efeito dessa ideologia da boa vida, não usam outras drogas; seu estilo fecha com a calma que a maconha lhes traz. Além disso, ela não é industrializada, e seria, portanto, uma dádiva da natureza que é cultivada artesanalmente. Não raro, eles têm uma atitude contra as outras drogas, que dizem ser ligadas à produção, drogas essas que fariam, segundo eles, ficar ativo para trabalhar mais, lucrar mais. Essa ideologia praieira, que envolve natureza, muitas vezes surfe, formas alternativas de viver e maconha, é um eco tardio da contracultura *hippie*, na sua ingênua forma de crítica ao capitalismo e sua estratégia de reagir escondendo-se.

Como qualquer droga, legal ou ilegal, o efeito da maconha corresponde a um espectro; não existe uma maneira única do corpo recebê-la. Na maior parte dos casos, seu efeito é como o de um eficaz ansiolítico e um suave alucinógeno, por isso seu uso é tão popular. Para uma minoria, que não se dá bem com o uso, o que geralmente acontece são síndrome do pânico, delírios paranoicos – leia-se persecutórios – ou até o desencadeamento de uma crise psicótica. Mas atenção para esse último ponto: ela não cria uma psicose; a fragilidade já estava dada, a droga apenas solta os tênues fios que mantinham o sujeito ligado à terra. O que se produz com as drogas geralmente já provém de nós; apenas encontra frestas mais abertas para certas fantasias saírem e, eventualmente, desestruturar o usuário.

O que realmente prende a maioria dos usuários à maconha é seu poder de baixar a ansiedade, pois ela relaxa. Quem não quer ser acalmado, baixar o giro da angústia de viver? Existem adultos que mantiveram seu uso desde a juventude para fins recreativos, e, quando isso é feito ocasionalmente, parece não trazer prejuízo mensurável. Já quando o uso é cotidiano, e, principalmente, quando fumada várias vezes ao dia, é muito provável que paralise a vida do usuário.

A lógica é simples: a ansiedade nos perturba, nos desacomoda, mas, ao mesmo tempo, e justamente por isso, ela pode ser o motor de mudanças interessantes. Nem toda ansiedade é ruim. Portanto, quando recorremos a uma droga que corta a chave geral da angústia, ela suprime também a inquietude de onde provém a força necessária para buscar novos equilíbrios. Por isso, a maconha estaciona seu usuário. Essa parada pode ser de uns dias, uns meses, uns anos, décadas... a menos que alguém acredite, como a comunidade de Sal o faz, que essa fuga do mundo é a melhor forma de existência. De qualquer maneira, a situação não é muito diferente do uso legalizado e compulsivo de medicamentos calmantes, tristemente comuns hoje em dia, mais usados por pessoas maduras. <u>A maconha é o ansiolítico do jovem; o adulto vai ao psiquiatra conseguir o seu ou usa álcool.</u>

Contudo, existe outro modo insidioso de a maconha prejudicar o usuário, que é quando atinge a cognição. Entre outras coisas, a droga age como se devolvesse o olhar infantil de assombro que perdemos, aquela certa aura de magia, efeito dos recursos psíquicos de épocas anteriores, que só as crianças encontram no mundo. Ela faz isso rebaixando a cognição para estágios infantis, e o efeito é paradoxal: sentimo-nos inteligentes. Ficamos felizes em perceber como "realmente" as coisas funcionam. A maconha permite grandes *insights* sobre o óbvio. Graças a essas conclusões "geniais", vividas como revelação, parecemos, aos nossos próprios olhos, como mais espertos do que antes. Que alguém possa se divertir e socializar de forma agradável com essa condição, tudo bem; ocasionalmente, não produz dano. No entanto, achar que se está de fato fazendo uma viagem reveladora e brilhante é outro passo. Basta ver as anotações ou qualquer outro registro feitos sob os efeitos da droga; no outro dia, revelam-se pueris ou *non sense*.

A criatividade é algo extremante valorizado, e há quem defenda que o uso da maconha deixaria o indivíduo com a cabeça aberta para pensar o novo. De fato, ela nos faz abandonar a lógica habitual e passar a trilhar uma via associativa. Para inventar algo inédito, esse seria, a princípio, o bom caminho. Porém, com o uso contínuo, essa forma de pensamento se torna o próprio modo de pensar. O raciocínio afetado pela maconha, em certos momentos, faz ligações meramente associativas como se fossem conexões lógicas e as toma como parte integrante de um fio de sentido que não consiste.

Nada temos contra a associação de pensamentos; é exatamente isso o que pedimos para nossos pacientes fazerem no divã. Porém, não se trata de uma viagem errática; pedimos que associem livremente, na expectativa de que fiquem com a mente desperta para colher os resultados desse percurso. Já para entender o mundo, elaborar as relações entre as pessoas, realizar, de fato, um projeto artístico ou criativo, o pensamento meramente associativo não passa de errância mental.

Quando o uso é abusivo, a maconha deixa seus consumidores com sérios problemas intelectuais. Ela induz um déficit de atenção em pessoas que não padecem dele, e quem já tem dificuldades de concentração fica ainda mais atrapalhado. A criatividade é fruto de grande esforço, de perseverar no sentido de algo que se acredita e deseja. Em suma, envolve grande volume de trabalho, um ziguezague de acertos e erros, e não o simples brote de brilhantes ideias espontâneas, mas esse é um mito dificílimo de desmontar. A vontade de acreditar que existe um caminho mais curto e preguiçoso para o fazer criativo mantém essa crença viva.

O prazer que se ganha com a vida em ordem e o dever cumprido é pequeno para muitos; eles querem mais. Além disso, existe uma espécie de lógica de loteria que cerca os mistérios da felicidade – ela seria um gozo a mais, além do que fizemos por merecer. O usuário de droga intui isso, ele quer esse "a mais de gozo" e supõe que a droga lhe daria, como se ela fosse um atalho para um gozo maior. Em seu raciocínio, a droga forneceria esse brinde da vida que é a felicidade. Infelizmente, só no começo, é como uma música que só tivesse os primeiros acordes, os quais vão se tornando menos fascinantes à medida que os repetimos. A longo prazo, essa é uma promessa que não se cumpre e deixa os usuários mais assíduos aprisionados nos desvãos do destino.

## A IDENTIDADE DE VIAJANTES

Apesar de serem habitantes fixos de uma comunidade, esses jovens se autodefinem como viajantes. Isso é, no mínimo, curioso, tratando-se de um lugar do qual para sair é preciso fugir. Estão na ilha alheios ao entorno, em uma praia que era tudo menos a Tailândia, já que não existem outros tailandeses além dos traficantes. Um viajante é tão mais verdadeiro quando se deixa tocar e alterar por outra cultura. Aliás, Richard, um viajante "profissional", costuma classificar os viajantes em três tipos:

*Só percebia (na praia de Hat Rin) merda ao meu redor; tailandeses sorrindo feito tubarões, e um hedonismo descompromissado, mas cultivado com esforço demais para parecer verdadeiro. Acima de tudo dava para sentir o cheiro da decadência. [...] Os viajantes sérios já haviam se deslocado para a próxima ilha do arquipélago, os viajantes intermediários estavam se perguntando para onde todo mundo tinha ido, e as hordas de turistas estavam se preparando para percorrer a trilha recém-aberta.*[1]

Mas a melhor questão é: por que a figura do viajante é tão aprazível para os jovens, estando cada dia mais no topo do horizonte de vida de muitos deles? O maior pavor é o de ver-se aprisionado a uma realidade, sem poder de escolha, sem rotas de fuga. Nossa pista vem de uma frase de Richard: *"Viajar é uma forma de fuga que funciona"*.[2]

Todavia, nessa história, o que se faz é o contrário de viajar: fundam uma comunidade, um lugar, feito de sonhos que jovens ocidentais trouxeram de casa. A experiência de uma viagem será tanto mais intensa quanto menos peso se levar de sua própria identidade para onde vai, quanto mais aberto se estiver para ser alterado por uma realidade diferente. Esse, decididamente, não é o caso, visto que são as próprias fantasias daqueles jovens que vão organizar o lugar. E que viajantes seriam esses que nunca partem? Estão presos à praia por serem portadores de seu segredo. Sua viagem mais parece ser a vivência de uma utopia hippie extemporânea, uma viagem no tempo.

Curiosamente, mais do que aos viajantes, eles acabaram se assemelhando a um tipo de colonizador, no sentido de levar sua cultura para outras paragens, ignorando a população nativa. A busca de lugares belos e inóspitos talvez seja, nesse sentido, a de espaços onde caiba a vida de outro tempo: no eterno presente de uma utopia formatada por uma leitura tardia da contracultura dos anos sessenta.

Se há algo que sela um destino, já que vem acompanhado da ideia de que "agora é para valer", é ter filhos. A parentalidade é uma experiência que se considera que tenha tido a maior parte dos pais dos que são jovens. É claro que há aqueles que são fruto de indivíduos que desertaram de suas responsabilidades ante a criatura que colocaram no mundo, deixando-a aos cuidados de parentes, da mãe apenas, ou mesmo de uma instituição. Entretanto, quem cresceu em algum tipo de família testemunhou a carga de responsabilidades que tem o adulto que se incumbe de uma criança. Esses adultos estarão impedidos, por questões financeiras ou mesmo de tempo, de ir e vir a seu bel-prazer;

precisam adequar agendas e orçamentos às necessidades dos que estão sob seus cuidados.

Muitos desses jovens viajantes, que o fazem de forma temporária, durante uma fase de sua vida, acabam encontrando em algum lugar, por algum tempo, uma espécie de pátria provisória, onde experimentam responsabilidades, vínculos e a aculturação, tão árdua para os estrangeiros. Também por isso, não raramente, vivem em comunidades de conterrâneos, um tipo de ilha de sobrevivência muito comum e necessária entre os imigrantes. Essa experiência é, em geral, passageira, funciona como elo entre a fuga e o reencontro com a necessidade de traçar para si um modo de vida, de fazer escolhas e bancar suas consequências.

Entre as famílias mais abastadas, torna-se possível, e até desejável, mandar os filhos para longe, de preferência para outra cultura, de alguma forma idealizada, no caso dos latino-americanos, para o primeiro mundo. É como se as famílias, marcadas pelo autodesprezo dos colonizados, quisessem corrigir o erro do mau nascimento, oferecendo aos descendentes as oportunidades dos que tiveram a sorte de chegar ao mundo em lugares mais antigos, supostamente mais bem providos de recursos culturais e civilizatórios. Além disso, para possibilitar as primeiras experiências laborais, entre os bem-nascidos em países com intensa memória da escravidão, convém a essas famílias que ocorram em lugares onde o trabalho não tenha essa mácula. Essa tendência se generalizou e se popularizou graças à grande mobilidade planetária de que dispomos, possibilitando a muito mais jovens essa experiência. Muitos não voltam, outros retornam crescidos, assim como para tantos a retomada da vida em seu local de origem é sentida como traumática: a autonomia que sentiam quando estavam fora lhes escapa por entre as mãos, e as cobranças de que se livraram temporariamente voltam com redobradas energias.

Certamente, as viagens correspondem aos desejos dos jovens, atendidos e partilhados por suas famílias, que, em geral, lhes proveem pelo menos parte dos recursos para tanto. Para os adultos, que tendem a ter dificuldade de perceber o crescimento e a sentir como doloroso o afastamento dos filhos, também convém uma separação radical, como operação necessária. Richard se referia ao "efeito amnésico da praia". Diríamos que essa separação radical, em que pais e filhos perdem, por um tempo, o convívio cotidiano, possibilita que se saia do pensamento uns dos outros. Assim, torna-se possível, por efeito da distância geográfica, aquilo que acontece entre as famílias de filhos crescidos, que consiste em esquecer-se uns dos outros durante longas jornadas, evocando-se em momentos de preocupação ou saudades.

*– Eu tenho uma vida lá em Londres da qual eu mal consigo lembrar, muito menos sentir falta. Eu não telefono nem escrevo para meus pais desde que cheguei à Tailândia, e meio que sei que eles já devem estar preocupados comigo, mas não sinto necessidade de fazer nada em relação a isso.*

*– Pais... – Françoise franziu a testa, como que fazendo força para lembrar dessa palavra. – É, é estranho, mas...*[3]

Nesse momento, quando fazia apenas três dos poucos meses transcorridos na ilha, Richard, de fato, se dá conta de que vivia não apenas um lugar, mas também um tempo paradisíaco. Valeu enquanto durou.

### NOTAS

1. GARLAND, A. *A praia*. Rio de Janeiro: Rocco, 1999. p. 198.
2. Ibidem, p. 133.
3. Ibidem, p. 230.

## CAPÍTULO XVIII

# UM MUNDO SEM ADOLESCENTES

FILME:

A vila

TEMAS:

Evitação da adolescência

Infantilização dos filhos

Superproteção

Educação para o medo

Comportamento adolescente dos pais

Se existe uma hora adorável para os pais é aquele momento da noite em que seus pequenos ressonam tranquilos na proteção do lar. Mesmo que lá fora esteja escuro e perigoso, eles têm a sensação de que tudo está onde deveria e de que nenhum mal pode acontecer a sua prole. Quando os filhos se afastam, todas as fantasias de desgraças que os ameaçam se precipitam na mente dos progenitores. Só muda o conteúdo: receber um telefonema da escola com a notícia de uma doença, um ferimento, um constrangimento ou problema causado pelo filho; ser avisado de um acidente de trânsito; sofrer algum tipo de violência, sequestro ou abuso; estar sob más influências e ser preso; ou voltar para casa com ideias incompatíveis com o pensamento familiar.

Imagine se estivesse ao alcance dos pais a criação de um mundo totalmente controlado e protegido, onde as coisas ruins pudessem ser banidas e os filhos nunca precisassem sair de seu perímetro amoroso. Esse lugar é A vila (The Village), imaginado por M. Night Shyamalan, cineasta americano, no filme de 2004, protagonizado pelo quarteto Sigourney Weaver, William Hurt, Adrien Brody e Joaquin Phoenix.

A obra de Shyamalan se caracteriza pelas reviravoltas finais, que nem sempre dissipam o clima mágico, porém modificam-lhe o sentido. Se o leitor desejar ser surpreendido, sugerimos que assista ao filme antes de continuar a leitura deste capítulo.

## UMA VILA DE ONDE NINGUÉM ENTRA OU SAI

A Vila é um lugar é muito parecido com uma comunidade *hippie*, no sentido da produção coletiva e dos ideais compartilhados por jovens famílias, mas a estética lembra o puritanismo dos grupos Amish. As vestimentas são antigas, sem a severidade das cores dos religiosos, mas com a simplicidade e o recato destes. Há um tabu em torno da cor vermelha, que não é tolerada sequer nas flores. As casas são rústicas, mas sólidas, e eles possuem apenas o essencial. A religião é ausente, substituída por um sistema de regras, e a autoridade fica nas mãos de um "conselho", que funciona como uma assembleia de anciões, apesar de a geração mais velha do local ser de adultos na faixa dos cinquenta anos, os fundadores da comunidade. Estes, apresentando os primeiros sinais do envelhecimento, estão na fase da vida em que seus filhos adolescentes amam e se comprometem, tudo de uma maneira bastante tradicional.

Não há sinais explícitos de trocas comerciais, culturais ou políticas com "o povo das cidades", como costumam se referir aos de fora da comunidade, pois eles são considerados malvados, e é com esse temor que as crianças são doutrinadas. Para garantir a coesão da comunidade e inibir os impulsos de partir, existe um segundo inimigo: eles vivem sob a ameaça "daqueles sobre os quais não falamos".

A prova da existência dessa fonte de perigos que ronda a comunidade é um frequente barulho de assustadores rugidos provenientes da floresta que circunda a clareira onde ficam as casas. Cada tanto as criaturas fazem aparições, rondam com seus focinhos e presas horríveis, envolvidas em capuzes e vestes vermelhas, que garantem o clima de terror. Por isso, essa cor seria de uso exclusivo dos monstros e proibida entre os habitantes da Vila.

Os conselheiros teriam garantido a segurança dos habitantes por intermédio de uma trégua que dizem ter pactuado com esses seres assustadores. Os termos são os seguintes: as pessoas não frequentarão a floresta, nunca utilizarão a cor vermelha, o que os deixaria irritados, e farão regularmente oferendas de carne a eles, que, em troca, se absteriam de invadir a aldeia. De qualquer maneira, um forte esquema de iluminação noturna no perímetro e postos de vigilância permanente garantiriam proteção extra contra esses enigmáticos seres.

Na origem dessa curiosa organização social, encontram-se os membros de um grupo de apoio a parentes de vítimas de violência. Antes de se conhecerem, todos eles haviam perdido alguém da família de modo sangrento e traumático. Possivelmente, o vermelho, que era seu tabu, representava, para eles, o sinal do sangue derramado de seus seres queridos. A decisão da criação da comunidade os uniu e foi motivada pela vontade de evitar mais perdas. Tiveram a ideia de fundar um mundo para si onde estivesse garantida a ausência dos riscos que lhes arrebataram irmãos, maridos e pais. Assim o fizeram, e mudaram-se para dentro dele. A Vila foi construída no coração de um parque natural, que, para olhos externos, supostamente era desabitado. Dessa forma, ninguém sabe da existência deles, garantindo o rompimento e a ausência de qualquer comunicação com o exterior.

A premissa que lhes ocorreu, para evitar a maldade e assegurar o espírito dessa coletividade, foi baseá-la na inocência. Percebe-se que fica explícito aí um voto de reduzir os filhos e a vida adulta comunitária a uma imagem idealizada da infância, a uma essência de pureza na qual estavam dispostos a crer e apostar.

Em resumo, esses pais são como tantos que andam por aí, longe da Vila, mas em consonância com seus princípios: não ensinam seus filhos a se defenderem dos perigos reais, mantendo-os subjugados a seus medos particulares. Negam ao filho o melhor da modernidade: a independência imprescindível para a construção de uma identidade, o direito à rebelião, a não serem iguais aos pais. Negam-lhes, portanto, a própria essência da adolescência, que é o afastamento anímico dos pais.

## AS FISSURAS APARECEM

Logo após as primeiras cenas de uma vida idílica, de simplicidade e pureza, somos apresentados às evidências de que o sistema tem suas fragilidades: assistimos ao enterro de uma criança de sete anos, perdida por falta de remédios para curá-la. Na refeição coletiva que se segue ao cerimonial fúnebre, o líder dos fundadores, Edward Walker, pergunta-se ante o pai enlutado: "*Será que fizemos a coisa certa ao nos estabelecermos aqui?*". Ele se referia à inquietude de que, em um lugar com mais recursos de saúde, talvez aquela vida tivesse sido poupada. O isolamento foi fatal para essa família. No entanto, seus pares, inclusive os pais da criança morta, reafirmaram a convicção que os unira.

Entre os descendentes, há um jovem, filho de uma viúva do conselho, que não se conforma. Tímido e taciturno, Lucius é um rapaz que não compra bem a história de medo que foi infundida e que se propõe, em carta lida ao conselho, a atravessar a floresta e entrar em contato com o "povo de fora" em busca de medicamentos. Ele suspeitava de que fora da comunidade haveria recursos para evitar novos episódios dolorosos como esse. Sua proposta foi recusada; os fundadores já haviam decidido que alguns sacrifícios valiam a continuidade da proposta.

Esse já é um momento elucidativo de que um estado de inocência perpétua tem como fundamento a alienação em relação a uma instância superior. A inocência está ligada à ignorância de perigos e incertezas; significa entregar-se à autoridade e à proteção sem o recurso da curiosidade, que é o que desperta os pequenos de sua dependência total. O preço de mantê-la é ter embotada a capacidade de duvidar e de construir o próprio conhecimento.

Quando alguém decide quais perdas e concessões serão inevitáveis, a condição ideal da Vila já mostra rachaduras. Como confiar cegamente em um sistema que já não garante o bem-estar? A premissa da inocência restringe aos conselheiros o poder de decidir sobre a vida e a morte e a quem caberá o sacrifício individual em nome do bem comum.

Além da atitude provocadora de Lucius, a outra pedra no sapato dos mandatários é Noah, um jovem que abala o clima de conto de fadas. Com comportamento similar ao de um deficiente e psicótico, irrompe no cotidiano morno com gritos, risadas histéricas, descontroles motores e atitudes agressivas. Apesar disso, é cuidado e tolerado por todos.

Sua melhor amiga, aquela que consegue acalmá-lo, é Ivy, a filha do líder Edward Walker. Ela é uma jovem cega que se move pela Vila com destreza, pois conhece cada centímetro do lugar. Embora os olhos dos outros funcionem, eles compartilham simbolicamente sua deficiência visual, pois, ao crescer em um espaço tão fechado, não há muito para se olhar; a curiosidade tem exíguos recursos para ser exercida.

A jovem cega e o rapaz questionador se apaixonaram. Quando o compromisso entre eles foi anunciado, o descompensado e enciumado Noah teve um surto, terminando por ferir mortalmente o noivo a facadas. Retomando a atitude de seu amado, Ivy não se resigna a vê-lo morrer. Repete a iniciativa dele solicitando a licença para pedir medicamentos ao "povo de fora", que desta vez é concedida.

O conselho lhe determinou uma espécie de guarda composta por dois rapazes que deveriam escoltá-la pela floresta até a parte final do caminho, a partir do qual ela deveria continuar sozinha. Provavelmente, por ser cega, ela poderia seguir adiante sem tantos riscos de ver o que não deveria. Contudo, há outra maneira de pensar a questão. A cegueira, nesse caso, quando se trata de cruzar uma floresta e ir a um lugar a que nunca se foi e não se tem referência para compreender o que se vê, é uma alegoria de como seria alguém criado sem conhecimento do mundo, portanto cego para ele. A coragem e a impotência de Ivy representam, em uma linguagem típica dos contos de fada, onde impera a hipérbole, o desafio de fazer algo fora de casa pela primeira vez.

Para facilitar a viagem, o pai revelou à jovem as fantasias arquitetadas para manter a comunidade reclusa e coesa: a falsidade dos monstros e de seus urros. Ele lhe pediu perdão pela farsa, que julgava serem "mentiras inócuas". Ante a eminência e insistência da morte, lá onde ela deveria estar sob controle, foi necessário finalmente falar sobre "aqueles sobre os quais não falamos".

Os monstros inventados não deixam de ser um dos clássicos efeitos dos segredos oriundos de traumas não elaborados. Nesse sentido, referimo-nos não somente à violência, seja urbana, seja de guerras e massacres, do ponto de vista das vítimas, mas também à vergonha associada a atos criminosos ou considerados moralmente condenáveis perpetrados por antepassados ou pelos próprios pais. Essas memórias ou evocações, principalmente quando ficaram ocultas ou impunes, se transformaram em monstros. São assombrações cuja presença apavora mais do que qualquer memória ou verdade incômoda.

Àquela altura, alguém mais sabia que os monstros eram falsos. Justamente o desequilibrado Noah havia descoberto as fantasias usadas para animá-los. Na lógica de sua loucura, ele já dava mostras de saber e, a seu modo, denunciar o segredo dos fundadores. Apareciam animais esfolados na Vila sem que ninguém soubesse quem era o autor de tais atrocidades; supomos que a pele era retirada por ele, assim como os ditos monstros eram só feitos de pele. O esfolamento era uma colocação em ato de sua incapacidade de fazer outra coisa com o segredo. Noah decididamente não respeitava o tabu do sangue.

O contestador Lucius, por sua vez, era campeão em uma modalidade de bravata praticada pelos rapazes da vila, que dizia respeito ao medo infundido por essas criaturas inventadas pelos fundadores. O jogo consistia em ficar em pé no limite entre a aldeia e a floresta, de costas para a escuridão, à mercê dos tais monstros. Sua condição destemida prova que ele realmente não acreditava neles, embora talvez não dissesse isso sequer para si mesmo.

De certa forma, esse segredo funciona ao modo das sociedades arcaicas, que os antropólogos chamam de "sociedades frias". Nestas, a história anda devagar, e cada geração é praticamente igual à que está chegando. Crescer, ser admitido como mais velho, equivale a saber dos segredos da tribo, que são sempre os mesmos. Na nossa sociedade contemporânea, denominada "quente", cada geração é diferente da anterior, e é isso que é evitado na Vila ou em pais que querem filhos iguais a si mesmos.

Já os membros da escolta de Ivy, apavorados com os supostos perigos, não faziam parte da percepção desse seleto grupo. Eles fugiram, deixando-a só muito antes do que havia sido combinado. Sozinha, Ivy enfrenta um monstro que não deveria existir, mas que a persegue: era Noah, dentro de uma das fantasias ocultadas pelos fundadores.

Apesar de cega, ela conseguiu se desvencilhar da ameaça servindo-se do conhecimento do terreno. Em um incidente anterior, depois de abandonada por sua escolta, ela quase caíra em um buraco natural e, quando se percebeu ameaçada, toureou o suposto monstro até esse lugar, onde ele caiu e acabou morrendo. Provavelmente, Noah queria apenas assustá-la, tentando impedir que encontrasse auxílio para salvar Lucius, ou, ainda, estivesse com medo de que ela se afastasse da Vila e o deixasse. Definitivamente, o lugar seguro estava se revelando bastante perigoso.

Seguindo as instruções do pai, Ivy conseguiu alcançar o caminho que levava ao muro que isolava a comunidade, em um ponto onde havia uma escada que dava acesso ao exterior. Ela foi parar em uma estrada asfaltada e vazia, onde vemos as placas afixadas no muro que acabava de transpor. Nelas, estava escrito que ela saíra de dentro de uma reserva ambiental, lugar de acesso interditado a todos. A jovem ficou ali parada e foi rapidamente localizada por um carro de patrulha. O guarda estava verificando a movimentação no perímetro do parque.

O rapaz percebeu a cegueira da moça, estranhou suas vestimentas antigas e o modo de expressão diferente, mas logo entendeu que ali havia um segredo que deveria respeitar. Contrastando com a visão persecutória dos fundadores, com cautela, ele decidiu ajudá-la sem alertar seu chefe. Deixou-a aguardando ali e foi até o posto da segurança, de onde surrupiou os medicamentos necessários. Sem estranhar tal eficiente solidariedade, Ivy retornou em condições de salvar o noivo.

Os fundadores criaram o mito de que a Vila era o único lugar seguro, rodeado por riscos inomináveis. Ivy foi a única testemunha de sua geração de que eles estavam circundados por um muro que os separava de uma civilização, não de uma floresta ou de uma selva perigosa. Sua saída só foi autorizada porque era cega.

Ficou sabendo que por fora da Vila não havia nem monstros, nem necessariamente gente má, mas não voltou para denunciar e destruir o sistema criado por seus mais velhos. Lucius já tinha essa mesma posição entre conservadora e questionadora: quando leu sua carta pedindo ao conselho para sair, apenas não estava disposto a que o encerramento começasse a cobrar seu preço em mais vidas. Com a vitória desses dois jovens conformistas, mas com ressalvas, a Vila se prepara para um futuro sob nova direção.

## A FOBIA COMO FUNDAMENTO

Embora essa Vila pareça de um conto de fadas, ela representa simbolicamente uma linha de força existente na maior parte das famílias contemporâneas. Algo nos pais resiste ao crescimento dos filhos e, acima disso, suporta mal a inevitável traição deles a sua forma de pensar. Mesmo que os filhos tentem seguir os passos da geração anterior, por admirá-los, identificar-se maciçamente com eles, seu tempo é outro, estrangeiro às referências dos antepassados. A rapidez das transformações, em termos de tecnologia e comportamento, iniciada no século XX, desde então só tem aumentado. Em função disso, cada geração nasce fadada a crescer entre objetos e comportamentos diferentes dos que seus pais tiveram em seus anos de formação. É importante lembrar que, apesar do cenário diferente, os desafios são os mesmos.

Se, na infância, o afastamento suscita temor, na adolescência, a saída de casa é um fato e uma necessidade: quase tudo o que interessa ao jovem exclui a participação da família. Mesmo que o filho, por medo ou inibição, não saia do quarto, via internet, estará se envolvendo com um mundo externo ao lar. Escutará músicas, participará de jogos, estabelecerá relações, pertencerá a grupos com referências desconhecidas para seus adultos.

Cada época desenvolve uma cultura juvenil característica. A comunicação do adolescente com seus amigos e irmãos é cifrada; falam sobre seus eventos, piadas internas, intimidades amorosas e eróticas, preferências ficcionais, de estilo, enfim, alusões que seus pais não acompanham. É claro que sair de casa fisicamente não é a mesma coisa que ficar trancado no quarto fazendo-o virtualmente. Nesse segundo caso, percebemos uma resistência ao afastamento físico, em que o pensamento vai mais longe do que o corpo tem coragem de ir. Na puberdade contemporânea, essa saída em etapas, primeiro a mente e depois o corpo, tem sido cada vez mais comum.

Temos constatado uma importante incidência de pais que se sentem mais frágeis do que se esperaria de sua posição. Como são pouco capazes de elaborar sobre sua história pessoal e suas experiências, tornam-se pobres de pensamentos e referências para transmitir a seus descendentes. Para eles, fica mais fácil reter os filhos em uma infantilização prolongada, ou mesmo identificar-se com eles e tentar invadir seu mundo.

Não há como travestir-se de outra geração sem negar a própria, sem pagar o preço de que com ela serão desperdiçadas as aprendizagens associadas a essas memórias. É justamente da capacidade de encarar o próprio passado que provêm os marcos, por mais relativos que sejam, que são colocados à disposição dos filhos. A apropriação do tempo que tocou viver a cada geração, as memórias de como se foi lidando com os desafios, funcionam como um aval para que os descendentes considerem autêntica sua jornada na época que lhes couber.

Isso não quer dizer que os jovens tenham paciência para escutar as histórias de seus pais. É mais comum que tenham essa condescendência com os avós, cuja influência é menos temida. Porém, os filhos percebem qual é a relação dos pais com sua própria história, com sua maturidade, e são capazes de discernir se eles estão percorrendo um caminho do qual são conscientes. É preciso que os pais admitam que já lhes tocou um trajeto de vida sobre o qual têm alguma autocrítica e do qual podem até se orgulhar, o que é o oposto de fingir para si mesmos que também estão iniciando agora. Só sendo muito cego para ignorar que houve um tempo transcorrido antes do nascimento dos filhos e durante sua primeira infância, no qual os pais eram já adultos, gozaram a vida e tomaram decisões.

Pular sua geração e cair na dos filhos é um recurso tentador para aqueles que desde sua própria adolescência estão tentando ignorar a passagem do tempo, recusando-se à maturidade, revelando-se incapazes de transitar para uma condição adulta. É uma alternativa ao alcance dos que não se sentem capazes de oferecer uma imagem na qual seus rebentos possam se espelhar, questionar e, por fim, levar consigo o que conseguirem utilizar. Não nos parece nada estranha a frequência desse tipo de subjetividade, em uma época em que a adolescência não é vista como uma fase de iniciação, preparatória para a maturidade, e sim como o auge da vida: ela seria o último estágio antes do indesejável declínio.

Esse recurso não é o caso das pessoas que fundaram a Vila. Embora a ideia ao redor da qual o local foi construído também tenha a intenção de parar o tempo, a forma é diferente. Os fundadores não o fazem como adultos que se comportam como adolescentes tardios, aderindo imaginariamente à geração dos filhos. No povoado do filme de Shyamalan, vive-se naquela época em que a imagem dos pais, sua autoridade e ideais, ainda são fonte de respeito e admiração incondicionais. No ideal dessa comunidade, nunca se chegaria ao tempo da rebeldia, da transformação do mundo, e os mais moços jamais terão consciência das limitações, segredos e tensões dos seus mais velhos. Uma das premissas para o funcionamento dessa sociedade é evitar o surgimento da crítica, da discórdia, do questionamento, enfim, das características adolescentes que abalam as estruturas.

Dizendo-se traumatizados por situações de violência em suas vidas pregressas, temerosos de perder tudo o que amam, os adultos fundadores dessa vila optaram por eliminar o ambiente externo. Não havendo para onde partir, criariam os filhos como se uma visão ampliada do lar fosse o mundo todo. Eles fabricaram uma geração à imagem e semelhança de seus ideais, sem saber que, na verdade, a escravizavam a seus medos.

Há pais que têm pautas inegociáveis, de ideologia, costumes ou religião, que consideram inquestionáveis. Agem assim por estreiteza ideológica, dever filial, fragilidade psíquica ou por um trauma cuja repetição desejam evitar a qualquer custo. Gostariam muito de ver seus descendentes seguirem seus passos, como uma sombra, ou melhor, serão muito intolerantes com as dúvidas e principalmente com os rumos diferenciados tomados por eles. Não se trata de um verdadeiro legado, pois uma herança é um capital que fica à disposição da próxima geração para investi-la como puder. Aqui, é quase uma pretensão de clonagem psíquica, pois as variações, deturpações e invenções trazidas pelos descendentes não fazem parte do plano. São esses que, em um grau maior ou menor, podem fundar alguma espécie de Vila, uma seita ou condomínio fechado para aprisionar seus filhos.

Nesse caso, temos pais fóbicos. Eles têm medo do mundo – e quem não tem, de certa forma? O caso é perceber o quanto é frequente que as famílias constituam seu legado de medos e traumas. Permitir a liberdade é, talvez, o maior desafio, pois existem muitas maneiras sutis de fazer os filhos abdicarem de certas esferas da vida, como o convívio com seus pares, o conhecimento, a política, o trabalho ou o amor, por exemplo. Para tanto, é comum designar um perseguidor, é claro que não de forma deliberada como os monstros vermelhos dessa história; em geral, é algo mais sutil.

Porém, se bem é grosseira a metáfora de utilizar fantasias e falsos rugidos, o expediente acaba revelando o tecido de que são feitas as fobias que as famílias partilham e que limitam a circulação externa de seus membros. O vermelho do sangue simbolizava o que aterrorizava os fundadores, portanto evitá-lo seria, teoricamente, manter toda a comunidade a salvo da violência. Era preciso vestir essas roupas vermelhas, parecer-se com o que mais temiam para exorcizar seus fantasmas? Não era o caso, pois o que mais apavora diante da morte é sua imprevisibilidade e injustiça. Ela literalmente faz o que quer e, cedo ou tarde, sempre ganha o jogo. Ao usar suas vestes, os assustados patriarcas sentiam como se partilhassem imaginariamente o poder que emanava delas. Afinal, se a ameaça fossem eles próprios, sabedores de que era uma farsa, realmente não haveria o que temer.

O problema é que a Vila, como qualquer coletividade, foi ficando complicada. Os fundadores, com o crescimento da primeira geração de filhos, começaram a ter que se confrontar com seu olhar, no mínimo investigativo, ou, pior, questionador. Além disso, a morte inesperada, de uma criança, de um jovem, que é diferente do fim de um velho que já gozou de seu tempo, passou a se impor, questionando-lhes a capacidade de manter essa ameaça fora dos muros. Passou a ser necessário tomar decisões duras, que custavam vidas, como, por exemplo, a negativa de buscar recursos de saúde fora. A partir daí, já não estavam em um território lúdico, "brincando de monstros", onde se fingia que a morte era uma farsa. A política local ficou séria, seus dirigentes acabaram se identificando com o que mais temiam e desprezavam: o autoritarismo da morte.

## SÍNDROME DO NINHO CHEIO

Os filhos herdam suas marcas a partir dos pontos nevrálgicos dos pais; inspiram-se mais nas cicatrizes do que nas partes bonitas. Por isso, toda família se revela, de alguma forma, temerosa quanto à expressão do próprio legado. São fortes as suposições de estar passando vários tipos de "doença" aos descendentes. Sempre haverá um avô jogador, um tio beberrão, uma irmã louca, um primo suicida, uma tia-avó que fugiu com o amante, um pai especialista em maus negócios. Essas histórias acabam funcionando como fantasmas de uma espécie de hereditariedade persecutória, assombrando sucessivas gerações. Atribuem-se esses temores à genética, quando, na verdade, a maior parte deles se trata de mitos que passam de uma geração para outra. Um filho que sai para o mundo é temido como se fosse uma revelação: mostrará os tecidos internos da trama de que foi feito. Entre os temas populares, as sinas que mais envergonham, estão as questões morais, a loucura e a sexualidade, assim como uma particular sensibilidade à violência. Esta última é o maior fantasma dos pais que fundaram a Vila.

Cada nova família guarda em seu cerne a fantasia dos adultos envolvidos de estarem constituindo um ninho que nunca os abandonará. Os pais de bebês e crianças pequenas, chamados ao cuidado exaustivo, fecham-se em uma concha protetora e acabam usufruindo dela. As ameaças inevitáveis de fissuras na estrutura desse abrigo, nessa onipotência inicial, produzem angústias visíveis. Idas desnecessárias a médicos e emergências de hospitais, relações difíceis com cuidadores da criança, sejam eles parentes, sejam eles pessoas contratadas para tal ou instituições, ilustram bem a fragilidade desse sistema.

Porém, como esse período inicial é assim mesmo, requer um certo grau de reclusão e isolamento, acaba sendo uma oportunidade de reviver o aconchego da primeira infância, que tanto lastimamos ter perdido. Os pais se identificam com seus bebês, já que no começo são obrigados a levar praticamente a mesma vida deles. Do lado de fora desse aparente paraíso inicial, rondam "aqueles sobre os quais não falamos", ou seja, nossos sintomas neuróticos. Tanto mais não falarmos sobre algo, maior é a possibilidade de que se torne algo que ruge e ronda. Os segredos sempre cobram seu preço, não raro em vidas ou em loucura, como representado nessa história por Noah.

A adolescência, por ser a parte mais visível de um processo de distanciamento dos filhos, confronta os pais com a quebra da ilusão dessa família protetora, na qual eles próprios se esconderam por alguns anos. Para alguns, esse é o momento de ter novos bebês, renovando a validade do ninho, motivo pelo qual não é incomum que este seja contemporâneo da chegada à puberdade do filho mais velho.

Os três jovens – o louco a quem ninguém dá ouvidos, o questionador respeitoso que acata as limitações que lhe são impostas, assim como a cega, que sai, mas não pode ver o que não deve – representam essa potencial rebeldia domada. Afinal, a Vila não é apresentada por Shyamalan como um sonho a ser destruído. Podemos dizer que o diretor parece vê-la com certa simpatia. A transição de poder, rumo a uma nova geração que lida com esses segredos sem derrubar a autoridade dos pais, mas não lhes partilha os traumas, parece promissora. Porém, se isso significar um relaxamento do isolamento, é a própria premissa do lugar que ameaça ruir. O mote do filme é o confronto com o inevitável crescimento dos filhos, e, como sempre, é nas mãos deles que o futuro encontrará seu lugar.

Se fosse possível imaginar uma Terra do Nunca idealizada pelo desejo dos pais, principalmente os de crianças pequenas, seria esta. Nela os filhos nunca crescem, não saem voando nem embarcam em nenhum navio. Ficam ilhados em uma espécie de redoma que protege grandes e pequenos.

*Uma Terra do Nunca para os pais*

CAPÍTULO XIX

# NATIVOS DIGITAIS: ENSAIO SOBRE REDES SOCIAIS, GAMES E PORNOGRAFIA NA INTERNET

TEMAS:

Estrangeiros e nativos digitais

*Game*: brincadeiras sérias

Jogo como aprendizado coletivo

Redes sociais: uma nova aldeia

Sociabilidade real e na rede

Aquisição de conhecimento na internet

A mania das *selfies*

Aparente isolamento

Pornografia e erotismo

Cuidados com a pornografia na rede

Importância da educação sexual

Florescimento da escrita, fanfics eróticas

Vazamento de imagens íntimas

Amores na rede e avatares

As famílias inquietam-se ao ver suas crianças e jovens fechados em seus quartos, entregues às redes sociais ou aos *videogames*, virando a noite para terminar um jogo, privilegiando um time que joga em rede em detrimento a uma festinha da turma de escola. Temem que eles sejam abduzidos por uma realidade ilusória e levados para territórios alheios aos reais e familiares.

O temor procede, mas não em todos os casos. A internet, principalmente os *games* e, de algum modo, as redes sociais, é de fato uma realidade alternativa onde refugiar-se. Esse hábitat digital é tão tentador que alguns jogadores falam sobre os expedientes a que recorrem para abster-se, ou manter-se a salvo, do risco de entrar sem conseguir sair. Mas não procede a ideia de que se frequenta um jogo com o grau de entrega e alienação de um zumbi, ou com a voracidade de um viciado buscando satisfação imediata. Jogar é um processo criativo e de construção ativa dos caminhos, estilos e personagens que se quer encarnar. É claro que há os que se comportam como viciados, mas esses já eram compulsivos antes, não ficaram dessa forma por causa da maneira como se relacionam com seus dispositivos digitais.

Tais dispositivos não sequestram os adolescentes, é a superproteção familiar, aliada aos projetos de realizar-se por meio das conquistas dos descendentes, que ameaçam usurpar-lhes a vida real que poderiam ter. Quando esses prisioneiros de luxo precisam fugir de suas famílias e de outras exigências da vida, uma saída de emergência pode ser a travessia do portal mágico da tela que sempre está ao alcance de suas mãos.

Este capítulo é diferente da estrutura do livro, uma exceção ao resto. Pareceu-nos impossível encontrar um filme que desse conta do mundo digital, da revolução que a invenção dos computadores e da internet fez na nossa cultura, sobretudo nas duas últimas gerações. Queremos tratar da transformação que essa novidade operou na vida dos adolescentes, nascidos nativos a uma realidade que seus pais nunca percorrerão com tanta familiaridade.

Existem muitos filmes que abordam o tema, mas sempre de uma maneira muito parcial. Pode parecer distante, mas <u>*O feitiço do tempo* (*Groudhog day*</u>, 1993), por exemplo, se parece com um *game*. O herói renasce todo dia para aprender como ajeitar várias coisas de sua vida e conquistar um amor, ou seja, "passar de fase". Ele "morre" várias vezes antes de atingir a próxima, pois, quando o despertador toca no dia seguinte, se trata, na verdade, novamente do dia anterior e é preciso refazer todo o percurso, exatamente como acontece nos *games*. Vai assim, sempre recomeçando, aprendendo com os erros e indo cada vez mais longe, até virar o jogo. Fora esse aspecto, é uma boa comédia romântica sobre o tédio de um cotidiano banal e repetitivo, em que acompanhamos o amadurecimento emocional de um adulto que, decididamente, não parecia ser um.

Há vários outros filmes que evocam uma linguagem próxima aos *games*, oriundos de algum jogo, ou mesmo que foram inspiradores de jogos. Há outros sobre as particularidades da vida na fronteira entre o real e o digital, mas cada um aborda apenas alguns dos efeitos dessa revolução na técnica, na comunicação e em todos os aspectos da nossa vida.

A questão é que fazer um livro sobre adolescência sem dedicar uma palavra a uma realidade que mudou a face do mundo não é razoável. Insistimos em que este livro é, antes de tudo, para despertar o diálogo com o adolescente que vive no interior de quem trabalha com eles, de quem convive e tem que educá-los, para que possam entender os jovens atuais com maior empatia. Porém, nossa geração, a destes escritores nascidos antes da revolução da informática, e a anterior não tiveram essas vivências, muitas vezes nem sequer algo próximo disso em seu passado.

Somos "estrangeiros digitais" tentando assimilarmo-nos como usuários dos dispositivos eletrônicos e também na condição de adultos responsáveis por jovens "nativos digitais". Partimos, então, dessa contraditória premissa, que foge do espírito do livro, ao falar de um tempo que não vivemos por inteiro, ao incluir uma realidade inventada após o fim de nossa própria adolescência. Porém, contamos com a vantagem de um olhar estrangeiro. Dessa forma, tentaremos aqui dar conta das questões mais corriqueiras que o mundo dos computadores e a tecnologia digital nos colocam.

O papel dos *videogames*, dos quais nos ocuparemos a seguir, talvez seja o mais enigmático para quem nunca os usou e não experimentou suas possibilidades. Vamos trabalhar a importância das redes sociais para os adolescentes, já que elas passaram a fazer parte intrínseca da tarefa de socializar-se, de fundar um semblante social. Por fim, é inevitável abordar o tema da pornografia. Não ela em si, pois não há novidade alguma, mas o fato de que ela nunca esteve tão disponível, expondo toda sua bizarrice, ao alcance de alguns *clicks*, para gente com muito pouca idade.

## GAMES

### Adultos estrangeiros

Entre as questões que as novidades tecnológicas trazem, certamente o *videogame* é o fenômeno mais intrigante para os que estão de fora. A razão é simples: ele não existia, nada do que as gerações que o precederam tinham se parece, a princípio, com ele.

Na verdade não são assim tão inéditos, pois reproduzem quase todas as regras da prática imaginativa de brincar, em termos de experiências lúdicas tanto solitárias quanto grupais. Eles também incorporam o funcionamento justo e previsível das competições, dos jogos regrados, assim como o melhor do espírito de grupo de um time. A invenção que eles trazem é a da fusão de todas essas potencialidades lúdicas – próprias de brincar e jogar – com a fruição da entrega à magia da ficção. Como não deixar-se capturar por seu encanto?

É uma grande novidade pensarmos em que todos esses recursos da fantasia não fiquem para trás com o fim da infância. A experiência lúdica, que o senso comum supõe obsoleta após o amadurecimento, é, na verdade, valiosa pelo resto da vida. Porém, para os atuais adultos é incompreensível e desagradável a visão de adolescentes brincando apaixonadamente em vez de fazer suas tarefas práticas, aparentemente isolados, mas continuamente conectados entre si em um ambiente invisível.

Cada geração que chega padece com os preconceitos das que a precederam, que tendem a condenar aquilo que não viveram. É difícil perceber que algumas coisas no mundo já seguiram adiante sem nós. Se mantivermos viva a curiosidade, a qual, aliás, é sempre lúdica, podemos até entusiasmarmo-nos, mas sempre seremos algo estranhos a elas, por não terem feito parte da nossa própria formação.

Esse olhar desconfiado dos adultos testemunhou o surgimento das histórias em quadrinhos, que foram acusadas de tentar matar a literatura, tornando o leitor preguiçoso, apoiado nas imagens. Depois chegou a televisão com os programas infantis e os vaticínios foram ainda piores: estaria se gestando uma geração de alienados, incapazes de brincar, pensar, esqueceriam dos signos e seriam analfabetos funcionais.

Agora chegou a vez dos *games*. Poupamos o leitor de todos os prognósticos alarmistas, pois ele já deve ter ouvido o quanto são, no mínimo, uma grande perda de tempo, no máximo, um instrumento de infantilização perpétua. O interessante é que se um jovem se interessar por um esporte, mesmo que seja violento, com o mesmo afinco e obsessão que os jogadores virtuais, seus adultos não ficarão preocupados e possivelmente vão orgulhar-se disso. O atleta nunca é acusado de monomania, de obsessão, sua experiência não é vista como empobrecedora nem alienante.

Quem joga começou na infância, os *games* raramente seduzem adultos. Já existem adultos que jogam, mas geralmente são os que cresceram nesse ambiente. Os *games* fazem um corte geracional entre quem joga e quem não joga. Até porque raramente se para de jogar. Ao crescer, já não se tem tanto tempo e energia para isso, mas, principalmente depois de ter filhos, isso será um grande assunto em comum.

### Brincar, jogar e ler

Os *games* começaram de forma muito simples e desenvolveram-se junto com os computadores pessoais, sempre empurrando sua evolução. No começo não passavam de uma espécie de pingue-pongue em duas dimensões, homem *versus* máquina. Mesmo aqui já traziam alguma novidade, juntando os desafios de um jogo de tabuleiro com alguma destreza física e perceptiva: era preciso ser rápido, responder com os dedos, como um esporte da motricidade fina. A seguir eles foram ganhando complexidade, cenários, a terceira dimensão. Na sequência foram chegando personagens, enredos. A introdução do *joystick* passou a exigir maior agilidade motora. Aliás, hoje é a única habilidade manual, fora tocar um instrumento, que tem algum prestígio entre os jovens.

O aumento da memória dos dispositivos possibilitou a expansão do ambiente, e os jogos passaram a criar universos, verdadeiros mundos alternativos. Um último passo foi dado quando puderam ser jogados em rede, via internet – joga-se com e contra outros participantes reais. Com isso formaram-se times e comunidades, no sentido da comunicação e do sentimento de pertença. Além disso, cada jogo é construído e se enriquece com as experiências dos usuários, que sugerem personagens, tramas, cenários, estratégias, que são apreciadas pelos desenvolvedores e incorporadas. É uma caixa de diálogo permanente, composta de gente do mundo todo que, além de reunir-se para jogar, fica debatendo em fóruns sobre o aprimoramento da habilidade dos jogadores e sobre o jogo propriamente dito. Contradizendo a suposição de que os jogos virtuais induzem à passividade e ao isolamento, os fóruns são redes colaborativas de jogadores, em que se avaliam os resultados, se discutem estratégias, se investe na formação uns dos outros e se instigam os desenvolvedores a aumentar a complexidade dos *games*.

Um *gamer* precisa ser perseverante, pois terá que avançar falhando e tentando novamente, até conseguir dar um passo ao encontro do mesmo processo no próximo trecho de seu percurso. Além de paciência e capacidade de suportar a frustração, será necessária muita engenhosidade para desvendar a lógica do jogo. Para isso ele terá que estar realmente imerso, familiarizado com essas paisagens virtuais, habituado aos seus monstros e inimigos, afinado com um grupo em que cada um tenha desenvolvido bons papéis complementares. Aliás, a escolha dos personagens, que em geral podem ser customizados e eleitos em um variado cardápio de heróis, funciona como uma tradicional brincadeira infantil grupal: cada participante escolhe "ser" um personagem e isso tem que ser negociado, pois não teria graça se muitos fossem o mesmo.

O que os *videogames* se tornaram com toda essa evolução? São jogos, com o espírito de grupo dos esportes coletivos, acrescidos da necessária visão de estratégia dos jogos de tabuleiro. Porém, mesmo um dos mais complexos jogos, como o xadrez, não chega perto da rapidez de raciocínio e engenho que alguns *games* pedem. Somam-se a essas características aspectos da criação literária e do cinema, já que cada ambiente virtual constitui uma história que embasa os movimentos e vai sendo completada em função dos caminhos escolhidos pelos jogadores e a partir da interação destes com os criadores.

Na literatura podemos encontrar a figura do personagem que é cocriador da própria trama em que está imerso. Esse é o enredo de *História sem fim*, livro do escritor alemão Michael Ende, lançado em 1979, que já se tornou um clássico.[1] Nessa história o herói não funciona como um escritor, mas como alguém que brinca, ou seja, ele vai criando uma trama que protagoniza. Nesse sentido, ele já vive algumas situações próprias dos games contemporâneos, em que a trama e aquele que a vivencia ludicamente dialogam. O mundo mágico que ele mesmo criou não é nada obediente, está cheio de ciladas, perigos e desafios, ele precisa seguir as regras, desvendar mistérios, errar muitas vezes, fracassar, quase desaparecer, até aprender a trilhar o caminho necessário para sair.

Em *O senhor dos anéis*, saga publicada em 1954, o britânico Tolkien criou um dos mais populares mundos mágicos: a Terra Média. Nessa obra, temos um território muito bem mapeado (há inclusive mapas de fato), vários tipos de personagens, representantes de diferentes povos, com personalidades, aparências e habilidades diversas, que exercem funções complementares e unem-se para vencer inimigos monstruosos e travar batalhas épicas em nome de uma missão em comum. Esse nicho imaginário acabou dando origem aos jogos interativos de *role-playing games* (RPG; jogos de interpretação de papéis), em que adolescentes e jovens adultos envolvem-se desde os anos setenta.

O RPG é uma mistura de encenação, como nos improvisos teatrais e nas brincadeiras infantis, com as regras de um jogo de tabuleiro e o funcionamento colaborativo de um time esportivo. Há vários tipos de personagens, um cenário específico e desafios. A história vai sendo criada em um grupo liderado pelo mestre, que é seu membro mais imaginativo e iniciado nas regras do jogo. Ao longo do percurso, os jogadores vão encenando missões e batalhas, que foram inicialmente ambientadas em cenários evocativos da criação de Tolkien.

Você está pensando que muitos aspectos da descrição anterior poderiam ser de um *videogame*, certo? Só que aqui não temos nenhuma tecnologia envolvida, apenas um tabuleiro, um mapa, ou nem isso, alguns poucos objetos, se muito, e principalmente um grupo que em geral é constituído por jovens que, embora já não sejam crianças, estão definitivamente dispostos a brincar.

Eles estão realmente brincando? Em certos termos sim, pois imaginam e vivenciam juntos uma história que vai sendo criada por eles. Porém, na verdade estão também jogando: o jogo introduz na brincadeira a competição, com regras e parâmetros que garantam que ela seja justa. Os RPGs não constituem um espaço de brincar livremente determinado apenas pela imaginação, eles envolvem regras e cálculos. Essa é a grande novidade: gente que vai crescendo sem deixar para trás os recursos lúdicos. Após termos arrolado todas essas referências, o leitor pode notar o quanto os *videogames* fusionaram aspectos da literatura, da brincadeira e dos jogos.

Criar, inventar e brincar são parentes entre si, pois todos visam transcender a realidade, que é compreendida, mas, para ser recriada, subvertida. Acreditamos que cientistas, artistas e todos aqueles que contribuíram para o avanço do conhecimento estão em dívida com a atividade de brincar, pois nessa prática as ações incorporam, ousam, outras possibilidades imaginárias, que são experimentadas de verdade. Os *games* nasceram dessa múltipla fronteira entre ciência, técnica e a atividade fantasiosa necessária para brincar e jogar.

Nos jogos, as regras são explícitas e sempre valem. Como eles, os *games* não trapaceiam, os parâmetros são claros e democráticos: todos os jogadores começam igual e equivalem-se perante o programa. É o paraíso da meritocracia e de um mundo justo. Não resta dúvida de que é muito tentador e repousante passar um tempo em um lugar assim, tão diferente da nossa realidade.

Os adultos não conseguem ver a seriedade em brincar nem sua utilidade, esquecem que é lúdico todo o processo de aprendizagem que nos levou a crescer, assim como tudo o que nos faz continuar crescendo como civilização tem estreita ligação com a ousadia lúdica. D. W. Winnicott ensinou-nos que nascemos subjetivamente a partir de um espaço que ele chama de "potencial", uma área intermediária, ilusória, uma zona de brincar que se estabelece entre um bebê e quem exerça a função de mãe. Essa mãe seria, para o psicanalista inglês, aquela que coloca as coisas à disposição do seu pequeno no exato lugar e tempo em que ele está a ponto de criá-las. É assim quando se brinca: imaginamos e fazemos acontecer o inexistente a partir dos elementos que se puder arrolar em volta. Winnicott acredita que com cada bebê nasce um mundo, ludicamente criado por ele. As realidades criadas pelos dispositivos digitais são sucessoras desses primeiros mundos imaginários.

**Digital e/ou real**

Os adolescentes têm muita energia e muito pouco deles é pedido. Queremos, apenas que se comportem e que compareçam à escola. Na maior parte dos sermões dos adultos, acaba mencionando-se que eles "só" precisam estudar. Deixamos explícito o quanto consideramos pífia a exigência que lhes cabe. Enfim, para a imensa maioria dos que têm direito a viver uma adolescência, ela transcorre em um mundo chato, entre outros iguais a ele e tão desmotivados quanto, tendo a mesquinharia das disputas de prestígio entre os colegas como único desafio. As diversões só trazem mais do mesmo: quem ficou com quem, fofocas sobre a intimidades dos outros, conversas marcadas pelo exibicionismo, o encontro das mesmas pessoas em lugares repetidos e, com sorte, alguma música. Não é um ambiente convidativo, é um mundo minúsculo onde nada lhe parece relevante.

Mas imagine que uma porção de coetâneos precisa dele para uma batalha que será travada em um lugar mágico e perigoso. Estão tentando faz tempo decifrar novos caminhos para derrotar o inimigo e essa noite vão desfechar um ataque surpresa. Eles são um time e necessitam da sua ajuda, sabem que você já desenvolveu habilidades que somam para o sucesso do grupo. Você investiu seus esforços nisso, venceu dificuldades e têm um prestígio entre os jogadores, ali sua presença é questão de vida ou morte. O grupo trabalha junto, a vitória demanda muito esforço e sintonia, os jogos têm mistérios interessantes. Seus pares são guerreiros sérios e cientes da missão. Fora do jogo existe uma comunidade que avalia as partidas em geral de modo construtivo, quem for dedicado sente que pode fazer diferença nesses debates, os quais podem chegar a ocupar tanto tempo quanto o próprio jogo. Ante isso, ainda é tão difícil entender por que seus adolescentes se dedicam com tanto afinco aos *games*?

A violência na maioria das grandes cidades encolheu os espaços da vida pública, restringindo a liberdade de circular de que dispunham as gerações precedentes. Explorar a cidade, brincar em terrenos baldios, em casas abandonadas, circular a esmo procurando aventuras é quase impossível na vida real. Já na realidade virtual tudo isso e muito mais acontece.

Crianças e adolescentes geralmente vivem confinados em apartamentos. Frequentam aulas de esporte ou dança, o que é diferente de jogar com os amigos, lutar de brincadeira ou dançar por prazer. Na escola, a pedagogia costuma ser pouco interativa, o conhecimento raramente dialoga com suas dúvidas e hipóteses, não se leva em conta que eles pensam, aliás ninguém espera que eles realmente façam isso. O recreio é breve demais para toda a demanda represada de liberdade.

Diante desse cenário, novamente é nos jogos que se dá a possibilidade lúdica de explorar um terreno desconhecido, traçar estratégias, acumular experiência e aprender com ela, aventurar-se, correr riscos e desenvolver a capacidade de orientar-se. Claro, não é a mesma coisa sem a presença real do corpo, os sustos não são para valer. No entanto, não é desprezível o ganho cognitivo em desenvolver a capacidade de cuidar-se, observar detalhes para fazer um mapa mental e retomar o caminho certo. Admitimos que é um simulacro da verdadeira experiência exploratória, mas ao menos eles a têm. Na realidade, boa parte dos privilegiados aos quais são dados o tempo e as condições para viver uma adolescência só consegue andar sozinha em espaços desinteressantes como um *shopping* ou outros similares a ele.

O senso comum pensa que toda essa experiência lúdica não altera os participantes por não ser real. Em primeiro lugar, convém lembrar que quem joga em rede, sobretudo quando estamos falando de jogos que precisam de um time, tende a fazê-lo com amigos ou colegas. São principalmente pessoas com quem se tenha a intimidade necessária para desempenhar juntos tarefas desafiantes, que requerem agilidade de decisões e confiança uns nos outros. Portanto, estamos falando de uma genuína experiência lúdica entre parceiros reais, que podem estar ausentes no recinto, já que ela ocorre em um ambiente e com objetos intangíveis.

Lembramos que brincando aprende-se a ser, e a irrealidade imaginada cria ou altera a realidade. Todas as invenções, tudo o que dependeu de um ato criativo, começou exatamente assim: quando alguém fantasiou algo que ainda não existia, ou teve uma ideia inédita. Portanto, a realidade virtual serve como experiência subjetiva, fonte de vivências transformadoras. Ninguém vence nem cria sozinho, e os jovens que jogam parecem compreender isso melhor que muitos adultos.

O problema não provém do que os jogos oferecem, mas sim do vazio de experiências reais que a adolescência vem se tornando. É preciso que os jovens tenham a oportunidade de intervir de algum modo na realidade, quer seja pela realização de algum trabalho, por responsabilidades, trajetos verdadeiros, trocas de ideias desafiantes, experiências culturais em que se engajem expressando-se, atividades grupais em que as decisões e os papéis de cada um façam diferença. Sem isso não se conseguirá tirar os jovens de dentro de seus quartos, da realidade alternativa em que parecem, paradoxalmente, de fato existir.

Em seu livro O que você é e o que você quer ser, o psicanalista inglês Adam Phillips analisa o paradoxal peso sobre nossas vidas de tudo aquilo que nunca fizemos. Ou seja, dos caminhos da nossa vida que não trilhamos, mas poderíamos ter trilhado. Compartilhamos o trajeto da nossa existência com a presença imaginária de todos aqueles rumos que nunca tomamos, e não nos perdoamos por isso. Não é difícil deduzir o quanto essa insatisfação recai também sobre os filhos, aos quais cabe, "no mínimo", encarnar alguma ou várias das personalidades ou experiências que a vida ficou nos devendo. No ambiente digital, eles farão isso de fato, porém em uma dimensão tão imaginária quanto a de nossas vidas alternativas. Eles pelo menos sabem que estão brincando.

Adam Phillips lembra-nos de uma ideia de Isaiah Berlin, o qual diz que existe uma diferença entre a "liberdade de algo", que é livrar-se do que oprime, e a "liberdade para algo", que significa engajar-se no que se tiver vontade e potência para tentar. Nossos jovens estão tentando livrar-se de nós, dos nossos ideais opressivos, e querem ser livres para tentar, sabendo, como nos games, que a vida requer experiência e que, para tanto, precisam suportar repetidos fracassos. Como fazer isso se cada vez que eles erram, ou simplesmente não dão certo de primeira, seus adultos colapsam porque não conseguiram nem esse "mínimo" que lhes deviam?

Phillips faz um trocadilho com essa ideia, utilizando a palavra escapar. Isso é mais interessante ainda, pois acusa-se o mundo digital de ser apenas uma forma de escapismo, ou seja, ficar habitando a imaginação para não enfrentar as dificuldades reais. Ele estabelece a diferença entre "escapar de algo" e "escapar para algo". Na primeira, os jovens precisam escapar das expectativas e controles que os oprimem, enquanto na segunda trata-se de partir para construir, encontrar, criar soluções, invenções, caminhos. Talvez seja essa sutileza que os adultos precisam entender. Sim, eles escapam, mas é para algo que lhes entrega um lugar ativo, desafiador.

Ao escapar de seus adultos, os adolescentes precisam partir em direção a experiências verdadeiras, por trajetos reais, ou seja, escapar para algum lugar. Se não tivermos tanto medo e não os afogarmos em nossos sonhos superlativos, eles poderão com certeza deixar-nos caminhar alguns trechos ao seu lado. Aliás, voltarão de tanto em tanto para contar e discutir conosco suas aventuras e até aceitar alguns conselhos. Enquanto isso não é possível, eles o farão apenas jogando, o que não é inútil, apenas insuficiente.

**Homens-polvo**

Uma das questões que envolvem o mundo digital é a ideia de que somos cada vez mais capazes de fazer várias coisas ao mesmo tempo: a multitarefa. Essa não é uma criação própria da era digital, mas sim fruto da nossa época voltada para a rapidez, a eficiência e a idealização da obtenção de resultados com o mínimo de esforço possível.

A automação industrial emprestou inusitada potência ao sistema produtivo, assim como a descoberta desses recursos mecânicos e eletrônicos levou essas maravilhas para a vida privada, proporcionando comodidades para o cotidiano doméstico. As máquinas poupam trabalho, a velocidade dos veículos encurtou distâncias, a possibilidade de comunicação instantânea encolheu o planeta.

O mundo foi tornando-se um lugar onde esperava-se que nossas tarefas e deslocamentos convergissem para soluções cada vez menos trabalhosas e, de preferência, instantâneas. O fazer prático para produzir um objeto, um alimento, um serviço, perdeu espaço, de tal modo que o envolvimento com o processo requerido para o desempenho de qualquer tarefa não possui mais valor. A partir daí, não deveria surpreender-nos que considerássemos bem-vinda a capacidade de fazer várias coisas ao mesmo tempo, sem que nenhuma delas demandasse demasiada concentração. A aquisição desse dom representaria um acréscimo na capacidade produtiva com o menor grau de esforço e de cansaço.

A multitarefa tirou seu nome da capacidade de um computador para rodar diferentes programas concomitantemente ou distribuir seus esforços de modo a atender a várias solicitações de forma alternada, mas com tal agilidade que essas são levadas a termo conjuntamente. Espelhados em nossa fascinante criação, a tecnologia digital, a mania de funcionar multitarefa invadiu a vida. Qualquer um de nós já protagonizou tal tipo de desafio, ou mesmo presenciou alguém que assiste ao futebol na televisão ao fundo, enquanto percorre com curiosidade as novidades nas redes sociais e tenta responder um *e-mail*, ao mesmo tempo fala com um amigo ao telefone e atende às demandas surgidas em algum sistema de mensagem.

É uma gula de viver que nos leva a tentar ganhar tempo fazendo várias coisas simultaneamente. A eficiência em clima de urgência não visa finalizar as tarefas, depois do que se abriria um período de ócio, de entrega para algo repousante, posterior ao desempenho das obrigações. Após concluir múltiplas tarefas realizadas conjuntamente, tendemos a nos dedicar a um novo grupo de situações que envolvem mais comunicação, atenção e desempenho simultâneos. A multitarefa abre tempo para outras situações de multitarefa.

A verdade é que não temos essa eficiência: mesmo que acostumados desde cedo com tal fim, nosso cérebro não faz tantas coisas ao mesmo tempo, pelo menos, não tem como concentrar-se em mais de uma coisa de gênero semelhante. Será possível, por exemplo, caminhar enquanto se escuta música; nesse sentido, ainda pode-se dar ao luxo de percorrer a paisagem ao som das melodias escolhidas para o momento, porém, a atenção requerida no deslocamento pode falhar, pois ficará preterida pelas demais atividades. Nossa mente categoriza, prioriza, alterna, e podemos nos treinar para isso, mas sempre haverá perdas. Algo não ficará bem feito.

O estranho é que essa forma ansiosa de ser ganhou uma certa aura de prestígio, como se estivéssemos diante de uma inovação e de um sujeito à frente de seu tempo. Olhando com atenção, parece mais uma perda civilizatória do que um ganho. Os animais são multitarefa, o que é indispensável para sua sobrevivência na vida selvagem. Na natureza, não podem sequer comer em paz sem estar de olho no entorno, para que eles mesmos não virem alimento: engolem escutando e vasculhando atentamente com suas orelhas em radar, prontos para captar qualquer mínimo ruído que signifique a aproximação de um predador ou inimigo. Estão sempre alertas para uma reação rápida ao menor estalo. A condição humana conquistou o oposto, ou seja, a capacidade de ter paz para comer, amar, parar, refletir e ponderar com profundidade um problema.

O estilo que tem se desenvolvido no meio digital não nos ajuda nessa que é uma das grandes tarefas da educação: sossegar o corpo para poder concentrar-se em uma tarefa. Os *videogames* nos treinam para o contrário: atenção, agilidade de raciocínio, destreza motora, estratégia, tudo simultaneamente. Ou seja, o que o *game* pede não é uma novidade, pois na ação, como em um ambiente selvagem ou hostil, raciocinamos assim. Nossa questão é quanto o tempo gasto em *games* nos prepara acima de tudo para a produtividade e a ação, o que pode ser bem útil, mas nunca para a reflexão, que também o é.

A mesma quietude que ler um romance pede, é um extraordinário treino para quando precisamos estudar. Ou seja, dedicar-nos profundamente a um universo ficcional ou temático para emergir posteriormente com uma nova visão. Esse movimento não é natural, é praticado e treinado desde a infância. O que o *videogame* oferece, ao contrário da leitura, é treino para o que nosso cérebro de habitantes de ambientes hostis já foi preparado a ter por milênios.

Essa prontidão, que não perde tempo em vacilar, duvidar e olhar de fora, sem chance de tomar uma decisão com calma sobre as prioridades a seguir, pode ser conveniente. Porém, não se trata de algo somente necessário para situações extremas de guerra ou perigo: esse modo de funcionamento também é utilizado para garantir a eficácia dos trabalhadores, de quem se espera que tenham o desempenho das máquinas. Eles podem dar conta de tarefas que chegam para o sujeito como as peças que caem cada vez mais rápido em um jogo de encaixes. Muitas situações de trabalho assemelham-se a um equilibrista de pratos, que precisa manter todos no ar, sem obviamente a opção de ficar escolhendo o melhor momento para pegar um prato ou outro. Tal destreza é necessária em inúmeras tarefas e situações, porém é apenas uma das formas de trabalhar, criar e desempenhar funções, não precisa ser o ideal nem a regra.

Existem momentos de parar para pensar, assimilar experiências, refletir sobre o que se passou. Esse tempo contemplativo tem deixado de ser nobre em detrimento do agir, do raciocínio rápido, da resposta imediata. Os *games* devem ser pensados também como parte de uma forma acelerada de ser. Evidentemente, eles não são a causa desse nosso estilo, são apenas um dos produtos dessa ânsia de viver em dobro.

## REDES SOCIAIS

### Achados e perdidos nas redes

"O que você faz tantas horas no Facebook?" Quando as redes sociais chegaram, os adultos faziam essa pergunta a seus adolescentes. Soava-lhes incompreensível: como se podia passar tanto tempo ali, fazendo o quê? Com quem? Com o tempo, muitos desses adultos acabaram por ter a mesma experiência.

Além das óbvias funções de comunicação, especialmente de divulgação da própria vida e de investigação da alheia, as redes sociais constituem, sem dúvida, a forma hoje mais à mão para o exercício da distração. Elas servem para ausentar-se de aulas, reuniões, eventos de família ou de qualquer outro ambiente em que se esteja, assim como para adiar tarefas de estudo ou trabalho.

Gerações de pais, anteriores à revolução digital, já resmungavam sua irritação ante a compulsão dos jovens para manter-se em contato e fugir dos deveres. Não foi a internet que inventou isso, apenas, o que não é pouco, tornou portátil o contato compulsivo com os pares a que tendem os adolescentes. Décadas antes, falavam a tarde inteira ao telefone com amigos ou namorados com quem passaram a manhã na escola. Não é novidade a necessidade sempre premente de encontrar-se e ficar todo o tempo possível apenas entre os pares. As redes sociais trouxeram um elemento a mais: o ambiente digital, no qual o adolescente parece estar só, mas está permanentemente acompanhado, embora, visto de fora, o contato pareça abstrato e irreal.

Os adolescentes conectados comunicam-se em tempo real: o vivido é narrado e partilhado de imediato, independentemente de onde estejam. Falam entre si como se estivessem no mesmo recinto, enviam as imagens do local e mostram uns aos outros objetos e companhias, de tal modo que uma conversa pode envolver vários cenários e grupos. Nesse caleidoscópio de imagens e narrativas, observam-se uns aos outros como ocorreria em uma rua ou pátio de escola. Constitui-se, portanto, de fato uma outra forma de convívio.

Independentemente do que estiver ocorrendo, quer seja na aula, no trabalho, em família, durante um deslocamento, passando um tempo ao lado dos amigos ou até mesmo da pessoa que amam, talvez não consigam prestar toda a atenção a essa realidade. Para tanto, teriam que desprender-se do aparelho que os mantém conectados com outras pessoas. Por vezes, ficam comunicando-se ininterruptamente com seus pares, por outras, apenas passeiam dentro desse ambiente, que parece mais protegido e menos chato do que o do lado de fora.

As redes sociais tornaram-se ágeis ferramentas de comunicação, porém nem sempre quem entra nelas pretende estabelecer algum contato. É comum passar-se longos períodos em mero percurso errático entre perfis, investigando seus laços e características. Em geral essas buscas têm como mote indagações sobre amores que se quer conquistar, que se perdeu ou que se teme perder, seguidamente são motivadas por ciúmes. Também amizades possessivas ou rompidas motivam esse tipo de investigação, além de percursos aleatórios, movidos pela simples curiosidade de conhecer e compreender a intimidade alheia.

Isso pode ser similar a uma espécie de fantasia ficcional emprestada, quando o caminho é guiado pela história de uma pessoa ou um grupo, sendo levado por essas personagens como se fosse um filme, um livro ou os labirintos de um *game*. Mas também equivale a andar à deriva, zapeando. Zapear é um jeito de ir a lugar nenhum podendo ir a todos ao mesmo tempo, talvez uma forma de expressar insatisfação por meio do uso do controle remoto. O gosto não está em ver alguma coisa, trata-se de exercer o direito de escolher, ou melhor, de não escolher nada do que é oferecido e continuar usufruindo do prazer das ofertas. É importante observar que, para os usuários da televisão, chega uma hora em que os canais acabam e aquele que zapeia precisa recomeçar seu ciclo, já para quem faz isso na internet, os caminhos são infinitos.

O tempo dispendido nas redes sociais recria esse hábito bastante difundido de ficar mudando de canal sem assistir a nada, viajando entre pedaços de filmes, propagandas, frases, cenários, gestos e rostos desconexos. A princípio, a rede social pareceria uma oferta pouco variada, pois são apenas páginas contendo informações sobre pessoas produzidas por elas mesmas, que interesse poderiam ter? Quantas vezes vocês já escutaram uma frase como esta: *"Fico olhando as páginas dos meus familiares, depois vou nas dos seus amigos, nos amigos dos amigos, quando vejo já é de manhã..."*. O que parecia uma incomum prática adolescente, foi aliciando gente de todas as idades. Essa forma sistemática de espiar a vida alheia é similar ao hábito das pequenas comunidades conhecido como fofoca, no qual conta-se histórias de pessoas, com as tintas mais vibrantes possíveis, visando o interesse do interlocutor. No caso das redes sociais, a edição da vida visando aumentar o atrativo e a visibilidade é tarefa do próprio sujeito.

O Facebook, como seu nome retirado dos anuários de fotos dos alunos sugere, inaugurou-se tendo como alvo o contato entre estudantes e a busca de popularidade. Na verdade, em sua primeira versão, criada por Zuckerberg em 2003, não passava de um catálogo de estudantes de Harvard, principalmente do sexo feminino, a serem avaliadas e categorizadas pelos rapazes quanto a seus atrativos sexuais. Como uma febre, houve adesão maciça de extensas comunidades universitárias norte-americanas, que tomaram de assalto o programa inventado pelo jovem Mark, utilizando-o para comunicar-se, seduzir-se e informar-se uns sobre os outros. Essa rede, em que o prestígio dependia da aparência, foi ampliando-se até assumir sua identidade empresarial e a intenção de possibilitar contatos e gerar informações úteis aos cidadãos, negócios e estados. A expansão não precisou de muito esforço: voluntariamente as pessoas ao redor do mundo foram entrando no que inicialmente era um círculo de eleitos.

Até hoje essas ferramentas de comunicação digitais baseiam-se em galerias de faces, além de que fotografar-se e divulgar a imagem em algum tipo de rede social tornou-se uma obsessão adolescente. Mostrar-se sorrindo ou fazendo alguma careta típica do momento, dar notícias da atividade em que se está envolvido, com quem, o que se está pensando e sentindo, é uma prestação de contas voluntária e cada vez mais compulsiva, aparentemente dirigida a um olhar global e onipresente. Talvez o objetivo seja bem mais restrito e antigo: a formação de uma comunidade de referências mútuas.

### Saudades da aldeia

Paradoxalmente, o motivo pelo qual os jovens têm extensa rede social nas comunidades virtuais quiçá não seja exatamente uma novidade, mas sim uma espécie de retorno à forma antiga de funcionamento para a qual nosso cérebro sempre foi apto. Claro, não é da mesma forma, mas ainda se trata do uso da capacidade social de situar-se e sentir-se à vontade em uma ampla rede de pessoas com diferentes pesos de significação. Isso se considerarmos do ponto de vista evolutivo, pois temos milênios de vida em grupos. Já do ponto de vista histórico mais recente, poderíamos ver algo semelhante: as redes sociais simulam a antiga aldeia, uma comunidade onde todos se conhecem e na qual partilham informações.

A geração dos autores deste livro, assim como a de seus pais, cresceu habituada a conviver com o temor dos mais velhos relativo ao "que os outros vão dizer". Tinha-se praticamente duas vidas: dentro de casa ocorriam conflitos e viviam-se dificuldades, enquanto ante parentes, vizinhos, colegas ou fiéis da mesma paróquia fingia-se ter uma família, um casamento, filhos e uma carreira perfeitos. O temor de ficar malfalado, assim como o empenho em fabricar uma imagem pública respeitável, motivava brigas familiares e críticas aos filhos adolescentes que se deixavam ver em comportamentos julgados condenáveis. Portanto, editar a própria imagem e a vida que se tem de modo que pareça melhor do que ela é não constitui nenhuma novidade.

O fato de vivermos em uma sociedade individualista, onde cada um se orgulha da sua imparidade e renega suas origens, não quer dizer que não tenhamos saudades das antigas formas de convívio. Quem sabe as redes sociais nos apontem o esgotamento, a pobreza, ou uma insuficiência das formas contemporâneas de estarmos – ou melhor, não estarmos – uns com os outros. Talvez elas constituam uma crítica espontânea e ingênua ao individualismo. Enquanto julgamos mal os usuários pela suposta superficialidade da conexão com seus amigos da rede, deixamos de ver a intenção de criar algo novo em termos de laço social, ou mesmo de retomar de algum modo a vida comunitária que está fazendo falta.

Do ponto de vista histórico, o número de pessoas que conhecemos durante a vida mudou muito. Vivemos em uma sociedade urbana que nos propicia contato com muita gente, mas com poucos temos laços significativos. Sabemos e temos informações sobre nossa família, que é cada vez menor, além de alguns poucos amigos eleitos. Frequentamos muitas pessoas, mas de poucas retemos informações significativas como nome, filiação, aspectos do caráter e trechos de sua vida. Já não gastamos muita energia arquivando histórias de pessoas aleatórias, suas qualidades, seus defeitos. Em um passado não tão distante isso operava ao avesso: as sociedades tradicionais tinham a vida social em grande conta e as informações sobre os indivíduos que delas faziam parte eram cruciais, isso era o assunto principal e conhecimento insubstituível para se dar bem. Pouca gente, muitos detalhes, inverso à diversidade urbana, constituída de multidões de desconhecidos.

Do ponto de vista evolutivo, somos uma exceção recente no longo percurso do homem, caracterizado pelos fortes laços aos parentes, aos vizinhos e às amizades. A relevância atual das redes sociais certamente resgata a memória e os recursos cognitivos desse momento histórico anterior ao nosso. Nosso cérebro foi moldado, e assim funcionou durante a maior parte do tempo, em sociedades tradicionais, ou seja, conectado a uma complexa rede social, onde sabíamos tudo de todos. Ainda mais se considerarmos que havia um funcionamento distinto em relação aos mortos, pois eles não eram esquecidos, eram honrados e frequentemente lembrados em rituais. Portanto, além do carrossel de nomes dos vivos, as gerações mortas também contavam no acervo da memória e tinham que ser mencionadas. Logo, evoluímos como espécie guardando um grande número de nomes, agregados ao lugar social de cada indivíduo.

Assim, do ponto de vista evolutivo, tornamo-nos anômalos em relação ao que fez a aventura humana. Nossas capacidades sociais pareceriam atrofiadas se comparadas às sociedades de épocas anteriores. Somos introspectivos e solitários, aparentemente dependemos menos da aprovação alheia, já que os outros são genéricos. No entanto, a rede social pode funcionar como um semblante desse convívio quando alguém necessita desse olhar externo. Poderíamos supor que nossos jovens hiperconectados estejam buscando caminhos para a retomada dessa herança social: a vida em comunidade.

Se há uma questão a ponderar, visto que estamos lidando com fenômenos em transformação, seria sobre os efeitos dessa modalidade de oferta de contatos sociais. As redes dão oportunidade de estender alguma sociabilidade até níveis impensáveis, talvez maiores do que nossa verdadeira capacidade de estabelecer qualquer tipo, mesmo que muito remoto, de vínculo. Diante disso, torna-se uma questão saber até que ponto estamos constatando a construção de algum tipo de tecido social ou um simulacro de sociabilidade. Questões para as quais ainda não temos respostas, afinal, ante a novidade das redes, somos criadores e cobaias ao mesmo tempo.

**Tudo é falso**

Uma das acusações mais corriqueiras em relação às redes é que nelas todos somos lindos, bem-sucedidos, amados, felizes e vivemos em um imenso feriado com sol. Ou seja, usaríamos uma fachada falsa para nos descrever. Isso é certamente verdade, mas quando não é assim? Na vida real faz-se propaganda de si mesmo o tempo todo, não mostramos nosso lado B, somente o A. Claro, existe uma exceção, os deprimidos: esses tampouco são autênticos, tentam constantemente provar aos outros que não valem nada, fazem o movimento contrário.

Somos seres sociais, precisamos uns dos outros, o prestígio é o nosso oxigênio, por que as redes sociais funcionariam de forma diferente? Diríamos apenas que essa construção da imagem ficou mais acentuada, mais explícita, os adultos de outrora fingiam não fingir. Agora, como tudo fica registrado, visível, recortado e editado, as máscaras ficam mais à mostra para um olhar acurado. Somos mais caricaturais na rede, provavelmente pela não presença real do outro. Nosso "ego de domingo" expande-se mais fácil e ridiculamente por não encontrar limites. Talvez sejam dificuldades intrínsecas a um meio que ainda é rudimentar em relação ao que pode tornar-se, e recém começamos a usá-lo, somos todos novatos.

Por vezes vemos usar a palavra vício para descrever o uso abusivo das redes sociais. O vício no caso é em uma sociabilidade, tão mais compulsiva quanto falsa. São pessoas com dificuldade de contato, por medo ou falta de habilidades para relacionar-se, que usam a rede social a fim de simular para si mesmas uma sociabilidade que era incipiente, nunca existiu ou perderam.

Ninguém que tenha uma boa rede real se limita à rede social digital. É justamente quando há essa falha na vida que se abre a porta para o excesso, tornando-se uma obsessão para aqueles que têm uma existência desertificada. É interessante observar que, entre os que têm buscado sistematicamente no mundo digital uma compensação para a própria incapacidade de socialização, figuram um expressivo número de adultos e até alguns já idosos. Como os contatos na rede nesses casos são mais ralos, é preciso mais tempo e mais empenho para que ela consista e devolva ao sujeito a ideia que alguém o escuta, o leva a sério, se preocupa com ele. Esse raciocínio deve ser relativizado na adolescência, pois sua tarefa é encontrar sua turma: o jovem necessita como nunca dos pares, e é natural que vá passar mais tempo conectado do que os adultos. Para o bem e para o mal, é mais fácil achar sua tribo por meio das redes sociais. Certos adolescentes muito peculiares, por exemplo, têm uma chance a mais de encontrar nelas outros com sua mesma sensibilidade.

O que sim pode ser falso nas redes sociais são as informações, mas isso para quem trocou o jornalismo pelos *posts* de pessoas afinadas a uma forma única de pensar. Vivemos em bolhas, acabamos convivendo mais com gente com as mesmas afinidades, mesma origem e classe social, que, portanto, pensa de forma similar. Esse fenômeno agrava-se com o auxílio dos algoritmos programados para isso. É a inteligência artificial que domina as redes, programada por empresas que têm interesse nesse tipo de comportamento. Nas redes sociais repetimos o comportamento de grupo fechado. O fenômeno novo é a troca de informações que elas permitem, uma espécie de jornalismo sem jornalistas.

Antes, para nos informarmos sobre qualquer coisa, dependíamos de jornais, rádios, TVs. Obviamente o controle político da mídia sempre existiu, mas temos alguma capacidade, nem que seja mínima, de questionar algo veiculado por um meio impessoal como o jornal ou a televisão. Quando uma informação ou posicionamento provém de alguém com quem temos algum laço afetivo, seu impacto é maior, quer estejamos de acordo ou não. Hoje os amigos facilmente funcionam como editores de textos e notícias uns para os outros, como estamos em uma bolha, o conteúdo fica restrito ao nosso pensamento, a informações que confirmem as crenças que já temos. Sem falar das notícias falsas, dos mitos pseudocientíficos, das teorias da conspiração.

Infelizmente, a sociedade de acesso livre à informação não parece mais bem informada que as precedentes. <u>O erro está em pensar o humano como um ser epistemofílico, ansioso por novas descobertas, conhecimento e não como um conservador que sente que novas informações desequilibram seu mundo. As pessoas que não se abalam com novidades que afrontam suas crenças são uma minoria.</u>

**Navegando sem bússola**

A internet pode ser um problema um função da dificuldade para categorizar, decodificar e apropriar-se de conhecimentos e ideias. A massa de informações e o percurso labiríntico por elas não soma, não decanta. Para compreender algo novo, é preciso inserir esse conteúdo em uma lógica pessoal, confrontar premissas e dados. Nascemos com inteligência para desenvolver essas capacidades, mas ela é intermediada pela relação com aqueles que nos inspiram e inquietam. Essa condição de pensamento beneficia-se muito de uma boa capacidade narrativa, a qual, por sua vez, depende de diálogos, conversas, debates, transmissão envolvente de conhecimentos históricos, compartilhamento de experiências artísticas. Aprender requer uma tutela instigante da curiosidade científica e, acima de tudo, uma escuta mútua e respeitosa entre grandes e pequenos, adolescentes e adultos.

Os pais temem a pornografia, mas há lixos bem piores ao alcance de poucos cliques. Teorias racistas, sexistas, antissemitismo, extremismos religiosos e políticos, apologia do terrorismo, discursos pregando ódio a uns e outros, em linguagem simples e ao alcance do entendimento de qualquer um. Os discursos mais insensatos são sempre banais, economizam a complexidade do mundo e oferecem-se barato para os mais imaturos, inexperientes e ignorantes.

Como dizia Umberto Eco, a internet deu voz a todos e também ao "idiota da aldeia". Antigamente o público desses simplórios vociferantes restringia-se aos infelizes ouvidos dos seus mais próximos, agora podem esbravejar a fúria de sua impotência nesse imenso megafone. O mundo é extraordinariamente complexo, isso é assustador para os jovens que percebem o trabalho que dá entender tudo isso, missão quase impossível. Aplainar o entendimento, a partir de ideias maniqueístas, é muito sedutor, pois se trata de encaixar tudo em um modo infantil de pensar. O detalhe é que mesmo as crianças facilmente abrem mão de um imaginário tão pouco complexo e, caso sejam estimuladas ao debate, podem chegar a ideias bem mais interessantes do que algumas bastante populares na rede.

Portanto, é melhor não deixar seus filhos e alunos sem certa supervisão, também no que diz respeito ao conhecimento. Como a evolução tecnológica é incessante e muito veloz, acaba ocorrendo uma sistemática inversão de certo tipo de sabedoria, que talvez possamos denominar melhor de habilidade técnica: os mais jovens tendem a ter melhor domínio dos dispositivos digitais do que seus mais velhos – passam as gerações e essa inversão persiste. Como as famílias desejam muito ver em seus descendentes sinais de genialidade precoce, a supervalorização dessa perícia técnica acaba sendo uma oportunidade.

Confundido essa habilidade com conhecimento, cultiva-se a fantasia de que as crianças e adolescentes atuais sabem, ou podem saber, tudo, por ter tantos recursos e acessar todo tipo de fonte. Porém, qualquer um que já tenha feito uma busca na internet percebe que se trata de uma arte, quanto mais se descobre sobre algo, quanto mais premissas de conhecimento e capacidade de abstração se tiver, melhores e menos banais ou suspeitas informações se encontrará. A internet não substitui os professores, no sentido de quem os oriente nesse mar de informação que aparenta ter o mesmo valor. Uma das características da estrutura psicótica é o não ordenamento hierárquico dos saberes. Como se todas as teorias valessem a mesma coisa e estivessem em um mesmo plano. A navegação por essa vasta oferta de conhecimento sem uma bússola, representada por um interlocutor atencioso e mais bem qualificado, leva-nos a riscos similares a essa patologia. Não surpreende, nesse caso, que se difundam ideias descosturadas, delirantes ou francamente paranoicas.

O escritor argentino Jorge Luis Borges nos falou do fascínio e terror que a oferta de um saber sem bordas pode causar. Seu conto *O livro de areia* apresenta um objeto que é como a internet *avant la lettre*. Trata-se de um livro mágico, que, como a areia, não tem começo nem fim: seu número de páginas é infinito, nenhuma é a primeira nem a última, nunca se consegue abri-lo na mesma página, pois estamos fadados a jamais reencontrá-la. Aberto ao acaso, leva o leitor para um labirinto sem fim, do qual o personagem do conto tornou-se prisioneiro, a ponto de deixar de sair de casa e de dormir, por sentir-se incapaz de abandonar suas páginas. Horrorizado, considerou-o monstruoso e o deixou perdido entre as estantes da Biblioteca

Nacional. Não podemos nos livrar da internet, portanto, é melhor utilizar bússolas para enfrentar essa deriva.

**Espelho, espelho meu**

Se tivéssemos segurança a respeito do que parecemos, não seria necessária a presença de espelhos. A fotografia, sob a forma do autorretrato vulgarizado como *selfie*, elevou os espelhos à máxima potência. Quando uma avó pediu à neta que fizesse uma *selfie* dela, querendo que esta a fotografasse com seu celular, causou uma gargalhada na jovem. Isso mostra o caráter geracional dessa mania. A senhora não compreendia a ideia de fotografar a si mesmo, pois, para ela, o retrato ainda simbolizava o olhar de outro sobre si.

Ao verificar constantemente nossa imagem nos espelhos o objetivo é indagar como somos vistos. Mas não se trata apenas de investigar, tentamos controlar essa visão ao editá-la por meio da máscara facial que se arma automaticamente quando nos olhamos, assim como pelos recursos digitais disponíveis. Maquiagem, caretas, detalhes, assim como a busca do "melhor ângulo de si" para colocar-se estrategicamente diante do olhar alheio, são expedientes usados por quase todos.

Apenas as crianças não perdem tempo ante espelhos, pois sua imagem não lhes causa inquietudes. Para elas, pelo menos entre aquelas que se sentem asseguradas no amor dos seus adultos, o olhar destes é suficiente para que não temam desaparecer caso não haja ninguém certificando sua existência. Ao crescer, perdemos a morada no olhar da nossa mãe, dos familiares que pareciam contemplar somente a nós. O problema é que, em vez de nos independizarmos, tornamo-nos carentes dessa acolhida.

O autorretrato será tanto mais ativo e insistente quanto maior for a insegurança a respeito da existência e permanência da nossa imagem. A credibilidade da autoimagem, por sua vez, depende da suposição de olhares interessados e que nos sejam amorosamente destinados. Não queremos dizer que os antigos seriam mais seguros de si do que os contemporâneos, talvez não tivessem o recurso de registrar-se ao alcance da mão. Para eles, cabia unicamente ao espelho acolher a insegurança que passamos a ter depois da infância a respeito da integridade da nossa imagem. Hoje tentamos domínio absoluto do registro dela, a espontaneidade é a grande vítima disso, pois, mais do que viver, é preciso retratar e, principalmente, retratar-se na cena.

A obsessão com o próprio rosto, ou corpo quando ele é motivo de orgulho, só cede espaço ao retrato dos filhos, que atualmente substitui o olhar familiar. Para os pais contemporâneos não basta ver, querem registrar e mandar imediatamente para os supostos interessados. Cada gracinha da criança ou lugar ao qual um jovem ou adulto chegam são imediatamente socializados com uma assembleia de participantes.

Uma criança pequena ocupada em brincar em uma pracinha, por exemplo, precisará interromper o tempo todo suas atividades para posar para essas fotos, o escorregador já inclui uma paradinha no topo para o registro familiar. Os eventos de todas as idades já incluem cenários, maquiagens e adereços, assim como profissionais para auxiliar os convidados a preparar tais imagens. Os convidados já não se arrumam para aproveitar a festa, mas sim para fazer retratos, que podem acabar substituindo a festa propriamente dita.

Retratar-se tornou-se uma forma insistente de congelar a vida, produzindo imagens que a interrompem e impedem de entregar-se à sua fruição. O olhar, tanto o próprio quanto o alheio, deixa de ser espontâneo, não há com o que surpreender-se, as descobertas são limitadas quando a entrega à vivência encontra-se entrecortada por paradas para registro. A fotografia é uma forma artística de olhar, mas pode tornar-se a suspensão de qualquer olhar genuíno original, pois a arte pressupõe entrega e surpresa.

Consultar o espelho por horas ou retratar-se compulsivamente é próprio de momentos em que estamos mais inseguros ou precisando compreender, constituir ou reafirmar nossa imagem. Por isso a *selfie* é fenômeno epidêmico na adolescência, quando se está fabricando uma imagem de si, para apropriar-se dela e usá-la por aí. Tenta-se que ela seja tão autêntica como a assinatura pessoal que valida um documento. Aliás, mediante a difusão da cultura digital, cada vez mais será a própria face a assinatura requerida para validar nosso acesso ou a autenticidade de qualquer ato. O rosto, agora uma espécie de documento de identidade, precisa ter um tipo de constância, representação impecável e imutável do seu proprietário.

Como então envelhecer, considerando que a passagem do tempo deixa marcas, modificando esse documento visual? Por isso, o recurso de congelar a própria face por meio de substâncias que paralisam a musculatura está cada vez mais difundido, de tal modo que uma imagem editada da nossa versão juvenil se eternize. O problema é que a dita imagem juvenil, que todos os adultos tentam tornar sua para sempre, não é a que se tem na adolescência: nessa época aparecem os traços mais marcantes, como os volumes do nariz, do cabelo, enfim, diferente dos traços infantis que são mais suaves.

Embora a imagem adolescente ainda seja delicada em relação à caricatura de nós mesmos em que vamos nos tornando e que chega ao ápice na velhice, há outras marcas, próprias da ebulição hormonal, que maculam a almejada perfeição. Ao olhar-se no espelho, antes de editar-se com maquiagem ou manipulação digital da imagem, o adolescente só terá olhos para as espinhas, a barba rala e irregular, a oleosidade da pele, a imperfeição do nariz e o desalinho dos cabelos. As *selfies* corrigem com sua persistência essas imperdoáveis falhas. É uma pena que, para produzi-las, seja requerido tanto empenho, o que muitas vezes torna difícil estar realmente em um lugar ou situação. Viver tende, nesses casos, a ser substituído por registrar para olhar depois. É um tempo estranho este, em que o presente é invadido por um hipotético futuro ideal.

## SEXO NA INTERNET

### Um elefante na sala

É engraçada a nossa cultura. Ao longo da infância, de um jeito ou outro, as crianças assistem na televisão a centenas de assassinatos, destruições de carros, prédios, cidades, explosões variadas, esfacelamentos de corpos humanos. Nós até tememos que isso possa ser um problema, mas não criamos muito caso. Porém, basta aparecer uma cena de sexo na tela que o escândalo está feito.

Quando as crianças brincam é o mesmo: elas são cheias de onomatopeias, colocam seus personagens de brinquedo em confrontos letais, em choques, estes voam longe e se estrebucham contra a parede, ante nosso plácido olhar. Agora, imagine se os personagens do brinquedo se lambessem, como fazem os animais entre si, ou esfregassem seus corpos um no outro. Rapidamente se armaria um grande alarde, em busca do que estaria causando tais fantasias despropositadas nos pequenos. Não importa o quanto os psicanalistas tenham insistido na existência da sexualidade infantil, ainda nos surpreendemos perguntando-nos: de onde estariam tirando essas ideias?

A sexualidade e o erotismo são um elefante na sala sobre o qual ninguém diz nada e todos fingem não estar notando. Quando finalmente chega a adolescência, esse jogo se reverte, e os pais e professores tentam ter conversas às quais os jovens reagem com exasperação. As abordagens são por vezes suaves, entre diálogos diplomaticamente buscados, recomendando calma, coragem e cautela, por outras, em clássico tom de sermão. Seja como for, os filhos raramente se sentem tranquilos para abordar o assunto em casa e acham muito estranha a insistência em falar do elefante que sempre esteve ali sendo tratado como invisível.

Quanto às escolas, quando há alguma educação sexual, raramente envolve algum tipo de debate livre. Qualquer discussão será barrada por um clima de vergonha e tabus, dificilmente orientada pelas verdadeiras curiosidades de cada faixa etária. O tom costuma combinar acima de tudo com as fantasias que os adultos projetam sobre os pequenos e os jovens. Já o esclarecimento, sempre bem-vindo, restringe-se à fisiologia e anatomia do sexo e da reprodução. Não está mal, ao contrário, devemos estar muito informados desde o mais cedo possível sobre nosso corpo, assim como sobre as peculiaridades anatômicas e fisiológicas de cada sexo e sua maturação, sobre como se dá a fecundação, bem como sobre quais são os perigos das doenças sexualmente transmissíveis.

Ao par dessas informações imprescindíveis, há muito mais do que falar: estão os temores relativos a ser ou não desejável, quanto a ser capaz de sentir prazer e como isso se faz, sente e expressa. As inseguranças quanto ao desempenho nessa intimidade tão sobrecarregada de expectativas públicas são tantas quanto ignoradas. Nos meios de comunicação existem sexólogos, médicos ou psicólogos capazes de dialogar livremente com os jovens, e estes sentem-se tranquilos para perguntar, consultá-los e expor seus impasses. A grande popularidade desses interlocutores já indica que há demanda de algo que na vida corrente é uma raridade: um adulto, técnico ou não, que consiga falar de sexo, até mesmo em público, sem tantas mesuras ou prolegômenos. A educação sexual é sempre difícil em função de entendermos pouco o que nos move na intimidade. Podemos até ter uma certa liberdade para viver nosso erotismo, mas faltam-nos palavras para falar a respeito. Além disso, temos medo de influenciar negativamente alguém em formação.

A vida sexual continua sendo um impasse para a maior parte das pessoas. A grande esperança da revolução sexual não aconteceu. Essa promessa vem desde a contracultura dos anos sessenta. Acreditávamos que uma sociedade menos repressiva seria menos neurótica, que se as pessoas tivessem mais experiências sexuais seriam mais felizes. É claro que melhorou: temos menos tabus, acesso a mais experiências, menos preconceitos, porém, isso não nos tornou necessariamente realizados no campo sexual como supúnhamos que ocorreria.

A esperança do sexo como fonte de felicidade humana deixa a desejar. Sua falta é uma grande frustração, mas a sua presença, ou seja, uma vida sexual ativa, não entrega tudo o que nos prometeram. E pior, não raro as inibições sexuais driblam as liberdades conseguidas e reafirmam sua força. Ou seja, a sexualidade segue sendo fonte de neuroses. Ela não se tornou, como era esperado, a panaceia para a angústia humana, pelo contrário, costuma estar associada ao gatilho desse sofrimento. O sexo é supervalorizado como expectativa, e é óbvio que as crianças e os adolescentes ficam capturados por suas promessas e querem saber tudo sobre tão interessante assunto.

As diferentes formas de gozo organizam nossas vidas: mesmo se tratando de práticas que pouco têm de públicas, costumamos classificar e discriminar as pessoas de acordo com a forma como sentem prazer sexual e com quem. Quase não conseguimos falar diretamente sobre esse tema, mas deixamos clara nossa posição sobre desejar alguém do mesmo gênero ou não, sobre a prática do sexo ocasional, e interessa-nos sempre a aparente potência ou sensualidade dos outros.

Abordar os temas do amor e do erotismo juntos, até mesmo entre amigos íntimos, exige uma capacidade de introspecção, de honestidade consigo mesmo e com o interlocutor que com frequência nos falta. Imagine fazer isso no terreno pantanoso da comunicação com um adolescente. Não seria tão delicado se deixássemos o diálogo fluir a partir do que ele consegue e precisa debater. São ocasionais as oportunidades que se abrem para fazê-lo e nem sempre conseguimos percebê-las. Frequentemente as perdemos face às nossas dificuldades em lidar com o tema e com a ideia de que, no lugar da nossa criança, está surgindo alguém que fez ou fará sexo!

Isso não é uma falha pontual, é um problema da nossa civilização carente de uma cultura e uma arte eróticas. Depois de ter inventado mil exorcismos morais e religiosos para o prazer sexual – principalmente o feminino –, acabamos impedindo a construção de um discurso positivo sobre ele.

A pornografia, que se esbalda em imagens e roteiros estereotipados e explícitos, reina nesse terreno que deixamos baldio. Sua banalidade quer fazer parecer simples e unívoco o que é sutil e complexo, ela nos conduz a uma experiência erótica de parca interação, entre corpos vistos de modo fragmentado, envolvidos em desempenhos sexuais atléticos. Essa simplificação não cumpre o objetivo de nos tranquilizar, pois a sensualidade que habita nossos corpos e anima desejos e fantasias continua pobremente representada. Se nós adultos ainda somos tão atrapalhados para expressar-nos nesse território, mesmo depois de sermos supostamente experientes, o que resta aos iniciantes?

### Pornografia ao alcance de um *click*

A pornografia e o erotismo são primos distantes, mas às vezes confundimos os dois. Os limites podem parecer tênues, dependendo da subjetividade de quem vê. O erotismo pode ser usado com fins pornográficos, e algo pornográfico pode ser sentido como erótico. Para a psicanálise, a pornografia é uma espécie de recurso utilizado quando o desejo recorre a uma fantasia emprestada para animar uma relação sexual. Ela também serve quando a questão de olhar e ser olhado é parte essencial do que anima os envolvidos, e funciona, ainda, como oportunidade para uma espécie de sexo grupal imaginário. Ela pode ser um tipo de aditivo, uma muleta do Eros, uma tentativa de viabilizar a relação sexual ou fornecer um cenário para a masturbação.

O erotismo, por sua vez, é a poética possível do desejo sexual. Ele incrementa um desejo que já existe, dando-lhe uma dimensão maior e possibilitando um ato sexual. O erotismo lubrifica o encontro de subjetividades e seus corpos, sendo igualmente disponível para toda a gama de fantasias e desejos possíveis, só que nessa estética eles não são reduzidos às suas versões caricaturais.

A pornografia coloca em cena fantasias que as pessoas podem imaginar estar vindo de fora, quando na verdade provêm de dentro. Se uma pessoa assiste a um filme pornográfico e se excita, ela pode pensar: "é um outro que está vivendo aquilo". Mas, na verdade, ela está provavelmente contemplando o reflexo de uma fantasia interna reprimida. A pornografia tem dupla face: vende-se como algo liberal, quando na verdade pode estar sendo usada para recalcar as próprias fantasias de quem a consome. Mas essas são questões da sexualidade, qual seria especificamente o malefício de tanta pornografia facilitada ao alcance de crianças e adolescentes?

O encontro precoce com a pornografia vai deixar uma criança, ou mesmo um adolescente menos iniciado, com imagens e questões que ainda não consegue processar. Pode ter efeitos similares a um trauma, que é uma vivência que não temos como decodificar e, portanto, fica insistindo para ser assimilada. No caso da pornografia, muitas vezes o sujeito volta a assistir para processar, não é exatamente um trauma nem um vício, mas está preso a um circuito em que tenta dar conta do que viu, justamente porque aquilo não é compreensível. Fica como puro ato sem contexto.

O drama da pornografia é o analfabetismo erótico e amoroso que ela pode desenvolver. A vida sexual não funciona como autocentramento das fantasias masturbatórias, que parecem ser o cerne do funcionamento pornográfico. A redução do outro à condição de objeto até pode ser um jogo erótico acordado, mas na estética pornográfica costuma ser via de mão única. Além disso, o sexo é representado como fácil, automático e sem as arestas inevitáveis do encontro de duas ou mais subjetividades. Ela fornece um mapa não confiável para quem a usa, que atrapalha bastante ao aventurar-se mais tarde em experiências eróticas ou amorosas envolvendo pessoas reais.

Não acreditamos que a pornografia por si induza a novos comportamentos. Esse grande medo é infundado: ela mais representa do que causa, se a sexualidade é assim retratada é porque esse é o ideal majoritário. A injustificável presença de uma pornografia pedófila na rede não transforma ninguém em pedófilo, ela existe para alimentar de imagens os que já têm essa fantasia. No entanto, a existência desses abusadores – mesmo que imaginários – de crianças acaba incentivando o abuso real necessário para a produção de tais imagens. Além disso, são imensuráveis os riscos do encontro de uma criança ou de um adolescente com imagens de pornografia pedófila. Nesse caso, ao contrário das que existem para consumo dos entusiastas, pode sim produzir-se um efeito traumático, embora não supomos que possa causar diretamente o envolvimento de crianças em encontros desse tipo. Uma criança que assiste pode demostrar inquietudes ou até apresentar sintomas por se perceber vulnerável. Afinal, isso acontece, ela viu.

Na ausência de uma narrativa de representação artística do erotismo ou mesmo ante a impossibilidade de debate sincero sobre a sexualidade, a geração que está se iniciando acaba utilizando a pornografia como uma espécie involuntária de tutorial. Fica, então, espelhando-se em um sexo mais distante e frio, justamente porque não costuma ter um enredo plausível. Ela é problemática por estreitar a gama de possibilidades do imaginário sexual dominante e transformar os parceiros em objetos manipuláveis. Seus clichês de enorme difusão são responsivos da grande demanda dos que a consomem.

O mundo nunca precisou da pornografia para ser machista ou sexista, mas ela vem a somar nos mal-entendidos da Babel do sexo, onde o prazer feminino é praticamente desconhecido e as crianças são usadas para o exorcismo do desejo ambivalente de ser passivo. Na colocação de mulheres e crianças na condição de puros objetos, o que está em jogo, para além do sexo, são as relações de poder no mundo real, essas, sim, perigosas e problemáticas.

Esse pode ser mais um caso em que culpamos o meio pela mensagem, a virtualidade pelas fraquezas e perversões humanas, as quais existiam muito antes de haver suporte material para a pornografia. Pode ocorrer que alguns aspectos dela tragam à luz fantasias obscuras de que o consumidor não se dava conta, iluminando um campo escuro do seu ser. Talvez esse encontro com imagens de suas fantasias mais escondidas possa fazer com que alguém se sinta legitimado a realizá-las, mesmo que envolvam comportamentos abusivos – essa é uma hipótese a considerar, mas é difícil afirmar com certeza. O uso instrumental do outro, ou seja, sua desumanização, não precisa passar pela pornografia e, quando passa, já estava dado na estrutura de quem faz.

É preciso ter uma consistência pessoal diminuta para constituir uma identidade a partir do caleidoscópio de imagens, de pedaços de corpos e vinhetas de gozo provenientes do material pornográfico. Essas pessoas limitadas podem até existir, mas não constituem a massa dos consumidores dessas fotos, vídeos e relatos. Para essa maioria, a pornografia não produz uma alteração do quadro erótico do sujeito, apenas alimenta e por vezes o mantém preso às suas estereotipias. Ninguém vai se tornar um zoófilo depois de ver um vídeo de zoofilia por engano e tampouco vai consolidar uma via de desejo somente por estar assistindo a essas imagens. Desenvolver obsessões monotemáticas no campo sexual é uma de nossas defesas prediletas.

Não acreditamos que com a internet a pornografia tenha mudado. O que mudou foi o meio e a facilidade de acesso. Existe algum meio conhecido que não tenha sido usado para o sexo? Qualquer um que inventarmos servirá para veicular fantasias sexuais, sejam elas eróticas ou pornográficas. A novidade está na possibilidade de acesso, pois a internet distribui qualquer conteúdo com muita eficácia. Se associarmos a isso o fato de que os recém-chegados ao mundo têm acesso à rede de forma sempre mais eficiente que seus predecessores, teremos um fenômeno de difícil controle.

Mesmo que sejam acionados inúmeros dispositivos de controle parental, será praticamente inevitável o encontro na internet de mentes despreparadas com alguma imagem forte, pornográfica, de difícil decifração e grande impacto. O que fazer para ajudá-los a decodificar essa oferta de um retrato tão pouco amigável e factível do sexo? Cabe aos adultos responsáveis por zelar de crianças e adolescentes fazer uma contrapartida ativa que não se limite às atitudes de censura de conteúdo impróprio para a faixa etária. É preciso falar sobre sexo, permitir a circulação de obras literárias que retratem com o encanto da arte os prazeres e reveses da iniciação, permitir o surgimento das dúvidas e a construção coletiva de uma narrativa erótica juvenil, condizente com as experiências que eles estão buscando ter. Ou seja, é preciso desenvolver e implementar uma educação sexual, seja lá como for. É necessário estar um passo à frente do encontro com essas imagens.

Nesse mundo digital em que os adolescentes se movem tão bem, há um território, inventado por eles e pelos jovens adultos, que é a construção de *fanfics* (*fanfiction* ou ficção de fã). São histórias escritas e partilhadas em *sites* dedicados a essa arte, em que se parte de personagens já existentes, dos quais o autor é fã, provenientes da literatura, do cinema, dos quadrinhos ou de *games*, que são envolvidos em tramas ao gosto dos criadores. Eles se apropriam dessas identidades para levá-las a cenários e cenas que não fazem parte do roteiro original, mas nos quais os fãs gostariam de vê-las.

O detalhe é que boa parte dessa produção escrita se dedica a conteúdos eróticos, prova da sede que essa faixa etária tem por uma narrativa dessa índole. Além disso, a riqueza de material disponível derruba todas as teorias que vaticinaram que o acesso a imagens mataria a capacidade de expressão verbal e escrita dos mais jovens. Eles não só consomem literatura, quando essa vai ao encontro de seus desejos, como a tomam de assalto, a seu modo interativo. Algo interessante é que a revolução digital fez com que essa geração escreva mais que a anterior.

Os apocalípticos de plantão já haviam previsto que as gerações nascidas após o império da televisão ter se estabelecido na vida das crianças seriam analfabetas, disgráficas, empobrecidas. Isso não ocorreu. Depois disso, quando as primeiras redes sociais e sistemas de mensagens começaram a proliferar, vaticinou-se a destruição da gramática e da capacidade de expressão. A literatura infantojuvenil na sua forma de livros impressos, em geral em grandes ou numerosos volumes, cresceu como mercado junto com a internet, portanto, deve haver algo de errado nessas previsões. É evidente que a língua, que é viva e sempre em transformação, passa por modificações que são agora motivadas pelas vias digitais de expressão, porém isso é a normal plasticidade das palavras, que precisam adaptar-se, modificar-se para dar conta de narrar situações que antes não existiam.

### Sexo privado em público

Uma imagem jogada na rede fica para sempre. Esse é um elemento essencial sobre o qual precisamos conversar com nossos jovens ao falar de sexo. Mais versados do que seus mais velhos nas experiências do *cyberbullying*, eles deveriam teoricamente saber que é arriscado enviar fotos do próprio corpo, os famosos *nudes*, para as pessoas com quem estão envolvidos. Fazê-lo é tentador, principalmente para os adolescentes. É uma forma de receber um olhar que os confirme como desejáveis, prontos para o jogo do sexo. Essa afirmação lhes parece atraente e mais fácil de suportar por ser intermediada pela tela, estando ainda longe do risco de serem tocados.

Estar pronto para ser olhado não significa de modo algum que se esteja pronto para ser tocado. Além disso, na fotografia a cena pode ser bem editada, recortados os melhores ângulos de si, congelando o olhar em uma imagem que tenta parecer ideal. Ao vivo estragamos tudo, mesmo que se tente repetir os gestos ensaiados dos clichês pornográficos, sempre teremos uma pele menos lisa, volumes nos lugares errados ou a falta deles, inspirando a implacável autocrítica. É hora de nos lembrarmos também que o corpo é cada vez menos algo privativo, pelo contrário: ele se tornou arena de conflitos, disputa pessoal em que se precisa dar conta de rigorosas regras a respeito de sua forma, peso, cores e estatura, *versus* a inflexível realidade, que insiste em sua inadequação aos padrões tão rígidos.

Os espartilhos e sutiãs com armação e enchimento, em vez de desaparecer, chegaram ao cúmulo, na forma de plásticas e próteses mamárias, de ser colocados dentro do próprio corpo, não sendo mais desvestíveis. Assim como as fotografias, o cinzelamento e a escultura do corpo visam uma imagem que se quer imutável, próxima da perfeição. Os padrões tendem a uma estética desnaturalizada, cheia de caprichos, que, ao serem seguidos, demonstram uma condição de obediência e conformidade. Esses têm a ver com o realce das zonas corporais mais cotadas, assim como é imprescindível o apagamento sistemático das marcas da passagem do tempo.

Um corpo assim trabalhado dá a seu proprietário uma tranquilidade, no sentido de que, ao ser exposto, não constituirá um vazamento de sua intimidade, mas sim uma prova de sua adequação aos padrões exigidos pelo desejo dominante. As formas ideais são tão improváveis, que, salvo exceções, em nenhuma época da vida alguém se parece com o que deve ser. Por isso, mesmo os adolescentes precisam operar-se, exercitar-se e tomar substâncias para atingir tal forma. Lembramos aqui essas particularidades, porque, após essas modificações estéticas, a tendência é que se perca o sentimento de privacidade, visto que tão zelosamente preparou-se o íntimo para que faça bom papel em público. Diante disso, é grande a vontade de dar a ver o que ficou bonito, e a tendência é colocar essas imagens na rede, ou mesmo usá-las em diálogos sensuais virtuais. Isso não seria problema se a rede não estivesse lotada de lobos que caçam chapeuzinhos.

Essas intervenções corporais são diferentes das tatuagens, as quais tampouco podem ser retiradas e enfeitam a anatomia, determinando o percurso do olhar. Elas são uma marca sempre ímpar, tendem ao oposto da padronização. São uma forma de editar-se, como também são os cortes de cabelo, a maquiagem e a vestimenta. Em vez de seduzir a partir da evidência de estar encarnando um atrativo sexual convencionado, as tatuagens barram definitivamente um trecho de pele ao olhar alheio. Alguém que tenha um corpo muito desenhado nunca fica realmente nu. A tatuagem é uma tentativa de privatização paradoxal, pois expõe e oculta ao mesmo tempo. Faz parte de uma personalização de si, da busca de imparidade e de apropriação do corpo, de tal modo que ele tenha a própria identidade inscrita e a história pessoal escrita ali.

Tais manipulações corporais, assim como o perigo dos *nudes* vazados na rede pelos próprios retratados, evidenciam a relevância do corpo e do olhar do outro sobre ele. O corpo é arena não apenas para o exercício dos desejos, mas também de carências, conflitos e medos, por isso, tende-se a uma relação com ele cheia de sintomas e passagens ao ato, ou seja, nem sempre se faz o que se quer e se julga seguro e adequado. O mesmo ocorre com as experiências sexuais. Por isso, deve-se também tomar cuidado para impedir qualquer tipo de filmagem de cenas eróticas em que os jovens estejam envolvidos.

Casais que gostam de gravar ou fotografar imagens das próprias cenas sexuais não surgiram hoje, nem foram inventados pela internet. Trata-se de brincar com a presença de alguém olhando, que podem ser eles próprios, mas encenam a existência desse terceiro elemento. Também podem gostar de fantasiar com a exposição pública de suas ousadias eróticas, porém, todos esses prazeres imaginários, revelando que o olhar de fora é importante na cama para muitos, tornaram-se particularmente perigosos com a internet.* [*amateur porn]

O que atrapalha e muitas vezes impede de tomar esses cuidados é o clima de confiança que o amor implementa, do mesmo tipo que faz com que contaminações de doenças sexualmente transmissíveis ocorram. Amor e sexo necessitam de entrega mútua para poder ocorrer, porém, a confiança requerida para viabilizar essa premissa nem sempre comparece onde era esperada. Desilusões amorosas envolvem não somente a perda do sentimento que ligava o casal, em geral a fonte da dor encontra-se associada à ideia de estar dormindo com o desconhecido: a revelação do ex-parceiro como alguém diferente do que se imaginava que fosse.

É por essa mágoa de sentir-se enganado que tão poucas separações se transformam em relações amistosas entre os envolvidos. Desses desencantos, a pior traição provirá do encontro com atitudes indignas, de colocação em risco e de exposição do outro: a chamada revenge porn – pornografia de vingança. Esta consiste em usar as imagens íntimas, obtidas em confiança enquanto a relação durava, para extravasar o ódio pela separação.

É uma conversa dura de se ter, consigo mesmo e com os adolescentes: sabemos que amar e ter prazer depende da capacidade de abrir a própria intimidade, no entanto, tampouco ignoramos os imensos riscos provenientes disso. Talvez pequenas regras, como cuidados que *a priori* nunca devam ceder e o estabelecimento de parâmetros bem claros do que permitir e em que condições muito específicas fazê-lo, ajudem a situar-se nesse território tornado, com a internet, bem mais pantanoso. Outra questão é auxiliá-los a entender que, se eles não se cuidarem, ninguém o fará, pois já não são crianças, alguns querem crescer sem pagar o preço de cuidar de si mesmos.

Para cuidar de alguém é preciso estar um passo à frente. Não confunda isso com o zelo dedicado aos amigos mais próximos. Referimo-nos a um cuidado mais amplo, com familiares menos próximos e desconhecidos coetâneos. Esse é um traço difícil de encontrar na adolescência, geralmente porque estão mal conseguindo dar conta de si mesmos. O *bullying* prospera com tanta facilidade nessa idade justamente por essa atitude pouco solidária.

É preciso preparar nossos adolescentes para um ambiente que rapidamente pode tornar-se hostil. Uma imagem vazada será divulgada exatamente por essas pessoas que esperava que fossem cuidadosas com ele. O conteúdo íntimo da maioria dos vazamentos foi voluntariamente gravado, o que deixa o protagonista no difícil papel de reclamar por um cuidado que ele mesmo não teve ao permitir a existência dessas imagens.

Existem coisas piores, geralmente vindas de adultos que conseguem imagens de crianças e adolescentes para depois chantageá-los com pedidos de favores sexuais. É preciso deixar muito claro para aqueles de quem cuidamos: toda exposição vai cair em mãos erradas, não existe nenhum nível de segurança possível para conteúdos que passem pela rede. Tampouco é possível cortar a fonte, ninguém controla a internet. Não há alguém que possa retirar um conteúdo, pois ele não é arquivado em um único lugar, mas em muitos. Pode hibernar no computador de um desafeto e voltar à vida quando ele quiser.

### Corpos ausentes

A grande novidade da comunicação digital é a massificação da possibilidade de relações a distância, em que a presença e o corpo não equivalem. Para as pessoas mais inseguras em relação à imagem corporal esse lugar é uma dádiva, pois coloca em segundo plano o olhar que as inibe. Nos encontros iniciados virtualmente, as palavras, o estilo, certas afinidades chegam primeiro e firmam uma segurança no sujeito para que o corpo possa entrar em cena só depois.

Em alguns casos, nada raros, o corpo não chega nunca ao encontro, pois por vezes não se consegue ir tão longe com o personagem que se está tentando parecer. Todos temos a sensação de ser uma fraude, ela é universal, pois somos conscientes de que deixamos à mostra apenas uma pequena parcela do que sentimos, achamos e desejamos. Não poderia ser diferente, pois seríamos quase selvagens se pudéssemos expressar tudo e realizar os mais recônditos desejos. Porém, por vezes, essa sensação de ser um blefe domina a vida, ao mesmo tempo em que se desenvolve a arte de bancar o que se gostaria de ser na internet.

É possível criar perfis falsos, *avatares*, ou seja, o personagem que nos representa, e caminhar por esse vasto mundo virtual sem o peso do corpo. Aliás, outros pesos podem ser retirados: a identidade sexual pode ser qualquer uma, pode-se brincar de outras possibilidades sem medo. Mediante esse disfarce, é possível realizar fantasias que na realidade poderiam ser desestruturantes, enfim, a virtualidade traz possibilidades de experimentação de baixo risco.

É como um permanente carnaval, em que podemos nos fantasiar do que quisermos e brincar à vontade, revelando, com isso, aspectos extraoficiais da nossa identidade sem tanto medo de ser julgados por isso. Em ambos os casos, o disfarce protege a fantasia e seu portador. Nesse sentido, a internet tem vantagens, mas também desvantagens em relação ao verdadeiro carnaval: neste último é preciso coragem para carregar uma fantasia no corpo e usá-la para viver alguma aventura; já na rede basta um teclado, uma tela e poucos minutos para montar um avatar convincente que sairá por aí virtualmente, tendo encontros que, de certo modo, acontecem, embora sem a força de uma experiência real.

Um avatar protege seu portador, porém acontecem coisas à personalidade com a qual se está brincando, as quais nem sempre se está em condições de entender ou bancar. O portador está jogando, mas seus interlocutores talvez não estejam. O risco, nesses casos, provém do impacto que causa no sujeito deixar-se levar por experiências que não imaginava, podendo assustar-se com coisas que descobre de si. Na mesma linhagem de experiências encontra-se o sexo virtual, filho da sua versão telefônica. Nessas formas de seduzir-se e até satisfazer-se, mesmo sem acesso aos corpos um do outro, os casais praticam um sexo seguro, no sentido de proteger-se fisicamente e de dosar o envolvimento tanto quanto julgam suportar. Porém, não é de forma alguma um sexo solitário, pois na masturbação entra em jogo apenas a própria fantasia e o outro comporta-se exatamente como a imaginação lhe ordena. Nos encontros na rede, mesmo com a ausência física, é preciso negociar as fantasias de modo que a experiência seja satisfatória para ambos.

É natural que os adolescentes sejam quem mais abusa dessas possibilidades. Afinal, como estão fora do campo de tantas experiências, confinados à escola e à sua turma, a internet e seus becos escuros podem ser cenários de uma aventura erótica. Todas as idades podem beneficiar-se com esses recursos e sofrer com esses contratempos, mas é óbvio que, para os adolescentes e jovens adultos, nativos da rede, essa questão traz uma sensibilidade peculiar. Eles têm sido mais jeitosos para mover-se nesse novo modo de estar no mundo, mas também têm ido ao encontro de perigos para os quais seus cuidadores não estavam em alerta.

Para os mais jovens quase não existe um encontro ou romance que não tenha iniciado ou se consolidado a partir de mensagens e/ou redes sociais. Já existe alguma etiqueta amorosa a respeito do assunto, embora seja bom precisar que, neste início de século XXI, ainda estamos tentando deixar de ser trogloditas em termos de comunicação digital. Muitas das regras de bom comportamento e cuidados requeridos ainda estão por ser aprendidos.

## O MEDO DAS MÁQUINAS

A inteligência artificial, assim como ocorreu com as máquinas quando a automação industrial iniciou, fascina pelas inovações e possibilidades que introduz em nossas vidas, mas isso também assusta. Muitas vezes vemos os dispositivos que a suportam de modo animista, como um resto do pensamento infantil, que projeta características humanas no que é inanimado. É muito difícil para nossa compreensão, sempre meio fantasiosa, as vezes onírica, acreditar que algo tão genial e complexo como um computador seja meramente uma máquina. Essa fantasia encontra sua melhor expressão no filme <u>Blade runner, o caçador de androides</u>, de 1982. Nessa história, robôs humanoides não somente nos imitam, mas também nos superam, e, à moda do monstro criado pelo doutor Frankenstein, acabam se voltando contra seus criadores, os humanos que os escravizam.

Temermos que o feitiço vire e nossas máquinas acabem mandando em nós, em vez de continuarem a nosso serviço. Além de atribuir a elas nossos sentimentos, lhes damos o estatuto de dileta criação, pois ainda somos fascinados pelos recursos que trouxeram à vida humana. Tal valorização as faz parecer filhos, cuja função é crescer, ir adiante e sobreviver aos pais, que necessariamente ficarão para trás, pelo caminho.

Várias obras marcantes da ficção científica são baseadas nesse risco que julgamos correr: perder o poder, e acabar sendo dominados pelos "filhos". Projetamos sobre os seres e objetos inanimados a mesma rebeldia que se espera dos descendentes. Nessa via estão, por exemplo, *2001: Uma odisseia no espaço*, *O vingador do futuro* e *Matrix*.

<u>Matrix</u>, filme de 1999, retrata uma visão futurista distópica na qual a inteligência artificial assumiu o poder e transformou os humanos em corpos inertes, dos quais se abastece de energia. Ali os humanos são submetidos a uma vida irreal, ilusória, gerada pela Matrix, à qual já nascem aprisionados. Imaginam ter uma vida, quando na verdade apenas são mantidos sonhando que a tem, enquanto a Matrix lhes suga a vitalidade. A aventura do filme passa por escapar dessa prisão, constatando que a vida real é muito menos confortável, segura e bonita do que a realidade virtual.

Os heróis encontram coragem para manter-se fora da ilusão e ainda combater a dominação da inteligência artificial. Porém, há um jovem que não suporta a realidade e dá jeito de ser capturado e reconectado. Caso isso nos ocorresse, teríamos sido fortes para enfrentar a realidade hostil ou sucumbiríamos à mesma covardia que permite passar a vida imerso em prazeres ilusórios ambientados em um mundo ideal?

O nome do filme evoca uma zona de origem, a ligação materno-infantil. A palavra "Matrix" remete à mãe, ao útero onde ficamos ligados fisicamente a ela, assim como depois do nascimento estaremos psiquicamente ligados a quem cumpra essa função. Foi com a ferramenta matemática das matrizes que se tornou possível organizar a enorme quantidade de dados processada por um computador. No filme, as cenas dos humanos sendo vampirizados pela máquina evocam uma vida intrauterina: eles estão nus, imersos em uma cuba de líquido, com vários cabos ligados ao corpo, como uma série de cordões umbilicais. Só que dessa vez é a "mãe" Matrix que suga o "filho" humano. Há mais uma ideia infantil associada ao temor da inteligência artificial: ela poderia realizar nossos sonhos, viabilizar nossas fantasias. Ela nos ofereceria recursos similares aos que um dia encontramos na figura materna, o "espaço potencial" para criar aquilo que se tornaria nosso "eu".

Em função das potencialidades e utilidade introduzidas em nossa vida a partir da revolução digital, é natural que, de certo modo, nos apaixonemos pelo que nos oferece tanta comodidade e recursos. Daí procede a ideia de que ocuparão nossas mentes, mas também o farão com nossos corações, como retratado no filme <u>Ela,</u> dirigido por Spike Jonze. Nele, um escritor solitário apaixona-se pela voz de um programa que funciona como assistente virtual, uma espécie de secretária, companheira e interlocutora. A inteligência artificial terminará por desmaterializar a maior parte dos nossos objetos, não surpreende o medo de que anule a presença real de nossos corpos, como ocorreu em *Matrix* – é um pesadelo que tem sua lógica.

Após ver *2001: Uma odisseia no espaço*, ninguém olha para seu computador da mesma forma. Esse precioso instrumento, que tanto nos ajuda, por que não se tornaria um dia o HAL 9000 e tentaria nos matar e assumir o comando? Afinal, os filhos, que são nossa mais incrível criação, não acabam fazendo algo similar? Eles se desenvolvem, enquanto regredimos em nossa potência, e, por fim, estão destinados a testemunhar nossa morte. Essa pode muito bem ser uma projeção de adultos com medo de envelhecer, mas sabe-se lá. Essas máquinas parecem tão mais espertas que seus usuários, assim como nossos filhos parecem ser mais eficientes que nós. Talvez fosse bom ficar de olho. Brincadeiras à parte, convém lembrar que é pouco possível que a inteligência artificial, que depende da inteligência real de um programador para existir, torne-se autônoma. Já os filhos, esses sim, seguirão adiante sem seus pais, menos obedientes que as máquinas.

## NOTA

1. Examinamos essa narrativa, considerando-a reveladora do próprio funcionamento da fantasia, em nosso livro *Psicanálise na Terra do Nunca:* ensaios sobre a fantasia (Ed. Artmed, 2010).

# BIBLIOGRAFIA CONSULTADA

ALBERTI, S. *O adolescente e o outro*. Rio de Janeiro: Zahar, 2004.

ALDRICH, R. *Gays y lesbianas*. Donostia-San Sebastián: Editorial Nerea, 2006.

APTER, T. *Amores alterados*: mães e filhas durante a adolescência. Rio de Janeiro: Rocco, 1997.

ARATANGY, L. R. *Adolescente na era digital*. São Paulo: Benvirá, 2012.

ARCILA, M. F. (Dir.). *Adolescencias, recorridos y contextos*: una historia de sus concepciones psicoanalíticas. Medellín: Fondo Editorial FCSH, Facultad de Ciencias Sociales y Humanas de la Universidad de Antiquoia, 2015.

ARENDT, H. *Entre o passado e o futuro*. São Paulo: Perspectiva, 1992.

ARIÈS, P. *História social da criança e da família*. Rio de Janeiro: Zaha, 1991.

ASSOCIAÇÃO PSICANALÍTICA DE PORTO ALEGRE (Org.). *Adolescência*: entre o passado e o futuro. Porto Alegre: Artes e Ofícios, 1997.

ASSOCIAÇÃO PSICANALÍTICA DE PORTO ALEGRE (Org.). *Adolescência*: entre o passado e o futuro. Porto Alegre: Artes e Ofícios, 1997.

ASSOCIAÇÃO PSICANALÍTICA DE PORTO ALEGRE (Org.). *Adolescência*: um problema de fronteiras. Porto Alegre: APPOA, 2004.

ASSOCIAÇÃO PSICANALÍTICA DE PORTO ALEGRE. A masculinidade. *Revista da Associação Psicanalítica de Porto Alegre*, n. 28, 2005.

ASSOCIAÇÃO PSICANALÍTICA DE PORTO ALEGRE. Adolescência. *Revista da Associação Psicanalítica de Porto Alegre*, n. 11, 1995.

ASSOCIAÇÃO PSICANALÍTICA DE PORTO ALEGRE. Clínica da adolescência. *Revista da Associação Psicanalítica de Porto Alegre*, n. 23, 2002.

ASSOCIAÇÃO PSICANALÍTICA DE PORTO ALEGRE. Corpo: ficção, saber, verdade. *Revista da Associação Psicanalítica de Porto Alegre*, n. 49, 2013.

ASSOCIAÇÃO PSICANALÍTICA DE PORTO ALEGRE. Da infância à adolescência: os tempos do sujeito. *Revista da Associação Psicanalítica de Porto Alegre*, n. 35, 2008.

ASSOCIAÇÃO PSICANALÍTICA DE PORTO ALEGRE. Psicanálise e literatura. *Revista da Associação Psicanalítica de Porto Alegre*, n. 15, 1998.

ASSOCIAÇÃO PSICANALÍTICA DE PORTO ALEGRE. Sintoma na infância. *Revista da Associação Psicanalítica de Porto Alegre*, n. 13, 1997.

BABER, B. R. *Consumindo:* como o mercado corrompe crianças, infantiliza adultos e engole cidadãos. Rio de Janeiro: Record, 2009.

BACKES, C. *O que consome o adolescente?* Porto Alegre: UFRGS Editora, 2016.

BACKES, C. Patricinha ou largada: as identificações na adolescência. *Revista da APPOA*: clínica da adolescência, Porto Alegre, n. 23. 2002.

BADINTER, E. *Rumo equivocado:* o feminismo e alguns destinos. Rio de Janeiro: Civilização Brasileira, 2005.

BADINTER, E. *Um amor conquistado:* o mito de amor materno. Rio de Janeiro: Nova Fronteira, 1985.

BEAUVOIR, S. *O segundo sexo:* a experiência vivida. São Paulo: Difusão Européia do livro, 1960.

BEAUVOIR, S. *O segundo sexo:* fatos e mitos. São Paulo: Difusão Européia do livro, 1960.

BENJAMIN, W. *Magia e técnica, arte e política:* ensaios sobre literatura e história da cultura. São Paulo: Brasiliense, 1994.

BENJAMIN, W. *Reflexões sobre a criança, o brinquedo e a educação.* São Paulo: Duas Cidades; Editora 34, 2009.

BENJAMIN, W. *Reflexões:* a criança, o brinquedo, a educação. São Paulo: Summus, 1984.

BERLIN, I. *As raízes do romantismo.* São Paulo: Três Estrelas, 2015.

BETTELHEIM, B. *Sobrevivência e outros estudos.* Porto Alegre: Artes Médicas, 1989.

BEZERRA Jr., B. (Org.). *Winnicott e seus interlocutores.* Rio de Janeiro: Relume Dumará, 2007.

BROIDE, E. E. J. Violência e juventude nas periferias: uma intervenção clínica. In: *Adolescência:* um problema de Fronteiras. Porto Alegre: APPOA, 2004.

BRUNEL, P. (Org.). *Dicionário de mitos literários.* Rio de Janeiro: José Olympio e Editora UNB, 1997.

BURGESS, A. *A laranja mecânica.* Rio de Janeiro: Artenova, 1977.

CABISTANI, R. M. O. A economia da angustia na adolescência. *Revista da APPOA*: clínica da angustia, Porto Alegre, n. 36, 2009.

CAIROLI, P.; GAUER, G. A adolescência escrita em blogs. *Estudos de Psicologia (Campinas)*, Campinas, v. 26, n. 2, p. 205-213, 2009.

CALLIGARIS, C. *A adolescência*. São Paulo: Publifolha, 2000.

CALLIGARIS, C. *Crônicas do individualismo cotidiano*. São Paulo: Ática, 1996.

CALLIGARIS, C. *Terra de ninguém*. São Paulo: Publifolha, 2004.

CAMPBELL, J. *O poder do mito*. São Paulo: Palas Athena, 1988.

CAMPOS, F. de. *Anos rebeldes*: da minissérie de Gilberto Braga. São Paulo: Globo, 1999.

CARDOSO, M. R. (Org.). *Adolescentes*. São Paulo: Escuta, 2011.

CHATEL, M.-M. *Mal-estar na procriação*: as mulheres e a medicina da reprodução. Rio de Janeiro: Campo Matêmico, 1995.

CHBOSKY, S. *As vantagens de ser invisível*. Rio de Janeiro: Rocco, 2007.

CHEMAMA, G. *Dicionário de psicanálise*. Porto Alegre: Artes Médicas, 1995.

CLAEYS, G. *Utopia*: a história de uma ideia. São Paulo: Edições SESC SP, 2013.

COHEN, J. J. *Pedagogia dos monstros*: os prazeres e os perigos da confusão de fronteiras. Belo Horizonte: Autêntica, 2000.

CONTE, J. *Bailei na curva*. Porto Alegre: Mercado Aberto, 1998.

CORRÊA, A. I. (Org.). *Mais tarde... é agora! Ensaios sobre a adolescência*. Salvador: Ágalma-Psicanálise, 1996.

CORSO, D. L. Édipo, latência e puberdade: a construção da adolescência. *Clínica da Adolescência*, Porto Alegre, n. 23, 2002.

CORSO, M.; CORSO, D. *A psicanálise na Terra do Nunca*: ensaio sobre a fantasia. Porto Alegre: Penso, 2011.

CORSO, M.; CORSO, D. *Fadas no divã*: psicanálise nas histórias infantis. Porto Alegre: Artmed, 2006.

CORSO, M.; CORSO, D. Game over: o adolescente enquanto unheimlich para os pais. In: ASSOCIAÇÃO PSICANALÍTICA DE PORTO ALEGRE (Org.). *Adolescência*: entre o passado e o futuro. Porto Alegre: Artes e Ofícios, 1997.

COSSI, R. K. *Corpo em obra*: contribuições para a clínica psicanalítica do transexualismo. São Paulo: Versos, 2011.

COSTA, A. M. M. (Org.) *Adolescência e experiências de borda*. Porto Alegre: Editora da UFRGS, 2004.

COSTA, A. M. M. As práticas de furar o corpo e a mácula pubertária. *O Amor e a Erótica*, Porto Alegre, 43/44, 2013.

COSTA, A. M. M. *Corpo e escrita:* relações entre memória, transmissão e escrita. Rio de Janeiro: Relume Dumará, 2001.

COSTA, A. M. M. da. *A ficção do si mesmo:* interpretação e ato em psicanálise. Rio de Janeiro: Companhia de Freud, 1998.

COSTA, A. M. M. *Tatuagem e marcas corporais*. São Paulo: Casa do Psicólogo, 2003.

COSTA, J. F. *Sem fraude nem favor:* estudos sobre o amor romântico. Rio de Janeiro: Rocco, 1998.

COURTINE, J.-J. *História da Virilidade. A Virilidade em crise?:* o século XX e XXI. Rio de Janeiro: Vozes, 2013. v. 3.

CYRULNIK, B. *Los Murmullos de los fantasmas*. Barcelona: Gedisa, 2003.

CYRULNIK, B. *Os patinhos feios*. São Paulo: Martins Fontes, 2004.

DEUTSCH, H. *La psicología de la mujer*. Buenos Aires: Editorial Losada, 1952.

DEUTSCH, H. *Problemas psicológicos da adolescência*. Rio de Janeiro: Jorge Zahar, 1977.

DIMENSTEIN, G. *A guerra dos meninos:* assassinatos de menores no Brasil. São Paulo: Brasiliense, 1991.

DIMENSTEIN, G. *Meninas da noite:* a prostituição de meninas-escravas no Brasil. São Paulo: Ática, 1992.

DOLTO, F. *A causa dos adolescentes*. Aparecida: Ideias & Letras, 2004.

DOLTO, F.; DOLTO-TOLITCH, C. *Palabras para adolescentes o el complejo de la Langosta*. Buenos Aires: Editorial Atlantida, 1995.

DUBY, G.; PERROT, M. *A história das mulheres no ocidente:* século XIX. Porto: Edições Afrontamento, 1994. v. 4.

DUBY, G.; PERROT, M. *A história das mulheres no ocidente:* século XX. Porto: Edições Afrontamento, 1994. v. 5.

DUMONT, L. *O individualismo:* uma perspectiva da antropológica da ideologia moderna. Rio de Janeiro: Rocco, 1993.

ECO, U. *Apocalípticos e integrados*. São Paulo: Perspectiva, 1979.

ECO, U. *O super-homem de massa:* retórica e ideologia no romance popular. São Paulo: Perspectiva, 1991.

EISENSTADT, S. D. *De geração a geração*. São Paulo: Perspectiva, 1976.

ELIAS, N. *A sociedade dos indivíduos*. Rio de Janeiro: Jorge Zahar, 1990.

ELIAS, N. *O processo civilizador*. Rio de Janeiro: Jorge Zahar, 1994.

ERIKSON, E. *Identidade, juventude e crise*. Rio de Janeiro: Jorge Zahar, 1972.

FERENCZI, S. *Escritos psicanalíticos*: 1909-1933. Rio de Janeiro: Timbre Taurus, 1983.

FERNANDES, C. M.; RASSIAL, J.-J. (Org.) *Crianças e adolescentes*: encantos e desencantos. São Paulo: Instituto Langage, 2012.

FISCHER, R. M. B. *Adolescência em discurso*: mídia e produção de subjetividade. 1996. 297 f. Tese (Doutorado em Educação) – Programa de Pós-graduação em Educação. Universidade Federal do Rio Grande do Sul, Porto Alegre, 1996.

FREUD, A. *O ego e os mecanismos de defesa*. Rio de Janeiro: Civilização Brasileira, 1982.

FREUD, S. *'Uma criança é espancada'*: uma contribuição ao estudo da origem das perversões sexuais (1919). Rio de Janeiro: Imago, 1987. (Obras Completas, v. XVII).

FREUD, S. *A dissolução do complexo de Édipo*. (1924). Rio de Janeiro: Imago, 1987.

FREUD, S. *A interpretação de sonhos*. Rio de Janeiro: Imago, 1987. (Obras Completas, v. IV e V).

FREUD, S. *A organização genital infantil*: uma interpolação na teoria da sexualidade. (1923). Rio de Janeiro: Imago, 1987. (Obras Completas, v. XIX).

FREUD, S. *Algumas conseqüências psíquicas da distinção anatômica entre os sexos*. (1925) Rio de Janeiro: Imago, 1987. (Obras Completas, v. XIX).

FREUD, S. *Algumas reflexões sobre a psicologia do escolar*. (1914). Rio de Janeiro: Imago, 1987. (Obras Completas, v. XIV).

FREUD, S. *Alguns mecanismos neuróticos no ciúme, na paranóia e no homossexualismo*. (1922). Rio de Janeiro: Imago, 1987. (Obras Completas, v. XVIII).

FREUD, S. *Construções em análise*. (1937). Rio de Janeiro: Imago, 1987. (Obras Completas, v. XXIII).

FREUD, S. *Delírios e sonhos na "Gradiva" de Jensen* (1907). Rio de Janeiro: Imago, 1987. (Obras Completas, v. IX).

FREUD, S. *Dostoievski e o parricídio* (1928). Rio de Janeiro: Imago, 1987. (Obras Completas, v. XXI).

FREUD, S. *Escritores criativos e devaneio*. (1908). Rio de Janeiro: Imago, 1987. (Obras Completas, v. IX).

FREUD, S. *Luto e melancolia.* (1917). Rio de Janeiro: Imago, 1987. (Obras Completas, v. XIV).

FREUD, S. *Novas conferências introdutórias sobre psicanálise. Conferência XXXIII: feminilidade.* (1933). Rio de Janeiro: Imago, 1987. (Obras Completas, v. XXII).

FREUD, S. *O esclarecimento sexual das crianças.* (1907). Rio de Janeiro: Imago, 1987. (Obras Completas, v. IX).

FREUD, S. *O estranho* (1919). Rio de Janeiro: Imago, 1987. (Obras Completas, v. XVII).

FREUD, S. *O fetichismo.* Rio de Janeiro: Imago, 1987. (Obras Completas, v. XXI).

FREUD, S. *O futuro de uma ilusão* (1927). Rio de Janeiro: Imago, 1987. (Obras Completas, v. XXI).

FREUD, S. *O mal-estar na civilização* (1930). Rio de Janeiro: Imago, 1987. (Obras Completas, v. XXI).

FREUD, S. *O tabu da virgindade.* (1918). Rio de Janeiro: Imago, 1987. (Obras Completas, v. XI).

FREUD, S. *Psicologia de grupo e a análise do ego.* (1921).Rio de Janeiro: Imago, 1987. (Obras Completas, v. XVIII).

FREUD, S. *Reflexões para os tempos de guerra e morte* (1915). Rio de Janeiro: Imago, 1987. (Obras Completas, v. XI).

FREUD, S. *Romances familiares.* (1909). Rio de Janeiro: Imago, 1987.

FREUD, S. *Sexualidade feminina.* (1931). Rio de Janeiro: Imago, 1987. (Obras Completas, v. XXI).

FREUD, S. *Sobre a tendência universal à depreciação na esfera do amor.* (1912). Rio de Janeiro: Imago, 1987. (Obras Completas, v. XI).

FREUD, S. *Sobre a transitoriedade.* (1916). Rio de Janeiro: Imago, 1987. (Obras Completas, v. XIV).

FREUD, S. *Sobre as teorias sexuais das crianças.* (1908). Rio de Janeiro: Imago, 1987. (Obras Completas, v. IX).

FREUD, S. *Sobre o narcisismo: uma introdução.* (1914). Rio de Janeiro: Imago, 1987. (Obras Completas, v. XIV).

FREUD, S. *Totem e tabu* (1913). Rio de Janeiro: Imago, 1987. (Obras Completas, v. XIII).

FREUD, S. *Três ensaios sobre a teoria da sexualidade.* Rio de Janeiro: Imago, 1987. (Obras Completas, v. VII).

FREUD, S. *Um tipo especial de escolha de objeto feita pelos homens.* (1910). Rio de Janeiro: Imago Editora, 1987. (Obras Completas, v. XI).

FRIEDAN, B. *The feminine mystique.* New York: Norton, 2001.

FROMM, E. *A linguagem esquecida*. Rio de Janeiro: Jorge Zahar, 1962.

GALLATIN, J. *Adolescência e individualidade*. São Paulo: Harper & Row do Brasil Ltda, 1978.

GARLAND, A. *A praia*. Rio de Janeiro: Rocco, 1999.

GEERTZ, C. *A interpretação das culturas*. Rio de Janeiro: ETC – Livros Técnicos e Científicos Editora, 1989.

GEERTZ, C. *Nova luz sobre a antropologia*. Rio de Janeiro: Jorge Zahar Editor, 2001.

GEERTZ, C. *O saber local*. Petrópolis: Vozes, 1997.

GENNEP, A. V. *Los ritos de passo*. Madrid: Alianza Editorial, 2008.

GIDDENS, A. *As conseqüências da modernidade*. São Paulo: Editora da Universidade Estadual Paulista, 1991.

GIDDENS, A. *La transformación de la intimidad:* sexualidad, amor y erotismo em las sociedades modernas. Madrid: Catedra, 2000.

GILMOUR, D. *O clube do filme*. Rio de Janeiro: Intrínseca, 2009.

GINZBURG, C. *História noturna:* decifrando o Sabá. São Paulo: Companhia das Letras, 1991.

GINZBURG, C. *Mitos, emblemas, sinais*. São Paulo: Companhia das Letras, 1990.

GLEICH, P. *Jogadores vorazes*. - Revista Número 47. APPOA: Porto Alegre, 2014.

GOLART, J. B.; KROEFF, R. F. da S.; GAVILLON, P. Q. Aprendizagem colaborativa e violência entre jogadores de League of Legends. *Informática na Educação: Teoria & Prática*, Porto Alegre, v. 20, 2017.

GROSSMAN, H. (Org.). *Histórias da adolescência*. Rio de Janeiro: Garamond, 2010.

GURSKI, R. *Três ensaios sobre juventude e violência*. São Paulo: Escuta, 2012.

GUTFREIND, C. *Narrar, ser mãe, ser pai & outros ensaios sobre a parentalidade*. Rio de Janeiro: DIFEL, 2010.

HAN, B.-C. *Sociedade do cansaço*. Petrópolis: Vozes, 2015.

HART, C. *Um preço muito alto:* a jornada de um neurocientista que desafia nossa visão sobre drogas. Rio de Janeiro: Zahar, 2014.

HASSOUN, J. *A crueldade melancólica*. Rio de Janeiro: Civilização Brasileira, 2002.

HEYWOOD, C. *Uma história da infância*. Porto Alegre: Artmed, 2004.

HIGGINS, C. *Harold e Maude: ensina a viver*. Rio de Janeiro: Record, 1971.

HILFERDING, M. *As bases do amor materno*. São Paulo: Escuta, 1991.

HOBSBAWM, E. *Era dos extremos: o breve Século XX: 1914-1991*. São Paulo: Companhia das Letras, 1995.

HUERRE, P. *A adolescência como herança: de uma geração a outra*. Campinas: Papirus, 1998.

HUIZINGA, J. *Homo Ludens*. Buenos Aires: Emecé Editores, 1957.

JENKINS, H. *Cultura da convergência: a colisão entre os velhos e os novos meios de comunicação*. São Paulo: Aleph, 2009.

JERUSALINSKY, A. *Psicanálise e desenvolvimento infantil*. Porto Alegre: Artes e Ofícios, 1999.

JERUSALINSKY, A. Traumas de adolescência. In: *Adolescência: entre o passado e o futuro*. Porto Alegre: Artes e Ofícios, 1997.

JONES, G. *Brincando de matar monstros: por que as crianças precisam de fantasia videogames e violência de faz-de-conta*. São Paulo: Conrad, 2002.

JULIEN, P. *Abandonarás teu pai e tua mãe*. Rio de Janeiro: Companhia de Freud, 2000.

JULIEN, P. *O Manto de Noé: ensaio sobre a paternidade*. Rio de Janeiro: Revinter, 1997.

KAËS, R. *O complexo fraterno*. Aparecida: Ideias & Letras, 2011.

KANCYPER, L. *La confrontación generacional*: estúdio psicoanalítico. Buenos Aires: Lumen, 2003.

KAUFMANN, P. *Dicionário enciclopédico de psicanálise*. Rio de Janeiro: Jorge Zahar editor, 1996.

KEHL, M. R. (Org.). *Função fraterna*. Rio de Janeiro: Relume-Dumará, 2000.

KEHL, M. R. *A fratria órfã*. São Paulo: Olho d'Água. 2008.

KEHL, M. R. *Deslocamentos do feminino*. Rio de Janeiro: Imago, 1998.

KEHL, M. R. *O tempo e o cão*: a atualidade das depressões. São Paulo: Boitempo, 2009.

KEHL, M. R. *Ressentimento*. São Paulo: Casa do Psicólogo, 2004.

KEHL, M. R. *Sobre ética e psicanálise*. São Paulo: Companhia das Letras, 2002.

KING, S. *Carrie, a estranha*. Rio de Janeiro: Objetiva, 2013.

KRAKAUER, J. *Na natureza selvagem*. São Paulo: Companhia das Letras, 2009.

LACAN, J. *A família*. Lisboa: Assírio e Alvin, 1981.

LACAN, J. *Escritos I e II*. México: Siglo Veitiuno Editores, 1984.

LACAN, J. *O mito individual do neurótico*. Rio de Janeiro: Jorge Zahar, 2008.

LACAN, J. *O seminário, livro 1:* os escritos técnicos de Freud. Rio de Janeiro: Jorge Zahar, 1979.

LACAN, J. *O seminário, livro 11*: os quatro conceitos fundamentais da psicanálise. Rio de Janeiro: Jorge Zahar, 1979.

LACAN, J. *O seminário, livro 2:* o eu na teoria de Freud e na técnica da psicanálise. Rio de Janeiro: Jorge Zahar, 1985.

LACAN, J. *O seminário, livro 4:* a relação de objeto. Rio de Janeiro: Jorge Zahar, 1995.

LACROIX, M. *O culto da emoção*. Rio de Janeiro: José Olympio, 2006.

LANGER, M. *Fantasia eternas a la luz del psicoanalisis*. Buenos Aires: Ediciones Hormé, 1966.

LAPLANCHE, J. *Teoria da sedução generalizada e outros ensaios*. Porto Alegre: Artes Média, 1988.

LAQUEUR, T. W. *Inventando o sexo:* corpo e gênero dos gregos a Freud. Rio de Janeiro: Relume Dumará, 2001.

LAQUEUR, T. W. *Sexo solitário:* una historia cultural de la masturbación. Buenos Aires: Fondo de Cultura Econômica, 2007.

LASCH, C. *O mínimo Eu, sobrevivências psíquicas em tempos difíceis*. São Paulo: Brasiliense, 1990.

LASCH, C. *Refúgio num mundo sem coração*. A Família: santuário ou instituição sitiada? Rio de Janeiro: Paz e Terra, 1991.

LAZNIK, M.-C. *La menopausia:* el deseo inconcebible. Buenos Aires: Ediciones Nueva Visión, 2005.

LEADER, D. *Além da depressão:* novas maneiras de entender o luto e a melancolia. Rio de Janeiro: BestSeller, 2011.

LEADER, D. *O que é a loucura?* Rio de Janeiro: Zahar, 2011.

LEADER, D. *Simplesmente bipolar*. Rio de Janeiro: Zahar, 2015.

LEVI, G.; SCHMITT, J.-C. *História dos jovens*. São Paulo: Companhia da Letras, 1996. v. I e II.

LEVI-STRAUSS, C. *A oleira ciumenta*. São Paulo: Brasiliense, 1986.

LEVI-STRAUSS, C. *Antropologia estrutural dois*. Rio de Janeiro: Tempo Brasileiro, 1976.

LEVI-STRAUSS, C. *Antropologia estrutural*. Rio de Janeiro: Tempo Brasileiro, 1985.

LEVI-STRAUSS, C. *O pensamento selvagem*. São Paulo: Editora Nacional e Editora da USP, 1970.

LEVY, P. *O que é o virtual?* São Paulo: Editora 34, 2011.

LIMA, N. L. de. *A escrita virtual na adolescência*: uma leitura psicanalítica. Belo Horizonte: Editora UFMG, 2014.

LINS, P. *Cidade de Deus*. São Paulo: Companhia das Letras, 2002.

LIPOVETSKY, G. *El crepúsculo del Deber*. Barcelona: Anagrama, 1998.

LIPOVETSKY, G. *La Era del Vacío*. Barcelona: Anagrama, 1986.

LIPOVETSKY, G. *La tercera mujer*. Barcelona: Anagrama, 1999.

LIPOVETSKY, G. *Os tempos hipermodernos*. São Paulo: Barcarolla 2004.

MACFARLANE, A. *História do casamento e do amor*. São Paulo: Companhia das Letras, 1990.

MALEVAL, J.-C. *Locuras histericas y psicosis disociativas*. Buenos Aires: Paidos, 1987.

MANGEL, A.; GUADALUPI, G. *Dicionário de lugares imaginários*. São Paulo: Companhia das Letras, 2003.

MARIANA, M. *Confissões de adolescente*. Rio de Janeiro: Relume-Dumará, 1992.

MARO, J. *Azul é a cor mais quente*. São Paulo: Martins Fontes, 2013.

McGONIGAL, J. *A realidade em jogo*. Rio de Janeiro: BestSeller, 2012.

MEES, L. A. *Abuso sexual*: trauma infantil e fantasia femininas. Porto Alegre: Artes e Ofícios, 2001.

MEZRICH, B. *Bilionário por acaso*: a criação do Facebook, uma história de sexo dinheiro, genialidade e traição. Rio de Janeiro: Intrínseca, 2010.

MORETTI, F. (Org.). *A cultura do romance*. São Paulo: Cosac Naify, 2009.

MUGGIATI, R. *Rock*: os anos heróicos e os anos de ouro. São Paulo: Brasiliense, 1985.

MUUSS, R. *Teorias da adolescência*. Belo Horizonte: Interlivros, 1973.

NASIO, J.-D. *Como agir com um adolescente difícil?* Rio de janeiro: Zahar, 2011.

OUTEIRAL, J. *Adolescer*: estudos revisados sobre adolescência. Rio de Janeiro: Revinter, 2003.

OUTEIRAL, J. O.; GRAÑA, R. B. *Donald W. Winnicott*: estudos. Porto Alegre: Artes Médicas, 1991.

PAPINI, G. *El piloto ciego*. Madrid: Hyspamerica Ediciones S.A.

PERROT, M. (Org.). *História da vida privada*: da Revolução Francesa à Primeira Guerra. São Paulo: Companhia das Letras, 1991. v. 4.

PERROT, M. *As mulheres ou os silêncios da história*. Bauru: EDUSC, 2005

PERROT, M. *Minha história das mulheres*. São Paulo: Contexto, 2007.

PERROT, M. *Mulheres públicas*. São Paulo: Fundação Editora da UNESP, 1998.

PHILLIPS, A. *O que você é e o que você quer ser*. São Paulo: Benvirá, 2013.

PHILLIPS, A. *Winnicott*. Aparecida: Ideias & Letras, 2006.

PIAGET, J. *A representação do mundo na criança*. Rio de Janeiro: Record, 1983.

PIERUCCI, A. F. *A magia*. São Paulo: Publifolha, 2001.

POMMIER, G. *A ordem sexual*. Rio de Janeiro: Jorge Zahar, 1992.

POSTMANN, N. *O desaparecimento da infância*. Rio de Janeiro: Graphia, 1999.

RAMALHO, R. M. A dor emudecida na anorexia e na bulimia. *Correio da APPOA*, Porto Alegre, v. 94, 2001.

RAMALHO, R. M. A vida por um fio. *Revista da Associação Psicanalítica de Porto Alegre*, Porto Alegre, n. 21, 2001.

RAPPAPORT, C. R. *Adolescência*: abordagem psicanalítica. São Paulo: EPU, 1993.

RASCOVSKY, A. *O assassinato dos filhos*. Rio de Janeiro: Documentário, 1973.

RASSIAL, J.-J. *A passagem adolescente*: da Família ao Laço Social. Porto Alegre: Artes e Ofícios, 1997.

RASSIAL, J.-J. *O adolescente e o psicanalista*. Rio de Janeiro: Companhia de Freud, 1999.

RASSIAL, J.-J. *Psicose na adolescência*. In: *Escritos da criança*. Porto Alegre: Centro Lydia Coriat, 1997. V. 4, p. 80-96.

RIBEIRO, E. E. M. *Bullying*: uma violência em busca de um sentido. Porto Alegre: APPOA, 2011.

RIBEIRO, E. E. M. Toxicomanias contemporâneas. *Revista da Associação Psicanalítica de Curitiba*, v. 1, 1997.

RODRIGUES, S. *Roleplaying Game e a pedagogia da imaginação no Brasil*. Rio de Janeiro: Bertrand Brasil, 2004.

RODULFO, M.; RODULFO, R. *Clínica psicoanalítica en niños y adolescentes, una introducción*. Buenos Aires: Lugar Editorial, 1986.

RODULFO, R. *Andamios del psicoanálises*. Buenos Aires: Paidós, 2013.

RODULFO, R. *El Psicoanalisis de nuevo*. Buenos Aires: Eudeba, 2008.

RODULFO, R. *Futuro y porvenir*: ensayos sobre la actitud psicanalítica em la clínica de la niñez y adolescência. Buenos Aires: Centro de Publicaciones Educativas y Material Didactico, 2008.

RODULFO, R. *O brincar e o significante*: um estudo psicanalítico sobre a constituição precoce. Porto Alegre: Artes Médicas, 1990.

RODULFO, R. *Trabajos de la lectura, lecturas de la violencia*. Buenos Aires: Paidós, 2009.

ROITMAN, A. (Org.). *As identificações na clínica e na teoria psicanalítica*. Rio de Janeiro: Relume-Dumará, 1994.

ROSZAK, T. *El nascimiento de una contracultura*. Barcelona: Kairós, 1981.

ROUDINESCO, E. *A família em desordem*. Rio de Janeiro: Jorge Zahar, 2003

ROUDINESCO, E.; PLON, M. *Dicionário de psicanálise*. Rio de Janeiro: Jorge Zahar, 1998.

ROUGEMONT, D. *História do amor no ocidente*. São Paulo: Ediouro, 2003.

RUFO, Marcel. *A vida em desordem*: viagem à adolescência. São Paulo: Martins Fontes, 2013.

RUFO, Marcel. *Me Larga!*: *Separar-se para Crescer*. São Paulo: Martins Fontes, 2007.

SALINGER, J.D. *O apanhador no campo de centeio*. São Paulo: Editora do Autor, 2012. p. 100.

SALLES, N. J. *Bling Ring*: a Gangue de Hollywood. Rio de Janeiro: Intrínseca, 2013.

SANTAELLA, L.; FEITIOZA, M. *Mapa do jogo*: a diversidade cultural dos games. São Paulo: Cengage Learning, 2009.

SANTOS, J. E. F. *Travessias*: a adolescência em Novos Alagados. Bauru: EDUSC, 2005.

SAVAGE, J. *A criação da juventude*: como o conceito de Teenage revolucionou o século XX. Rio de Janeiro: Rocco, 2009.

SENNETT, R. *O declínio do homem público*: as tiranias da intimidade. São Paulo: Companhia das Letras, 1988.

SERRA, M. *Os largados*. Rio de Janeiro: Objetiva, 2015.

SILVA, R. *Os filhos do governo*: a formação da identidade criminosa em crianças órfãs e abandonadas. São Paulo: Ática, 1997.

SLAVUTZKY, A. *Humor é coisa séria*. Porto Alegre: Arquipélago, 2014.

SOUSA, E. L. A. Os Eus nos textos: escritos de adolescentes. In: *Adolescência*: entre o passado e o futuro. Porto Alegre: Artes e Ofícios, 1997.

SOUSA, E. L. A. *Uma invenção da utopia*. São Paulo: Lumme, 2007.

TAVARES, E. E. *Mãe menininha*. In: *Adolescência*: entre o passado e o futuro. Porto Alegre: Artes e Ofícios, 1997.

TEIXEIRA, I. A. de C.; LOPES, J. de S. M.; DAYRELL, J. *A juventude vai ao cinema*. Belo Horizonte: Autêntica, 2009.

TIBA, I. *A adolescência*: o despertar do sexo – um guia para entender o desenvolvimento sexual e afetivo nas novas gerações. São Paulo: Gente, 1994.

TIBA, I. *Puberdade e adolescência*: desenvolvimento biopsicossocial. São Paulo: Ágora, 1986.

TODOROV, T. *Introdução à literatura fantástica*. São Paulo: Perspectiva, 2003.

TOROSSIAN, S. D. *A construção das toxicomanias na adolescência*: travessias e ancoragens. 2001. Tese. Universidade Federal do Rio Grande do Sul, 2001.

TOURAINE, A. *O mundo das mulheres*. Petrópolis: Vozes, 2007.

TRACHTENBERG, A. R. C. *Transgeracionalidade – de escravo a herdeiro*: um destino entre gerações. Porto Alegre: Sulina, 2013.

TRINDADE, E. *As meninas da esquina*: diários dos sonhos, dores e aventuras de seis adolescentes do Brasil. Rio de Janeiro: Record, 2010.

VEBLEN, T. *A teoria da classe ociosa*. São Paulo: Pioneira, 1965.

VIANNA, H. B.; PINHEIRO, T. *As bases do amor materno*. São Paulo: Escuta, 1991.

WATT, I. *A ascensão do romance*: estudos sobre Defoe, Richardson e Fielding. São Paulo: Companhia das Letras, 1996.

WATT, I. *Mitos do Individualismo Moderno*: Fausto, Dom Quixote, Dom Juan, Robinson Crusoé. Rio de Janeiro: Jorge Zahar, 1997.

WEBB, C. *A primeira noite de um homem*. Rio de Janeiro: Livraria Eldorado, 1968.

WEBER, M. *A Ética Protestante e o "Espírito" do Capitalismo.* São Paulo: Companhia das Letras, 2004.

WEINBERG, C. *Geração delivery.* São Paulo: Sá, 2001.

WELSH, I. *Trainspotting.* Rio de Janeiro: Rocco, 2004.

WINNICOTT, C. *Explorações psicanalíticas:* D. W. Winnicott. Porto Alegre: Artes Médicas, 1994.

WINNICOTT, D. W. *A criança e seu mundo.* Rio de Janeiro: Zahar, 1982.

WINNICOTT, D. W. *Natureza humana.* Rio de Janeiro: Imago, 1990.

WINNICOTT, D. W. *O ambiente e os processos de maturação:* estudo sobre a teoria do desenvolvimento emocional. Porto Alegre: Artmed, 1983.

WINNICOTT, D. W. *O brincar e a realidade.* Rio de Janeiro: Imago, 1975.

WINNICOTT, D. W. *Privação e delinquência.* São Paulo: Martins Fontes, 1999.

WINNICOTT, D. W. *Textos selecionados:* da pediatria à psicanálise. Rio de Janeiro: Francisco Alves, 1993.

WINNICOTT, D. W. *Tudo começa em casa.* São Paulo: Martins Fontes, 1989.

WOODRELL, D. *Ossos do inverno.* São Paulo: Martins Fontes, 2011.

YALOM, M. *Como os franceses inventaram o amor:* nove séculos de romance e paixão. São Paulo: Prumo, 2013.

ZAGURY, T. *Encurtando a adolescência.* Rio de Janeiro: Record, 1999.

ZAGURY, T. *O adolescente por ele mesmo.* Rio de Janeiro: Record, 1996.

ZAGURY, T. *Sem padecer no paraíso:* em defesa dos pais ou sobre a tirania dos filhos. Rio de Janeiro: Record, 1992.

# ÍNDICE

## A

*A faixa branca (Das Weisse Band)*, 165

*A mística feminina*, 31

*A praia*, 265

*A primeira noite de um homem (The Graduate)*, 221

*A vila (The Village)*, 277

Aborto(s), 111, 112, 114, 116, 119, 120, 259
    em repetição, 120
    legalização, 112
    papel da família, 119

Abstração, capacidade, 23, 129

Abusador, 258

Abuso, 58-60, 97, 186, 253-256

Adoção, 112

Adolescência, 9, 11, 13, 23, 24, 27, 29, 61, 64, 66, 67, 69-72, 78, 80-84, 98-101, 105, 113, 115, 116, 118, 128, 129, 131-133, 135, 136, 142, 143-146, 156, 172, 176-179, 189, 190, 193, 194, 201, 202, 226-228, 243, 247, 249-252, 256, 265, 267-270, 278, 280-282, 295, 300, 301
    amizade, 64, 67, 144-146, 156, 172, 193, 256
    ascetismo, 80, 81
    autoimagem, 11, 300, 301
        autorretrato, 300, 301
        *selfie*, 11, 300, 301

chantagens, 177, 178

como luxo, 201, 202

condutas de risco, 29, 84, 131, 194

delinquência, 98, 105, 243, 249, 252

desconexão com adulto, 136

errância, 83

estar à deriva, 226, 227

excluídos da, 201, 202

exílio, 269, 270

fanatismo, 135

fertilidade, 113, 115, 118

função da, 72, 82

grupo, 67, 99, 100, 178, 179, 265, 267-269, 295

história, 9, 13, 23, 24
    "moratória", 13

humor, 128, 129
    piada, 128, 129

infantilização, 98, 99, 131, 269, 270, 278, 280-282

ingratidão, 82

início, 61, 66

internação psiquiátrica, 70, 71

melancolia na, 69

morbidez, 128, 132, 133

narcisismo, 176-178

negação da origem, 267

paralisia, 226-228

pensamento abstrato, 129

pichação, 100

responsabilidade, 131
rigidez moral, 80
ritual de passagem, 13, 27, 78, 82, 84, 118, 247, 250, 251
    gestação como, 118
separação amorosa, 116
sexualidade, descoberta da, 142, 143
surto, 189, 190
transgressão, 100, 101
vandalismo, 100

Adolescente, 67, 83, 98-101, 103-105, 111-121, 128, 131-133, 175, 178, 179, 224, 255, 259, 265, 267-269, 292, 295
    *borderline*, 175
    conselhos ao, 105
    crise, 105
    cultura, 104
    desaparecimento, 83
        sofrimento dos pais, 83
    gestação, 111-121, 224, 255, 259
        como punição, 120
        precoce, 111-121, 224
    gíria, 103, 104
    grupo, 67, 99, 100, 178, 179, 265, 267-269, 295
    infrator, 101
    limítrofe, 175
    morbidez, 128, 132, 133
    protagonismo, 98, 99, 114, 131, 292
    radicalismo, 83
    responsabilidade, 131
    transgressão, 100, 101
    vandalismo, 100

Adultos imaturos, 281-283

Álcool, 223-225, 258, 271

Alcoolismo, 222, 223, 225

Alucinação, 187, 188, 191-193

*Amateur porn*, 307

Amizade, 64, 67, 144-146, 156, 172, 193, 256
    importância da, 64, 67

Amor, 36, 45, 46, 48, 51, 187, 188, 190-192, 210-215, 223, 225
    adolescente, 36
    fraterno, 51
    frustração no, 212-215
    infantilidade no, 210, 211
    materno, rompimento, 45, 46, 48, 51, 187, 188, 190-192, 223, 225
    predestinação, 213, 214

Androginia, 148

Angústia, 60, 62, 271
    adolescente, 60, 62
    crises de, 62
    utilidade da, 271

Anorexia, 51, 81

Ansiedade, 61

Ansiolítico, 270, 271

Anticoncepcional, 33, 115, 233
    pílula, 33, 233

Antissocial, tendência, 101-103

*Aos treze (Thirteen)*, 41

Apaixonamento, 211-214

Apelidos, 104

Arendt, Hannah, 98

Armas, 248, 249

Aronofsky, Darren, 185

Arte, importância da, 69, 70

*As meninas da esquina: diários dos sonhos, dores e aventuras de seis adolescentes do Brasil*, 253

*As vantagens de ser invisível (The Perks of Being a Wallflower)*, 57

Ascher, Jay, 171

Ashby, Hal, 125

Assassinato, 249, 250

Assédio sexual, 256, 260

Assexuado, 148

Associação livre, 271

Ataques de pânico, 47, 62, 128, 270

Atuação, 44

Austen, Jane, 31

Autocontrole, 165

Autofundação, fantasia de, 82

Autoimagem, 11, 300, 301
    autorretrato, 300, 301
    *selfie*, 11, 300, 301

Automóvel, simbolismo, 29

*Avatar*, 308

Avós, 281

*Azul é a cor mais quente (Le bleu est une couleur chaude)*, 141

## B

*Baby boom(ers)*, 31, 239

Bancroft, Anne, 222

Beatles, 24

Beauvoir, Simone, 95, 147

Bebês, 283

BFF *(best friend forever)*, 45

Bill, MV, 255

Bissexual, 148

Bissexualidade, 143, 145, 148

*Black Swan*, 185

*Blade Runner*, 309

*Bling Ring*, 50, 51

Borges, Jorge Luis, 299

Boyle, Danny, 155, 265

Brando, Marlon, 25

Brincar, 210, 290
    gênero, 210

Brinquedo, 210, 290
    gênero, 210

Bruxa(s), 234-236, 238

*Bullying*, 26, 28, 68, 142, 171-173, 176, 178-180, 233-235, 307

Burgess, Anthony, 91

## C

*Caninos brancos*, 87

Capacidade de estar só, 177

Carlyle, Robert, 266

*Carrie, a estranha*, 233

Caulfield, Holden, 135, 136

Cegueira, simbolismo, 279, 280

Chbosky, Stephen, 57

Ciclo menstrual, 237

Cidadania, 249, 252
    ausência da, 249

*Cidade de Deus*, 243

Cisgênero, 148

*Cisne negro (Black Swan)*, 185

Clark, Larry, 14

Cocaína, 163, 245

Colonizados, 273

Complexo da lagosta, 46

Complexo de Édipo, 225

Complexo de Jocasta, 225
Comunicação digital, 64
Condicionamento de aversão, 92
Condutas de risco, 29, 84, 131, 194
    corpo, 84
    roleta-russa, 29
Conhecimento, aquisição, 299
Conselhos, 105
Consumismo, 49, 84, 85, 155, 160, 161
    crítica ao, 84, 85
Contos de fadas, 279
Contracultura, 302
Coppola, Sofia, 50
Corpo, 51, 52, 64, 81, 84, 238, 308
    adolescente, 51, 52
    condutas de risco, 84
    culto ao, 81
    feminino, 238
    transformações, 64
Cortar-se, 43, 47, 48, 192
Criatividade, 271
Crime, 249
Crise, 227, 228, 270
    da meia-idade, 227, 228
    psicótica, 270
*Cyberbullying*, 305

# D

Dean, James, 24-26, 31, 127, 135
Deficiência visual, 279
Déficit de atenção, 271
Delinquência adolescente, 98, 105, 243, 249, 252

Delírio, 187, 188, 192, 193
Desamparo, 67, 128
Desejos, 143, 147
    homoeróticos, 143, 147
    homossexuais, 143, 147
Desenvolvimento cognitivo, 129
Deutsch, Helene, 43, 44, 225, 256
Dia dos mortos, 133
DiCaprio, Leonardo, 266
Dimenstein, Gilberto, 253, 258
Discurso publicitário, 161
Distopia, 265
Distúrbios alimentares, 51, 81, 149, 161
    anorexia, 51, 81
    magreza, 51
*2001: uma odisseia no espaço*, 309
Dolto, Françoise, 46, 106
Dorian Gray, 11
*Drag queen*, 148
Droga(s), 155-157, 160-164, 199, 245, 250, 258, 268, 270-272
    abstinência, 162
    automedicação, 163
    cocaína, 163, 245
    crise psicótica, 270
    expectativa de revelações, 160, 161
    fluoxetina, 164
    heroína, 155-157, 161-163
    legais, 163, 164
    maconha, 268, 270, 271
        ansiolítico, 270, 271
        efeitos da, 271
    metadona, 157
    metanfetamina, 199
    metilfenidato, 163

surto psicótico, 163
*Duas imagens em um tanque*, 10
Duplo, 187

# E

Eco, Umberto, 299
Educação sexual, 33, 97, 302
Educação, 102, 130, 178, 179, 299
Efeito Werther, 172-174
*Ela*, 310
Ende, Michael, 289
*Ensina-me a viver (Harold and Maude)*, 125
Envelhecimento, temor, 50, 111, 112, 301
Erikson, Erik, 13
Erotismo, 301, 303-305
Erotomania, 96
Escapismo, 292
Escola, 57, 58, 178, 179
 limites, 178, 179
 mal-estar na, 178, 179
 sociabilidade na, 57, 58
Escravidão, 244
Espaço potencial, 290, 291, 310
Esperança, 255, 256
Estupro, 94-97, 101
cultura do, 176
Experiência, 104, 105
transmissão, 104, 105
valor da, 105
Exploração sexual, 253
Expulsão, fantasias de, 63

# F

Facebook, 294, 296
Fama, 50
Famílias matriarcais, 203
*Fanfics (fanfiction*; ficção de fã), 305
"Fatos de passagem", 250
Felicidade, 68, 69, 272
Feminilidade, maldição, 234, 236
Feminismo, 31, 203
 libertação, 94
Ferir-se, 43, 47, 48, 187, 188, 191, 192
Fertilidade, 113, 115, 118
 consciência da, 113
Flautista de Hamelin, 171
Fluoxetina, 164
Fobia, 280
Frankenstein, 309
Fraude, sentimento de, 308
Friedan, Betty, 31, 32
Friedkin, William, 238
*Friends*, 16
Fugir de casa, 82, 83

# G

Gallatin, Judith, 16
*Gamer*, 289
*Games*, 99
Garland, Alex, 265
Gênero, 114, 117, 147-151, 210, 213, 257
 brincar, 210

brinquedo, 210
identidade, 114, 117, 147-151, 213, 257
orientação de, 147
papel dos pais, 117

Geração(ões), 24, 35, 161, 270, 272, 280, 281
abismo, 24
*beat*, 161
conflito de, 24, 35
diferenças, 280, 281
*hippie*, 161, 270, 272

Gestação precoce, 111-121, 224, 255, 259
como punição, 120
papel da família, 116, 119

Gíria, 103, 104

Goethe, 172, 173

Golding, William, 178

Gozo, 272

Granik, Debra, 199

Gravidez, 111-121

*Gremlins*, 61

*Groudhog day*, 287

Grupo adolescente, 67, 99, 100, 178, 179, 265, 267-269, 295
papel do, 67

# H

HAL 9000, 310

Halloween, 133

Hardwicke, Catherine, 41

*Harold and Maude*, 125

*Harry Potter*, 16

Heneke, Michael, 165

Herança, 267, 282, 283
abandono, 267
simbólica, 282, 283
temor, 283

Heroína, 155-157, 161-163

Hershey, Barbara, 191

Higgins, Colin, 125

*Hippie*, 161, 270, 272

*História sem fim*, 289

Hobsbawm, Eric, 24

Hoffman, Dustin, 222

Homoerotismo, 144, 145, 147

Homofobia, 68, 144-146, 148, 165

Homossexual, 148

Homossexualidade, 142-150
aceitação familiar, 146, 148-150
desejos homoeróticos, 143, 145, 147, 150
desejos homossexuais, 143, 145, 147, 150
inibições, 144

*Hooligans*, 23

Humor, 128, 129
piada, 128, 129

# I

Ideação suicida, 133

Idealização, 66, 67

Identidade, 67, 114, 117, 147-151, 191, 210, 213
de gênero, 114, 117, 147-151, 210, 213
papel dos pais, 117
feminina, 114, 117, 191
formação, 67
masculina, 117
papel do grupo, 67

Identificação, 44-46, 49, 51, 71, 103, 104, 114, 117, 187, 193, 209, 210
    ao diagnóstico, 71
    ao transtorno mental, 71
    delirante, 193
    feminina, 51, 114, 117
    furto, 187
    masculina, 117
    mimetismo, 44, 45, 187, 193
    roupas, 49, 103, 104
    simbiose, 46

Ilusão romântica, 211, 213, 214

Imagem corporal, 46, 50, 52, 63, 64, 81, 149, 188, 191-193, 306, 307
    fantasia de perfeição, 192, 193
    fragilidade, 46
    vazamento na internet, 306, 307

Individualismo, 81, 202, 296, 297

Infantilidade, 129, 211
    no amor, 211

Iniciação sexual, 58, 114, 117, 118, 142, 212, 222, 224, 257

Inocência, 278, 279

Internet, 134, 149, 269, 281, 308
    *avatar*, 308
    exposição, 149
    isolamento, 269
    mundo exterior, 281
    perfil falso, 308
    suicídio, 134

*Into the Wild*, 77

Inveja materna, 223-225

*Inverno da alma (Winter's Bone)*, 199

## J

*Jogos vorazes*, 16

Jonze, Spike, 310

Julgamento moral, 130

*Juno*, 111

Juventude eterna, ideal, 50

*Juventude transviada (Rebel without a Cause)*, 24, 25, 31, 127
    rebelde sem causa, 25

## K

Kechiche, Abdellatif, 142

*Kids*, 15

King, Stephen, 233

Krakauer, Jon, 77

Kubrick, Stanley, 91

Kunis, Mila, 187

## L

*La vie d'Adèle*, 142

Laqueur, Thomas, 164

*Laranja mecânica*, 91

Latência, 43, 44

Lawrence, Jennifer, 199

Laznik, Marie-Christine, 225

*Le bleu est une couleur chaude*, 142

LGBT, 148

Lins, Paulo, 243

Lógica da Burca, 258, 259

London, Jack, 87

## M

Machismo, 32, 94, 95
Maconha, 268, 270, 271
    ansiolítico, 270, 271
    efeitos da, 271
Magreza, ideal, 51, 52
Marginalidade, 244, 251, 252
Maroh, Julie, 141
Masculinidade, 29, 94-96
    crise da, 94-96
Masturbação, 164-166, 303, 308
Maternidade, 112, 116, 118
*Matrix*, 309
McCandless, Christopher Johnson, 77
Medo, 128, 188-190, 278, 279, 309
    das máquinas, 309
    de crescer, 128
    do fracasso, 188-190
    instrumentalização do, 278, 279
Meirelles, Fernando, 243
Melancolia, 61, 69
Memória, 233
Menarca, 48, 233, 234
*Meninas da noite*, 258
Menopausa, 225
Menstruação, 48, 233, 234, 237
Mentira, 176
Metadona, 157
Metanfetamina, 199
Mitos familiares, 283
Moda, 25, 49, 50, 102-104
    identificação, roupas, 49
    *jeans*, 25
    roupa, importância da, 49
Modelos, 51
Moiras, 238
Monomania, 288
Monstros, simbolismo, 279
"Moratória", período de, 13
Morbidez adolescente, 128, 132, 133
Morte, 128, 282
    dos pais, fantasia de, 128
    simbolismo, 128
Mulheres, 94, 96, 97
    novo papel, 94
    libertação, 94
    violência contra, 94, 96, 97
Multitarefa, 293
Música, importância da, 69
Musil, Robert, 178

## N

*Na natureza selvagem (Into the Wild)*, 77
Narcisismo infantil, 177
Natureza, 86, 87, 268
    desafio, 86, 87
    idealização, 268
    valor, 86
Nichols, Mike, 221
*Nudes*, 306

## O

*O apanhador no campo de centeio*, 135
*O Ateneu*, 178
*O exorcista*, 238

*O feitiço do tempo (Groudhog day)*, 287

*O jovem Törless*, 178

*O lago dos cisnes*, 185

*O livro de areia*, 299

*O que você é e o que vocês quer ser*, 292

*O selvagem (The Wild One)*, 25

*O senhor das moscas*, 178

*O senhor dos anéis*, 290

*O vingador do futuro*, 309

Olhar materno, 188, 191

*Os sofrimentos do jovem Werther*, 172

*Os treze porquês*, 171

*Ossos do inverno*, 199

# P

Padrões estéticos, 50

Page, Ellen, 111

Pais fóbicos, 277-283

"Paistomia", 106

Paixão, 44, 45, 187, 211-214
    fraterna, 44, 45, 187

Palma, Brian de, 234

Pânico, 47, 62, 128, 270
    ataques, 47, 62, 128, 270
    síndrome, 270

Papini, Giovanni, 10

Paraíso, 266, 267

Parentalidade, 134, 272

Passagem ao ato, 119

Paternidade, 80, 115, 116, 118
    dificuldades, 115
    rompimento, 80

Pedofilia, 253, 256
    cultura da, 256

Pedófilo(s), 258

Penn, Sean, 77

Pensamento(s), 62, 129, 130
    abstratos, 129
    criativo, 130
    obsessivos, 62

Perfeição, fantasia de, 192, 193

Perfil falso, 308

Perversão, características, 101

Phillops, Adam, 292

Piada, 128, 129

*Piercing*, 48

Pílula anticoncepcional, 33, 233

Pompeia, Raul, 178

Pornografia, 288, 299, 303-305, 307
    de vingança, 307
    *revenge porn*, 307

Portman, Natalie, 185

Praia, simbolismo, 267

Pré-púbere, período, 44

Prestígio, 297

Primeiras experiências sexuais, 58, 114, 117, 118, 142, 212, 222, 224, 257

Prostituição, 243, 253-256, 258, 259
    infantil, 253-256, 259

Protagonismo adolescente, 98, 99, 114, 131, 292

Psicologia de grupo, 97, 98, 100

Psicopatia, 101, 156

Psicose(s), 189, 192, 193, 270, 299

brancas, 189
Puberdade, 44, 46, 47, 60, 61-64, 66, 177, 256-258, 281
    crises da, 46
    fim, 66
    solidão, 62, 63

## Q

*(500) dias com ela ([500] Days of Summer)*, 207

## R

Ray, Nicholas, 25, 31
*Rebel without a Cause*, 24, 25 31
Rebelde sem causa, 25
Redes sociais, 287, 288, 294-298
Redução de danos, 165
Reed, Nikki, 41
Reitman, Jason, 111
Ressentimento, 68
*Revenge porn*, 307
Ritual de passagem, 13, 27, 78, 82, 84, 118, 247, 250, 251
    gestação como, 118
Rivalidade mãe-filha, 188, 191
*Role-playing games* (RPG), 290
Romance, invenção, 35
Romantismo, 85, 86, 268
    ideais, 85, 86
Ryder, Winona, 187

## S

Sales, Nancy Jo, 50
Salinger, J. D., 135

Sangue, 234, 237, 238
    feminino, 234
    menstrual, 234, 238
    simbolismo, 237
Savage, Jon, 23
Segredos, 279, 283
*Seinfeld*, 16
Separação amorosa, 116
Severo, Marieta, 255
Sexo, 253, 254, 301, 302, 304-308
    virtual, 308
*Sexo solitário: uma história cultural da masturbação*, 164
Sexualidade, 142, 143, 301, 302, 304
    descoberta da, 142, 143
    infantil, 301
Shyamalan, M. Night, 277
*Singing in the Rain*, 93
Sociedades, 279, 280
    frias, 279, 280
    quentes, 280
Sociopata, 101
Solidão, 62, 63, 227, 228
*Sonhos roubados*, 243, 254
Spacek, Sissy, 234
Stern, Stewart, 25
Suicídio, 62, 125, 132-135, 144, 151, 171-176, 188, 192, 193
    causas, 174
    falar sobre, 134, 135
    fantasias de, 62
    internet, 134
    prevenção, 133, 134, 174
Superproteção familiar, 190
Surfe, 266
Swinton, Tilda, 266

## T

Tatuagem, 48, 192, 306
Tempo, percepção do, 36
Tendência, antissocial, 101-103
Tensão pré-menstrual, 237
*Teoria da classe ociosa*, 81
Terra do Nunca, 283
*The Graduate*, 221
*The Perks of Being a Wallflower*, 57
*The Rocky Horror Picture Show*, 69
*The Village*, 277
*The Wild One*, 25
*Thirteen*, 41
*13 Reasons Why*, 171
Timidez, 118
Tolkien, 290
*Tomboy*, 148
Toxicomania, 155, 156, 159-162, 165, 270-272
    causa, 162
Trabalho, 81, 244
    desvalorização, 81
    ética do, 244
*Trainspotting*, 155
Transgênero, 148
Transgressão, 91, 100, 101
    fascínio pela, 91
Transtornos alimentares, 51, 81, 149, 161
    anorexia, 51, 81
    magreza, 51, 81
Trauma, abuso, 58, 59, 249, 253-256, 279, 282, 283, 303, 304
Travesti, 148
Trindade, Eliane, 243, 253
Turismo sexual, 253, 254

## U

Utopia, 265, 269, 272

## V

Vampiros, 224
Vandalismo, 100
Veblen, 81
Velocidade, 25, 28, 29
    fascínio, 25
Viagem, idealização, 272, 273
Viajantes, 273
Vício, 303
*Videogames*, 287-292, 294
Violência, 91, 94-98, 100, 101, 105, 244, 249, 250, 252-258, 282, 283, 291
    causa da, 98
    contra as mulheres, 94, 96
    efeito do grupo, 97
    estupro, 94-97, 101
    sexual, 253-258
    vandalismo, 100
Virgindade, 32, 33, 58
    valor, 32, 33
Virilidade, 25, 29, 31, 94-96
    arquétipo, 95
Viver no exterior, 273

## W

Webb, Charles, 221
Webb, Marc, 207
Welsh, Irvine, 155

Werneck, Sandra, 243, 254

Werther, 173

Winnicott, D. W., 12, 99, 130, 177, 290, 291

*Winter's Bone*, 199

Wood, Natalie, 26, 29

Woodrell, Daniel, 199

Woolf, Virginia, 95

## Z

Zapear, 295

Zuckerberg, 296